大唐
300年

覃宜明 ◎ 著

图书在版编目（CIP）数据

大唐300年 / 覃宜明著. -- 北京 ：新世界出版社，
2025. 3. -- ISBN 978-7-5104-8056-0
Ⅰ. K242.09

中国国家版本馆 CIP 数据核字第 2025GY3198 号

大唐300年

作　　者：覃宜明
责任编辑：范禄荣
责任校对：宣　慧　张杰楠
责任印制：王宝根
出　　版：新世界出版社
网　　址：http://www.nwp.com.cn
社　　址：北京西城区百万庄大街 24 号（100037）
发 行 部：(010)6899 5968（电话）　(010)6899 0635（电话）
总 编 室：(010)6899 5424（电话）　(010)6832 6679（传真）
版 权 部：+8610 6899 6306（电话）　nwpcd@sina.com（电邮）
印　　刷：嘉业印刷（天津）有限公司
经　　销：新华书店
开　　本：710mm×1000mm　1/16　尺寸：170mm×240mm
字　　数：404 千字　　　　　　　印张：25
版　　次：2025 年 3 月第 1 版　　2025 年 3 月第 1 次印刷
书　　号：ISBN 978-7-5104-8056-0
定　　价：69.00 元

版权所有，侵权必究
凡购本社图书，如有缺页、倒页、脱页等印装错误，可随时退换。
客服电话：(010)6899 8638

目 录

壹　大唐开国 … 001
开国皇帝无弱者 / 002
雄兵起于太原 / 008
大唐的诞生 / 011
决战王世充 / 017
虎牢关之战 / 024

贰　两府斗争实录 … 029
李渊的制衡术 / 030
仁智宫事变 / 035
白热化的争斗 / 040
血溅玄武门 / 046
逼宫 / 051

叁　贞观之治 … 057
东突厥之战 / 058
吐谷浑、吐蕃、高昌风云 / 062
盛世之下，太子难当 / 065
晋王捡了便宜 / 069

肆　李治的帝王术 ························· 077

　　长孙无忌弄权 / 078

　　媚娘的颠簸人生 / 081

　　立后之争 / 085

　　辽东之战 / 090

　　高句丽灭国 / 094

　　武后崛起 / 099

伍　武周革命 ····························· 107

　　称帝之路 / 108

　　武家vs李家 / 114

　　女皇的晚年心境 / 119

陆　宫廷祸乱 ····························· 125

　　神龙政变 / 126

　　功臣之死 / 130

　　景龙政变 / 134

　　毒杀李显 / 138

　　唐隆政变 / 142

　　铲除太平公主 / 146

柒　开元盛世 ····························· 153

　　帝王用人之道 / 154

　　姚崇的改革 / 157

　　宋璟治理恶钱 / 163

财政大臣的博弈 / 168
文人宰相张九龄 / 172

捌 群魔乱舞 181
口蜜腹剑李林甫 / 182
李隆基的制衡之术 / 185
安禄山的仕途 / 191

玖 巅峰博弈 197
十大节度战区 / 198
李隆基的政治逻辑 / 202
军方大佬的博弈 / 207

拾 夕阳西下 215
痞子杨国忠 / 216
李林甫下野 / 220
起兵前夕 / 224

拾壹 安史之乱 229
渔阳鼙鼓动地来 / 230
闪击河北 / 232
封常清与高仙芝 / 236
河北有忠良 / 240

拾贰 长安陷落 ············ 249

潼关之战 / 250

马嵬坡之变 / 254

拾叁 皇室反攻 ············ 263

灵武集团 / 264

百无一用是书生 / 268

安禄山暴毙 / 273

收复两都 / 277

拾肆 祸起萧墙 ············ 283

范阳谍战 / 284

史思明摘桃子 / 287

李光弼反攻 / 294

安史之乱结束 / 303

拾伍 力挽狂澜 ············ 311

李豫拨乱反正 / 312

奉天保卫战 / 319

拾陆 元和中兴 ············ 323

强力削藩 / 324

淮西战役 / 328

宪宗去世迷案 / 334

拾柒　乱世有乱象 341

历史罪人 / 342

牛李党争 / 345

甘露之变 / 352

傻子光叔 / 357

拾捌　农民起义 363

桂州戍卒风波 / 364

满城尽带黄金甲 / 367

拾玖　军阀横行 375

枭雄的乱世盛宴 / 376

李克用的辉煌 / 380

失控的皇权 / 383

胜利者朱温 / 386

壹

大唐开国

开国皇帝无弱者

大唐的故事，要从开国皇帝李渊说起。

李渊出生在关陇集团执政的辉煌时代。身为关陇世家子弟，他七岁就承袭北周唐国公的爵位，成年后娶了北周柱国大将军窦毅的女儿窦氏。后来他姨父杨坚建立了隋朝，他拥有的政治资本变得更加雄厚。

李渊一辈子本可以活得很滋润。不过自从杨坚坐上皇帝宝座，成了隋文帝，就体会到了关陇集团对皇权的威胁，因此开始拼命打压关陇世家以巩固皇权。于是在杨坚做皇帝的二十几年间，李渊的履历惨不忍睹，历任千牛备身、谯州刺史、陇州刺史、岐州刺史，几乎是原地踏步，毫无寸进。

一个年富力强、满怀憧憬的年轻人，因为被压制和约束，只能放弃理想和前途，安于现状地活着，李渊绝望又寒心——可以想象得到他对杨家的痛恨。

大业元年（604），隋炀帝杨广登基，表兄李渊三十八岁。李渊原以为人生会迎来转机，可杨广给他的官职却是荥阳太守、楼烦太守——不仅是平级调动，还有被派去开发边疆的趋势。

受到不公正待遇的不只李渊，还有大批贵族子弟。没办法，隋炀帝杨广统治的不止关陇地区，在利益分配上必须兼顾关陇集团以外的门阀士族和地主阶层，而关陇集团又是被皇帝打压的势力，双方注定会产生裂痕。不仅如此，杨广推行科举制度，渐渐有底层士子跻身高级官员序列，更加挤压了关陇集团的生存空间。可以说，对杨广的不满已经成为关陇集团成员的普遍情绪。

新上任的皇帝依旧在猜忌，李渊只能继续收敛锋芒，活得战战兢兢、唯唯诺诺。正是因为李渊的示弱，杨广开始对他放松警惕了，甚至还对他产生了微弱的信任感。隋朝末年，天下大乱，杨广逃往扬州，将李渊任命为山西河东慰抚大使、太原留守、晋阳宫（杨广曾任晋王，晋阳宫是其在太原的行宫）监。从此时开始，李渊才算迈出了新的一步，有了自己的根据地。

李渊有个贴身秘书，名叫温大雅，写了一本《大唐创业起居注》，详细记载了李渊担任太原留守后的心情："帝以太原黎庶，陶唐旧民，奉使安抚，不逾本封，因私喜此行，以为天授。所经之处，示以宽仁，贤智归心，有如影响。"

自七岁袭封唐国公，至五十岁开始创业，李渊的苦楚只有他自己知道，但这么多年他也不是一无所获。能在帝王的猜忌中活下来，最终领有一块自己的地盘，这就是本事和智慧。因为隐忍才坚韧，因为百折才刚强，这是李渊成事的人格资本。

在职业规划方面，李渊的想法很清晰，那就是发展自己的根据地，静待时变。

太原居于山西地区中部，拥有绝佳的地缘优势。山西的东部有太行山脉，西部有吕梁山脉和滔滔黄河，山河中间是一条狭长的通道。太行、吕梁两条山脉的存在，隔绝了河北、陇右地区敌人的进攻，而北部的雁门关、大同盆地又是阻挡游牧民族南下的缓冲地带，南边的临汾盆地、运城盆地则连接关中，通过风陵渡、茅津渡可以直接威胁长安[①]。这么看来，山西堪称防御北部边境的战略指挥中枢、南下进攻关中地区的战略跳板，也难怪古人对此地的评价是"可以扼天下之背而拊其吭也"。

西晋时期，匈奴人刘渊以太原为跳板消灭西晋，建立了汉国政权。北朝时期，六镇将领也是以太原为跳板让北魏分裂。这些都是肉眼可见的事实。隋炀帝杨广也知道太原的重要性。为了监视李渊，他特意以郡丞王威和武牙郎将高君雅担任其副手，只是这两位兄弟的间谍工作简直做到了明面上，所以基本不足为虑。

李渊初来乍到，根基不深，只能稳扎稳打，先是剿灭了盘踞在山西的土匪魏刀儿；随后和马邑太守王仁恭联手，一起对付东突厥。

[①] 今陕西省西安市一带，隋朝时称"大兴城"，唐朝时称"长安"。为与下文承接，方便理解，书中统一称"长安"。——作者注

王仁恭想硬碰硬，属于"直男思维"。但突厥骑兵最大的优势是来去如风，快攻快逃，拥有超强的平原作战能力，如果纯粹在军事上较量，隋军肯定打不过，所以强攻不可取。李渊有"渣男思维"，摸准了突厥的需求和心理。突厥军队看重利益，又怕伤亡，能用五条人命办的事绝对不会伤亡十个人，所以如果把好处送上门，突厥是可以不闹事的。但是这群人生活在草原，信奉丛林法则，主动送他们好处反而会被侮辱，所以还要搭配着秀出我方的肌肉，从而得到和平和尊敬。

　　有了这个思路，李渊选出两千名精兵，教他们骑马射箭，让他们逐水草而居，一切效仿突厥军队。每逢突厥军队巡逻的时候，李渊便带着这些人射箭打猎，显得从容淡定。李渊是万里挑一的神箭手，时常当着突厥人的面射杀飞禽走兽，而且箭无虚发，很有威慑力。只是威慑还不够，有时候正面遭遇，李渊也会主动进攻。这种时候，突厥人除了留下战马和一地尸体外，什么也捞不到。突厥人慢慢发现了，和李渊打交道，基本都是亏本的买卖，而且是要亏血本，因此渐渐地，只要李渊在马邑，突厥就选择按兵不动。

　　突厥是被打怕了，畏惧李渊吗？如果真是这样，李渊起兵后也就不用给突厥送钱送美女了。真相是突厥注重性价比，只想以最小的代价获得最大的收益，又知道李渊不会常驻马邑，迟早会走，因此选择暂避锋芒。

　　果不其然，后来李渊返回太原，突厥就立马杀到马邑，王仁恭完全不是对手。这一次，李渊没有选择亲自北上，而是派高君雅前去支援。李渊给高君雅的"锦囊妙计"是让王仁恭继续用之前的骑兵战术忽悠突厥人，可以说这是老谋深算的一步棋。

　　如果李渊立刻去马邑支援，会显得他很廉价，无法凸显他的光芒。更重要的是后来的事实证明，同样的战术策略，李渊用就好使，王仁恭上就不行——王仁恭被突厥打败了。让高君雅去吃这个瘪，一来可以证明隋炀帝杨广的人挑不起大梁，二来也会让高君雅失去与李渊抗衡的资本。

　　马邑的局势让隋炀帝杨广很恼怒，他下旨逮捕李渊，诛杀王仁恭。

　　局面看似失控，却在李渊的掌握之中：其一，隋炀帝此时远在扬州，对李渊只能算空言恫吓；其二，目前能对抗突厥的只有李渊，抓了他，朝廷会失去河东，长安会沦陷，朝廷官员的家眷会遭受凌辱，所以隋炀帝如果抓李渊，就是毫不顾及朝廷官员的后顾之忧，这是很不划算的买卖；其三，一场战斗失利就处罚主将，会寒了将士们的心；其四，李渊已经有了反意，如果隋炀帝固执己见，他大可提前举事。

说起唐初的历史，好像都要讨论一个问题：李家起兵，究竟是李渊的主意，还是李世民的主意？人们定要争出个子丑寅卯，但是多想一想就能明白，隋末大乱，别说朝中官员，就连商人、庶民都觉得造反有前途，难道深谋远虑、屡屡布局，与隋朝有新仇旧怨的李渊能不知道？

事情的发展如李渊所料，使者虽然传了旨，却没有实际的抓捕行动。之后第二批使者前来，让李渊和王仁恭依旧掌管本部兵马，继续北御突厥，为国分忧。

这场君臣博弈，李渊赌赢了。可是对李渊来说，他是臣，隋炀帝是君，这是一种天然的不对等关系。因为这个不对等的名分，只要山西地区的局面稍微缓解，他的命就要遭受威胁。李渊无力改变这种境况，又暂时不想改变名分，就只好先暗做准备，图谋后起。

当时混迹太原的有几类人。一类是门阀世家，他们有政治影响力；一类是普通地主，实力不如门阀，但有钱有粮，可以影响基层百姓；一类是朝廷官员，包括文官与武官，他们手上多少有些资源，可以给李渊行方便；一类是民间的草莽英雄，智慧和武力至少有一样能拿得出手。

李渊的造反想法需要保密，精力也有限，所以只能在这些势力之间做出取舍。而这个取舍的过程，他展现出超凡的政治智慧和深沉的城府心计。

李渊最早收编的力量主要是以下三类：

第一类，掌握稀缺资源的官员，比如晋阳宫副监裴寂。

有一段时间，李渊和裴寂食同桌、寝同床，二十四小时不分离。经过不懈努力，两人终于处成了铁哥们，而晋阳宫的资源自然成了李渊的囊中之物。

这两人的友谊一开始就被互相利用的虚假情义定义着，这让裴寂和李渊的关系显得颇微妙。于是精明的人会发现，史书只说裴寂和李渊关系很铁，却不见记载裴寂对李渊在治国和治家方面的任何支持。后来的玄武门之变，裴寂更是做了那个最不该沉默的人。

说到裴寂，就不能不说与他齐名的刘文静。当时刘文静担任晋阳县令，算是太原地区举足轻重的官员，可他完全没有引起李渊的兴趣。这个原因是多方面的。首先，李渊是刘文静的上级，刘文静能调动的资源恐怕还比不上李渊；其次，刘文静性格张扬，口无遮拦，在需要保守秘密的时期，接纳刘文静会有泄密的风险。

李渊的冷遇让刘文静投向了李世民的怀抱，这两个性情外向、热情似火的人一拍即合。殊不知李渊其实是欣赏刘文静的，只是在特殊时期想雪藏他。刘文静这次着急站队，也给后来的杀身之祸埋下了伏笔。

第二类，太原军方的将领。

隋朝实行府兵制度，由地方军府管理府兵的军籍，府兵的注册、征调和训练由地方军府负责，而最重要的地方军府组织就是鹰扬府。在太原地界，要说谁最熟悉府兵的情况，谁和府兵阶层的私人关系最好，必须是鹰扬府的中层将领。为了获得他们的支持，李渊纡尊降贵，折节下交，结识了鹰扬郎将姜宝谊，鹰扬府司马刘政会、赵文恪、许世绪和鹰扬府校尉张平高等人，奠定了自己在太原军方的势力基础。

第三类，形形色色的底层豪杰。

做太原留守期间，李渊结识了擅长搞情报工作的李思行、擅长骑射的钱九陇，还有李高迁、刘弘基、窦琮、长孙顺德等人才。当然，被史书记载下来的只是其中一部分，而他们为李渊的事业做出了不小的贡献。

至于门阀士族，李渊的态度则很微妙，既不拉拢，也不得罪。

要对付这些心高气傲、不可一世的家族，只有一种办法，即做他们的老板，统治他们，再想办法收拾他们。李渊家族虽然显赫，但在门阀世家面前仍不够看，他目前的实力也不足以去做门阀的老板。拉拢人家，人家不搭理，得罪人家，又没必要，所以只好当他们不存在。不过门阀士族厉害的是软实力，而非军事力量，因此在李渊创业的路上，这些人不会轻易给他捣乱。

李渊想造反，但也想控制节奏，条件成熟前，他不可能光溜溜地站在桌子上，高举造反的旗帜。李氏家族中，李世民才是扮演造反急先锋的那个角色。有一段时间，李世民拉着刘文静一起，天天嚷嚷着催李渊造反。可李渊却装傻充愣，直到隋炀帝杨广亮出屠刀，他才真正"答应"造反。

　　在李渊的授意下，刘文静开始散布消息，说皇帝要征调河东二十岁以上、五十岁以下的男丁，再次征伐辽东。一番舆论轰炸，老百姓对隋朝的厌恶又增加了几分，接下来的群众工作就好做多了。

　　大业十三年（617）二月，马邑校尉刘武周杀死马邑太守王仁恭，自己称帝了。李渊摆出忠臣面孔，对两位太原副留守说了一番话：刘武周擅自称帝，又霸占了汾阳宫，如果我们不弄死他，皇帝就会弄死我们。言外之意，大家得同生共死、齐心协力。王威和高君雅听了，愉快且积极地释放信号，要求李渊抓紧招兵买马。李渊立即征集上万士兵，同时派人前往蒲州通知儿子李建成、李元吉和女婿柴绍，让他们赶赴太原，共襄盛举。

　　招兵买马的时候，李渊还玩了一招瞒天过海。他称赞王威是个好官，让裴寂带着他去巡视粮仓；又称赞高君雅擅长军事，命他出去巡逻城池，检查武器装备。没了这两位副留守的眼睛盯着，募兵的时候，刘文静等人得以额外招募了几千士兵，将他们藏在兴国寺。

　　直到此时，两位皇家间谍才发现，李渊这个坏蛋一直在控制节奏，而且让他们挑不出任何毛病。他们不想被死死拿捏，于是找到了商人武士彟（yuē）和晋阳地主刘世龙。武士彟就是武则天的老爹，是一个想跻身政治圈的商人。他紧紧地抱着李渊的大腿，对王、高的拉拢虚与委蛇。刘世龙虽然一开始在李渊和朝廷之间摇摆，但随着李渊的崛起，他的态度越发坚定。

　　王威和高君雅彻底被孤立，是生是死，取决于他们的选择。然而，他们依旧找到刘世龙，想趁着李渊在晋祠祈雨的机会，发动雷霆一击。

　　生路还是死路，刘世龙知道如何选择。反倒是王、高二人，轻易就将自己的性命交给不知底细的人，确实令人惊讶。

雄兵起于太原

大业十三年（617）五月，李渊决定起兵。

一天早晨，李渊请王威、高君雅议事，正谈着话，刘文静带着刘政会闯了进来，当众宣布了一件事：王威和高君雅暗中勾结突厥，意图引突厥军队侵犯太原。

听见这话，高君雅破口大骂："这是造反之人要杀我！"骂也无用，双方彻底撕破脸，王威和高君雅以通敌叛国罪被关进大牢。

两天后，几万名突厥骑兵来袭，他们从晋阳北门进入，又从东门离开。

面对突厥的这次进攻，李渊做了两手安排：第一，嫡系部队隐藏起来，不许露出旗帜，不许高声喧哗，不许露头，营造晋阳是一座空城的感觉；第二，之前收编的起义军首领王康达带领本部一千人埋伏在北门，向突厥骑兵的尾部发动偷袭，抢夺战马。

这样的安排让手下一脸茫然，李渊自己却成竹在胸，而事情发展也如了他的意。一番热闹之后，起义军全军覆没，李渊的嫡系部队全身而退。

仔细想想，这件事情阴谋的味道太浓了。如果李渊真想收拾突厥骑兵，出动训练有素的官军肯定是第一选择。让起义军对付突厥骑兵，就是要让他们做炮灰。

李渊这样做，原因有两个。

其一，起兵在即，李渊需要打出扶持隋室的旗帜以招揽人心，可军中偏偏有反隋起义军的成分，这不是在打自己的脸吗？利用突厥骑兵铲除起义军的势力，完全符合李渊的利益。

其二，突厥骑兵是来演戏的，他们没有大肆抢劫财物，如果双方再不交下手，这场戏未免也太假了，很容易让人怀疑到李渊头上。不过即便是这样，明眼人也知道此事与他脱不开关系，《大唐创业起居注》中几乎直言不讳："帝（李渊）神色自若，欢甚于常。"

一个人被揍了还扬扬得意，无非是被揍后得到的好处比损失要多。

在起兵之前，最重要的工作就是造势，而最顶尖的造势，就是利用民众的情绪为自己服务。群体是无意识的，驱使民众的方式主要有两种，一种是策划事件，调动和利用民众的情绪；一种是展示实力，利用民众跟随强者的心态。突厥骑兵袭击晋阳城，威胁到了太原民众的安全，民众的仇恨瞬间被点燃，李渊已经成功了一半。另一半收获呢？一是在民众的煽动下，李渊杀了王威和高君雅；二是李渊再一次证明，只有他才是太原民众的保护神。

对李渊来说，做太原留守是皇帝给的差事，那叫政治资本；而证明自己能保护太原民众，这叫实力资本。活在乱世，实力资本永远比政治资本有用，何况李渊两者兼备。

突厥军队在晋阳城转了一圈，随后驻扎在城外。李渊安排了几路疑兵，搞出有军队支援太原的阵势，突厥军队于是在村里抢劫一番，随即扬长而去。

演出顺利结束，李渊自然要兑现说好的片酬，再洽谈其他的合作。

在李渊的幕僚团中，刘文静是典型的实用主义者，对突厥的态度最积极。他劝说李渊拉拢突厥，让始毕可汗赞助军马，以壮声势。此建议得到了李渊的认可。

李渊给始毕可汗写了一封信，大致有三层意思：第一，国家丧乱，百姓受难，如果我不去救济，必被上天谴责。所以我决定了，要大兴义兵，将隋炀帝从江都迎回来，重新与突厥和亲，两国重修旧好。第二，可汗你可以出兵相助，到时候得到的人口和金银珠宝归你所有，而我只有一个请求，不要妄杀无辜的百姓。第三，可汗也可以选择按兵不动，我会将财宝送货上门。

李渊说了，他要迎回隋炀帝，让突厥和大隋重修旧好。谁都知道，之前始毕可汗将隋炀帝杨广围在雁门，让大隋颜面扫地，之后双方就撕破了脸皮。让大隋和突厥握手言和，岂是那么容易的？所以看到这个条款的时候，始毕可汗直接炸了毛，声称李渊如果想迎回隋炀帝，突厥就不和李渊玩了，但如果李渊想自己做皇帝，他们倒是可以全力支持。

这时候，始毕可汗写来了回信，坚持让李渊称帝，李渊有点为难。其实他知道始毕可汗的态度即可，有些事拿到台面上讲，会给他的光辉形象抹黑。不过对于称帝这件事，李渊的下属是极力赞成的。这帮兄弟跟着李渊刀头舔血，无非求个封妻荫子、光宗耀祖，没自己的名号和地盘，这个愿望根本无法达成。此后一段时间，幕僚团甚至以军队的名义向李渊施压，让他同意始毕可汗的称帝建议。

大业十三年（617）六月，李建成和李元吉到达太原。李建成、李世民、裴寂带着幕僚团向李渊请命，希望他效法商朝伊尹放太甲、西汉霍光废昌邑王的先例，废黜隋炀帝杨广，立镇守长安的代王杨侑为帝，兴兵除暴，中兴大隋——当然了，"中兴大隋"只是一个出兵的借口，谁让搞大事偏偏需要这种口号。

消息传到突厥，始毕可汗送来一批战将并上千匹战马，还有一个口信：如果李渊需要，他可以派兵护送李渊到长安做皇帝。

对此，李世民、裴寂给李渊提了个建议——改旗帜以示突厥。

隋朝尚火德，旗帜为红色；突厥以狼为图腾，旗帜为白色。幕僚团的意思是将红色的旗帜改为白色，以示对突厥的臣服，进而换取突厥的全力支持。

按照幕僚团的搞法，李渊夺天下没有问题，可后世人给他的评价恐怕只会是一句话：李渊是个毫无底线的卖国贼！

不愿背负卖国名声的李渊思虑再三，选择采取折中的办法，使用红白相间的旗帜。李渊有意和突厥撇清关系，可碍于突厥的势力，又不得不考虑他们的感受；同时他也想靠拢大隋政权，获得霸占长安的合法性，这是他能想到的最好的办法。

高级参谋温大雅深知李渊的难言之隐，于是用了周武王在牧野执白旄誓师以伐商纣王，隋文帝"法律存，道德在，白旗天子出东海"，于是创立大隋的典故，将李渊比喻为周武王姬发、隋文帝杨坚之类的"义举"天子，试图为李渊遮掩一二，可谓煞费苦心。

几番筹谋，李渊总算要出动了，当时他手下的兵力总共只有三万，分为三支军队：中军由李渊亲自坐镇，他自封为"大将军"，建立大将军府，大将军府长史由裴寂担任，大将军府司马则是刘文静；左军由李建成坐镇，他担任左领军大都督，封"陇西公"，领三军；右军由李世民坐镇，他担任右领军大都督，封

"敦煌公",领三军。

其实对于李渊的部队来说,统一调遣是最合适的,但他有这么安排的理由。

第一,英雄豪杰、官员士绅投奔过来,无非是想找个大平台,能在乱世建功立业、封侯拜相。但前来投奔的人太多,李渊需要把他们每一个都安排到有机会建功立业的位置上,因此不得不多设岗位,于是把全军拆分成中军、左军和右军,而这三军中几乎是同样的编制。

第二,李渊懒散低调,年轻时长期的压抑生活经历导致他的权力控制欲望很弱。在这样的心境下,李渊有意栽培儿子,让他们承担更多的责任,于是李建成和李世民同时拥有了开府建牙的权力,这意味着他们可以发展自己的势力。过剩的人才分别涌向兄弟二人,有了各自明确的政治站队,开始不遗余力地帮李建成、李世民获得更多的政治权力,进而让自己获得更大收益。于是,后来唐朝建立之初持续多年的两府之争,此时已经埋下了伏笔。

大唐的诞生

大业十三年(617)七月,李渊发布檄文,率领三万大军南下。

就这点儿兵力,怎么看都很尴尬,因此李渊放弃了硬碰硬的打法,走了一条怀柔的道路。通俗点说,就是收买人心,用民心给大军开道。

李渊在西河郡搞了几场军民联谊活动,帮自己塑造一下光辉伟岸的政治形象。

第一招,开仓放粮,让老百姓得到实惠。

第二招,召集七十岁以上的老人,对他们表示亲切的慰问,还拿出许多空白官凭,当场给这些老人授予通议大夫、朝请大夫、朝散大夫等散官。李渊给他们授官,就等同于给他们发放粮食,换句话说就是承诺给他们养老。古人重视宗法传承,家族中长者拥有很高的话语权——搞定这批老人,就能稳住这些家族的年轻人。这样一来,不管是打算从军的,还是已经在其他军队服役的,都会本能地亲近李渊。

　　第三招，只要英雄豪杰前来投靠，就现场面试，现场录取。最高的纪录，李渊一天就任命了一千名官员。当然，李渊的任命书是空头支票，面试也只是政治表演，来面试的人不乏李渊安排的临时演员。《大唐创业起居注》卷一记载："得官人等不敢取告符，乞宝神笔之迹，遂各分所授官名而去。"说白了，大家都知道这是演的一场戏，谁认真谁就输了。不过演归演，把李渊宽厚随和、爱民如子的名声切切实实地传出去，就是一种成功。

　　然而不可能一场仗都不打，李渊的南下之路很快就遇到了阻碍。

　　镇守长安的代王杨侑，派虎牙郎将宋老生率领两万精兵驻屯在霍邑（今山西省临汾市霍州市西南十六里），李渊则驻屯在霍邑北边不远处的贾胡堡，双方争夺的焦点是连接太原与长安的战略通道雀鼠谷（位于今山西省晋中市灵石县）。与此同时，杨侑让左武侯大将军屈突通率领数万骁果卫驻屯在黄河以东，任务是防范李渊偷渡黄河，从潼关方向进攻长安。

　　当时，天降大雨，道路泥泞，无法行军，李渊命人赶回太原筹集粮草。刚好有流言传开，说始毕可汗和刘武周准备袭击太原，而李渊部下官员和将领们的家眷都在太原，于是人心动荡，大有瓦解之势。裴寂建议撤回太原，再图后事。幕僚们因为担心家眷安危，基本保持沉默。

　　关键时刻，李建成和李世民说了几个不能退兵的理由：刘武周不是傻瓜，明白唇亡齿寒的道理，未必真心和突厥联盟；河东富庶，大军的粮食不是问题，如果轻易退军，打击士气不说，还会遭到官军的围剿，到时候才是真的危险；至于前方的敌人宋老生，他浮躁轻敌，不是李氏部队的对手，这仗不难打。说到激动之处，李世民甚至要立下军令状。

　　因为两个儿子的坚持，李渊决定留下来等待时机。

　　八月，雨住天晴，太原的粮食也如期而至。李渊带着数百名骑兵，李建成和李世民带着小兵来到霍邑城下，把宋老生的祖宗十八代问候了一遍又一遍。

　　宋老生评估了一下，决定带着大军出城，活捉李渊。

　　一边在故意卖破绽，一边在准备捡便宜，这就是认知差距。差异的根源在于李渊过往没有太多实战经历，因此在江湖上地位不高，让宋老生产生了轻敌心理。隐藏在军中的李建成和李世民更是如此，虽说此二人武力强悍，宋老生却浑然不知。

宋老生认为自己是个捕食者，实际在不经意间已经落到了李渊的埋伏圈中。当他远离城池的时候，李渊的部将殷峤的大军截断了他的归路，双方数万人混战在一起，一时间战鼓雷鸣，地动山崩，白刃相接，城楼震动。

李渊一方虽然靠奇袭占得一时的上风，无奈双方人数相当，战斗力也相当，这一仗还是打得难解难分。不到最后一刻，谁也看不出胜负。就在此时，李渊在军中高喊一声："宋老生被杀了！"声音铿锵有力，极具穿透力，仔细听，里面有阴谋达成的猥琐笑意。官军顿时失了底气，纷纷丢盔弃甲，向城门跑去。

宋老生很郁闷，自己活得好好的，却被宣布死亡，这算哪门子的事啊？

军队一旦溃败，是很难再翻盘的。没办法，宋老生也只能随大流，加入了逃跑的队伍，最终在逃跑的路上被李渊的部队杀害。

战役并没有因一方主将的死而结束。一来交战范围太大，很难按下暂停键；二来这是李渊出山后的第一次大战，需要用大胜证明自己部队的厉害，将士们也需要用人头来捞取军功，所以在李渊的默许下，他们展开了大屠杀。《大唐创业起居注》卷一记载："数里之间，血流蔽地，僵尸相枕。日欲将落，帝（李渊）见战士心锐，仍命登城。时无攻具，肉薄而上。"

打完板子，还得给几颗甜枣。霍邑城下，李渊给出了他的"甜枣"：想通过军功发家致富的，去李建成和李世民的军中报到；祖籍在关中又不愿继续效力的，领个五品散官，可衣锦还乡；凡是有功的军人，不管是贵族还是庶民，给予奖赏一视同仁。

这些年，隋炀帝杨广不遗余力地打压关陇集团，推行科举制度，目的是控制官员数量，优化人才选拔制度，平衡朝中的政治格局。雁门之围时，杨广承诺给守城军官和士兵封赏，可后来报上来的请功人员太多，他顶着国人的口水照样违约。

为了大局，隋炀帝杨广堵死了军人的晋升之路，仇恨值早就拉满了，所以在隋朝大厦将倾的时候没人愿意卖命为它效力，甚至会忍不住踏上一脚，李渊军中的姜宝谊、刘政会、赵文恪、许世绪、张平高就是例子。

对于这件事，李渊很有觉悟："雁门解围之效，东都援台之勋，在难即许授大夫，免祸则惟加小尉。所以士无斗志，将有惰心。版荡分崩，至于今日。"（《大唐创业起居注》卷一）他瞄准朝廷的这个漏洞，打开社会底层的晋升之路，可谓稳准狠。

靠着滥封滥赏的野路子，李渊不费吹灰之力地收了临汾郡（今山西省临汾市）、绛郡（今山西省运城市绛县）。放眼河东，老百姓不再是李渊的对立面，但有一个人还挡在他的前面，这人就是屈突通。

屈突通扼守着蒲津渡，这是著名的黄河古渡口，是关中与晋地的交通要冲。如果你不知道蒲津渡，或许应该知道蒲津渡附近的鹳雀楼，著名的诗句"白日依山尽，黄河入海流"，写的就是这里。

以裴寂为首的太原嫡系认为，应该和屈突通正面交战，瓦解官军的防御体系，之后拿下长安。然而要从蒲津渡渡河，就要先灭屈突通，那将是一场消耗很大的主力会战，因此太原嫡系的主张遭到薛大鼎、任瑰等新晋势力的反对，他们主张从龙门（位于今山西省运城市河津市，靠近壶口瀑布）过河，沿河西南下，占据韩城、朝邑、长春宫（隋炀帝行宫，位于今陕西省渭南市大荔县）、永丰仓，收编关中各路豪杰，然后传檄天下。

只看军事策略，薛大鼎、任瑰的想法更可行，可双方争论的焦点已经从具体策略上升到了派系斗争。简言之，拿下长安是大功一件，李渊采纳谁的意见，谁的功劳就会更大，未来在新朝廷获得的政治利益也就越多。

裴寂一心维护着太原嫡系的利益，但薛大鼎、任瑰等河东官员背后还有关中豪杰，是一股连李渊也无法小觑的政治势力。任瑰直言不讳地告诉李渊，关中势力最大的强盗叫孙华，他能搞定孙华。因为这层关系，又权衡过利弊，李渊给任瑰加官银青光禄大夫，任孙华为冯翊太守，并同意从龙门渡河。

李渊让孙华先渡河，之后左统军王长谐、右统军刘弘基、左领军长史陈演寿、金紫光禄大夫史大奈率领步骑兵六千人渡河，在河西扎营，等待大军到来。

这是李渊的第一步棋,目的是试探屈突通的反应。如果屈突通分兵南下,截杀王长谐等人,李渊就会进攻河东的官军;如果屈突通继续防守,王长谐等人就会拿下永丰仓,与李渊夹击屈突通。

整场战役,李渊担任编剧,屈突通只能做个被动挨打的配角。

李渊的部队渡河后,屈突通命大将桑显和从蒲津渡过河偷袭王长谐,结果被孙华、史大奈包抄。官军损失惨重,于是烧毁浮桥,退回了河东。随后,李渊包围河东城,由李建成、李世民、裴寂各围一门,给屈突通留了一条生路。

屈突通服务过隋文帝、隋炀帝两代帝王,深得隋朝皇室的信任。刚直坚毅、忠于君上、做事谨慎是屈突通的人生标签,他选择了坚守。

李渊下令攻城,将士们犹如洪水猛兽般冲向了城墙。但是不一会儿工夫,李渊又命他们撤了回来。

"战争"二字可以简单理解为攻城拔寨、消灭敌人,但很多时候,杀敌并不是战争的最终目的,它是为政治服务的。河东城下的短暂交锋虽然带着试探性的味道,没有出现什么血流成河的大场面,却已经决定了关中人心的走向和长安的最终归属——冯翊太守萧造原本在观望,战争结束后立即转变态度,选择支持李渊;华阴县令李孝常携永丰仓投了李渊;朝邑县的官员开了城门;京兆府下辖的万年、醴泉等县也相继归附;长安附近的英雄豪杰前来投奔李渊的,每天数以千计。至此,从龙门到长安的通道算是基本打开了。

李渊渡河南下,在长春宫接见了关中的各方代表。在这里,李渊下达两道重要的军令:第一,李建成、刘文静、王长谐驻屯永丰仓,同时在潼关布防,阻击从洛阳来袭的敌人;第二,李世民、刘弘基、长孙顺德领军数万,前往招降渭北的高陵、泾阳、云阳、武功、盩厔、鄠等县,为攻占长安扫清最后的障碍。

李渊可能没想到,这两道简单的军令,决定了唐朝初年的政局走向。

李渊想给两个儿子建功立业的机会,于是将李建成的战场安排在潼关,将李世民的战场安排在渭北。然而同样是打仗,这两处战场却具有完全不同的性质。

潼关战场,隋末另外两股军阀势力李密和王世充正在洛阳鏖战,根本不会搭理李建成,李建成的敌人只有屈突通。言外之意,李建成所能做的无非是对抗屈突通，干点脏活累活。渭北战场就不同了，当时李渊基本控制了关中，李世民的活很轻省，只需要在各州县走一遍过场，和各方势力打个照面就行了。而渭北是政治中心圈，长安就在这一带，这里汇集着隋朝的高门权贵、基层官员，还有各种乡野势力。在隋朝倾颓的当口，这些人都想往新的权力中心里挤。然而能走进李渊核心圈子的毕竟是少数，于是他们退而求其次，纷纷投奔李渊儿子的麾下。

这种投奔带有很强的政治目的，与个人魅力无关。至少在当时，不管是李世民还是李建成，都没有展现出令人折服的政治才华和军事能力，各方势力看重的无非是他们与李渊的父子关系。换句话说，如果换李建成前来安抚，大家投奔的大概就是李建成了，但历史就是这么凑巧，李渊偏偏把这个肥差交给了李世民。

李世民带着右军在长安周边转了一圈，部下编制暴增到十三万，几乎可以和李渊的中军抗衡。李渊对儿子相当大方，大手一挥，将新投靠来的势力全部编到了右军，隐藏在这股势力中的大批英雄豪杰，成了李世民集团的原始班底。长孙无忌、房玄龄、李神通、柴绍、李仲文、史万宝、丘师利、丘行恭等人就是在此时加入右军的。加上原本就在李世民麾下的刘弘基、长孙顺德、段志玄、殷峤，右军可谓人才济济、文武兼备，隐隐约约有了自成一派的味道。这个集团的领袖是李世民，灵魂人物却是房玄龄。在随后的日子里，李世民四处征战，房玄龄则帮李世民招揽人才，默默规划着大家的前途和未来。

长安城破之前，李世民赚得盆满钵满，李建成却没有机会建立显赫军功，也没有办法拉拢任何政治势力。当父亲的李渊如今可顾不上平衡两个儿子的实力差距，十月，他在春明门屯兵二十万，只待破城。

自起兵以来，李渊的政治姿态就是遵奉隋朝，辅佐代王杨侑，占据了舆论高地。现在武力威慑也到位了，长安的辅政班子如果有点眼力，就该选择开城投降。然而，镇守长安的是对隋炀帝忠心耿耿的武将阴世师。早在李渊刚起兵的时候，他就刨了李家的祖坟，焚毁了李家的家庙，表示了对李渊背叛大隋的痛恨。

因为骨子里的忠诚，还有刨人祖坟的旧仇，阴世师决定据城顽抗，但他是没有任何胜算的。长安无兵，洛阳无援，何时破城只看李渊的心情。李渊拖延时间，无非是想向世人展示他遵奉隋朝的心有多诚，自己的胸怀有多广。

抵达长安二十天后，李渊的政治形象已然光辉无比，下属看气氛烘托得差不多了，于是集体进言，劝李渊攻城，李渊下达不屠戮隋朝宗室的军令。大业十三年（617）十一月初九，李渊的部队砸开了长安的城门。

李渊迎代王杨侑于东宫，将其迁居大兴殿后，对以阴世师为首的辅政班子进行公开屠杀。此举并非完全因为私人恩怨，李渊的诉求是篡权夺位，忠于隋朝的大臣只会成为他改朝换代的绊脚石。这种时候，铲草除根能让耳根子清净，虽然粗暴，却十分高效。

见识了阴世师等人的惨状，文武大臣请李渊即帝位，但李渊仍在观望。他先立杨侑为帝，史称"隋恭帝"，并遥尊隋炀帝杨广为太上皇，后接受杨侑赐封的假黄钺、使持节、大都督内外诸军事、大丞相、录尚书事，进封唐王。李建成为唐国世子，李世民为京兆尹、秦国公，李元吉为齐国公。

至此，长安易主，这座千年古都保持着它的雍容气度，准备迎接新的主人，一个让后世中国人听了就热血澎湃的辉煌灿烂时代即将来临。

次年（618）三月，宇文化及、司马德勘等人率领骁果卫在江都发动军事政变，戕杀了隋炀帝杨广及大部分隋朝皇族成员。李渊听闻消息，加快了篡夺皇位的步伐。五月，隋恭帝杨侑下诏禅位，李渊登基称帝。他建国为"唐"，定年号"武德"，史称"唐高祖"，把大唐政权的首都就安置在长安。值得一提的是，这是最后一个在长安定都的政权，唐朝灭亡之后，长安彻底沉寂在历史长河之中。

决战王世充

李渊建唐后，立李建成为皇太子，封李世民为秦王，李元吉为齐王。大唐政权的架构日益完整，欣欣向荣，但离达成统一的目标还远。此时此刻，天下间群雄割据，遍地都是李渊的敌人。

在各方势力之中，李渊最大的优势是占据了关中，而最大的军阀战场在东边的洛阳附近，不会牵涉他太多的精力。趁这机会，李渊轻轻松松灭掉了兰州的薛举和凉州的李轨，统一了关陇地区，随后又收拾了太原的刘武周。

扫清过周边的威胁后，李渊的目光转向洛阳。只有以洛阳为战略跳板，才能将河北、山东、江淮收入囊中。这些地方的人才、粮食和经济资源是统一天下后大唐的统治基础。

如今洛阳是王世充的，他建立大郑王朝已经整整一年，坐拥古都，财富无数，人才济济。可王世充明明拿了一手好牌，结果却输得一塌糊涂。

王世充出身很普通，他的父亲奋斗了一辈子才做到汴州长史。王世充继承了父亲艰苦奋斗的优良品质，从小饱读经史，精通兵法、卜卦算命、天文历法。这样的一个人，放在任何时代都称得上是潜力股。

成年后，王世充进了军队，靠军功晋升为兵部员外郎。他慢慢发现，兵部员外郎是普通家庭的孩子所能得到的官职极限了——在朝廷，家世背景、裙带关系才是职业晋升的筹码，个人能力只是锦上添花。从此时开始，王世充研究起帝王的心态和需求来，终于靠溜须拍马、哗众取宠等歪门邪道，逐渐引起了隋炀帝杨广的注意，后来又靠坑杀农民起义军成为手握实权的军方大佬。

长期游走在黑暗的政治世界，人的性格是会扭曲的。凉薄寡恩，腹黑虚伪，不近人情，缺乏领袖魅力，这些词成了王世充的晚年标签。

因为心胸狭隘又喜欢猜忌，王世充逼走了程咬金、秦叔宝两位猛将，连他的老师徐文远都骂他是个小人，害怕与他相处。称帝后，王世充开朝会时总是车轱辘话一大堆，俨然《大话西游》里的唐僧，大臣苏良曾经公开说他啰里啰唆，说话不得要领。总之，接触过王世充的人都觉得他难成大事。

眼看着隔壁的大唐王朝风生水起，王世充的臣子、将军纷纷前去投靠，连洛阳的百姓也偷偷离开故土。为了遏制人口外流，王世充规定五家为保，一家逃走则四家连坐。逼走外臣后，维系大郑王朝的官僚基本都是王世充家族的子弟。这导致的一个局面是将军出城打仗，朝廷要扣押其家属。这些家属中，每天因为照顾不周而饿死的人就有几十个。

就是在这样的情况下，李渊不顾唐军连续作战的疲惫，下达了收拾王世充的军令。

武德三年（620）七月，李世民驻扎到新安（今河南省洛阳市新安县）。

双方第一次交锋发生在洛水之侧的慈涧镇。当时李世民只有一队侦察兵，而王世充带了三万军队。结果可想而知，李世民被揍得灰头土脸。第二天，李世民带着五万大军前去复仇，王世充选择了撤军——在荒郊野外打无准备的决战，性价比实在太低。

李世民将中军转移到北邙山，居高临下，让史万宝占据洛阳城南的龙门，让刘德威包围河内郡（治所位于今河南省焦作市武陟县），让王君廓从洛口（今河南省郑州市巩义市）切断郑军的粮草运输线，让黄君汉进攻回洛城（今河南省洛阳市孟津区东）——从洛阳东面、南面和北面合围，只留下西面一个缺口，而西面则是唐军的地盘。

唐军在局面上的优势直接让一些大郑王朝的官员提前投降了，比如洧（wěi）州（治所在今河南省开封市尉氏县）长史张公谨，他后来就成了李世民手下的凌烟阁二十四功臣之一。

青城宫（隋朝行宫）外，王世充和李世民隔空对话。王世充希望李世民退回长安，大家继续割据地方，各自安好；李世民则表示大唐代表天意，誓要一统天下，王世充是在逆天而行。

战略威慑当然是不够的，口水战也毫无意义，最后还是要靠真刀真枪的拼杀解决大家的分歧。

第二天，李世民带了五百军士偷偷打探王世充的军营布局，因为行迹暴露再次被包围。王世充出动一万军士，并派出猛将单雄信，想直取李世民的人头。一万打五百，李世民的处境之危险就不用形容了，好在他命悬一线的时候有尉迟敬德英勇护卫——单雄信被尉迟敬德挑落下马，李世民这才得以冲出重围。从此战开始，原本默默无闻的尉迟敬德正式走进了李世民集团的核心圈子。

交战没多久，已经降唐的屈突通率领大军赶赴战场，对敌军展开了惨无人道的屠杀，最终俘获敌军大将陈智略，斩杀一千余人，俘获六千余人。

如果说军事威慑的伤害值是五十，那么战场碾压的伤害值就是一百，这让周边郡县的官员倍感唐军的气势之盛。随后的两个月，李世民虽然没发动大规模的战争，但数十个州的刺史、县令为自己前途考虑，纷纷举城归降。

在唐军的铁骑攻击之下，大郑政权濒临瓦解。王世充别无他法，只能龟缩在洛阳，焦急地等待着可以帮他逆风翻盘的盟友——窦建德的到来。

窦建德是河北农民出身，急公好义，性格豪爽，只要家里有一个铜板，只要村里人需要，他就会拿出来，堪称村里的及时雨，因此拥有不少追随者。后来经过几年打拼，窦建德建立大夏政权，拥兵十万，成为河北一带的霸主。

王世充和李世民刚刚交上锋，大郑的国书就送到了窦建德手中。王世充一边卖惨，一边阐述着唇亡齿寒的道理，希望窦建德迅速支援。

窦建德对此的态度很消极，因为王世充曾经偷袭过他的黎阳仓，虽然他随后就还以颜色，但两人还是像打过架的孩子一样，心中憋着一口闷气。现在让他去支援，凭啥？

老谋深算的李渊看得清王、窦二人的矛盾关系，一早就给窦建德写了一封善意的国书。窦建德为了向李渊示好，特意将李渊的妹妹同安公主释放回长安。这么一来，感情的天平上王世充就输了一筹，不过除了感情，窦建德自然也会考虑利益。

中书舍人刘斌告诉窦建德，目前三方鼎立，支援大郑是必须的，但最好让王世充和李世民先斗，等两败俱伤，大夏军队赶赴战场，就能先逼李世民撤军，再收拾奄奄一息的王世充。有了这个理由，窦建德便给李世民写了一封信，表示希望唐军可以撤去。

可窦建德连自称幽州总管的罗艺都摆不平，一封不咸不淡的信就想让李世民退军，有点太天真了。

李世民没有给窦建德写信打无聊的口水仗，而是把窦建德的使者好好地供养起来，淡化了此事。窦建德远在河北，连回信都没收到，但他觉得事情不紧急，于是撂开手，集中精力和幽州的死敌罗艺纠缠去了。

说起窦建德，个人魅力还是有的，比如他曾经活捉了唐将李世勣，最后将政治立场不明的李世勣放走，还允许他继续镇守重要的黎阳城，这就很难得。可窦建德小聪明也多，而喜欢耍小聪明的人格局不会太大。眼下的局势，窦建德的最优选择是派一支骑兵赶赴战场，搜集情报，观察局势，机动策应王世充，免得错失绝佳机会。可他不顾屡次交锋、屡次战败的实情，偏偏想和罗艺干架，干架的原因则是两人旧有恩怨，就这样强行将自己卷入另一边的拉锯战中。

窦建德可能不知道，他的这一选择直接改变了接下来的历史。

虎牢关，位于今河南省郑州市下辖的荥阳市汜（sì）水镇，因为南连嵩山，北靠黄河，靠着复杂的地理优势，自古以来就是洛阳东边最重要的关隘，有"一夫当关，万夫莫开"的战略价值。

在战争初期，王世充就意识到了虎牢关的价值，于是派太子王玄应亲自坐镇，周边的城池也都控制在大郑军队的手中。李世民同样清楚虎牢关的重要性，他对此地势在必得，可碍于洛阳战场的战事没结束，始终没有腾出手东进。就在此时，隋朝宗室、荥州刺史杨庆评估了一下局势，觉得王世充可能要完蛋，于是投降了大唐，李世民便让李世勣前去接收了杨庆的管城（今河南省郑州市管城回族区）。

杨庆的倒戈成功撕裂了虎牢关战场，让王世充非常被动。随后阳城（位于今河南省郑州市登封市）县令王雄归降，将嵩山以南的战略通道交到了李世民手里，汴州（治所位于今河南省开封市）也成为李世民的囊中之物。王玄应独木难支，灰溜溜地逃回了洛阳。

虎牢关战场的沦陷，窦建德负有不可推卸的责任。因为窦建德要进入洛阳战场必须经过虎牢关，与其说王玄应在为自家镇守虎牢关，不如说是为窦建德拼命守着洛阳战场的门户。但凡窦建德支援一支主力军队，战场上的天平也不会如此倾斜，人心也不会轻易向唐。

窦建德如梦初醒，留了一支军队和罗艺对峙，派十万主力部队紧急南下。但是此时，窦建德进入洛阳战场的难度指数，已经从娱乐级变成了地狱级。

南下的时候，窦建德先是遇到了一只拦路虎——孟海公。孟海公是隋末的反王，拥兵三万，控制着今山东菏泽一带。武德三年（620）十一月，窦建德就到达了黄河南岸，可直到武德四年（621）二月才成功拿下孟海公。在此期间，李世民已经和王世充在洛阳战场爆发了好几次军事冲突。

当时，李世民组建了一支玄甲军。他们装备最精良的武器、最雄壮的战马，人和马都身披黑色铁甲，由李世民、秦叔宝、尉迟敬德、程咬金等几个杀才担任先锋。武德四年（621）一月，玄甲军斩杀六千敌军。二月，李世民将唐军带到洛阳西北的青城宫。

王世充屡战屡败，太需要一场胜利来鼓舞士气了。他看到唐军的防御工事没做好，便急冲冲带着两万大军发起进攻。李世民让屈突通率领五千唐军和王世充周旋，自己则带着玄甲军埋伏在北邙山。双方酣战之时，李世民带着骑兵发起了冲锋，然而奇袭的效果是有的，却并不明显。

王世充以多打少，没有让李世民占到便宜。李世民热血上头，竟带着几十个骑兵贯穿战场，一路杀到王世充的后军，于是悲剧再次重演：他又被包围了。

这一次，李世民的战马被敌军射杀，从一名"骑兵"降级为"高级步兵"。情况格外危急，多亏猛将丘行恭脑子机灵，将战马让给李世民，并一路随行，射杀靠近李世民的敌军，这才救了他一命。

李世民身为大军主帅，却屡次将自己置于险地，是个妥妥的热血青年，却也难免让人觉得他像莽夫。要不是下属给力，他的坟头草恐怕都已经收割了好几茬。后世史臣为了把这件事圆过去，给李世民找了个理由，说他横冲直撞是想摸清敌军的军力布局。

好在横冲直撞也不是毫无价值。如果李世民战死阵中，唐军必定溃败，可李世民站起来了，那种绝处逢生的感觉对唐军是一种精神鼓舞，对敌军则是一种意志毁灭。

青城宫之战从早上七点持续到中午，胜负始终难分。

战场上以少胜多、靠奇兵翻盘的案例终归是少数，大多时候还是靠白刃相搏、埋头厮杀，考验的是主帅和士兵的意志力。谁能坚持到最后，谁就有希望获胜。

王世充放下帝王的身段，带着士兵浴血奋战，确实很有魄力，可他的魄力没有保留到最后。由于背靠洛阳，留有退路，王世充的意志开始摇摆，心态不坚，终于还是撤退了。唐军一路追杀，斩敌七千。

王世充退守洛阳，相当于把进攻的主动权彻底交给了李世民。但是王世充依然有底气，因为世人皆知洛阳易守难攻，昔日杨玄感、李密都在洛阳城下折戟沉沙。

这一次，王世充准备了一大批重量级的武器，比如投石车——能把五十斤重的石头扔出二百步远（约三百米），威力不亚于一颗手雷；又比如劲弩——能同时射出八支弩箭，每支弩箭的箭杆直径如同车辐，射杀距离达五百步（约七百五十米），可以把人打得血肉模糊。

一场血腥的攻防战开始了。其间，洛阳城内有十三批亲唐派势力打算开门投降，因为王世充的情报工作做得到位，他们全部被扑杀。安顿住内部，靠着防守重器，王世充把李世民打得毫无脾气，唐军十余天毫无寸进不说，伤亡还十分惨重，士气低迷到了极点。

出兵数月，胜利遥遥无期，以刘弘基为首的唐军将领建议退兵，甚至惊动了远在长安的李渊。换作别人，可能真就退兵了，但李世民是个不服输的人，他觉得唐军日子虽不好过，王世充的日子却更惨，而胜利永远属于坚持到最后的人。

李世民一边围困洛阳，一边派大将李君羡偷袭王世充的粮道，导致洛阳弹尽粮绝。起初是城中老百姓缺粮，他们吃完草根、树叶，便用清水淘洗泥土，用细泥掺合着仅剩的米屑做泥饼吃，以至于身体肿胀发软，纷纷身亡。后来官员也开始出门找吃的，因为缺乏生存技能，这批官老爷活生生饿死了一大片。

当初隋炀帝杨广身死，消息传到洛阳，洛阳群臣拥立杨广之孙、越王杨侗为帝，史称"皇泰主"。杨侗登基后，曾将洛阳城外的百姓全部迁入城中，大概有三万家之多。后来王世充逼迫杨侗禅让，隋朝完全灭亡，王世充也在与唐军的对峙中陷入危机。到现在，洛阳城中已连三千家都不到。毫不夸张地说，这座城池已经到了崩溃的边缘。

就在此时，窦建德终于磨磨蹭蹭地出发了。他是故意这么做的。

其实打孟海公的时候，窦建德的军队就在黄河以南。他如果想支援，可以直接奔赴虎牢关战场，可他偏偏退回到黄河以北，想看李世民和王世充斗得鱼死网破。然而人算不如天算，武德三年（620）十一月时，王世充四肢健全，尚可支应，到武德四年（621）二月，王世充已经腿脚双残，成了卧床不起的废人。反观李世民，却仍有一战之力。

窦建德只能独自面对李世民的大军了，而且为了援救奄奄一息的王世充，窦建德还要做运粮官，简直亏到家了。不过目前窦建德并不这么想，因为他在兼并孟海公后手下有十余万军队，按照他的设想，就算没有王世充，他也能把李世民揍得鼻青脸肿。

夏军势如破竹，拿下管城、荥阳、阳翟（治所位于今河南省许昌市禹州市）等地，与王世充的堂弟王世辩会师，随后在板城渚口（今河南省郑州市荥阳市汜水镇境内）修建营寨，打算和唐军于虎牢关展开决战。

虎牢关之战

虎牢关之战，是一场能够决定历史走势，注定青史留名的战争。

夏军方面号称三十万大军，除去随行官员、伙夫和老弱病残，可投入决战的应有十万人，其中三万人原本是孟海公的军队。夏军数量虽多，但成分复杂，打胜仗靠的是人海战术，一旦战败，引起的溃逃现象将是灾难级的。

唐军方面，史料记载的总兵力在五万人左右，而且需要三线作战：主力部队要围困王世充；第二路要清除洛阳周边的残敌；第三路才是对付窦建德的。

在兵力和战斗力上唐军没有优势，加上士气低落，面对来势汹汹的夏军，大家多少有些担忧。尤其是萧瑀、屈突通、封德彝等将领，他们认为唐军腹背受敌，胜利的机会不大，希望李世民退守新安，等待新的战机出现。

站出来力排众议的人叫薛收。萧瑀和封德彝是李渊的人，薛收则是秦王府的谋臣，是李世民的嫡系，自然无条件支持领导李世民的决策。

薛收认为，王世充不缺武器和钱财，但极度缺粮食。如果窦建德帮王世充解决了粮食问题，唐军拿下洛阳的难度系数会直线上升，统一天下的进程更是会被拖慢。现在只要分兵围困洛阳，避免和王世充交战，再分兵占据成皋（今河南省郑州市荥阳市汜水镇境内），以逸待劳，必定能够克敌制胜。

李世民自己的观点甚至更加激进，他觉得窦建德是疲惫之师，只要占据虎牢关就能遏制他。如果窦建德前来决战，就是找死；如果他不决战，对峙十天半个月，等王世充一崩溃，唐军主力会师，同样可以轻而易举地破了窦建德的大军。

商议之后，李世民做出了最后决定：兵分两路，一路由李元吉率领，屈突通等将领辅佐，继续围困洛阳；另一路三千五百名将士由他亲自率领，奔赴虎牢关，对付窦建德。

武德四年（621）三月二十六，李世民先带五百军士探查敌营，这是他的习惯。考虑到有被敌军追杀的狼狈经历，李世民让李世勣、程咬金、秦叔宝带着三个小分队埋伏在道路两旁，他和尉迟敬德带着几名骑兵来到窦建德的营帐附近。

路上，李世民对尉迟敬德说："我拿着一把弓箭，你拿着一把长枪，敌方虽有百万之众，能奈我何？"这突如其来的嚣张让尉迟敬德有点慌张。李世民随后又说道："窦建德见到我，不战而退才是上策！"

离窦建德营帐还有三里地的时候，李世民一行遇到了巡逻士兵，对方误以为他们也是巡逻的士兵，本着各自干活互不打扰的原则，无视了他们的存在。这种忽视大概让李世民觉得很挫败，于是他大喊了一声："我是秦王李世民！"随后拉弓射箭，干掉了一名敌方将领。

窦建德听说李世民挑衅，立即点了六千人马赶来。等窦建德大军靠近的时候，李世民和尉迟敬德左右开弓，射杀了十余人。窦建德想追击，可看到李世民不慌不忙的样子，觉得这小子有后招，于是犹豫不决，追追停停，最后进了李世民的伏击圈，伤亡三百余人。

初次交锋，唐军小胜而归。有战绩撑腰，李世民的腰板更直了，他给窦建德写了一封信，大意如下：

老窦啊，王世充是个两面三刀、反复无常的人。之前你们老死不相往来，如今他知道自己要覆灭，就用花言巧语让你来支援，还让你送粮食，这不是在坑你吗？刚刚和你战了一场，不过是挫挫你的锐气。你还是赶紧退兵吧，不然一定会后悔莫及。

战场上被揍，私底下被羞辱，这让心气颇高的窦建德很窝火。窦建德不愿就此罢休，可惜接下来的一个月，双方发生几次交锋，都以他的失败告终。

就在此时，唐将王君廓不声不响地找到了窦建德的运粮大队，活捉了对方大将张青特。粮道被劫，夏军人心惶惶，将士思归。

偷窥敌军营帐，引诱对方追击，挑起对方的胜负欲，诱使双方发生小规模战役，顺势歼敌，再侵袭对方的粮道，这已经成了李世民的固定作战套路。可即便大家都知道李世民的套路，还是拿他没有办法。

就在窦建德一筹莫展的时候，国子祭酒凌敬给他提了个建议，让他北渡黄河，拿下怀州（治所位于今河南省焦作市沁阳市）、河阳（治所位于今河南省焦作市孟州市），然后翻越太行山，进入山西地界，逼迫李世民战略性撤退，这样洛阳的问题就可以迎刃而解了。

窦建德很重视凌敬的战略思路，可王世充的诉求是迅速决战，赶紧解了洛阳之围。为了让窦建德留在洛阳战场，王世充的使者求爷爷告奶奶，钱财礼物送了一车又一车，最终用真金白银砸晕了大夏政权的官员们。

窦建德改主意了，但是请注意，他不是因为钱财改的主意，而是因为凌敬的方案有漏洞：其一，如果窦建德将主力抽调到黄河北岸，李世民可以在后面追击骚扰，再配合山西境内的唐军，完全可以关门打狗；其二，窦建德离开洛阳战场，李世民可以全力对付王世充，到时候丢了洛阳，窦建德的战略将毫无价值；其三，山西是李渊的主场，当年彪悍刚猛如刘武周也只能饮恨而终，屡战屡败的窦建德又能在那里有什么作为？

北上行军终归是风险和收益不对等的冒险之举，是纸上谈兵。思来想去，窦建德决定了，还是留在虎牢关。

如果看看卫星地图，就能发现虎牢关位于华北平原通往洛阳的狭长通道上，南边是嵩山山脉，北边是小型山丘和奔腾的黄河。虎牢关的东面是一块南北长约三里的小型平原，南北向的汜水河贯穿其间，将本来就局促的平原一分为二。

窦建德坐拥十万大军，听起来很唬人，可虎牢关根本不适合大规模的军团作战，这也是李世民只带三千五百名军士就敢守关的根本原因。

对峙期间，唐军的战马吃光了虎牢关的草料，李世民便将战马带到黄河北岸。窦建德突然意识到，虎牢关的骑兵锐减可能是个天赐良机。然而有时候，你以为的天赐良机可能只是别人故意挖的坑。

武德四年（621）五月初一，李世民将一千多匹战马留在北岸，自己返回了虎牢关。第二天，窦建德派三百名骑兵在阵前羞辱唐军。窦建德以为这只是普通的一天，傍晚就可以收工，不料李世民偷偷将北岸的战马带了回来，对窦建德的中军发动了奇袭。

一切来得太突然，窦建德根本没机会组织反抗。李世民趁机把唐军的旗帜插到了夏军的身后，营造出唐军大获全胜的感觉，窦建德心态崩溃，仓皇而逃。几天之后，李世民押着窦建德来到洛阳城下，此事击穿了王世充的心理防线，他只得开城投降。

王世充和窦建德以俘虏的身份前往长安，用自己的生命做了大唐立国的垫脚石，也给李世民的秦王身份增添了最大的政治资本。这一年，李世民仅二十三岁。

秦王、太尉、尚书令的头衔已经彰显不了李世民的功劳，李渊特地发明了"天策上将"的头衔加在他头上，位在王公之上，并令其在洛阳开府。一番操作后，李世民最终成为天策上将、太尉、司徒、尚书令、陕东道大行台尚书令、雍州牧、秦王、十二卫大将军，这些头衔都是各自领域里的最高级别，爵位、勋职、行政职务、军中职务乃至实权，要什么有什么。

李世民开府建牙，此后世人又将秦王府称为"天策府"，大批人才涌进府中，期望通过李世民达成自己的人生理想。他们的理想能是什么？不过位极人臣，封妻荫子。而想实现这些，就得让李世民坐上皇帝的宝座。这样一来，秦王府和太子府的政治斗争就在所难免了。

贰

两府斗争实录

李渊的制衡术

中国古代历史上，开国皇帝中被黑得最惨的，莫过于李渊。不会控制朝政格局，放任太子府和秦王府争斗，最终酿成玄武门政变，一直是人们吐槽李渊的理由。

但能做开国大帝的，岂会是平庸之辈？在大唐政权初建的那一年，也就是武德元年（618），能看清当前局势，而且能以统治者的立场去思考治理思路的，恐怕只有李渊一人。

武德前期，李渊手下的宰相有十余个，班底稳定。他们包括：

裴寂，尚书左仆射，河东人士，关陇贵族；

刘文静（619年被杀），门下侍中，关中人士，关陇普通贵族；

宇文士及，检校侍中（625年任命），关陇贵族；

窦威（618年去世），中书令，关中人士，关陇贵族；

窦抗（621年去世），门下侍中，关中人士，关陇贵族；

裴矩，检校侍中（625年任命），关陇贵族；

李元吉，门下侍中（625年任命），关陇贵族；

陈叔达，门下侍中，江南人士，南陈皇族；

萧瑀，尚书右仆射，江南人士，南梁皇族；

杨恭仁，中书令，关中人士，隋朝皇族；

封德彝，中书令，河北人士，关东贵族。

在这些人中，刘文静早早被杀，窦威和窦抗早亡，宇文士及、李元吉和裴矩都是武德八年（625）递补进来的。

综合来看，武德初期的政治格局，是关陇集团和非关陇集团平分秋色。李渊这样设置，其实花费了很大的苦心。

唐朝初建，偏安关中，强敌环伺，李渊的第一要务是稳定关中的局面，第二目标是走出关中，平定天下。因此他任命宰相，不仅要给足关陇集团地位和实惠，还要向没归降地区的士族和庶族展示新政权的统治优势——开放包容。于是，萧瑀、陈叔达等人虽在开国过程中没有大功劳，可是仗着自己的社会地位和家族资源，在大唐的仕途起步就是宰相，就是这么豪横。

说白了，李渊想要证明自己的大唐是一个吃大锅饭的政权，不会排斥大家。李渊只看大臣的社会价值，功劳、才华、人品等因素反而排在后面。

李渊的这种统治思路其实是一把双刃剑，好处是有利于收揽全国士族之心，帮助平定天下；弊端是他只和几位门阀大佬对话，军事功臣、普通士族和寒门士族很难走进他的视野。后者没了晋升空间，没有跻身宰相班子的机会，便很难产生忠诚度，这对李渊的统治是极其不利的。

让中高层官员追逐权位，进而对皇权产生崇拜和忠诚，原本是皇权最大的政治价值，可李渊的做法严重压缩了手中皇权的变现空间。是李渊考虑不周，或者政治智慧不够吗？显然不是的，只能说李渊为了大局而牺牲了自己的权力收益。

自南北朝时期以来，西魏、北周、隋朝、唐朝的帝王全部出自关陇集团，这是好事吗？或许不是，但肥水不流外人田，谁也不想卧榻之侧有猛虎酣睡。隋文帝杨坚和隋炀帝杨广都看到了门阀士族对皇权的威胁，所以试图削弱他们的政治地位，李渊就是当时被针对的人员之一。但等李渊做了皇帝，视角一变，他也感受到了来自门阀的压力，自然会采取与以前一脉相承的国策。

李渊是帝王，看的是全局，他能看到门阀士族在权力中心的价值，自然不会忽略寒门子弟在基层的作用。只是大唐虽然建立，但天下尚未一统，还处在战争年代，为了取得胜利，决策流程越短越好，朝廷组织越扁平越好，所以李渊选择放权，而非实行高度的中央集权，以避免影响到军方的运行效率，包括人员选择、军功考核、人才提拔等方方面面。

也可以说，重用陈叔达、萧瑀等门阀，是李渊在大唐开国初期使用的权宜之计，将普通士族和寒门子弟塞到太子府、秦王府，利用"皇二代"去笼络、团结他们，才是李渊的最终目的。只有这样，才能保证大唐在统一天下的过程中不受门阀的干扰，同时使李唐王朝逐渐从皇权与门阀士族共享，过渡到更多阶层一起共治的局面。

只看李渊，他只有门阀士族的支持，可是放眼李氏家族，就能看到所有阶层都在为他们的统治服务。这才是李渊权力布局最精妙的所在。

有些事只能留给子孙去做，就像汉朝的文帝、景帝将收拾匈奴、开疆拓土的事情留给汉武帝去做一样。于是在李渊的有意促成下，太子府、秦王府成为军事功臣、普通士族和寒门子弟日常供职并寻求晋升的权力俱乐部。

不过，培养一位太子，又培养一位皇子，两虎相争是必然的结果，李渊作为聪明的政治家不会不明白。既然他放任这种局面长期存在，就说明这是他有意为之。

为什么这么做？

培养一位潜在的皇位竞争者，一方面可以通过良性的竞争，让李建成的政治智慧更加成熟；另一方面，也可以在李渊把人才提拔权下放到太子府的前提下，让李建成短期内无法对李渊手中的皇权形成威胁。

父子三人局，其实势力最大的是秦王府，其次是太子府。但李渊不怕秦王府威胁到太子府，因为除了政治势力，李渊还有皇权加持，李建成也有合法的皇位继承权，而李渊是力保李建成的。综合来看，秦王府才是被压制的一方。

此外，秦王府还有一个缺点：在情商方面，太子府的领导李建成是个高手，而秦王府的领导李世民却是个愣头青。李建成经常给李渊后宫里的嫔妃送礼物拉近关系，而这帮女人主动找李世民要东西，却被李世民统统拒绝了。

武德七年（624）五月，李渊在玉华山（位于今陕西省铜川市）修建了一座仁智宫。这里距离长安城的直线距离约一百二十公里，看起来是皇室的消暑纳凉之地，实际上连接着今天的甘肃庆阳、陕西富县，是唐朝初年防备突厥南下的军事指挥中心。

六月，李渊带着李世民、李元吉来到仁智宫，安排了狩猎和讲武活动，彰显大唐军威之余，也是想缓解一下自己烦闷的心情。按照惯例，太子李建成奉命留守长安，处理军国大事。

这几年，经过四处征伐，大唐基本上结束了隋末以来的割据局面，实现了天下一统，而李世民在这个过程中将秦王府经营得如日中天。他本来就觊觎太子的宝座，所以为了扳倒李建成，明里暗里使了不少手段，而太子府也不甘示弱，双方你来我往，斗得好不热闹。

如果说以前兄弟二人都是暗中较劲，那么现在矛盾激化，已经到了不可调和的边缘。李渊本来是操控棋局的人，要做的是居中协调、平衡各方，让两府相争不要超出他的控制，可两边都是亲儿子，随着儿子们逐渐成长，他夹在中间，确实有点骑虎难下的感觉，心中难免不爽。

此时，一场云谲波诡的政治阴谋拉开序幕。按照后来贞观年间史臣的说辞，是李建成打算带着小弟前来抢班夺权。

不久前，李建成招募了两千名壮男，让他们驻屯在东宫长林门，号称"长林兵"。严格来说，这是违反朝廷制度的，因为东宫有专属的太子卫率，由府兵充任，其实足以保护李建成。但府兵不是职业军队，而是半兵半农、轮流给朝廷服役的特殊群体，这些人也许今天是给李建成守门的卫士，明天就回家种地去了，所以不管是战斗能力、服役时间还是忠诚度，都没有办法给李建成足够的安全感。相反，秦王府由于战争时期的历史因素，有八百名职业驻府士兵。两府斗争的形势逐渐严峻，出于对李建成的保护，李渊默许了长林兵的存在。

李建成还不满足，他随后联系燕王罗艺，又从幽州征调了三百名骑兵，驻屯在东宫附近。这一次李建成可犯大错了。他是李渊扶持的太子，但同时也是对李渊有威胁的皇储，皇太子和地方军阀暗中勾结，这是任何帝王都难以接受的。天知道这批骑兵是来践踏李世民的，还是来收拾他李渊的呢？不过李渊还是心疼儿子，只将办理此事的太子府官员可达志流放到边境，算是放了李建成一马。

李建成的手下，像罗艺这样的军中亲信，还有庆州都督杨文干、邢州都督任瑰、遂州都督韦云起、庐江王李瑗等。当时，杨文干给李建成送过死士，而李建成则给杨文干送去铠甲。频繁和军队互动，难不成李建成真的想谋反？贞观史臣的说法是"欲以为变"，这是盖棺论定，可这种说法靠谱吗？

论局势，太子府和秦王府虽然处于博弈状态，但拿刀子互捅这种高危行为只存在于必须拿生死来博前途的情况下，很显然目前局势还没到这个地步。

论利弊，李建成是皇太子，得到了李渊的鼎力支持，还有后宫嫔妃和部分朝臣的支持，何况不管是在地方军队中的势力还是府中职业军队的实力，李建成都有优势。他按兵不动就可以持续压制李世民，这时候武力谋反，可就把一手好牌打烂了。

论伦理，如果杀害了自己的父亲和兄弟，李建成必定为千夫所指、万世耻笑，而他是传统保守、谨慎稳重的人，不像天马行空、桀骜不驯的李世民，豁不出去做这种事。

论现实，李建成根本没有做好谋反的筹备工作。两千长林军只能保护太子府的周全，充其量能控制住太极宫[①]；就算真的能浩浩荡荡奔赴仁智宫，且不说沿途的地方官员会通风报信，光说包围东西跨度九公里、南北跨度四公里的玉华山，还要和皇帝的警卫军队鏖战，就难如登天。到时候，李渊随便找个荒郊野路都能溜之大吉。而只要李渊还活着，就能调动长安城北的三万元从禁军，李建成胜算渺茫。

武德年间，禁卫军的主力是元从禁军，编制大约三万人。这支军队中都是跟随李渊从太原起兵的军士。李唐建国后，李渊将渭北白渠旁的富饶土地赐给他们，让他们扎根长安，还让他们父子相继，因此有"父子军"的外号。

如此，不论从哪个角度看，李建成都不会冒这个造反的险。

贞观史臣给出李建成造反的结论，理由是他还有两路人马：一路是待在仁智宫里的李元吉，李建成让他看准时机，控制或者杀了李世民；另外一路是庆州都督杨文干，他的任务是率军哗变，控制仁智宫。但这两个理由其实也站不住脚。

贞观史臣记载，李渊和李世民曾经到太子府做客，当时李元吉埋伏了死士，可以轻松做掉他们，但李建成仁厚，拒绝了李元吉的提议。贞观史臣曾近距离接触过李建成，绝不会为了美化李建成而说他仁厚，只会因为他真的如此，才实事求是地记录。这样一个人，难道会在娱乐级难度的造反机会摆在面前时严词拒

[①] 唐朝宫城，唐睿宗景云元年（710）改称"太极宫"。为避免混乱，书中统一称"太极宫"。

绝,转头又选择地狱级难度的造反模式?

另一边,杨文干只是一个都督,他在庆州或许能只手遮天,但是带领军队杀皇帝,他似乎还没有这个能量。一百多年后,有个枭雄叫安禄山,苦心经营数十年,控制的军队占全国军队的三分之一,可即便如此,造反时仍然遭到强力反对。相较而言,杨文干谋反的筹码几乎为零,所以他恐怕连李建成的"行动暗示"也没收到过。

不管怎么说,李建成都没有谋反的可能,那剩下的就是真相了。

杨文干给李建成送死士,李建成给杨文干送铠甲,这是事实,但动机绝不是要发动武力政变,杀了李渊和李世民。李建成征调职业军人充实太子宫,是想在长安城继续压制秦王府的势力;让杨文干壮大军力,则大概是考虑到有一天太子府和秦王府发生正面交锋,能得到军队的鼎力支持。

仁智宫事变

让我们详细看看那几天在仁智宫发生的事。

武德七年(624)六月二十四,李渊到达仁智宫。紧接着,奉李建成之命给杨文干送铠甲的尔朱焕和桥公山走到豳(bīn)州(今陕西省咸阳市彬州市),据说是因为害怕被牵连,突然改道仁智宫,向李渊举报说太子想让杨文干举兵谋反。与此同时,宁州(今甘肃省庆阳市宁县)人杜凤举也赶赴仁智宫,举报杨文干要谋反。

一边是长安的人,一边是宁州的人,几乎前后脚赶到仁智宫举报同一件事,真是做贼的遇见抢劫的——巧到家了。还有,杨文干和李建成想造反,那他们是有多愚蠢,才在造反前夕连士兵的铠甲都没有准备到位?这样的事听起来就觉得离谱。

尔朱焕和桥公山确实在送铠甲,但不是为了造反做准备,而是李建成和杨文干在为未来两府的武装斗争做准备,这两人只是在执行不那么保密的日常公务而已。而他们与杜凤举同时到仁智宫举报，恐怕是受了某种势力的收买，所以才能口径一致。

能办成这种事的，自然是秦王李世民。要说收买太子府官员，李世民最有心得，太子府的率更令①王晊（zhì）就是他安插进去的。

其实李建成也可以收买秦王府的官员，只是他没成功，反而是太子府的官员频繁被收买。这只能说明李建成的领导出现了严重问题，要么待遇没给到位，要么下属受了委屈。

联系罗艺的事情刚结束，李建成又和另一位封疆大吏搞到了一起，可想而知李渊是什么心情。不管举报是真是假，愤怒、暴躁、怀疑、纠结，这些情绪他恐怕一个都少不了。

李渊的心里在想什么？

他可以废了李建成，结果就是李世民做太子。秦王府拥有大批文武官员的支持，简直自成一个小朝廷。在这个小朝廷中，李世民又有绝对的威望，所以只要李建成下台，李世民成了名正言顺的皇位继承人，李渊立马会被架空。从这一点上看，李渊对李建成既有情感上的偏爱，也有政治上的利用，所以就算李建成犯了大逆之罪，李渊还是会保全他。说到底，在政治平衡的棋局上，李世民因为自己过于强大，先天性地失去了父亲的支持。

此时此刻，对李渊来说，要做的第一件事是镇压杨文干，第二件事是保全自己的皇位，并维护当前的政治格局，将事件的负面影响降到最低。按照这个逻辑，《新唐书》中的记载其实更符合李渊的决策心理：

李渊第一时间派遣司农卿宇文颖前往庆州，传召杨文干。为什么把千斤重担交给宇文颖？因为他是齐王李元吉的亲信，而李元吉是李建成的小跟班。让宇文颖前去庆州，在李渊的视野里，李世民是没法插手干涉的。

临行之前，宇文颖和李元吉见过面，李元吉交代了什么是历史之谜，史书上只是说，宇文颖到了庆州之后杨文干就反了——"元吉阴结颖，使告文干，文干

---

① 率更令，掌宗族次序、礼乐、刑罚及漏刻的官名。

遽率兵反"。

或许是李元吉声称有人举报杨文干谋反，只要杨文干赶到仁智宫，必定是死路一条，或许是他告诉杨文干太子有难，需要支援，总之都是为了逼迫杨文干起兵。

李元吉之所以利用信息差逼反杨文干，必定是想得到政治收益。从李元吉的视角看，只要杨文干造反，李建成的谋反罪就可以成立，而李建成一倒台，为了牵制李世民，李渊大概率会扶持他上位。如果杨文干成功控制了仁智宫呢？李元吉正好可以铲除李渊和李世民，剩下的一边是仁厚的李建成，一边是心狠手辣、城府极深的李元吉，那么李元吉还真有可能攫取帝位。

可惜人算不如天算，宇文颖和杨文干失败了。

宇文颖被带回到仁智宫，李渊失望透顶。面对责问，宇文颖无言以对，最终成为权力斗争的炮灰，被李渊处死。与此同时，李渊向长安传诏，逮捕王珪、魏徵、韦挺、徐师谟、冯世立等太子府的文武官员，并给李建成发了一道手诏，让他迅速赶往仁智宫。

李建成内心是恐惧崩溃的，因为前途未卜。这种时候，不少人会选择铤而走险，毕竟富贵都是险中求得，就像太子舍人徐师谟。

徐师谟想着，现在太子的人马占据着长安，如能背水一战，只要赢了，自己就是新朝廷的大功臣。他心里的算盘打得精，可李渊只要还活着，他就是皇权的象征，而李世民只要大手一挥，就能从者云集，李建成即便控制了长安，又能如何？

更何况，被李建成控制的只是宫城，并非整个长安都人心归附。只要李渊和李世民站在长安城下，随便扯着嗓子喊一声，禁卫军和朝廷重臣就会倒戈了。

这样的事情，历史上不是没有发生过。西汉年间，汉武帝的太子刘据宽厚待人，礼贤下士，人望很高，可是受奸臣江充的挑拨，被汉武帝猜忌，于是趁汉武帝在外的时候在长安起兵。最终刘据虽然占据长安，可架不住汉武帝的皇权号召，最终兵败被杀。

李建成只要起兵，就是死路一条，所以詹事主簿赵弘智建议他应该孤身前去向李渊认错。不过李建成的选择更聪明，他让太子府的官员全部随行，以此证明，太子府所有人的前途都由李渊决定。

在距离仁智宫不到六十里的地方，李建成留下了大部队，带着十余个亲信，惶惶不安地向玉华山奔去。

到达仁智宫后，李建成跪在李渊面前，痛哭流涕，认错求恕。李渊肯定是有气的，可见到李建成愿意离开长安，认错态度又端正，怒气消减了不少。当晚，李渊将李建成扣押在仁智宫，让殿中监陈福严加看管，只供给李建成粗食麦饭充饥，此外还留了一支卫兵，名为看管，实则是保护。

放眼仁智宫，谁能伤害李建成？答案显而易见——秦王府的人。

对于这两天发生的事情，李渊疑惑重重。混了这么多年官场，见惯了风风雨雨，他很明白一个道理，那就是在危机降临、局势不明的时候谁也别信，保护自己才是王道。

就在当晚，李渊让禁卫军护送自己离开了仁智宫，一路狂奔数十里，直到遇上太子府的官员，才停下脚步歇了一晚。

贞观史臣认为，是因为宁州失陷，李渊害怕贼军半夜偷袭，所以才决定离开。这种说法看似合理，可就在第二天，宁州的局面没有改变，仁智宫的安保级别也没有提高，李渊却重新回到了仁智宫，这又作何解释呢？

归根结底，李渊连夜逃离，明面上是在防杨文干，实际上是在防李世民。对李渊而言，真正的威胁不是敌军明目张胆的进攻，而是身边人在暗夜中的偷袭。李渊将李建成留在仁智宫，不像是抛弃，更像是拿他作诱饵，试探秦王府。不过这种显而易见的坑，聪明人如李世民是不会跳进去的。

杨文干起兵后，左武卫将军钱九陇、灵州（治所在今宁夏回族自治区银川市灵武市）都督杨师道奉旨平叛。前者是李渊从太原带出来的嫡系，后者是李渊的女婿。两人都是久经沙场的悍将，政治立场也没问题，平定杨文干的叛乱只是时间问题，所以在关键时刻，李渊想的是更长远的问题。

这次暴动，究竟是李建成的授意，还是杨文干自己的意思，连李渊自己都分辨不清，更何况遍布在全国各地的李建成党羽？如果这些人认为是李建成授意的，想举兵响应，局面就要糟糕了。

李渊需要一个能镇得住场面的人主持平叛，于是六月二十六，他返回仁智宫，随即召见了李世民。李渊的意思很简单，希望李世民能挑起这个重担。

为了让李世民心里舒坦些，李渊开出了天价条件：事成之后，他将封李世民为太子，至于李建成，可以让他做蜀王。蜀地兵力薄弱，如果李建成安守本分，李世民就得放过他一马；如果李建成还想闹事，李世民收拾他也会容易些。

"父慈子孝"的场景着实令人感动落泪，可偏偏这是史臣虚构的。这么说的原因很简单：还在太原的时候，李渊就许诺让李世民做太子，后来却食言而肥。如果李渊这时候故伎重演，岂不是把李世民当蠢蛋？严格来说，镇压杨文干是李世民的分内之事，李渊拿太子的宝座激励李世民，有点离谱了。而且，让位高权重的李世民做太子，等同于把权柄直接移交给秦王府，李渊肯定干不出来挖坑埋自己的事。

细细品来，响应李建成的军方将领屈指可数，就算李世民不出马，问题也不大。李渊派李世民出马，有上双重保险的意思，而最主要的考虑则是支开李世民，方便他将李建成的罪过大事化小，小事化了。

李世民刚离开，李元吉就带着嫔妃团找李渊求情，封德彝也发动外臣游说，极力帮李建成开脱。随后，李渊以兄弟不睦为由让李建成打道回府，让他继续镇守长安。

仁智宫一场闹剧，死了这么多人，自然需要有个交代，既然李建成无罪，那就必然是太子府的官员的过错。事后，太子中允王珪、太子左卫率韦挺被流放到巂（xī）州（今四川省凉山彝族自治州西昌市一带）。

在流放的名单中，还有一个赫赫有名的人物——杜淹。杜淹是后来的唐朝宰相杜如晦的叔父，擅长钻营，精于算计。大唐建立后，他因为政治履历有污点，长期得不到重用，于是削尖了脑袋想投奔太子李建成。李世民的首席幕僚房玄龄担心杜淹被太子府重用，最终将杜淹收编到秦王府，授予兵曹参军之职。

为何秦王府的杜淹也会遭殃？最大的可能，他就是仁智宫事变中秦王府的急先锋。

要是放在平时，属下被冤枉，李世民绝对会据理力争，直接顶撞李渊也不是没可能。可这一次，李世民有功劳在身却连声都不吭，这就已经说明杜淹在此次事件中扮演角色之重要，是毋庸置疑的了。

白热化的争斗

经过仁智宫事件，两府的斗争摆到了台面上，接下来李世民和李建成因为大事小事闹得越来越不可开交。李渊厌恶李世民，可国家初定，还需要李世民替他四处扫雷，这种讨厌他又干不掉他的纠结感深深占据着李渊的心。但最后李渊也忍无可忍了，给李世民下了最后通牒：以后谁是天子，自然有上天授命，不是人力所能够谋算的，你李世民谋求帝位怎么能这般急切？

李世民明白，自己已经被李渊放弃，又与兄长为敌已久，如果日后李建成真的做了皇帝，恐怕秦王府就会灰飞烟灭。想到这里，李世民让秦王府车骑将军张亮带着钱财到洛阳结交豪杰，准备经营这处可供退守的根据地。

李渊觉得，让李世民到洛阳发展似乎是不错的选项，所以在李元吉举报此事后，还是默许了李世民的行动。

日子一天天过，不久就发生了李世民在太子府饮酒后深夜吐血的事。这是一段经过渲染的历史记载。其实能隐隐地察觉出来，贞观史臣想把责任推给李建成，营造一种李世民被毒害的氛围，减轻玄武门政变的道德压力。

李渊去看望李世民，父子围炉夜话。李渊表示想让李世民到洛阳去，而且允许李世民设天子旌旗，效仿汉梁孝王的先例。换句话说，李世民可以安生在洛阳待着，等李建成做了皇帝，驾崩了，之后皇位就是他的。

李世民怎么会答应呢？长安才是他争夺太子之位的大本营，离开长安等同于放弃一直以来的经营。派人去洛阳只是怕长安出现变故，那里是他迫不得已的第二选择。就算是李建成，也不希望李世民离开长安。这个弟弟的能力太可怕，让他留在长安，放在眼皮子底下，凭老爹和太子府、齐王府的实力，起码可以做到压制他。

就这样,李渊的提议最终被搁置了。

经过一番闹腾,长安的政治氛围紧绷起来,秦王府众人的危机感越来越强烈。房玄龄和长孙无忌已经达成共识,劝李世民夺权篡位。可他们还没来得及行动,太子府已经抢先下手——将程咬金逐出长安,又罢免了房玄龄和杜如晦。就在此时,突厥军队打来,李元吉挂帅,计划征调尉迟敬德、秦叔宝、段志玄入伍,实际上是将他们软禁起来。这样一来,秦王府就只剩几个手无缚鸡之力的文人了。

王晊是李世民安插在太子府的间谍,他将李建成的计划和盘托出。事态迫在眉睫,李世民必须做出选择。

李世民的想法是等大哥先动手,他再来收拾残局,可是两府之争如此残酷,谁占据先机,谁的赢面就更大一些。不管李世民的政治魅力有多大,身边有多少拥护者,谁手中有多少权力,一旦被敌人用刀子捅进心脏,他的成就也就清零了。而凭李建成在朝野的地位和威望,他只要活到最后,就能一统长安的舆论,安安稳稳做皇帝。长孙无忌、尉迟敬德知道这个道理,所以态度很坚决,绝不给李建成先下手为强的机会。尉迟敬德甚至威胁李世民,如果想防守反击,他就离开秦王府,躲到深山老林里保命去。

劝也劝了,但所有人都没找准李世民的痛点,他在乎的不是李建成,而是李渊。干掉李建成容易,怎么处理李渊呢?是杀掉还是软禁?以后要怎么面对史笔的记录、道德的谴责?

直到最后,有个人对李世民说了个上古君王舜的故事,大意是舜的老爹和弟弟想弄死他,舜最后出手自保,才开创一代盛世。言外之意是在劝李世民要懂得自保,他的自保不是为了自己的私利,而是为了天下苍生福祉。

这顶高帽子一戴,事情就妥了。

武德九年(626)六月初三,太白金星出现在天空正南方的午位。按照古代的占星术,太白金星是武神,掌管战争之事,只要它在特定时间出现在特定地方,就一定会有起义或者军事政变之类的事情发生。精通天文历算的傅奕给李渊的官方解释是，太白金星出现在秦地，秦王将拥有天下。

这种事，李渊见怪不怪了。他召见李世民，对他说了傅奕的话。李世民没有过多辩解，反而"密奏"李建成和李元吉淫乱后宫，之后又控诉道："臣丝毫没有对不起哥哥和弟弟，他们却打算杀死我，为王世充和窦建德报仇。如果我含冤而死，到黄泉见到王世充等人，也会感到羞耻。"

李渊错愕不已，说道："明天我就审问此事，你早就该来见我。"随后下了两道旨意，让裴寂、萧瑀、陈叔达、封德彝、裴矩等重臣在第二天进宫，并让李建成和李元吉也在第二天进宫。

这一段记录其实荒诞，尤其是李建成为王世充和窦建德报仇的说辞。既然是"密奏"，便不为人所知，所以史书里对李世民言语的记载并不可信。但从历史事实看，不管李世民用了什么理由，他利用李渊让李建成和李元吉在第二天进宫的目的都达到了。

李世民心里的石头落了地，他拿着写好的剧本，等着导演一场中国历史上最精彩的政变。

六月初四，玄武门之变爆发，李建成和李元吉在进宫时被李世民带军拦下，并在乱战中被杀死。

这是一场改变唐朝初年政治格局的军事政变。李世民开创了李唐皇族武装夺权的先例，深深影响着后世的皇权觊觎者，以至于唐朝历史上的宫廷流血政变一桩接着一桩。这更是一场充满阴谋、悬疑和伦理争议的家族争斗，千年后仍能引起世人的关注。

政变的真相，就像是一颗洋葱心，需要剥开层层外皮才能窥视其中。

第一个问题：太极宫有八个宫门，李世民为什么要在玄武门起事？

太极宫分为外朝和内朝，外朝是皇帝上朝的宫殿和官员办公的官署，内朝是皇帝和后妃居住的地方。八个宫门里，西边的通明门、嘉猷（yóu）门通往掖庭宫；南边的承天门、永安门、长乐门人多眼杂，不利于埋伏军队；东边的通训门位于东墙的最南边，但李建成住在东宫北部，从通训门进入内朝会绕很多路，应该不会选这条路；北边则是玄武门和安礼门，而玄武门又占据核心地位，在唐朝的语言体系中，甚至会用"玄武门"三个字来指代内朝，例如《旧唐书·苏世长传》记录李渊召见老朋友苏世长时就说："后于玄武门引见，语及平生，恩意甚厚。"除此之外，玄武门驻扎着好几支军队，想搞军事夺权，控制这里是必要的。

第二个问题：局势晦暗不明，李建成为什么敢进宫？

李世民举报李建成兄弟淫乱后宫的事，后宫的张婕妤已经得到消息，也给李建成传了信。不过，张婕妤知道李世民在搞事情，却不知道是什么阴谋，加上几个兄弟互相告状是家常便饭，李建成和李元吉便没有过多地解读这个信息。不过为了保险起见，李元吉还是建议整备太子府和齐王府的军队，托病不上朝，先暗中观察形势。李建成却认为，军队的控制权在他们手中，就算入朝，风险也不大。

李建成做出这样的判断，有两个很重要的原因。

第一个原因，李建成坚信李世民没有能力控制禁卫军。

作为禁卫军的主力，元从禁军长期跟随李渊，李渊又给了他们足够的恩惠，要说李世民能控制这支军队，李建成是不会相信的。事实证明，李世民确实没有掌控这支军队，但李建成漏算了一点：元从禁军对自己职责的理解很透彻，即守卫皇宫、守护皇权，而在他们眼里，守卫皇宫要比守护皇权更重要。换句话说，只要玄武门不丢，他们就不算失职。

打个比方，如果李世民和李建成在玄武门外面火拼，禁卫军肯定会坐视不理，当好吃瓜群众。但如果有人进攻玄武门，不管是李世民还是李建成，禁卫军都会阻止。

再假设一种场景，如果李世民对李渊刀兵相向，禁卫军会怎么办？只要李渊还能发号施令，禁卫军大概率会站在李渊这边。可如果李世民挟持了李渊，让他丧失发号施令的能力，禁卫军也大概率不会自发组织营救李渊。

元从禁军的这个特点，决定了他们后来的种种表现。

第二个原因，李建成觉得李世民不会杀兄弑弟，做出人神共愤之事。

无法控制禁卫军，意味着李世民只要进了宫就无法调动军队。这种情况下，李世民想取胜就只能搞偷袭，比如在见面时突然拔出匕首捅死李建成。

曹操持刀偷袭董卓不成，但杜伏威捅死了赵破阵，近距离刺杀成败都有先例。

不过，政治家搞斗争采取这种近距离偷袭的做法，历史上是非常罕见的。因为如果是光明正大地发动政变，夺权者还能站在家国利益或者道德角度为自己辩解，可拿刀偷偷捅死自己的兄弟，这种事情放到任何时候都会让人鄙夷，即便夺权也坐不稳皇位。

站在李建成的角度来看，他不相信李世民会搞小概率事情，然而他高估了人性。皇权两个字的分量，足以泯灭世间的亲情、道德和规则。

在成王和败寇之间，就算一个普通人也知道该如何选择。李建成也懂，可他不能袭杀李世民，因为他的身份是皇太子，这是他的倚仗，却也是枷锁。

李建成的太子身份是李世民孜孜追求的。相比李世民，李建成已经是胜利者了，然而这也是李建成的弱点。老祖宗早就用"光脚的不怕穿鞋的"这句古话，把道理说得一清二楚。

作为皇太子，想顺利上位，李建成就要维护太子身份的纯洁和威严，因为古代评价一个太子的标准就是道德要高、品格要正，能为皇族子弟起表率作用。面对竞争者，太子的武器是遏制和打压，而非屠杀。历史上太子做皇帝后会屠杀兄弟，可在位的太子却鲜有杀害竞争者的，因为太子一旦举起屠刀，就会被群臣和百姓的唾沫淹死。李建成杀了李世民无非维持现状，却要承受一堆道德质疑，这是他不愿看到的。

一个戴着命运枷锁的太子，真的很难斗过把未来全部压上的无所顾忌的皇子。

第三个问题：李世民为发动这场政变，究竟做了多少准备？

李世民无法控制禁卫军，不代表他不能将自己的势力渗透到禁卫军中。

驻屯在玄武门的主力禁卫军是左、右屯营兵。他们的最高首领叫敬君弘，官居屯卫将军（左右不详）；二把手叫吕世衡，官居屯卫中郎将。这两人是把守玄武门的主将。截至目前，没有任何直接的史料能证明他们是李世民的暗桩，也没有史料证明他们不是李世民的人。

这句话并不矛盾。敬、吕二人的级别太高，职责太重，如果李世民打他们的主意，任何纰漏都会引起李渊和李建成的猜疑，进而影响李世民的谋算，不过这并不影响他们个人对李世民有好感。换言之，职责要求他们两个必须坚守玄武门，可他们是人，是人就会有私心和情感，对神武勇猛的李世民产生仰慕之情并非不可能。

正因为这样复杂微妙的关系，在玄武门之变发生时，李世民没有给他们下达任何指令，却在他们与东宫势力作战并战死后，分别追封敬、吕为左屯卫大将军、右骁卫将军。这是连爵位也没有的"安慰奖"，但好歹带着一点安抚的意味。

没能和屯营兵首领产生直接联系，但李世民还有另一手，他往屯营兵中塞了一个关键的将领——常何。

常何早年参加过瓦岗起义，半途投奔李唐。唐军征讨刘黑闼的时候，常何在李世民和李建成的军中分别服役过，不过算起来，他跟随李世民的时间更长些。

武德七年（624），担任十二卫大将军的李世民，将常何调到玄武门，让他做了小头领，并给常何赏了三十块黄金、几十枚金刀子，命他收买玄武门的骁勇之士。

在太子府的情报网中，常何算不上秦王府的座上宾，加上常何只是玄武门中级将领，头上还有两位上司，所以他根本没有引起太子府的注意。想想看，如果是将尉迟敬德安插到玄武门，李建成绝对不会在六月四日那天走这条路进宫。

这是李世民的策略。两府之争，李世民坚决贯彻一个思想，那就是让嫡系蜗居在秦王府，调动虾兵蟹将活跃在关键岗位，以此减少李渊和太子府的防备。比如，他派王晊担任太子府率更令，偷听到李建成与李元吉要在昆明池动手杀他的绝密消息；再比如，他把常何安排在玄武门担任中级将领，虽然无法完全控制玄武门，但可以执行特殊任务，关键时刻放秦王府的将领入宫。

太极宫的内朝住着嫔妃，属于绝对禁地，除了奉诏的皇子和亲信大臣，其他人是不能进宫的。但由于常何的存在，秦王府的将领拥有了最关键、最要命的入宫通行证。

有些场合，小人物的性价比要远高于大人物。

血溅玄武门

六月四日，改变中国历史的日子来临了。这个日子是李世民精心挑选的，因为这一天刚好是常何值班，他有机会将李世民的军队安排到皇宫之中。

李世民究竟带了多少人来？

《旧唐书·太宗本纪》中记载："太宗（李世民）率长孙无忌、尉迟敬德、房玄龄、杜如晦、宇文士及、高士廉、侯君集、程知节、秦叔宝、段志玄、屈突通、张士贵等于玄武门诛之。"

《旧唐书·长孙无忌传》中说："无忌与尉迟敬德、侯君集、张公谨、刘师立、公孙武达、独孤彦云、杜君绰、郑仁泰、李孟尝等九人，入玄武门讨建成、元吉，平之。"

《旧唐书·刘师立传》则说："太宗之谋建成、元吉也，尝引师立密筹其事，或自宵达曙。其后师立与尉迟敬德、庞卿恽、李孟尝等九人，同诛建成有功，超拜左卫率。"

按《旧唐书》的记录，当天入宫且记录在案的秦王府成员有二十余人。但《资治通鉴》卷一九一又写道："尉迟敬德将七十骑继至，左右射元吉坠马。世民马逸入林下，为木枝所挂，坠不能起。"也就是说，前后出现在宫内的秦王府军士可能在一百人以上。

玄武门之变是场世纪豪赌，行动之前，秦王府众人恐怕不知道推演了多少遍。如果李世民在宫内奇袭成功，杀了李建成和李元吉，两府将士为了自保，为了给主子复仇，或者为了营救李渊，肯定会镇压和屠杀秦王府。面对太子宫和齐王府数千士兵可能的反扑，秦王府要怎么抵挡？

在绝对的实力面前，任何投机取巧都是自寻死路，因此除了宫内埋伏的高武力值将领,李世民还安排了外围武装部队。

《旧唐书·隐太子建成传》说:"太宗左右数百骑来赴难,建成等兵遂败散。"

《旧唐书·高士廉传》载:"及将诛隐太子,士廉与其甥长孙无忌并预密谋。六月四日,士廉率吏卒释系囚,授以兵甲,驰至芳林门,备与太宗合势。"

芳林门位于长安外郭城的北面、玄武门的西边,与太极宫隔着掖庭宫,从这里是无法进入太极宫的。所谓"与太宗合势",指的是高士廉征调的监狱囚徒与秦王府的兵力合二为一。当时,围剿李建成的太极宫是第一战场,玄武门附近是第二战场。

秦王府有八百府兵,李世民抽调了上百名将士入宫,剩下的兵力与太子府、齐王府抗衡,完全处于劣势。李世民需要援军,越多越好,哪怕援军的战斗力无法与正规军抗衡,只站在场上壮壮士气也是好的。于是高士廉动用了囚徒,这证明了两件事:其一,李世民在长安或许有名气,但帮他的势力并不多;其二,虽说是决意发动玄武门之变,李世民内心还是有点虚。

当时,李世民率精兵埋伏在玄武门内,刀出鞘,箭上弦,只等李建成和李元吉到来。李建成相信宫内是安全的,于是带着李元吉进入玄武门。兄弟俩没有立即下马,因为老爹授予他们特权,可在宫内骑马。

李建成和李元吉没有察觉玄武门的异样,不是因为他们不够敏感,而在于李世民根本没打算在玄武门门口动手。

玄武门驻有大量屯营军队,隶属敬君弘和吕世衡,而李世民并没能完全收买他们。李世民可以收买几个间谍,偷偷潜进皇宫,但要是当着禁卫军的面造反,而且是为诛杀太子李建成,也未免太不把禁卫军当回事了。何况,玄武门靠近太子宫,李世民这次带来的人不少,埋伏在人家眼皮子底下,动静稍大就可能会暴露行迹,引来太子宫的支援,所以不如避开点好。

据《资治通鉴》卷一九一载:"建成、元吉至临湖殿,觉变,即跋马东归宫府。"李建成进宫后先向右转弯前行,一直走到临湖殿,直到此时才察觉到有危险。他告诉李元吉,情况有些不对,还是先赶回府中。于是兄弟俩立刻掉转马头，打算离开。

按照官修史书的说法，当时李渊正在泛舟游湖。太极宫的西北角确实有几个人工湖，那里距离玄武门不远，而李建成所到之处既然名为"临湖殿"，应该和人工湖靠得比较近。换句话说，这里已经很靠近李渊的位置了。

问题是，李建成在临湖殿看到了什么，以至于心生警惕，不惜冒着放老爹鸽子的风险逃回东宫？如果说李建成在战场上练就了敏锐的嗅觉，能在临湖殿察觉到杀机，也不是不可能。然而李建成的离开是当机立断的，毫不犹豫。如此果断的表现，与其说是察觉到杀机，不如说他直接看到了杀机。

就在李建成和李元吉回转马头的时候，李世民现身了。兄弟几个没有任何寒暄，李元吉直接掏出随身携带的弓，搭箭向李世民射了过去。如果是正常情况，李元吉没必要反应这么激烈，直接对李世民下毒手。这样的反应，很像是在生命受到威胁情况下进行的自保。

李建成兄弟在临湖殿附近看到了什么？

第一种可能，李世民埋伏在临湖殿的兵马露出破绽，被李建成看到。临湖殿附近埋伏的是一支规模不小的军队，大概率是尉迟敬德率领的那七十余人，还有不少战马。在没有多少遮掩物的宫内，战马嘶鸣、铠甲反光都有可能被人察觉。

第二种可能，李建成发现临湖殿附近有明显的打斗痕迹。李世民能在临湖殿埋伏一支军队，但要躲过禁卫军的巡逻和宫女、太监的眼睛，除非出现神迹。所以在埋伏之前，秦王府用武力清理巡逻部队和无关人等，未尝没有可能。只要杀人灭口，地上就有可能留下血迹，空气中也会残留有血腥气味，这些都可能引起李建成的怀疑。

第三种可能，李建成察觉到李渊已经被控制了。李世民是政变的发起方，弄死李建成和李元吉是肯定的，但关键时刻控制李渊甚至干掉李渊也是必要的。如果李渊此时尚能保持人身自由，他就有足够时间逃到前朝调集禁卫军反扑，李建成和李元吉也可以投奔他。父子三人聚在一起，凭李世民的几十名将士，他想在太极宫逆天而为，可以说是白日做梦。

对李世民而言，提前控制李渊是最好的办法，也符合造反逻辑。何况，在此之前秦王府的幕僚们就已给李世民找到了合理的借口：发动政变是为了家国天下，李世民要做舜一样的人，不能有道德负担。

这样一来，玄武门政变前，李渊就不应该是史书里记载的那样，此时正和重臣在湖上泛舟了。当时李世民很可能已经挟持了李渊，甚至与李渊的近卫发生战斗，以突袭优势和人数优势控制了现场。李建成兄弟走到临湖殿的时候，要么发现临湖殿有打斗痕迹，要么发现李渊被李世民控制，这才不想和李世民多说，拿起弓箭，直接开干。

这也能解释为什么玄武门之变的整个过程中都没有看到禁卫军的反扑，也没有看到李渊调兵遣将了。一个被控制的老皇帝，连自保都成问题，又该怎么运筹帷幄呢？而直接听命于皇帝的元从禁军，在首脑被控制的情况下自然两眼一抹黑。

有了这个基础，诛杀李建成和李元吉的过程就很简单了。

李建成和李元吉在临湖殿发现异常，于是立即准备离开。就在此时，李世民身穿铠甲、拿着宝弓现身了。他看到李建成离去，略显着急，口中念念有词，似乎想表达什么。李元吉见势不妙，掏出弓向李世民射了三箭。

平日里，李元吉的箭法也算百发百中，可身处危局，又在择路而逃的当口，他的战斗力大打折扣，三箭都没有射中。

眼看杀不了李世民，李元吉收起弓箭，专心逃跑。李建成看李元吉箭箭落空，心中不免有些懊恼，但也没办法，只能先跑为上，没有看到身后李世民也掏出了宝弓。

在李建成看来，李元吉对上李世民，李世民肯定会先报复回去，加上逃跑分了心，所以没有防备李世民会偷袭他。可在李世民眼里，李元吉不过是个浑小子，还不值得他动手，他布了这么大的局，就是为了夺取皇位，李建成才是他瞄准的猎物！

一支利箭破空而出，声音格外刺耳。几乎是在一瞬间，李建成轰然倒在了地上。这一箭积蓄了李世民的所有力量，又命中要害，李建成当场身亡。

看到大哥被射中，李元吉心中五味杂陈，没想到一母同胞的二哥的手段如此毒辣，下手如此果决。他哪里知道，这一箭是为了整个秦王府的生死存亡，为了至高无上的皇权？在皇位面前，即便亲情也是浮云。

李建成既已授首，李世民已经放缓了追击的节奏，李元吉是有时间逃走的。可或许是觉得大哥已死，自己就算逃到天涯海角也逃脱不了被杀的命运，或许是为了兄弟情义，李元吉又返回现场查看李建成的伤势。

李建成倒地后，尉迟敬德率领七十名秦王府将士拍马赶到，这些人掏出弓箭，对着李元吉就是一顿狂射，李元吉抵挡不住，顺势跌下马来。就在此时，李世民的坐骑受到惊吓，带着他狂奔到树林中。李世民被树枝挂住，摔在了地上，由于力道过大，摔得很严重，一时竟无法站起身来。

李元吉原本已经绝望，看到此情此景，复仇的情绪涌上了心头。他强忍伤痛，飞快地赶到李世民身边，乘李世民没有还手之力，用弓弦勒住了他的脖子。李世民用力抵抗，始终无法挣脱，明显感到自己的气息正在逐渐衰弱。

李元吉只需要再坚持一会儿，就可以挫败秦王府的阴谋，然而尉迟敬德赶来了。只听他暴喝一声，李元吉不觉心中一惊，勒紧的弓弦居然松了一下。

此时，李元吉有两个选择，要么用最后的时间弄死二哥，然后被尉迟敬德乱刀分尸，要么放李世民一条生路，自己夺路逃回齐王府，组织兵力来个绝地大反击。

李元吉不想和李建成共赴九泉，还想求生，所以他松开弓弦，向武德殿飞奔而去。李世民寻得生机，瘫坐在地上，疯狂地咳嗽着。尉迟敬德看到李世民还活着，悬着的心也放了下来，随后便疯狂追杀李元吉。

因为要勒杀李世民，李元吉丢掉了坐骑，此时只能徒步逃跑。利箭破空而出，蓄满了劲道，直取李元吉的后心，一击即中。李元吉倒在血泊之中，同样魂归天际了。这支羽箭正来自尉迟敬德，一位人狠话不多的超级杀才。他拍马赶到，淡定地抽出钢刀，手起刀落，一股猩红的鲜血喷涌而出，李元吉被割了首级。

一个是大唐皇太子,一个是最受宠的齐王,两位最尊贵的皇室成员就这样惨死在政变之中。这就是政治斗争的残酷,利刃只要出鞘,就必须噬血而归。

终于,李世民成了玄武门之变的最大赢家。

逼宫

李建成被杀的消息传到太子宫,车骑将军冯立愤恨不已。他深受李建成器重,不愿苟且偷生,于是召集薛万彻、谢叔方等武将,率领太子府和齐王府的两千兵马攻打玄武门。

冯立这样做,报答旧主之情是肯定的,可未尝没有为自己谋生路的想法。因为按照政治斗争的惯例,只要李世民夺权,太子府的势力肯定会遭到清洗。

此时,有两队人马驻守在玄武门,一队是秦王府的张公谨,他控制着大门;一队是禁卫军的首领敬君弘和吕世衡,他们率领屯营兵驻屯在玄武门外面。此外,附近还有一支驻屯安礼门的禁卫军。

如果打群架,禁卫军的态度将直接影响玄武门之变的走势。

不过,唐朝禁卫军是个复杂的体系,李世民在太极宫追杀李建成的时候,没有任何一位禁卫军将领有资格、有能力命令整支禁卫军去站队。更何况,发动政变的是功高震主、权势熏天的秦王李世民。放眼如今的大唐,恐怕没人愿意针尖对麦芒地和他作对。而玄武门之变是秦王府和太子府多年矛盾积累起来的一次爆发,是顺理成章的事,所有人都有这个预期。一件大家都有预期的事情发生了,自然不会产生太大的"惊喜",所以恐怕禁卫军看戏的心态会更多些。

最重要的一点在于,禁卫军的职责是保护玄武门,只要玄武门没有被进攻,哪怕宫内发生武装斗争,没有皇帝的调令,他们也不会乱动。从这一点看,控制李渊是秦王府做得最为明智的一个决定。

在李渊无法向禁卫军发布命令的情况下,禁卫军不会轻举妄动,于是就算李世民没有收买禁卫军将领,也足以让他们保持中立。这种情况下,冯立率领两府军队攻打玄武门，反而会被认为是侵犯太极宫的行为，因此冯立要面对的敌人不仅是秦王府，还有禁卫军。

张公谨看到太子府的兵马前来，立即关闭了宫门。凭冯立的两千多人，想攻破铜墙铁壁般的玄武门，可以说是痴心妄想。

整个政变由秦王府主导，意味着功劳簿上都是秦王府的将领。眼看玄武门前对峙起来，屯营兵的首领之一敬君弘就想拉着中郎将吕世衡主动出击。下属劝他小心行事："事未可知，当且观变，待兵集，成列而战，未晚也。"

驻守在玄武门外的禁卫军不知道宫内情形，因此这位下属才说"事未可知，当且观变"，言外之意，最终结果还没出来，现在行动尚早。如果李世民胜，禁卫军就干太子府；如果李建成取胜，那就进攻秦王府，这是所谓的"观变"。

敬君弘并不这样认为。这位下属并不知道他的立场——他希望秦王府获胜。

李渊垂垂老矣，大唐的权力交接是必然的，秦王府和太子府斗争火热，敬君弘和吕世衡都乐于见到这场斗争的大结局，甚至乐于进去掺一脚，捞点功劳，以便在新朝获得一席之地。而在秦王府和太子府之间，两位禁军将领的情感是偏向前者的，否则他们一早就可以向李建成告密，到那时败的就是李世民了。另外，秦王府将士进宫的操作难度不大，可要连大量战马也一起送进去，凭一个常何很难办得神不知鬼不觉。可如果两位高级将领睁一只眼闭一只眼，这件事就说得过去了。

此时李世民和尉迟敬德不在玄武门，只有张公谨在。面对打了鸡血似的敬君弘，张公谨无可奈何，只能目送他去交战。这也足以证明，敬君弘和吕世衡不是秦王府的暗桩，否则李世民肯定会有统一调令，大家会互相沟通，而不是让太子府差点翻盘。

禁卫军和太子府、齐王府的军队混战在一起，没过多久，敬君弘、吕世衡便曝尸当场。两军交战了很长时间，秦王府的后备力量一直没有赶到，薛万彻擂鼓呐喊，扬言要进攻秦王府，将士们大为恐惧。

此时，尉迟敬德提着李建成和李元吉的首级跑了出来，震住了场面。两颗血淋淋的人头让太子府和齐王府的军队顿失士气，军心涣散，士兵们四散奔逃。见此情景，冯立自知无力回天，只能仰天长叹，之后逃入终南山中。

事后回看，整个政变过程中，数十人追杀李建成和李元吉，喊杀声阵阵，李渊毫无动静。李建成和李元吉被杀后，太子府和齐王府军队赶来支援，与禁卫军发生激烈交战，喊杀声震天，史书上甚至记载"流矢及于内殿"，李渊还是毫无动静。这就十分符合前文的分析了。

《旧唐书·尉迟敬德传》这样写："是时，高祖（李渊）泛舟于海池。太宗命敬德侍卫高祖。敬德擐（huàn）甲持矛，直至高祖所。"一直到战斗结束，李渊都在优哉游哉地划船。可按唐朝制度，皇帝出行时周围应有二十四名千牛备身、二十四名备身左右、一百名备身、一百五十名主仗。就算不是正经的上朝日，皇帝身边应该也有数十名侍卫，然而尉迟敬德居然可以身穿铠甲，手持兵器，直接冲到李渊的跟前，这说明了什么？

只有一个解释——在政变发生前，秦王府的人就已经控制了李渊及其卫队，李渊失去了自由。

《唐文续拾》中的《杜君绰碑》记载："兵交御辇，矢及宸闱。"参加过玄武门之变的郑仁泰，其墓志中则记载："兵缠丹掖，沴（lì）集紫宸，公奉睿略于小堂，肃严诛于大义，二凶式殄，谅有力焉。"这些都可以佐证，玄武门之变当天，李渊跟前发生了武装冲突。

这么看来，李世民应该提前用武力掌握了宫内的控制权，防止李渊调动更多的禁军反扑，也防止他和李建成、李元吉有信息往来。为了掌握主动权，李世民有可能还向李渊要过"诛杀逆贼"的圣旨，以便让秦王府师出有名。只是考虑到秦王府和太子府还没正面交锋，鹿死谁手还不一定，李渊并没有立即松口。

等尉迟敬德"擐甲持矛，直至高祖所"，便是大势已定。李渊见到他大吃一惊，问道："今日乱者谁邪？卿来此何为？"尉迟敬德回答："秦王以太子、齐王作乱，举兵诛之，恐惊动陛下，遣臣宿卫。"

一场阴谋夺取皇权的武装斗争，被胜利者一方的史臣包装成镇压暴乱的义举，哪怕被镇压的是皇帝的嫡长子、一国的储君。

对贞观史臣来说，李建成的感受不重要，玄武门的见证者太多，污点也太多，如果不处理，就会影响统治集团的形象。好在他们虽无法否认政变的事实，但可以美化。

一个信息不发达、没有互联网的时代，一个连印刷都没有大规模普及的时代，世人该怎么去获取和传播信息？除了口口相传，就是文字记载，而且最权威的不是近乎小道消息的前者，是有官方背书的后者。于是，在当事人的口述被历史的长河淹没的时候，一段官方记录就能成为事实，不是因为它没有问题，而是因为它是唯一。到了宋朝，司马光写《资治通鉴》只能拿唐朝残留下来的实录、国史去记录这段历史。那个时候，玄武门之变的性质便悄然被扭转了。

贞观史臣欲盖弥彰的记录，背后是李世民最想隐藏的秘密。

史臣刻意将玄武门之变描述成秦王府和太子府的冲突，掩盖了李世民控制李渊的经过，可实际上，这场政变更可能是针对李渊的行动，李建成和李元吉只是附属的战利品罢了。这同样是一个血腥的战场，但秦王府在宫内屠杀了多少人，对李渊做了什么，如今已经全都成了谜团。

好在还有蛛丝马迹可以探寻。

《旧唐书·尉迟敬德传》记载，李世民登基后，于贞观八年（634）举行宫廷宴会，尉迟敬德出席。有个大臣的座位排在尉迟敬德之前，他当场暴怒，扬言："汝有何功，合坐我上？"任城王李道宗上前劝说，差点被打瞎双眼。李世民见状，淡淡地对尉迟敬德说了一番话：

> 朕览汉史，见高祖功臣获全者少，意常尤之。及居大位以来，常欲保全功臣，令子孙无绝。然卿居官辄犯宪法，方知韩、彭夷戮，非汉祖之愆（qiān）。国家大事，唯赏与罚，非分之恩，不可数行，勉自修饬，无贻后悔也。

李世民对武将向来宽厚，容忍度很高，如果尉迟敬德只是一时意气撒个泼，李世民绝不会拿韩信的下场去暗讽他。更何况，贞观一朝人才济济，武将如云。从历史记录看，尉迟敬德并没有可以彻底碾压别人的功劳。他敢狂言放肆，只有一种可能，那就是在玄武门之变当天，他进宫控制了李渊，帮李世民解决了最棘手的麻烦。

这是大功一件，也是李世民最忌讳的事。于是这场宴会后，尉迟敬德一夜之间从李世民的心肝宝贝变成了弃臣，彻底淡出了贞观朝廷。随后尉迟敬德深居简出，沉迷炼丹，大兴土木，过着奢华无度的生活，以自侮自毁的方式得以苟延残喘。史载："敬德末年笃信仙方，飞炼金石，服食云母粉，穿筑池台，崇饰罗绮，尝奏清商乐以自奉养，不与外人交通，凡十六年。"

再换个角度看。

如果这场政变真如贞观史臣定性是正义的，那他们为何不对政变的细节大书特书，还有什么比"杀贼平叛"的细节更靠谱的证据吗？然而没有，我们看到的，是下面这样蹩脚的记录：

听尉迟敬德声称李建成和李元吉作乱，是秦王镇压了他们，李渊对重臣裴寂说："不图今日乃见此事，当如之何？"意思是，没想到今天会发生这种事，你说该怎么办？

裴寂沉默了。这时候说李世民的坏话，纯属找死，但反过来对李世民说好话，求新老板的赏识，以李世民眼里揉不得沙子的性格，只会适得其反。

萧瑀和陈叔达向来对李世民有好感，他们看到大势已去，于是接话道："建成、元吉本不预义谋，又无功于天下，疾秦王功高望重，共为奸谋。今秦王已讨而诛之，秦王功盖宇宙，率土归心，陛下若处以元良，委之国事，无复事矣。"

李渊听后说："善！此吾之夙心也。"

就立李世民为皇太子吧，这是我李渊平素的心愿！

如果这句话是真的，那它恐怕是李渊这辈子说的最违心的话。看来就算贵为人间帝王，在刀斧加身的情况下，也有许多不得已。

《资治通鉴》卷一九一记录到这里，李世民最忌讳的以子逼父之事，已经通过被隐去的宫内屠杀记录和被书写的李渊违心告白洗白了。三天之后，李渊下诏，立李世民为太子，让他全权处理军国大事，秦王府的文臣武将逐渐进入大唐的权力中心。

武德九年（626）八月，李渊彻底被架空，被迫传位于李世民。

属于李世民的辉煌时代就要来临了。然而，玄武门的斑斑血迹就像一个魔咒，彻底套牢了李唐皇室，此后父（母）子相残、兄弟相争的宫廷流血政变一场接着一场。李世民自己在皇位传承一事上也饱受煎熬，后来他和儿子们相互猜忌，子孙不得善终，不知道算不算得上是因果报应。

造成这种局面，对权力无尽的欲望是主因，但李世民开了先河，把底线放得如此低，让后人没有心理负担，也是重要原因之一。

叁 贞观之治

东突厥之战

武德九年（626）八月初九，李世民终于坐上了龙椅，次年改元"贞观"，史称唐太宗。但他没有心情庆贺，因为八月十九，东突厥的颉利可汗率领二十万大军入侵，已洞穿了大唐的所有防线，至八月二十四已经到达高陵县，距离大唐的首都长安只有五十里。

尉迟敬德奉命御敌，杀了一千余人，但胳膊拧不过大腿，只能退守长安。之后颉利可汗驻扎在渭水之侧，派执失思力前来进行外交谈判。

这是东突厥的兵马距离长安最近的一次。

颉利可汗敢来，一来是因为突厥兵强马壮；二来是觉得唐廷内乱，防务空虚，有机可乘。执失思力有军队作后盾，面对大唐君臣倨傲不恭，像个骄傲的大公鸡。

李世民生性刚猛不服输，而且刚登基需要维护自己的威严，因此对执失思力说道："我与颉利可汗早就立约讲和，给你们送的钱财无数，没想到你们背弃盟约，深入唐境。虽然你们是胡人，但也长着一颗人心，怎能忘记大唐的恩惠，自夸兵强马壮呢？"

话音一落，李世民就要砍了执失思力。封德彝急忙救场，说两军交锋不斩来使，希望放执失思力回去。但李世民认为放执失思力回去就是向突厥示弱，最终将他关在门下省，随后带着高士廉、房玄龄等人奔赴渭水，和颉利可汗打口水仗去了。

在朝臣看来，李世民是个疯子，在玩火自焚，想拦住他。可李世民太了解突厥人的脾性了，如果颉利可汗真有底气，为什么不直接开战或是沿途抢劫呢？陈兵渭水，大秀肌肉，不就是搞不清楚李世民的虚实，想看他怎么应对吗？

李世民的态度决定了颉利可汗的态度。高端局的博弈，谁先怯场谁就输。

颉利可汗不傻，李家能问鼎天下，靠的是实力，三万元从禁军就在长安城北，还有驻防各地的大唐军队，如果开战，他绝对会吃不了兜着走。何况李世民出发前已经安排军队在渭水附近晃荡，到处都是唐军的旌旗，这种隐形的威慑力是很足的。

颉利可汗盘算了下战争的性价比，最终决定在渭水之侧的便桥杀白马，和李世民歃血为盟，永结盟好。执失思力也被释放了。当然了，和好是假象，大国结盟通常就两个目的，给弱者的经济讨好找到逻辑支撑，给强者的潇洒退场找到面子台阶，各取所需罢了。

突厥退兵了，但李世民也下定了决心，要铲除卧榻旁边这只酣睡的猛虎。

这件事好办到吗？

客观地说，不能用容易和困难来形容，因为此时的东突厥处于最鼎盛的时期，草原上的所有部落都选择依附东突厥，想要一举消灭这个庞然大物是不可能的事。

李世民后来搞府兵改革、租庸调改革，给大唐积累了大量财富，有助于国家的强盛，但这些都无法决定唐王朝与东突厥的最终输赢。能够瓦解东突厥的，一定是其内部的分裂，所以李世民能做的事情就是维持短暂的势态平衡，蛰伏待机。

这大概是李世民做的最伟大的一件事。他在自己政治生涯的巅峰时期，在最血气方刚的年纪，克制住了内心的战争欲望，在与东突厥的外交博弈中保持了绝对的清醒和理智，将注意力放到强大自身上面。

李世民是幸运的，他很快就等来了大好机遇。

东突厥是松散的政治联盟，颉利可汗靠利益和拳头维系着自己的统治地位。与大唐的结盟压缩了东突厥内部很多部落的经济利益，但有颉利可汗绝对的军事实力做威慑，这些部落不敢贸然犯唐，只能在内部发动战争，争夺不多的生存空间，内耗极大。

贞观元年（627）冬天，东突厥遭遇极寒天气，大雪覆盖整个草原，无数牲畜被活活冻死，当地百姓食不果腹，苦不堪言。连出使东突厥的鸿胪寺卿郑元璹都看出了端倪，断言不出三年，东突厥就会灭亡："今突厥民饥畜瘦，此将亡之兆也，不过三年。"

第二年四月，从东突厥传来消息，突利可汗和颉利可汗闹掰了。

突利可汗是颉利可汗的侄子，东突厥的二把手，驻扎在幽州以北，掌管奚、室韦等十多个部落。后来这些部落投降唐朝，颉利可汗找突利可汗问罪，叔侄俩结下了梁子。

事实上，颉利可汗猜忌侄子的根本原因，是突利可汗与大唐皇帝李世民走得很近，威胁到了他的地位。

为什么走得近呢？这是李世民搞的离间计——故意和突利可汗结交，以期在东突厥内部造成矛盾。

事情就如李世民的料想。因为猜忌产生怨恨，因为怨恨发生冲突，突利可汗最终率领族人投降了唐朝。

所有人都觉得攻打东突厥的时机到了，可李世民选择继续等待。他告诉突利可汗，我和你是朋友，但颉利可汗也是我的盟友，我无法背信弃义，你们内部的矛盾要自己解决。

此时，统治中亚地区的西突厥也爆发了内乱，亲唐派的统叶护可汗被伯父莫贺咄可汗杀害。莫贺咄可汗人品很差，不受待见，以弩矢毕部为首的部落拥立统叶护可汗的儿子咥力特勒。双方都想找唐朝和亲，靠抱大腿上位，而李世民表示，西突厥太乱了，公主嫁过去会吃苦，等你们打完再说。

西突厥和东突厥的动荡让草原上的小部落看不到前景，他们都在寻找下一个可以依靠的草原霸主，一个叫薛延陀的部落进入了他们的视野。

薛延陀是铁勒部的分支，总部在郁督军山，也就是今位于蒙古高原西北的杭爱山，族人少、牲口少，属于草原上的小透明。可历史证明，最后能成大事的，往往都是这样低调生存、积蓄实力者。

各部族公推薛延陀的首领夷男为大可汗，李世民也在第一时间送去册封诏书，而李世民扶持夷男的原因是薛延陀拥有地缘优势，可以在关键时刻捅东突厥的后背。

直到此时，李世民才终于觉得，干掉东突厥的时机到了。

贞观三年（629）八月十九，李世民正式向颉利可汗宣战。诏书下达后，一百二十万东突厥百姓归附唐朝，东突厥无兵可调。

打仗讲究天时、地利、人和，这些有利因素基本被李世民占据，颉利可汗没有反抗的余力。

当年，西汉大将军卫青从定襄城（今内蒙古自治区呼和浩特市和林格尔县）出漠北，将匈奴人赶得鸡飞狗跳。这一次，唐军主帅李靖率领三千铁骑出征，几乎复制了卫青的壮举。与此同时，大将李世勣出云中郡（今内蒙古自治区呼和浩特市托克托县），张公谨、柴绍、薛万彻也从不同路线围剿，颉利可汗最终退守到阴山。

形势一边倒，执失思力再次来到长安，代表东突厥表达了投降的意愿，李世民答应了。

该怎么对待东突厥，朝廷已有定夺，但漠北地界，李靖和李世勣商议后还是决定带上一万精兵和二十天口粮，偷袭颉利可汗在阴山的大本营。两位大将看起来违背了李世民的意思，但事实上他们才是真正懂李世民的人。李世民是皇帝，可以搞面子功夫，而他们必须替皇上把事情办扎实。

李世勣迂回到漠北碛（qì）口，李靖在正面包夹，颉利可汗最终成了俘虏。

占领敌国城池，活捉敌国君主，虽然是瓮中捉鳖，没什么难度，但在宽阔的草原活捉威震一时的草原霸主，还是让李世民的威名打响了。草原部落一直以"可汗"二字称呼他们的领袖，这一仗之后，他们将"天可汗"的头衔给了李世民。

贞观四年（630）四月，李世民在太极宫顺天门举办大会，昭告颉利可汗的五项大罪。

在此之前，李世民和李渊这对父子的关系已经降到了冰点。这回献俘仪式结束后，李渊却主动提议在凌烟阁举办宴会。席间，李渊弹奏一曲琵琶，李世民翩翩起舞，父子把酒言欢，努力找回逝去的温情，算是放下了彼此心中的隔阂和成见。对李渊来说，李世民不是好儿子，却是个好皇帝，他为李唐皇室洗刷了东突厥带来的耻辱，这对他来说是不小的安慰。

仗是打赢了，不过，大唐该怎么消化东突厥这个庞然巨物呢？

李世民最终采纳了宰相温彦博的意见，遵照大唐制度，将东突厥的地盘拆分为州，在东突厥境内设置都督府，实行军事管理。他还任命当地少数民族首领为都督，实行民族自治。这些人里有愿意到长安的，李世民就给他们加官晋爵，甚至让他们担任御前侍卫。

这种皇帝直接管理少数民族地区的政治领袖，通过军事威慑和政治控制，让他们承认自己的至高地位，再给主要领袖特权，任用他们为地方官吏，让他们替朝廷管理少数民族的制度，就是"羁縻制"。

吐谷浑、吐蕃、高昌风云

李世民新得的"天可汗"名号很唬人，但周边势力并不都肯承认他的这个头衔，比如吐谷浑、吐蕃、高昌三个政权。

吐谷浑位于今天的青海省、甘肃省一带，都城设在伏俟城（今青海省海南藏族自治州共和县）。此时这个政权的首领叫慕容伏允，曾经被隋炀帝杨广打得满地找牙，帮李渊打过西凉的李轨，可以说面对中原政权基本处于下风。可到了李世民这里，慕容伏允的腰板直了起来，纵兵劫掠大唐边境，放李世民的鸽子，扣押唐朝使者赵德楷……总之，伤天害理的大事没做过几件，让人心烦的挑衅小事却做了不少。

李世民忍了很多年，到他忍无可忍的时候，慕容伏允就要倒霉了。

贞观八年（634）六月，唐将段志玄带着大军赶到青海湖。这一仗其实是因为李世民看上了吐谷浑的宝马青海骢，但这事儿不好明说，全靠段志玄琢磨。谁料段志玄只顾打仗，错过了最佳的抢劫时机，导致慕容伏允偷偷把马群带走了，最后唐军的另一位主将李君羡绕着湖跑了一圈，只带回来两万头牛羊。这样的结局让李世民很懊恼，因此抹掉了两位将军的功劳。

半年后，战神李靖挂帅，带着侯君集、李道宗、薛万彻再次出征吐谷浑。这是一个可以让敌国寸草不生的阵容。李世民不惜请出六十三岁高龄的李靖，而且下令在寒风彻骨的十二月出兵，明显带着报复情绪，还有斩草除根的政治目的。

青海高原是个死亡之地，出征的唐军在最艰苦的时候只能化雪为水、杀马取血。不少将领都主张撤军，但李靖最终拍板：不管多困难，这一仗必须打赢！

李靖、薛万均、李大亮率领北路军沿着祁连山脉、阿尔金山脉前进；侯君集、李道宗率领南路军沿着昆仑山脉前进。唐军凭借顽强的意志，一直追击吐谷浑大军到突伦川（亦作图伦碛，即今塔克拉玛干沙漠），距离今天中国的西北国境线很近了。

慕容伏允熟悉当地的地形道路，完全可以逃走，可他惦记自己的数十万牲口，最终因为行军速度遭到拖累，被唐军追上，被杀身亡[①]。

此时此刻，西藏高原上吐蕃政权正在崛起，如果灭掉吐谷浑，大唐不仅要花大量人力、财力管理这片荒芜的土地，还会直接面对来自吐蕃的威胁。李世民考虑再三，决定留着吐谷浑作为战略缓冲。

贞观十年（636），李世民封慕容伏允的孙子慕容诺曷钵为河源王，让他继续管理吐谷浑。

在吐谷浑之后遭殃的，是高昌国。

高昌国的都城在今天的新疆维吾尔自治区吐鲁番市，是丝绸之路上的经济重镇、西域地区宗教和文化圣地，当时每年途径高昌的商队都络绎不绝。

武德年间，高昌国的国王麴文泰对大唐还是敬服的姿态，他给李渊送过一批拂菻（lǐn）[②]狗，而拂菻狗是顺从的代名词。但是，麴文泰可不是在卑微地无脑奉献，他愿意放低尊严，只因为大唐和西域的往来通商让大批商队经过高昌，高昌可以从中薅到足够的羊毛，比如发展发展服务业、旅游业，或是干脆纵容境内军队偷偷抢劫商队，发几笔横财。

[①] 《新唐书》《旧唐书》皆称其自缢而亡，《资治通鉴》称其被杀身亡。此处采用后者的说法。
[②] 拂菻，古国名，隋唐时指东罗马帝国及其所属西亚地中海沿岸一带。

高昌与大唐两国之间产生裂痕，导火索是西域小国焉耆国。

焉耆是亲唐派的国家，时常往长安送个特产，可每次经过高昌都会被盘剥一番，而从长安得到的赏赐，在返回途中也要交税，这就导致他们一年跑十次长安，却有五次都要亏本。

李世民提醒过麴文泰，要他搞好西域的环境，不说和各国相亲相爱，起码得公平公正，否则大唐就要重开废弃已久的西域北道路线，搞市场化的竞争。但麴文泰把李世民的话当成了耳旁风，不仅没有收敛，反而加大了对焉耆的盘剥，甚至联合处月、处密两个部落把焉耆抢了个精光。最离谱的是，他还挑拨离间，说薛延陀的夷男与大唐的李世民都是可汗，应该平起平坐，夷男可汗以李世民为尊是很没面子的事。

麴文泰为什么敢这么嚣张？因为他觉得高昌距离长安有几千里路，中间隔着沙漠、高原，唐军没有穿越绝境攻打过来的可能，而且就算来几万军队，高昌也能够应付。另外，麴文泰还曾游历过大唐的陇右地区，在那里见到的是荒凉和贫穷，所以骨子里觉得如今的唐朝实力不怎么强。当然，他很快就为自己的错误认知付出了惨痛的代价。

被麴文泰挑拨之后，夷男可汗派人前往长安，言说自己很生气，要替李世民教训高昌。李世民一眼就看穿了夷男可汗的心思：这小子是瞧上了高昌国的财富，想要趁火打劫啊！他懒得揭穿夷男可汗的小把戏，直接派户部尚书唐俭、突厥降将执失思力前往薛延陀，给夷男可汗送了一批丝绸锦缎，安抚住了夷男可汗躁动的战争欲望，然后把帮麴文泰"盘点家底"的工作交给了大将侯君集。

高原行军很困难，但经过吐谷浑一战，铁血意志已经铸进了唐军的骨子里。这次高昌之行，唐军带着"犯强汉者，虽远必诛"的崇高信念，再次穿越死亡之地。

侯君集刚到达高昌国都，麴文泰就被吓得一命呜呼了，其子麴智盛继承王位，打算带着全体军民负隅顽抗。

侯君集的性格本来就阴鸷凶悍，经过战场的洗礼，几乎成了冷血无情的战争机器。在他面前，高昌不是国家，而是战功、财富的代名词。他调集了一批投石车，对高昌古城发动猛烈的空袭。大石头迎风咆哮，落地之处，房屋千疮百孔，百姓血肉模糊。惨烈的攻击让高昌百姓明白，中原政权是礼仪之邦不假，但是如果有必要，他们也会用最强横的方式，把中原的礼仪带到王化之外。

麴智盛还在顽抗，他向西突厥发出求救信，西突厥答应会派援军。可西突厥的军队刚来，听说侯君集已经包围高昌都城，便连夜撤军，唯恐被侯君集盯上。

获救希望破灭，麴智盛举起白旗，却遭到侯君集的拒绝。之后侯君集对高昌国的三郡、五县、二十二城展开地毯式的搜刮劫掠，八千户家庭、两万名百姓遭逢大难。

贞观十四年（640），高昌国宣告灭亡。听到这个消息，西突厥急忙派人到长安请罪，将浮图城（位于今新疆维吾尔自治区昌吉回族自治州吉木萨尔县）送给大唐。李世民将高昌改为西州，浮图城改为庭州，加上隋朝时设立的伊州（治所位于今新疆维吾尔自治区哈密市伊吾县），唐朝在新疆地区就拥有了三州之地，彻底控制了天山山脉的南侧和北侧，也就是丝绸之路的北道和中道。从此时开始，丝绸之路不再由西域的小国管理，中原的行政体系和君主意志将渗入西域的旷野。

同一年，安西都护府横空出世，治所就设在西州的交河城（位于今新疆维吾尔自治区吐鲁番市）。安西都护是这里的长官，负责管理整个西域地区的军务，麾下数千军队，专门用于威慑西域小国，为穿梭在丝绸之路上的人们保驾护航。

盛世之下，太子难当

唐太宗李世民雄才伟略，登基之后复兴文教、广用人才，对内完善三省六部制、郡县制、府兵制、均田制、租庸调制等，薄赋尚俭，劝课农桑；对外开疆拓土，攻灭东突厥与薛延陀，征服西域，重创高句丽。唐朝在他的带领下欣欣向荣，呈现出一片繁荣景象，史称"贞观之治"。

这样一个有为帝王，却有两个一生之痛：一是玄武门之变；二是儿子们下场惨淡。

李世民有十四个儿子，除了后来成为唐高宗的李治和赵王李福，其他儿子全都死于非命，早夭、被杀、自杀、流放成了这些天皇贵胄的归宿。

长孙皇后给李世民生了三个儿子，分别是长子李承乾、四子李泰、九子李治。

李承乾出生于武德二年（619），他的名字是爷爷李渊起的。有人说这名字有"承继皇业，总领乾坤"之意，可见家族对他的期望之大。还在襁褓之中，李承乾就受封恒山王，与当时还是秦王的父亲李世民只差一级。

武德九年（626），李世民即位，册立八岁的李承乾为皇太子。在陆德明、孔颖达两位儒学大师的教导下，李承乾逐渐成长为一个宽厚友爱、孝顺仁德的谦谦君子。

贞观年间有大批的贤臣可以辅政，以李承乾的才能，他足够做个优秀的守成之君。不过，李世民对李承乾既有父爱，也有对继承人的严格要求。

李世民时常说，自己曾混迹民间，懂百姓疾苦，但有时候还是处理不好政务，而李承乾自幼生活在宫中，什么也不懂，所以希望大臣们时常规劝李承乾。

话是没错，可在魏徵的带领下，贞观一朝的进谏风气太浓了，加上有李世民下发的"尚方宝剑"，太子府的幕僚开始无休止地干涉李承乾的方方面面。不管是日常政务意见，还是饮食生活、衣着举止，只要李承乾做得不到位，大家就喷一堆唾沫星子。

一个十几岁的少年，正处在建立自己价值观的最关键的阶段，骨子里有叛逆，面子上要尊严，根本经不起这种打压式教育的摧残。更为遗憾的是，随着长孙皇后去世，再没人真心关注李承乾的心灵成长。在别人眼里，李承乾就是一个工具人，是被寄予厚望的下一代"圣主"。甚至有人拿劝谏李承乾作为自己邀功请赏的资本，至于孩子的情绪如何，他们压根不管。

不健康的成长环境，让李承乾从一个温顺热情的孩子逐渐变成厌世的迷惘少年。

有一段时间，李世民似乎察觉到了孩子的变化，但他以为是李承乾对东宫老师有了审美疲劳，于是轮流让李百药、孔颖达、张玄素等十几位大臣到太子宫，对李承乾进行价值观的狂轰滥炸。父不知子，子不知父，这对天家父子的关系开始微妙起来。

如果只是父子关系出了问题，尚且可以弥补，真正让李承乾心态崩溃的是李世民对弟弟李泰的偏爱，这让他失去了做皇储的安全感。

李世民对魏王李泰的宠爱近乎非理性。李泰肥胖，李世民允许他在宫内坐轿；听说有重臣轻视李泰，李世民把他们叫到跟前，像对奴才一样训斥；按照制度，藩王要到地方去做都督，其他皇子都依例行事，李世民却偏偏把李泰留在长安，此外还大手一挥，把大片土地赏给李泰做后花园，允许魏王府的规格超过朝廷制度，甚至超过太子宫的标准。

所有人都在提醒李世民，他对李泰的偏心已经到了很危险的地步，李世民却对大家说："人的生命长短实在难以预料，万一太子遭遇不幸，谁知道哪个皇子做你们的新君呢？你们为何要轻视他，不给自己留条后路？"

皇帝的只言片语，就能让下面的人浮想联翩：李承乾的安全感慢慢丧失，心中充满了怨恨，开始自暴自弃；李泰的人生目标变成了做皇太子，挤对哥哥成了他的日常操作；原本团结在太子李承乾周围的朝臣则逐步分裂成两个阵营，分别支持两位皇子。

随着李泰的崛起，太子宫的官员逐渐对李承乾施加越来越大的教育压力。有一次，趁李世民到洛阳巡幸，李承乾大搞土木工程，还召乐队进宫庆祝，相当放飞自我。太子詹事于志宁疯狂劝谏，李承乾不听，于志宁转头就找李世民告了一状。这样的事一再发生，连李承乾的乳母遂安夫人——一个卑微的妇人都看不下去了，提醒他们要给李承乾留点面子。

对于太子宫的事，李世民一清二楚，却没能进行任何良性的管教。父子俩通常一个教育指责，一个默默承受，完全是无效交流。

李承乾喜欢音乐，结识了一个叫称心的太常寺艺人，和他同吃同住，形影不离，传言说他们有不伦关系。李世民听说后直接处死称心，顺便训斥了李承乾一顿。李承乾亲近道士秦英、韦灵符等人，李世民的屠刀便砍向了他们。李承乾搞土木工程，李世民二话不说又是一顿训斥。可问题是，类似的事发生在李泰身上，李世民的态度却完全不同。

李承乾也有忍不了而反抗的时候。李世民嘱咐太子左庶子杜正伦规劝太子，杜正伦把李世民的话转告李承乾。究竟说的什么话，谁也不知道，只知道李承乾随后便"抗表闻奏"。李世民没有搭理李承乾，反而指责杜正伦泄露自己的话，之后又将杜正伦贬为谷州刺史，彻底将其打入"冷宫"。

总之，皇帝和太子之间更像是在赌气。一个以为我给了你太子的尊崇，你就应该懂父亲的良苦用心；一个认为父亲偏爱弟弟，有严重的双重标准，对自己一点儿都不公正。

贞观十六年（642）正月，李泰给李世民送了一份大礼——《括地志》。这是一本有相当文学价值的地理百科全书，但此时此刻，它更是李泰逢迎邀宠的资本。

李世民收礼后大喜过望，赏赐李泰居住在太极宫的武德殿。武德年间，齐王李元吉就住在武德殿。这个举动不仅表达了父亲的疼爱，更是一种政治暗示。

文武大臣对此事三缄其口，只有重病缠身的魏徵上了一道奏折，直白地将十六年前的旧事摆上台面，暗讽李世民要让历史重演。玄武门政变是李世民永远的痛，他开始醒悟，勒令李泰搬了出去，并逐渐对李承乾有了一些包容，比如允许太子府随意从府库领取用度，有司不许限制。

然而，李承乾的心魔不在缺钱花，而在自己的太子地位岌岌可危。

一个人被伤得太深，短期内是走不出来的，需要给予耐心和时间，偏偏李世民对大多数皇子都很严苛。《资治通鉴》卷一九六载："上（李世民）选刚直之士以辅诸王，为长史、司马，诸王有过以闻。"就连只想做个闲散王爷的齐王李祐，李世民也用高标准要求，派大臣教育督导，最终被奸臣钻了空子。贞观十七年（643）三月，李祐谋反，兵败被抓，李世民最终将李祐处死。

齐王刚刚被杀，李承乾要怎么相信从来严酷的父亲会对自己慈眉善目？于是他报复性地拿着李世民给他的钱大肆挥霍，短短两个月就花掉数万贯。

见太子如此行事，朝臣的态度开始偏向李泰，更换储君被提上了议程。长安坊间甚至传言，李承乾是个瘸子，不适合做太子，李泰才是最合适的储君。

捕风捉影的话通常都是为政治服务的，李世民终于意识到问题的严重性，想要挽回局面。他在公开场合强调李承乾才是合法的太子，甚至请出了病重的魏徵做太子太师，还说如果嫡长子去世就立嫡长孙，也就是李承乾五岁的儿子。总之一句话，他绝不会以庶子取代嫡子，不会开启皇子争夺帝位的先例。

问题在于，李泰并非庶子，而唐朝皇子争夺帝位的行为是李世民本人开的先例，所以这段空洞的发言根本没有安抚住李承乾。雪上加霜的是，李泰拉拢杜楚客、韦挺，暗中结交朝臣，李承乾派人举报，李世民不仅没有警告李泰，反而抓了告状之人，李承乾从此心如死灰。

没过多久，魏徵去世，李承乾的处境更加困难。如今留给李承乾的路只有两条：一是坐以待毙；二是奋起反抗，走李世民当年的路。

李承乾到底是李氏子弟，生性不软弱，选择了第二条路。他一边在太子宫尽情放纵，迷惑众人，一边结交郁郁不得志的朝臣，比如大将军侯君集、汉王李元昌、驸马都尉杜荷、洋州刺史赵节等。这些人以刀割臂，以帛拭血，将帛烧成灰和酒饮之，誓同生死。

李承乾与众人商议，打算从东宫潜进太极宫，发动政变。就在此时，因齐王谋反而受牵连下狱的一个名为纥干承基的人上书，承认自己是李承乾豢养的刺客，为了活命而将李承乾的秘密说了出来。

李承乾的罪行不存疑问，李世民暴怒之下采取雷霆手段，将李承乾废为庶人，诛杀了侯君集、李元昌等同党，并将张玄素、赵弘智等太子府官员一起贬为庶民。

所有人都有罪责，唯独李世民没有，因为他是高高在上的皇帝。

晋王捡了便宜

太子被废，庶子不在考虑范围内，大唐的新太子只能从魏王李泰、晋王李治两者中选一。

李泰整日在李世民身边伺候，表现得极其孝顺。在李承乾被废黜后的一段日子里，李泰的陪伴让李世民感觉到了莫大的安慰，他承诺李泰，会立他为太子。

这是一个看似已经铁板钉钉的决定，却因遭到国舅爷长孙无忌的反对而有了波折。

长孙无忌直接甩出自己的态度：可立晋王！

晋王李治，小名雉奴，为李世民第九子，此时年仅十七岁。

世人都说李治很弱，可李治的弱是性格的温和仁厚，是内心的无欲无求，不是智商有缺憾。比如李治小时候读《孝经》，李世民问他有什么收获，他回答道："小的时候侍奉双亲，长大之后侍奉君王，最后达到修身养性的目的。"做个好儿子、好弟弟、好臣子，这很符合李世民的期待。然而此后，李世民的目光很少放在看起来资质平庸的李治身上。李治一直跟着母亲长孙皇后生活。长孙皇后去世后，李治日夜伤心哭泣。李世民出于怜惜和愧疚，封李治做了右武侯大将军，随后父爱再次消失。

李治和李泰一母同胞，都是长孙无忌的外甥，以往的表现也并不出众，长孙无忌为何如此强烈地支持李治？

其实答案很简单。当时为李泰奔走呐喊的已经有岑文本、刘洎（jì）等人，长孙无忌想赶李泰这趟车已经来不及了，自然要拥立别的候选人以谋求功劳。另外，李泰身上的文人气息很浓，自视清高，性格还有点强势，如果他做了皇帝，肯定会和长孙无忌产生矛盾冲突，到时候长孙无忌的政治地位会一落千丈。反观李治，年纪轻轻，还是个孩子，价值观还没成熟，性子又柔弱，容易被掌控，自然而然就成了长孙无忌的首选。

拥立太子是很敏感的事，弄不好就要掉脑袋。长孙无忌明知道李世民想立李泰，还敢把不被看好的晋王李治推到前台，不怕李世民猜忌吗？

或许怕，但他更懂李世民的心。

如果李世民真想立李泰，李泰早就是东宫的主人了。李世民迟迟没下册立诏书，是因为李泰骨子里的刻薄寡恩让他很担忧。李世民自己经历过人伦惨剧，所以他最担忧的就是皇子自相残杀，想在自己的能力范围内杜绝这种事情再次发生。如果李泰做了太子，李承乾必死无疑，李治是死是活也全凭李泰的心情。这是李世民不想看到的，他可以废黜李承乾，却不想让李承乾日后死于兄弟之手。

别人或许看不透李世民的这份顾虑，但长孙无忌知道，并且抓住了机会。

李治的横空杀出，让李泰有了严重的危机感。为了表现，李泰对李世民说，如果自己能当皇帝，以后会把儿子杀了，把皇位传给弟弟晋王。这种态度让褚遂良等重臣错愕不已，大家纷纷劝谏李世民，表示李泰这种可以杀子的凶残之人不能成为大唐的储君。

李世民还在犹豫。他是帝王，要考虑的不仅有亲情，还有大唐的国运。在他看来，李泰拥有帝王般的魄力和素养，可以继承他的衣钵，继续开创盛世，而李治过于柔弱，恐怕担不起重任，还有被权臣架空的风险。

这个时候，其实考验的是李泰的定力，但李泰犯了致命错误。

一次，李泰碰到李治，语带讽刺地说："晋王，你和汉王李元昌关系密切。如今李元昌谋反失败，被父皇赐死，你难道一点都不担心吗？"

李元昌谋反和李治有什么关系！这种毫无营养的威胁，纯粹是李泰想打口水仗，发泄怒气。至于李治，完全可以一笑置之或者当场怼回去，但他没这么做。

接下来的几天，李治频繁出现在李世民的跟前，而且表现得情绪很低落，很紧张，很无助。李世民看不下去，问他发生了什么，李治一字不漏地将前事说了出来。

李世民失望透顶。至此，李泰的滤镜完全消失，李世民打消了对他的所有期待，下定决心要立李治为储君。

贞观十七年（643）四月，李世民召集长孙无忌、房玄龄、李世勣、褚遂良和晋王李治，经过一番政治表演，让这几位重臣当场许诺，保证以后会为李治保驾护航。

权力高层达成共识后，李世民便在朝会上宣布了立李治为太子的消息。他还定了个规矩：从今往后，凡是太子失德，而藩王企图谋取太子之位的，两人都要弃置不用，李唐的子孙后代要永远效法此例。随后，李世民圈禁了李泰，将他降级为东莱王，解散了魏王府。

事情本该到此翻篇，可随后发生的一件事，在几人的命运之轮上又推了一把。

李治告诉李世民，李承乾和李泰被贬后只有几件随身的衣服，吃的东西也不够好，希望李世民下旨，帮两个哥哥改善一下生存环境。

李治究竟是心疼哥哥还是有落井下石的心思，李世民拿不准，所以保持了沉默。这一沉默就是四个月的时间。期间，李世民一直在观察——如果李治继续把心思放在两个哥哥身上，他就要怀疑此前的话是在向他暗示两个哥哥的存在了，可李治就只说了一次，于是他最终确信，这个傻小子是真的关心两个哥哥。

李治既然是这样厚道仁慈的性子，继续把李承乾和李泰留在长安，他迟早会有心软的一天，到时候被奸臣钻了空子，两个皇子死灰复燃，后果就是另一场玄武门政变。

李世民决定替李治拔掉所有的刺。

九月，李世民将李承乾发配到黔州（治所在今重庆市彭水县），将李泰发配到均州（治所在今湖北省十堰市丹江口市），此后将心血全部倾注到李治的身上，竭尽所能地教李治怎么做个好皇帝，怎么统御群臣，怎么运用帝王心术。

李治有政治天赋，但距离李世民所期望的还差一些，而李治一直以来表现出的低调谦逊，让李世民尤其放心不下。

李世民问长孙无忌："你老是劝朕立雉奴为太子，可朕总是担心他性格太过柔弱，不能够守护好社稷江山。吴王李恪英武果断，在性格上和朕有几分神似，朕想要立他为太子，你觉得怎么样？"长孙无忌觉得李世民很糊涂，斩钉截铁地怼了回去。

没过几天，李世民又找李恪谈话，说当年汉昭帝刘弗陵登基为帝，他的兄弟、燕王刘旦不服气，权臣霍光仅凭一封密信就杀了他，希望李恪引以为戒。

李恪英勇威武，性格很像李世民，可他的母亲杨妃是隋炀帝杨广的女儿，身上流着隋朝皇族的血，这让他从一开始就失去了角逐太子之位的可能。李世民清楚这个事实，却表现出对李恪寄予厚望、对李恪的能力十分看好的样子，这谜一般的操作让长孙无忌和李治像吃了苍蝇似的恶心。

李世民轻飘飘的几句话,把李恪推向了万丈深渊,不过长孙无忌和李治对付李恪需得等以后了,当前就遭殃的是那些支持李泰的重臣。

贞观十九年(645),李泰的拥护者之一岑文本跟随李世民东征高句丽,路上因积劳成疾去世。

第二年,李世民再次征讨高句丽,得了皮肤化脓的炎症,另一位李泰的拥护者刘洎与中书令马周前去探病。褚遂良找他们询问皇帝病情,刘洎神色严峻地说:"圣体患痈,极可忧惧。"谁料,不久后朝野上下竟然风传刘洎野心勃勃,曾说朝廷大事不足为虑,只需依照霍光、伊尹旧例辅佐年幼的太子即可,实在不行,那就杀掉一批心怀鬼胎的大臣。

李世民听闻流言,找马周求证,马周一口咬定刘洎没有说过这话。马周的人品朝野公认,他说没有,李世民自然是信的,可是随后李世民就想到一件往事。

那是多年以前,李世民带着群臣写书法,刘洎为了抢到他的墨宝居然跳到皇帝的办公桌上,这属于践踏皇帝尊严的行为。李世民是个心胸宽厚的人,当时只是哈哈一笑,就将这件事翻篇了。但人的心境是会变的,现在想来,刘洎究竟是做事率真,还是骨子里对皇权缺乏敬畏?而且刘洎曾是李泰的忠实拥护者,如果将来李治管不住刘洎,那刘洎就是个大麻烦。

李世民心中不安,又询问褚遂良刘洎是不是说过那番话。褚遂良是刘洎的政敌,此时自然是无中生有,突施冷箭。在拿到褚遂良的"口证"后,李世民一改对臣下宽厚的风格,果断处死了刘洎。

同样被杀的还有名列凌烟阁二十四功臣的张亮。

当初侯君集攻下高昌,却因贪取金宝下狱,虽很快被释,但一直心怀不满,于是约张亮一同谋反。张亮把这事举报到李世民那里,虽然李世民以无旁证为由把这件事按下了,但还是将张亮晋升为刑部尚书。之后张亮投奔到魏王李泰的麾下,为李泰摇旗呐喊,不遗余力。

长时间混迹在朝廷高层,张亮有点儿飘了,竟在府中豢养了五百名义子,还和江湖术士打交道。这些人吃人嘴软,为了讨好张亮,阿谀奉承地说他有王者之气，说他趴在那里就像一条睡着的神龙，还说他的小妾有王妃的命。张亮对这些话深信不疑，觉得古代那些帝王将相的地位都是靠自己争取来的，自己也可以。只是还没等他有所动作，府中的奴婢就把他举报了。

能在凌烟阁功臣名单上有一席之地的人，都有大功在身，而且和李世民有很深的感情。如果是在贞观初期，没有谋反事实，李世民也许会放张亮一马，可如今的李世民身患重病，自知不久于人世，所以在特地让长孙无忌和房玄龄到狱中送行之后，他果断处死了张亮。

李世民还想为李治做更多。潜伏在李治身边的奸臣、对大唐有威胁的异族势力，都让李世民忧心，但他的身体已经撑不下去了。

李世民本身患有"风疾"，即一种心脑血管疾病，临床表现是头晕目眩、抽搐痉挛、口歪眼斜等，随时有可能猝死。这大概是李家的基因性遗传病，不仅李世民，他的父亲李渊、儿子李治，还有后来的顺宗李诵、穆宗李恒、文宗李昂、宣宗李忱，都有这个毛病。

身体虚弱的李世民最需要的是时间，正好到天竺出使的大臣王玄策带回一位术士，此人称自己已经活了两百年，会长生不老之术。李世民本来对江湖术士是嗤之以鼻的，还曾嘲笑秦始皇和汉武帝的一世英名都毁在了长生不老药上，可如今，他也选择了这条歪门邪道。

刚开始服丹药，李世民的精力确实变得充沛，可到贞观二十三年（649）四月，他的身体越发油尽灯枯了。李世民明白这是丹药造成的。他用自己去试验，最终还是发现自己并不是幸运儿，只能默然接受这个结局。

在生命里的最后一个月，李世民只想做一件事——给李治安排辅政大臣。

凌烟阁二十四功臣里，十八位已经去世，剩下的刘弘基没有辅政的智慧，挑不起大梁；唐俭喜欢酗酒，被李世民辞退了几次，早就淡出权力中心；尉迟敬德、程知节是武将，已经回家养老，给李治站个台或许可以，辅政绝没可能。盘算下来，长孙无忌和李世勣是最合适的人选。

其他朝臣之中，政治新星褚遂良算一个，于志宁、张行成、高季辅、柳奭（shì，李治妻子王氏的舅舅）等人也可以帮李治撑一撑场面。

这些人的安排都好说，唯独李世勣，功劳很大，却一直保持超然世外的政治姿态。李世民担心李治无法钳制李世勣，于是将他贬为叠州（治所在今甘肃省甘南藏族自治州迭部县）都督。李世勣是聪明人，明白李世民的苦心，接到旨意后立马启程前往叠州。

李世民告诉李治，因为李治对李世勣没有恩德，关系疏远，李世勣不一定买李治的账，所以自己先做个恶人，等时候到了，他就可以把李世勣召回长安，任命其为尚书仆射。那时如果李世勣态度端正，就重用他；如果李世勣有反抗意图，就立即处死。

此时此刻，李治深刻地感受到帝王的御臣之术其实是一门人性利益学。皇帝和臣子有感情，但不多，最本质的还是政治需要。帝王只会重用有价值的人，如果此人失去了价值，或者威胁到帝王的利益，就会被无情抛弃。

数日之后，李世民病情加重，他在病后第一次召见长孙无忌，君臣相顾无言。李世民信任长孙无忌，但心中也有忌惮，更多的是担心。多年以前长孙皇后就说过，她这个弟弟不适合掌大权，李世民又何尝不知道长孙无忌的脾性？因此，李世民让长孙无忌坐了很多年的冷板凳。可现如今李唐皇室别无选择，李世民只能让长孙无忌做首席辅政大臣。

随后，李世民单独召见褚遂良，告诫道："长孙无忌对朕非常忠诚，朕能得到江山，他功不可没。朕死之后，万万不可让小人进谗离间君臣关系。"

贞观二十三年（649）五月二十六，李世民在长安城南的翠微宫驾崩。

肆 李治的帝王术

长孙无忌弄权

李治登基了，史称唐高宗。辅政大臣中，长孙无忌担任中书令、门下侍中，是朝中的一号大佬；李世勣于李治即位当月就被召回长安，并于同年逐步升官至尚书左仆射，是二号大佬；褚遂良担任尚书右仆射。

李世勣出身隋朝末年的瓦岗军，和长孙无忌不是一路人，在军中有影响力却又无心争权夺利，所以李世民想用他牵制长孙无忌。可李世勣回到长安后保持着他以往的政治态度，依旧明哲保身。

褚遂良是江南士族，本来与长孙无忌不在一个锅里吃饭，可此时的江南士族已经失去了与关陇贵族争锋的资本，那么依附长孙无忌就是一个不错的选择了。再加上李世民临死前让褚遂良保护长孙无忌，褚遂良没有了道德压力，最终倒向长孙无忌的阵营，李世民安排的制衡格局彻底崩塌。

就在此时，监察御史韦思谦状告褚遂良，说他利用职权压价购买中书省官员的田产。李治命大理寺调查，查出交易合法合理，但韦思谦不依不饶，坚持认为褚遂良违法。

官员交易田产有打擦边球的嫌疑，李治本可以放褚遂良一马，但终因无法容忍褚遂良和长孙无忌穿一条裤子的事，把褚遂良贬为同州（治所在今陕西省渭南市大荔县）刺史。紧接着，李治将柳奭塞进了宰相班子，并命太子府旧臣于志宁、张行成接管尚书省，高季辅接管门下省。安排好这些，李治才将褚遂良调回长安，让他担任吏部尚书、同中书门下三品。

一番恩威并施的操作，既保留了褚遂良的辅政大臣身份，又给长孙无忌安排了新的敌对势力，朝中格局有了重归平衡的意思，李治的政治智慧可见一斑。

面对小外甥的操作，长孙无忌表现得很淡定。他最大的底气是开国功臣的资历和辅政大臣的身份，这不是年纪轻轻的李治可以轻易撼动的。不过，为了保持自己的权势，他还是出手了。

凌烟阁功臣之一房玄龄的家族爆发了惊天丑闻。房玄龄早早去世，他的长子房遗直继承了父亲的爵位，次子房遗爱则娶了高阳公主。高阳公主是李世民的掌上明珠，性格泼辣，目中无人，因为房遗爱满足不了她的精神需求，就找了个名叫辩机的帅气和尚，给房遗爱戴了顶绿油油的帽子。为了弥补丈夫，高阳公主允许房遗爱勾搭美女，大家各玩各的。

高阳公主仗着皇家公主的身份，在房府气焰非常嚣张，闹到最后，甚至撺掇懦弱的房遗爱去抢哥哥的继承权，她自己也常为此进宫游说李治。李治被房府的破烂事搅得心烦意乱，于是将房遗爱和房遗直贬为地方刺史。

高阳公主的目的眼看要落空，不甘心的她跑到宫中，讲了一句让她后悔终生的话：房遗直非礼她。

很显然，这是诬告。房遗直忍让又忍让，却依旧挡不住迎头泼来的一盆脏水。兔子急了还咬人呢，如果不为自己辩解，一顶强奸公主的帽子扣下来，他就彻底完蛋了！于是在被审问的时候，房遗直说了另一番供词：房遗爱和高阳公主想谋反。他还供出了房遗爱的同党，即薛万彻、李元景、柴令武。

李世勣、李道宗和薛万彻曾经被李世民评为当世三大名将。可薛万彻的军事素养虽是顶级配置，情商却是乞丐配置，其性格暴躁，自命清高，人际关系一塌糊涂。征高句丽的时候，薛万彻立了大功，本来是大喜事，他偏要在请功的时候把所有功劳都归到自己头上，麾下将领全部白干。一时间，告状的奏折如同雪花般飘进皇宫，连李世勣也表达了不满。最终，薛万彻被李世民发配至今广西壮族自治区来宾市象州县一带。

李治登基后，薛万彻被任命为边远地区的刺史，却始终进不了权力核心。为此，每次回长安，薛万彻都会找房遗爱喝酒诉苦，一起吐槽政局。有一次，薛万彻吹牛皮，说自己认识很多军中的将领，如果朝局有变，他们可以拥立荆王李元景为皇帝。这本就是谋逆的言论，在阴谋泄露他们被抓后，又成了他们心存不轨的证据。

李元景是唐高祖李渊的第六子，他的女儿嫁给了房遗爱的三弟房遗则，两家经常走动，关系很紧密。李元景和房遗爱聊天时曾说自己做了一个奇怪的梦，梦到一只手握着太阳，一只手握着月亮。日月代表乾坤，一个藩王把乾坤握在手里，确实有点儿大不敬。房遗爱被抓后讲了这个故事，这下李元景的同谋罪也逃不掉了。

至于柴令武，他娶了高阳公主的姐妹巴陵公主，因为忤逆李世民而被拉入黑名单，多年来郁郁不得志，也常和房遗爱等人混在一处。

这么看来，房遗爱等人不过是因为不受李唐皇室的待见，没有发展前途，整日负能量爆棚，于是时常聚会发发牢骚，并不是真心要谋反。但调查谋反案的人是长孙无忌，这个小团体的罪名便很轻松地坐实了。不过，长孙无忌的真正目标并不是他们，而是一条大鱼——吴王李恪。

李世民在世时曾经问长孙无忌，可不可以立李恪为太子，此后长孙无忌便把李恪视为眼中钉。现在李世民已经过世，不管是为了打击自己的政敌，还是帮外甥李治清除威胁，长孙无忌都没有让李恪继续活下去的理由。

在调查过程中，长孙无忌疯狂对房遗爱暗示，问他背后是不是还有主谋。房遗爱闻弦歌而知雅意，说出了李恪的名字。

房遗爱是想效仿当年纥干承基举报太子李承乾谋反一事，换得自己的生机，然而他打错了算盘。这一次，主掌生杀大权的是长孙无忌，在他的眼里只有政治利益，其他的一切都可以拿来做牺牲品，连吴王李恪都是如此，房遗爱就更不用说了。

永徽四年（653）二月，长孙无忌结案，李治下诏将房遗爱、薛万彻、柴令武三人处斩，并勒令荆王李元景、吴王李恪、巴陵公主、高阳公主自尽。临死前，吴王李恪发出怒吼："长孙无忌窃弄威权，构害良善，宗社有灵，当族灭不久！"

此外，侍中宇文节、江夏王李道宗、大将执失思力、蜀王李愔（yīn）、薛万彻的弟弟薛万备等人也受到牵连，被流放岭南。

一场非暴力的政治风波，一批贵族的人头落地，一批名臣家族的落败，让长孙无忌的权力触角蔓延到各个角落，成为朝堂上的最大赢家。不过，正处在风光中的长孙无忌不知道，他这辈子最大的克星已经在前路上等着了，随时准备将他吞噬，让他万劫不复。长孙无忌更没有想到，他的这个克星，竟是女儿之身。

媚娘的颠簸人生

武则天，大唐开国功臣武士彟的女儿。

武士彟是个精明的商人，他的精明不在于会赚钱，而是愿意拿财富换政治资本。在太原的时候，武士彟就成功抱上了李渊的大腿，后来因功受封应国公。

武士彟的原配相里氏生了四个儿子，其中只有武元庆、武元爽长大成人。相里氏去世后，李渊觉得武士彟毕竟是商人出身，不太够看，想抬高他的政治地位，就亲自做媒，用隆重的婚礼把隋朝皇室成员杨达的女儿嫁进了武家。

杨氏出嫁时已经四十六岁，后来一连生了两个女儿。夫妻俩给大的起名叫武顺，小的嘛，名字已无从考证。一直到这个小姑娘被选入宫，世人都不知道她的名字，还是当时的皇帝李世民心血来潮，给她取了个"媚娘"的称号——她就是后来赫赫有名的女皇武则天。

其实，"则天"不是女皇的名字。做了皇帝之后，她自创"曌"字为名，寓意日月悬空、普照大地，以此显示自己的神圣伟大。后来她退位后，群臣给她封尊号为"则天大圣皇帝"，她去世后，改为"则天大圣皇后"，由此后世的史学家才称她为"武则天"。这也是本书对她的称呼。

武则天十一岁的时候，武士彟去世了，留下武则天的两个异母哥哥和她们母女生活在一起。哥哥们的母亲身份不如前朝皇室出身的杨氏，他们自觉不仅在教养气质方面受到碾压，在门第阶层上更是抬不起头，于是嫉妒心作祟，疯狂地虐待她们母女。

杨氏的凄惨遭遇引起了皇宫中杨妃的同情。杨妃和杨氏同为大隋皇族后裔，血脉的联系让她伸出援手。恰逢长孙皇后去世，李世民哀痛寂寞，杨妃便提议挑选一批女子进宫陪伴皇帝，她的小外甥女武则天自然成功入选。

武则天受过生活的毒打，打从骨子里想要掌控自己的命运，进宫对别人来说也许是逃离原生家庭的一种方式，对她来说更像是往上爬的最好途径。为了吸引李世民的注意，武则天抛弃了少女该有的羞涩与清纯，反而打造起聪明智慧、刚毅果决的人设。

　　标新立异是武则天进行的一场赌博，她确实在李世民跟前露了一次脸，可她没有抓准李世民的心理需求，最终惨淡收场。之后，武则天一直顶着才人的头衔在后宫混日子，没有生育任何子女。或许，李世民只想拿武则天做朋友或知己，而不是肉体的供养者。

　　后来，李世民重病垂危，在翠微宫休养，武则天到他身边伺候，与时常进宫的太子李治产生了交集。性格成熟的武则天引起了李治的注意，翠微宫内，微妙的情愫慢慢发酵着，命运的齿轮开始疯狂转动。

　　李治对武则天的喜欢大概是情感占据着上风，但武则天对李治的感情，虽说肯定也有感性的部分，但恐怕利弊权衡更多一些——生活的不如意让武则天对走李世民这条路已彻底失望，为未来着想，她想要改换门庭。至于生理欲望的交织，此时应该是没有的，他们更多是发乎情、止乎礼。

　　数十年后，武则天的政敌给她堆砌了很多丑闻和罪名，可翠微宫中的任何片段都未被历史记载。不仅如此，李治在立武则天为后的时候曾经下了一道诏书，上面说："武氏门著勋庸，地华缨黻（fú），往以才行选入后庭，誉重椒闱，德光兰掖。朕昔在储贰，特荷先慈，常得待从，弗离朝夕，宫壸之内，恒自饬躬，嫔嫱之间，未尝迕（wǔ）目，圣情鉴悉，每垂赏叹，遂以武氏赐朕，事同政君，可立为皇后。"言外之意，是他的父亲李世民看破了他和武则天之间的情愫，主动提议让武则天跟着他。

　　唐朝人的伦理边界很模糊，前有李世民抢弟弟李元吉的老婆，后有李隆基抢儿子李瑁的老婆。如果诏书中所说是真，李世民的所作所为恐怕是出于对李治的愧疚。

　　李治的妻子出身太原王氏，是李世民出于政治目的给他安排的结婚对象。李治非常讨厌王氏，以至于宁愿和宫女生下两个儿子，又和良娣萧氏生下儿子李素节，也不愿临幸她。

从这一点就可以看出李治的内在性格了。世人都觉得李治是个只知道顺从父亲的乖宝宝，却不懂他的叛逆和骄傲。

李世民驾崩后，武则天作为没有子嗣的先皇妃嫔，只能到感业寺修行。这一年，武则天年仅二十五岁。

在同年龄的其他女人燃烧生命、绽放美好的时候，武则天只能被迫落尽青丝，与青灯古佛相伴，在一眼就能看到尽头的时光里苟活着。她当然不愿如此，即使修行期间，也没有放下对俗世的眷恋。

武则天情不自禁地想起李治，为此写下一首缠绵悱恻的情诗《如意娘》：

看朱成碧思纷纷，憔悴支离为忆君。不信比来长下泪，开箱验取石榴裙。

武则天写情书的时候，并不知道自己还有没有机会和李治见面。太极宫和感业寺是两个不同的世界，没有任何交集，一个不缺女人的帝王还会想起她吗？武则天没有底气。她内心唯一的火光便是当初挑起的一点情愫，现在它可以叫爱情，也可以叫寄托。

武则天是幸运的，因为她遇到的是李治，这个男人对爱情有一种执着，很是忠诚。永徽元年（650）五月二十六是唐太宗李世民的忌日，李治来到感业寺。两人再次相遇，积攒的情愫彻底喷发。看到《如意娘》的那一刻，李治就做出决定，要把这个女人带回宫中，长相厮守。

决定容易下，行动却遭到重重阻碍。武则天是李世民的才人，李治要把她带回宫中，得应付一堆糟心的破烂事。所有人都在替李治计算利益得失，劝他实在没必要蹚这浑水，可李治只想跟着本心走，一时间焦头烂额。

就在李治感到无望的时候，已成为皇后的王氏站出来支持丈夫的决定。

李治被这个天降惊喜砸得晕头转向。要知道，他刚好正在考虑该怎么做王皇后的思想工作呢，谁能想到喜欢争风吃醋的王皇后居然爽快答应让武则天入宫！

王皇后为什么这么做？答案只有一个，让武则天进宫可以给她带来收益，哪怕只是短期的。

这些年，王皇后和被封为淑妃的萧氏在宫里斗得难解难分。王皇后是李世民塞给李治的，性格又端庄死板，很不讨李治的欢心，一直没能生下皇子，过着头戴后冠不如鸡的日子。而萧淑妃是个古灵精怪的女人，能给李治带来情绪价值。李治登基后，她的儿子李素节被封为雍王、雍州牧，目前看来做太子是板上钉钉的事。

王皇后背后依靠太原王氏，萧淑妃出身同样不俗，有山东萧氏作后盾。太子之争的结果将会影响到两大家族的长期政治利益。王皇后的舅舅柳奭建议她把陈王李忠过到名下，还说服长孙无忌支持李忠，以此维护关陇集团的利益。这盘算倒是好，可李治最反感的就是后宫与前朝勾结，尤其是勾结长孙无忌这位身份敏感的国舅爷。这步臭棋让王皇后彻底失去了李治的信任。

人走到绝境的时候，饮鸩止渴也是可以的。如果说有人能收拾萧淑妃，那一定是李治的白月光武则天了。至少，王皇后是这样认为的。

武则天就这么被操作进宫了。她知道王皇后已经失势，但瘦死的骆驼比马大，为了抓住枯木逢春的机会，武则天保持着绝对清醒和理智，谦卑地迎合着王皇后。

在云谲波诡的后宫，只有生存下来的人才能赢得最后的胜利。

武则天进宫后，李治便和她过上了双宿双飞、如胶似漆的日子，看得萧淑妃黯然神伤。王皇后开始得意忘形，屡次在李治面前夸赞武则天贤良淑德。很快，武则天收获了新头衔——昭仪，位于九嫔之首，正二品级别。

爱情只有很短的保鲜期，但爱可以持续很久。

李治打小依赖母亲，对母爱有种期盼，如今身边又没有可依赖的人，其实心里比较空虚。王皇后和萧淑妃只顾自己的感受，忽略了李治，而细心的武则天捕捉到这些痛点，给予了李治莫大的安慰，两人的感情走向稳定，彼此有了信任。

王皇后想对付完萧淑妃就一脚踢开武则天，可对付萧淑妃和王皇后只是武则天的短期目标，收割李治的所有偏爱、掌控自己的命运才是她的理想追求。两个人的想法不一样，日后自然会分道扬镳。

永徽三年（652），武则天的长子李弘出生，以长孙无忌为首的关陇集团感觉到了威胁。

长孙无忌以强权对抗皇权，终于把王皇后的养子李忠推上太子的宝座，可这并非李治的心愿。李治做够了傀儡，想摆脱长孙无忌的控制，做货真价实的掌权皇帝；武则天野心勃勃，想摆脱王皇后的阴影，在后宫杀出一条血路。王皇后和长孙无忌是利益联盟，这样一来，倒让李治和武则天在情感和利益上来了个双重绑定。

放眼宫里宫外，只有武则天才是李治的亲密战友，所以李治选择和武则天亲近，两人接连诞育好几位皇子和公主，以此无声对抗着霸道的朝臣。但武则天也意识到，和关陇集团真刀真枪的斗争不可避免，有些棋需要提前去下。

立后之争

武则天说服李治，追封了十三位开国功臣，她的父亲武士彠赫然在列。这步棋抬高了武氏家族的政治地位。随后，她把武元庆、武元爽、武惟良、武怀运等兄弟安插到朝堂上——她没有忘记家人带给她的伤害，但外敌虎视眈眈，家族才是可靠的命运共同体。

等翅膀渐渐变硬，武则天一脚踢开了王皇后。王皇后也看出端倪，选择和萧淑妃摒弃前嫌，联手对付武则天。可她们不论政治眼光还是手腕都远不及武则天，只有撒泼耍赖的本事，惹得李治暴跳如雷，李治甚至在公开场合表达了对王皇后的厌恶和嫌弃。

永徽五年（654）六月，王皇后的舅舅、中书令柳奭递交辞呈。这是柳奭的政治试探，没想到李治的回答是批准，他只能不再做宰相，出任吏部尚书。

柳奭辞职不久，后宫发生了一件大事：武则天的女儿暴毙。

关于这件事，唯一留存的有效信息是这个孩子突然就死了，有说是王皇后下的毒手，有说是武则天自己动的手。事情无法证实也无法证伪，只能凭主观判断。

这些年，王皇后一直是高高在上的人设，喜欢对太监、宫女摆谱；而武则天为了编织自己的情报网，靠小恩小惠拉拢了不少人，二者形成了鲜明的对比。公主暴毙，武则天痛失爱女，本就是受害者的角色，加上她平日结的善缘，最终脏水还是泼到了王皇后身上——李治认定是王皇后杀了这个孩子。王皇后是一国之母，没有切实证据，李治不敢随意废后，但所有人都知道，王皇后离完蛋也只差一个理由了。

一天，李治带着武则天来到长孙无忌府中，随行的还有十车珠宝绸缎。甥舅一番热情寒暄，李治张口就将长孙无忌的三个儿子都封了官。

在随后的交谈中，李治疯狂暗示太子李忠不适合做储君，王皇后也已经失去母仪天下的德行，想让舅舅挑头走废黜流程，可由于话说得不够直白，长孙无忌一直揣着明白装糊涂。事儿没给办，李治送来的礼、对长孙家子孙的封赏，长孙无忌倒是照单全收了。

李治为什么会指望长孙无忌损害自己的利益替他办事？细细想来，李治的真实意图恐怕不是说服长孙无忌，而是摸清他的底线。长孙无忌的态度给出了答案。

当穿着华服、坐在凳子上谈判变得不可能的时候，剩下的就是打着赤膊、跳到桌子上搏斗了。

纵观大唐历史，废后风波和立储风波一直都是群臣分权站队、原地改命的机遇。这一次，门阀贵族站到了长孙无忌的阵营里，寒门士子和投机分子则选择了武则天的阵营。

第一个投奔武则天的人叫许敬宗，他一个才华横溢的官宦子弟，不过做人做事的底线很低。贞观年间，朝中大臣的门第观念仍很重，可许敬宗为了彩礼，硬是把女儿嫁入世代镇守岭南的冯家，因此为贵族圈子所不齿，逐渐黑化成投机分子。许敬宗曾经跑到长孙无忌的府中强行游说，虽然被轰了出来，却引起了武则天的关注。

永徽六年（655）五月，长孙无忌将反对武则天的韩瑷晋升为侍中、来济晋升为中书令。反武势力刚有增强，宫中又出了大事：王皇后和其母亲魏国夫人柳氏在宫中行巫蛊之事。事发后，李治立即没收了柳氏的入宫权，切断了王皇后与前朝的联系，将柳奭贬出了长安。

李治的针锋相对就是在表明自己的态度。随后他提议，废后立后的事情暂且不提，可以先让武则天做宸妃。这是李治特意新设的编制，只为凸显武则天的独特地位。不出意外，朝臣又拒绝了李治。

李治又暴躁又烦闷。就在此时，第二位支持武则天的朝臣登场了。此人叫李义府，出身寒门，喜欢溜须拍马，本来就既不受李治待见，也不被长孙无忌接受，后来更是得罪了长孙无忌，被贬为壁州（今四川省巴中市通江县）司马。他很想留在长安，正急得团团转，中书舍人王德俭指了一条明路：皇帝现在最关心的就是立武为后的事，你可以明确站队表示支持，进行一次政治赌博。

王德俭的话让李义府的内心一下子敞亮起来。李义府转头便向李治递了奏折，请求废掉王皇后，立武昭仪为后，还声称这是百姓的愿望。李治万分激动，立即召见李义府。君臣奏对时，李义府痛斥长孙无忌独揽大权的恶劣行径，表态愿做李治的马前卒。

李治明白，借着皇权秀肌肉的契机到了。

李治给李义府赐了一斗珍珠，将他提拔为中书侍郎。皇权和相权斗争日久，李义府是第一个从皇帝这里得到实际好处的大臣，这让其他不受长孙无忌待见的投机分子看到了升官的曙光，御史大夫崔义玄、御史中丞袁公瑜等人相继站到李治的阵营里。

永徽六年（655）九月初一，李治下诏调任许敬宗为礼部尚书。礼部主管册封礼仪，把控住这个部门，意味着李治马上就要动手了。

李治命长孙无忌、褚遂良、李世勣、于志宁四人觐见，他们都明白皇帝宣召为的是什么。李世勣不想打口水仗，借口生病躲在了家中。

李治以一敌三，态度强硬，拒绝妥协。褚遂良则表示，王皇后是先帝李世民指定的儿媳妇，自己作为托孤大臣，无故废黜皇后，没法向先帝交代。双方第一天的交锋无疾而终。

第二天，李治再次找四人谈话，这回褚遂良的态度有些松动。他告诉李治，如果确实想换老婆了，可以在豪门望族里再选一个，没必要一根筋吊在武则天的身上。毕竟武则天做过李世民的才人，这事情如果办成了，后世的史官不知道会说些什么。

武则天的身份确实是个问题，如今褚遂良撕下遮羞布，倒让李治无言以对。

褚遂良看李治还在犹豫，"扑通"一声跪了下来，将朝笏和官帽放在地上，磕起了响头："陛下，臣将朝笏还给您，您放臣回家养老去吧！"

数十年前，隋朝的臣子希望隋炀帝不要外出巡幸，集体劝谏。朝堂之上，君臣对峙，太史令庾质以辞官作威胁，没想到反而激起隋炀帝的火气，葬送了同事们积攒下来的优势。如今的场面完全是当年的翻版，反武派本来已经占据了上风，只要稳扎稳打，胜利在望，可褚遂良这一着反将把柄递到李治手中。

见褚遂良趴在地上，李治有点尴尬，他假装大怒，命人赶紧把褚遂良轰出去。关键时刻还是武则天的反应迅速，她在帘子后面怒吼道："陛下，为什么不杀了这个老东西？"这声音提醒了李治：威胁皇帝的罪名可大可小，怎么处置全看他的态度。

两天里的两次召见，长孙无忌都没说话。他是想找机会一锤定音，彻底绝了李治废后的心思。可褚遂良太蠢了，事情没办成，还把对手送到了上风位置，这下只能拼命地捞他了。

长孙无忌站出来说道："陛下，褚遂良是先帝的顾命大臣，即便有罪，也不可以施加刑罚。"李治沉默了，沉默就是反对，君臣再次不欢而散。

事情很快就传了出去，群臣开始上奏，有反对武则天的，有为褚遂良说话的。这个时候，李治想起了辅政大臣李世勣。

李世勣为什么一直躲着？因为局势不明，过早表态不利于他践行明哲保身的政治理念。直到李治和关陇集团撕破脸皮，而且占据明显的优势，李世勣才站到李治这边来："立后是陛下的家事，不用问外臣。"

礼部尚书许敬宗也放出话来："就算是民间的庄稼汉多收了十斛麦子，还想着要换个老婆呢,何况天子?改立皇后不是大事,偏偏有人多管闲事,真正是岂有此理。"

形势倒向李治一边。永徽六年(655)九月,李治下诏,贬褚遂良为潭州(治所在今湖南省长沙市)都督。立后之争,还有借由立后议题展开的皇权、相权之争,在此时终于有了一个突破口。这个过程中,长孙无忌一直躲在幕后没出手。

长孙无忌并不关心武则天是不是有资格做皇后,因为他明白,这次矛盾的本质是李治想削弱关陇集团,拔高皇权。他想维护关陇集团的利益,就要遏制李治的权力,问题在于李治已经是个成年的皇帝了,他这个辅政大臣早就该把权力交出来。如果说李治册封父亲的女人为皇后属于道德有亏,那么长孙无忌用辅政名义限制成年帝王的皇权,又何尝不是在君臣伦理方面理亏呢?

长孙无忌无法出手,褚遂良被贬,骑墙派倒戈,寒门士子针锋相对,关陇集团别无他法,只能认输。很快,太子李忠被废,随后被赐死,王皇后和萧淑妃被剁下手脚,最终惨死。

朝堂之上,褚遂良、韩瑗、柳奭、来济等人也惨遭政治清洗。按理说,斗争归斗争,褚遂良等人并没有犯忤逆大罪,因此被贬为地方官也就算了,可是许敬宗和李义府一再构陷,于是这些权贵要么被害,要么郁郁而终。

武则天利落地清除掉长孙无忌的所有党羽,给许敬宗发出最后指令:想办法铲除长孙无忌!

能杀死长孙无忌的理由只有一个,那就是谋反。于是太子洗马韦季方、监察御史李巢因谋反罪被捕,而他们的供词里都"很合时宜地"有长孙无忌的名字。

许敬宗把指控长孙无忌收买朝臣、打算陷害朝廷忠良以便再次掌权的供词交了上去,李治看过,装模作样地问:"真是家门不幸,朕的亲戚总是有反叛的心思。前几年高阳公主和房遗爱造反,如今舅舅也要谋反,朕真是无颜面对天下百姓。如果这件事查明属实,该如何处理?"

许敬宗答:"房遗爱不过是乳臭未干的小孩,而长孙无忌辅佐先帝夺取天下,人皆敬服。他做了三十年宰相,门生故吏无数,如果他造了反,陛下该找谁平乱？所以应该严办。"

李治不许，让许敬宗重新调查此案。

第二天，许敬宗再次上奏，坚持之前的说法。李治哭道："即便舅舅真的谋反，朕也不忍心杀他。如果杀了他，天下人会怎么说朕？后世人又要如何评价朕？"

许敬宗道："汉文帝的舅舅薄昭有拥立大功，后来不过杀了个人，文帝便让百官穿着丧服到他府门前痛哭，直到逼得他自杀。文帝做了这种事，可天下人还是认为他是贤明圣君。"

两天来的问答，都是李治的导演。复盘一下李治的操作：他先说自己遇到的都是想造反的亲戚，把自己摆在受害者的位置上，之后把长孙无忌和房遗爱的案子并在一起，并向许敬宗暗示，自己已经接受了舅舅谋反的事实，许敬宗只管去调查就行。至于命许敬宗复查案件，一方面是为证明司法公正，另一方面也可以把谋反之罪砸实。随后他告诉大家，自己没有杀舅舅的想法，无奈舅舅确实有罪，必须处理。而许敬宗说的汉文帝杀舅舅的典故，则给了他一个绝好的摆脱道德压力的理由。

一番谋划，李治得到了最完美的解决方案，长孙无忌彻底倒了台——他先是被放逐黔州，后被迫自缢而亡。直到此时大臣们才回过味儿来，一个心存仁慈、雷厉风行、办事果决的帝王形象展现在他们眼前。恐怕，以后没有谁会觉得皇帝李治是个政治小白了。

辽东之战

说起唐朝初年的对外战争，征伐高句丽是绕不开的话题。

高句丽发源于今天中国的吉林省，由扶余人建立，后来迁到朝鲜半岛。6世纪，朝鲜半岛上有高句丽、百济、新罗三个政权，其关系就像三国时期的魏、蜀、吴，围绕汉江流域争夺生存空间，战火绵延不断。

在朝鲜半岛，高句丽是绝对的老大，百济是高句丽的长期盟友，而新罗是两者的出气筒。除了欺负新罗，高句丽还觊觎辽东地区，因此经常和中原政权发生冲突。

当年，高句丽疯狂挑衅隋朝，隋文帝杨坚出兵打了一次，隋炀帝杨广更是先后打了三次。可惜由于辽东气候寒冷，不适合大规模军团作战，加上隋炀帝策略失误，间接引发国内动乱，最终导致隋朝灭亡。

贞观时期，高句丽又来挑衅大唐王朝。李世民并不姑息，御驾亲征，拿下辽东十余城，杀敌四万余人，最终因为天气寒冷，加上阵前指挥失误，在安市城（今辽宁省海城市）吃了败仗，被迫退军。

第一次战争之后，李世民不断派军队骚扰高句丽本土，让当地农民无法耕种，以消耗高句丽的国力，没过多久就准备发动第二次战争。

其实，之前隋炀帝和李世民的准备都做得很充足，考虑也很周到，可偏偏每次链子都掉在他们最重视的陆军身上。于是这一次，李世民让水军成为战争主力，陆军的任务改为运送军粮，同时牵制北部的敌军。

安排业已妥当，可惜战争还没正式开始，李世民就去世了，这件事只能搁置。

永徽六年（655）正月，高句丽、百济联军入侵新罗，夺取三十三城，新罗国王金春秋遣使入唐求救，新任大唐皇帝李治命营州都督程名振、左卫中郎将苏定方出兵辽东。

军队刚刚开拔，西突厥就和大唐爆发了战争，李治不得不调苏定方前往西域平叛。由于不想双线作战，辽东战场被按下暂停键。西突厥灭亡后，李治想重新征伐辽东，却又碰到以长孙无忌为首的辅政集团和武则天集团的政治斗争，只能继续等待。

中间这几年，李治一直在思考，想法逐渐成熟。在辽东战场上，李世民看到了大唐陆军没能力越过鸭绿江打击高句丽本土的现实，因此想让水军做主力，而李治的战略视野更广阔，他觉得，既然大唐要用水军做主力，完全可以联合新罗攻打百济。

考虑再三，李治最终做出一个决策：放弃对高句丽的打击，先拿百济开刀。正是这个决定，让李治完成了大隋和大唐两个王朝几代帝王都没能完成的伟业，一战封神。

显庆五年（660）三月，水军主帅苏定方率领十万人从山东半岛出发北上，一举攻陷熊津江口（今朝鲜半岛南部锦江口），进而包围百济的都城泗沘城（今韩国忠清南道扶余郡），百济国王扶余义慈出逃，其子扶余泰投降。苏定方将旗帜插到泗沘城墙之上，百济国宣告灭亡。其后，李治将百济国分为熊津、马韩、东明、金连、德安五个都督府，任命百济的酋长为都督，同时委派朝廷官员前去管理。

暴力只能解决对手，怀柔才能拉拢人心。唐军灭掉百济，本需要给当地人留下接受现实的时间，可这一次李治等不及了，因为高句丽还在北边虎视眈眈。

李治让苏定方带着百济皇室和上万名百济军民赶回长安献捷，紧接着就任命苏定方为辽东道行军大总管，希望他脚踩风火轮，重新赶赴前线主持针对高句丽的战争。苏定方领命，让亲信刘仁愿带着一万多唐军镇守泗沘（bǐ）城，共同守城的还有新罗王子金仁泰的七千士兵。

刘仁愿是跟过李世民的资深战将，由他安抚百济最合适，可李治却将王文度任命为熊津都督。王文度在西突厥战争中假传圣旨，身上有政治污点，李治圣母心爆发，想给王文度戴罪立功的机会，没想到王文度在渡海的时候一命呜呼了。

消息传到泗沘城，和尚道琛、大将鬼室福信等百济复国者认为这是天意，于是将百济的王室成员扶余丰从倭国接了回来。更准确地说，是倭国看到朝鲜半岛大乱，想趁机浑水摸鱼，于是让大将阿昙比罗夫把扶余丰送了回来。

道琛和鬼室福信无所谓什么百济皇室，他们只想要权力和地盘，复国战役打得非常积极，给了刘仁愿很大的压力。不过，在李治新任命的主帅刘仁轨接管了王文度的军队后，大唐与新罗的联合援军很快赶到战场，瓦解了百济复国集团的攻势。

百济遍地战火并不符合大唐的利益，因为大唐发动战争是为了收编朝鲜半岛，如果无法控制百济，就意味着无法把百济当成唐军进攻高句丽的战略跳板，之前的所有谋划全都无法达成。所以，刘仁轨解围之后没有穷追猛打，而是摆出希望大家相安无事的姿态。

道琛、鬼室福信算是看明白了，唐军迟早会撤走，与其给唐军找不痛快，不如趁机发展自己的势力。于是他们默契分家，各自招兵买马，随后爆发了大规模的内战。这变故让刘仁轨等唐军将领目瞪口呆，但又幸灾乐祸，乐见其成。

鬼室福信最终搞死了道琛，获得了百济的最高统治权，代价却是元气大伤。没了后顾之忧，唐军趁机在辽东战场放开手脚，一路向北，高歌猛进。

龙朔元年（661）七月，苏定方在浿（bèi）水（今朝鲜大同江）大败高句丽守军，随后将水军主力带到平壤城外，等待契苾（bì）何力率领的陆军主力前来会师。

镇守北线的是高句丽国王渊盖苏文的儿子渊男生，他利用鸭绿江天险，将唐军死死压制在江的北岸。可就在此时，气温陡降，鸭绿江结了一层厚厚的冰，唐军迅速过江，将久攻不下的愤怒发泄在守军身上，最终杀敌三万，渊男生只身逃回平壤。这是唐军离平壤最近的一次。

南线来的唐军完成了对平壤的包围，可负责北线的契苾何力却始终没有到位。

看看朝鲜半岛的地形图就能发现，鸭绿江以南全是山脉，唐军是外来者，如果没有本地向导的带领，想穿越崎岖陡峭的山脉抵达平壤真的很难。不出意料，契苾何力迷路了。

苏定方带的后勤物资有限，没法再等下去，最终选择提前攻城。左骁卫将军庞孝泰身先士卒，冲杀在前，却因为寡不敌众，在耗尽最后一丝力气后血洒疆场，含恨而亡。与庞孝泰一同战死的，还有他的十三个儿子。

如此壮烈的牺牲，没有换来唐军的大胜。

高句丽政权虽小，却有顽强不屈的战斗精神，并不好打。加上远离本土、孤军奋战的唐军始终得不到充足的后勤保障，又不适应当地寒冷的天气，士兵死伤非常严重。

就在此时，漠北的铁勒九姓联合同罗、仆固侵犯大唐边境。

李治在辽东战场安排了几十万大军，因此大唐的北部防线非常薄弱，根本扛不住敌人的冲击。北境失守，长安将受到威胁，李治必须迅速在辽东和北境的战场做出选择。

最终，契苾何力撤军了，苏定方也随之撤退。至于刘仁轨，则收到李治给他的一道旨意：平壤的军队已经班师，唐军不必固守熊津这座孤城，可以退到新罗。如果新罗需要，唐军就留下；如果不需要，唐军就回朝。

接到旨意后，唐军将士开始收拾行装，准备打道回府，可李治的旨意模棱两可，这让刘仁轨意识到不能轻易撤军。他把大家召集起来，搞了个公开演讲：鬼室福信残酷暴虐，百济迟早会再发生动乱，到时候唐军就能翻盘。现在撤军等于前功尽弃，不能把高句丽战争留给子孙后代去打！

消息传回长安，李治感动不已，立即让熊津道行军总管、右威卫将军孙仁师率领七千人赶赴百济，协助刘仁轨稳定局势。

高句丽灭国

事实证明，刘仁轨的判断是正确的，一场大乱近在眼前。

鬼室福信想做百济的老大，而扶余丰不甘心做他的傀儡，两人针锋相对。为了逼服扶余丰，鬼室福信称病在家，提前埋伏好刀斧手，打算趁扶余丰前来看望的时候弄死他。扶余丰确实来探病了，但他来到病榻前还没有问候寒暄，就直接掏出尖刀捅死了鬼室福信。

杀一个人简单，稳定一地局势很难。扶余丰清楚知道自己搞不定唐军，于是给倭国写信，希望对方派兵援助。

扶余丰的一把杀人尖刀把倭国卷到东北亚的全面战争之中。此时倭国的当家人是天智天皇，他写了封"告百济军民书"，大意如下：

哎呀！我们本来不该插手百济内政，更不敢挑衅大唐的权威，可扶余丰在倭国生活过，算我的半个家人。如今百济被灭，王子落难，我们不能畏惧唐军势力而袖手旁观,我决定帮助百济。

天智天皇的想法是先吞并新罗,再北上争夺朝鲜半岛的霸权。强盛的大唐不惧怕任何人的挑战,收拾朝鲜半岛上的高句丽是李治的毕生梦想之一。如果倭国也想加入这个刺激的游戏,李治不介意把它一起收拾了。

龙朔三年(663)三月,倭国出兵。获知消息后,李治下诏在新罗设立鸡林州大都督府,以新罗首领金法敏为鸡林州大都督、左卫大将军,正式将新罗纳入唐朝的统治版图。这样一来,倭国入侵新罗等同于对大唐宣战,唐军就有正当理由干涉了。

天智天皇不敢小觑大唐的实力,为了打赢这场仗,共调集四批军队:第一批,统帅为贵族朴市田来津,军队数量五千人,驻屯在百济,帮助扶余丰;第二批,统帅为阿昙比罗夫,军队数量一万七千人,并有战舰一百七十艘;第三批,统帅为上毛野君稚子、阿倍比罗夫,军队数量两万七千人,是战斗主力;第四批,统帅为庐原君臣,军队数量一万人。

唐军方面一共有三支军队,分别是驻屯在泗沘城的刘仁轨,军力六千人左右;驻屯在白江口的孙仁师,军力七千人左右;驻屯在泗沘城外的新罗军队,有五千人左右。

相较于倭国派出的五万九千人,唐军兵力不占优势,只有将近两万。而在战舰方面,倭国带来了一百七十艘,看似不多,但和百济联手之后,数量就达到了一千艘。这些战舰不大,只能装五十个人左右,胜在小巧灵活,冲锋能力很强。唐朝水军的战舰一共只有一百七十艘,数量是比不过了,只能比质量。这些战舰有楼船、艨艟(一作蒙冲)、斗舰、走舸、游艇、海鹘六种类型,每艘可以装两百名士兵,船体巨大,吃水很深,战斗力不容小觑。

倭国打算在白江口会师,之后集结重兵向泗沘城发动进攻。龙朔三年(663)八月二十七,唐、倭之间的白江口之战正式爆发。

最开始,是新罗与唐朝的陆军和百济与倭国的陆军在江边激战,而双方的战舰在白江的入海口对峙。

那个年代,战舰上没有火炮,想分出输赢,需要把船靠近,让将士们短兵相接，赤膊相斗；或者利用弓箭远射，用烈火焚烧对方，重挫敌人的有生力量。倭国将领觉得自己的小型船只机动灵活，可以包围、肢解唐军的舰队，所以信心满满，但现实很快就打了他们的脸。

唐军的船只达几层楼高，倭国的小船到了近前只能干瞪眼。唐军居高临下，利用长枪、乱刀、弓箭疯狂屠杀，无数的倭国士兵跌落在水中淹死。

第一天的对战就这样草草收场了，倭国方面鸣金收兵。

第二天，倭国发动全部船只，打算把唐朝战舰逼到白江口水域狭窄的地方，然后利用绞肉机战术彻底肢解唐军。想法很美好，可倭国的将领们是来自不同派系的贵族，彼此之间互不信任，谈不上战术配合。最要命的是，所有将领中精通水战的只有阿倍比罗夫。让一个内行领导一群不听话的外行，结局可想而知。只见倭国的船舰集体漂浮在白江口，有进攻的，有看戏的，连外行人都看得出来，这是一支没有实力的水军。

其实，唐军的几位将领也想法各异，但因为有共同的目标，都想打赢这场关乎大唐威严和百姓福祉的战争，所以大家有商有量，最终决定以刘仁轨的意见为尊。

刘仁轨让指挥舰队收缩不动，两翼的护卫舰队向中央靠拢，逐渐把指挥舰队附近的倭国战舰包了饺子。那数百艘倭船像无头苍蝇似的四处逃窜，却遭到唐军严密包围，最后被挤压在很小的空间内无法动弹。

漫天的火箭飞向被困倭船，夺路而逃的火船又将火种蔓延到其他的船舰上，倭国舰队顿时陷入一片火海之中。

倭国将领不是纯粹的草包，他们看到火箭有作用，便开始和唐军互射。然而两军一个是在高处向下射箭，一个是在低处向上射箭，不用说都知道谁会更受伤。

烈火在熊熊燃烧，浓烟将白江笼罩。面对此情此景，倭军终于慌了手脚。他们要么跳水喂鱼，要么被大火烧死，要么在不辨方向的情况下驾船与唐军战舰相撞，或者与己方的战舰相撞，场面一片混乱。

至此，白江口之战胜负已分。

为了争夺朝鲜半岛的霸权，倭国从显庆五年（660）开始就在闷头打造自己的水军（船坞在今日本静冈县），前后花费四年时间，结果一场大战就被打得元气大伤。

白江口之战是中原政权和倭国进行的第一次战争，也是倭国抛弃附属国身份、挑战宗主国权威的第一战。迈出这一步需要很大的勇气，而现实告诉他们，在实力面前，勇气不值一提。这场战役直接掐灭了倭国在东北亚扩张的野心，奠定了此后数百年东亚地区的政治格局。毫不夸张地说，它管了至少六百年，直到明朝时候，这个已改名为"日本"的国家才重拾信心，屡次入侵华夏大地的沿海地区，造成了不可挽回的历史悲剧。

乾封元年（666）五月，把辽东搅得天翻地覆的高句丽国王渊盖苏文死了。他的长子渊男生刚一继承王位就出去巡视，把政务交给弟弟渊男建和渊男产处理。

心怀不轨的大臣挑拨离间，一面说传言渊男生想除掉两个弟弟，一面又给渊男生放消息，说两个弟弟想杀死他。双方争斗起来。渊男建和渊男产都有继承权，又有奸臣作祟，渊男生孤立无援，只能净身出户。他不甘心就此罢休，随后向大唐皇帝李治求救，希望借助大唐的军队重新夺回权力。

从隋到唐，经过前后二十几年的拉锯战，高句丽的国力损耗严重，而新上位的渊男建、渊男产又是乳臭未干的愣头青。李治意识到，彻底解决朝鲜半岛的机遇降临了。

为了毕其功于一役，李治请七十二岁的大唐战神李世勣出山担任北线主帅，让他与留守百济的刘仁轨配合，对高句丽形成南北夹击之势，还下令将河北一带的粮食全部送往前线。

隋文帝和隋炀帝的时代，高句丽的国力还强悍，能够把隋军引诱到纵深地带，集合重兵一举歼灭。李渊和李世民的时代，高句丽走了下坡路，喜欢布防军事重镇，其他的防区则能放则放，以此保存自己的实力，等待唐军自己犯错或别的什么机会。而不管什么时候，高句丽最常采取一个策略：能打就打，打不过就认输，认输后找机会再打。

这个灵活的策略让隋军、唐军都吃过亏，不过渊男建是年轻人，骨子里争强好胜，很看重一城一池的得失。他带领下的高句丽不再延续这个策略，所以等着他的就是灭顶之灾了。

李世勣领兵出动，很快拿下辽东重镇新城以及附近的十六座城池。之后契苾何力负责驻守新城，庞同善和高侃扎营拱卫。

渊男建派兵支援，折损五万大军，此后更是连连受挫，在扶余城（今吉林省四平市）外折一万，在薛贺水（今辽宁省凤城市境内）畔折三万。渊盖苏文留下的家底，就这样被渊男建败完了。

渊男建实在不是个聪明的人，鸭绿江明明是高句丽依仗的天险，可他偏偏跑到江北找唐军开战，还由此出了个笑话：当时李世勣让官员元万顷写了一封讨伐檄文，痛斥高句丽背叛大唐的恶劣行径，极尽嘲笑之能事，其中有一句"不知守鸭绿之险"。就因为这句话，元万顷被李治判定出卖军事机密，流放到了岭南。

总章元年（668）八月，唐军包围平壤城。经过象征性的抵抗，渊男建选择自杀，谁知他自杀也失败了，还是成了唐军的俘虏。高句丽宣告灭亡，享国七百零五年。

李世勣领兵回国，李治让他带着高句丽王室到葬着李世民的昭陵去祭奠父皇的英灵，然后再奏着凯歌到长安的太庙献俘，最后又在含元殿主持了一场献俘仪式。

不怪李治激动，高句丽灭国不仅是他在位时期的大事，更是整个隋唐历史上的大事。

当年隋文帝杨坚出兵三十万，结果折戟沉沙；隋炀帝杨广出兵上百万，结果因此失国；唐太宗李世民出兵数十万，结果含恨而终。他们三人是中国历史上出了名的彪悍的君主，可是在高句丽一事上始终是抱憾的。恐怕他们也没想到，替他们完成遗愿的，是被评价为柔弱之君的高宗皇帝李治。

这么看来，柔弱应该只是李治的表面，他的骨子里依旧刻着大唐皇族的基因——坚韧而有骨气。

武后崛起

在开创盛世的路上，武则天是李治最重要的帮手。他们是爱人，更是战友。

李唐皇族素罹遗传疾病风疾，属于心脑血管疾病，发病时头痛目眩，肢体颤抖，严重时生活不能自理。这种病在那个年代是不治之症，不幸的是，李治没有逃脱厄运。

从显庆五年（660）开始，李治的风疾严重起来，七岁的太子李贤无法监国，他就让武则天处理部分军国政务。武则天虽然一直离皇权很近，但这还是她第一次真正意义上行使皇权，所以谨小慎微，凡事亦步亦趋，不敢有所逾越。

这时候，李治只要身体好转就会收回权力，武则天只是扮演了救火队员的角色。

人在权力链的顶端停留过，就会迷恋那种唯我独尊、掌控全局的感觉，至少此后武则天是回不到以前的生活状态了。她的手伸得越来越长，主意越来越大，开始质疑李治的执政思路和政治决策不说，有时候还会让李治下不来台。

李治欣赏武则天的政治才华，却不喜欢她得理不饶人的态度。面对爱人，他的委屈只能先搁在肚子里。

李治的不满瞒不过他身边的人，离间计有了施展的空间。

有一天，太监王伏胜向李治举报，说皇后在宫中行厌胜（以诅咒制服人或物）之术。李治本来就一肚子火，听说武则天在搞小动作，以为是针对他的，就把宰相上官仪叫进宫来做听众泄愤。

上官仪是个纯粹的文人，因为曾做过李治的太子中舍人而得到重视，晋升为宰相，政治斗争经验几乎为零。他本就不喜欢武则天，看到老板激动暴躁，就跟着一顿吐槽，最后甚至提议写个诏书，把武则天给废了。

有那么多年感情基础的夫妻闹矛盾，是内战，是情调，也许一个拥抱就缓解了。上官仪一个外人跟着瞎掺和，能有什么好下场？

宫中的眼线把李治要废后的事告知武则天，诏书的墨水还没干，武则天就赶到了。这一次，武则天选择打柔情似水的感情牌，李治立马沦陷，不仅忘了怒从何处起，还产生了愧疚感。

李治告诉武则天，他没想过废后，都是上官仪那老匹夫撺掇的。武则天不相信这是偶然事件，让许敬宗去调查，于是一件家务事被政客利用，上升到了政斗的高度。最终，被贬的陈王李忠成了"幕后主谋"，承担下所有，王伏胜、李忠和上官仪的家族被连根拔起。当时上官仪的孙女还在襁褓中，跟着女眷进入掖庭宫，多年以后凭绝世的容颜和才华，成为武则天身边的高级女官，她就是上官婉儿。

遭殃的是别人，李治和武则天的感情反而再次升华。只要是临朝听政，武则天必定列席，朝政该如何处理，李治也会征求她的意见。渐渐地，朝野上下将他们夫妇合起来，并称为"二圣"。

李治继承的是一个强大的政权，有才能的文臣武将多如过江之鲫，君臣上下一心，在政治、经济、军事等方面都取得了很大成就。尤其是军事，靠着开阔的战略视野和坚韧的统治意志，李治最终开拓出大约一千两百万平方公里的领土，东到朝鲜半岛，西到咸海，北至西伯利亚，南至中南半岛，广袤无垠。

乾封元年（666）正月初一，李治在泰山封禅。在此之前，只有秦始皇、汉武帝、汉光武帝完成了这个壮举。武则天带着一群命妇（受帝王封号的妇女）完成了祭祀后土皇地祇（qí，道教尊神）的礼仪，成为中国历史上唯一完成亚献（古代祭祀要献酒三次，第二次称亚献）的女人。

这一年，武则天四十二岁。曾经的明媚娇艳已不再有，岁月无情地在她的脸上留下痕迹。这么多年过去，朝臣不会惯着她，舆论不会偏爱她，李治依旧宠爱她，但他毕竟是个皇帝。放眼朝堂，武则天只是二号人物，这个角色最需要懂得藏拙和示弱，政治智慧才是她赖以生存的根本。

泰山封禅的那段时间，武则天的心态发生了微妙的变化。此前，她对武家人多有提拔。但现在，这群跟着她吃香的、喝辣的，游走在长安贵族圈子里的族人成了她的眼中钉，怎么看怎么烦人。于是，武元庆、武元爽、武惟良、武怀运相继被轰出朝堂，到地方去做刺史。

武则天的亲姐姐武顺很早就丧夫了，独自带着女儿贺兰氏生活，武则天将她们接到皇宫里照顾。那些年武则天和李治感情甚笃，经常在孕期，于是风韵犹存的武顺慢慢成了妹妹的替代品。本着肥水不流外人田的想法，武则天接受了这个现实，可李治后来把贺兰氏也纳入后宫。

武顺去世后，贺兰氏似乎忘记了自己替代品的身份，和李治的亲密度越来越高，武则天意识到，这个外甥女不能再留了。泰山封禅期间，武惟良和武怀运送来特产，武则天往里加了点添加剂，转送给贺兰氏。几个时辰后，贺兰氏暴毙，武惟良和武怀运成了给武则天背锅的替死鬼，被李治处死。

细细想来，武则天突然对族人下手，其实有两个原因。

其一，武则天真正的政治盟友是许敬宗、李义府等官员，武家兄弟更像是打群架时站在队伍后面充数的，主要用来壮声势，吓唬外人。双方是单纯的利用关系。如今武则天地位稳固，为了不让朝臣觉得外戚势力过于强大，自然要舍弃他们。

其二，武则天和原生家庭的关系一直不融洽，屈辱和怨恨在她心里始终存在，很难和解。武则天的兄弟们也深知自己只是武则天的棋子，心中早有不满。家族聚会时，武惟良就曾大发牢骚：武氏一族是功臣之后，得朝廷庇护，本来不期待有什么富贵降临，没想到因为武则天的关系得到这么大的恩宠，如今只觉得忧虑、畏惧，没觉得有什么荣耀之处。

双方本有旧怨，结果还添新仇。武顺的儿子贺兰敏之桀骜不驯，乖张妄行，调戏武则天的女儿太平公主，奸污公主的侍女和李治选的准太子妃杨氏。唐朝允许私生活放荡，但贺兰敏之的行为还是太过头了，简直就是在挑衅和报复武则天。武则天需要光辉的政治形象，贺兰敏之的存在却是一个黑点，他只有死路一条。

不管武则天是主动筹谋，还是被动出手，她拿武家人开刀立威的行为确实有了成效。随后的几年，武则天权势更盛，和李治几乎融为了一体。中国历史上恩爱的帝王夫妻常有，但高龄阶段感情和利益关系还能如此稳固的，李治武则天夫妇绝对可以排名第一。

上元元年（674），李治的病况急转直下，他为此和宰相开会，提出想退居二线，让武则天代为处理国政。宰相郝处俊强烈反对，认为李治明明有太子，却还让武则天处理国政，这十分不合理，会引发变乱。李治听了这才作罢。

朝臣认可武则天的能力，却难以接受由她主政，这是武则天要接受的事实，但她不满足于此，并开始为更进一步而谋划。

随着许敬宗、李义府去世，武则天需要重新物色可用之人。咸亨四年（673），她把武元爽的儿子武承嗣从岭南召回，让他承袭了祖父武士彟周国公的爵位。

政治家只关心两件事：一是自己的地位和利益；二是自己可利用的工具。之前武则天对付族人是为了渡过风险时期，现在重新召回族人是因为时移世易，她的所作所为全都符合她的利益。

与此同时，"北门学士"这个武则天主理的文人俱乐部也进入高效运营的阶段。这个团体包括因一句"不知守鸭绿之险"而发配岭南的元万顷，还有刘祎之、范履冰、苗楚客、周思茂、韩楚宾等人。他们常从北门进出宫廷，所以得此称呼。武则天交给他们两个任务：一是修编书籍；二是阅览奏折——前者是为了掩人耳目，同时做些政绩；后者是让他们熟悉政务，以备将来。

历史证明，北门学士不是武则天的走狗帮，只是她培养人才的基地。就像刘祎之，后来因为力劝武则天把权力还给李唐皇室，最终被赐死。

太子李弘被朝臣看好，他是武则天的长子，接受传统教育，尊重规则，心存仁义，性格厚道，是很完美的守成之主。李治对李弘相当满意，可武则天与儿子的三观有强烈冲突。她是从刀山火海里杀出来的，玩的是政治算计、利益权衡，和李弘是两个世界的人。

萧淑妃被杀之后，留下两个女儿——义阳、宣城二位公主囚禁在掖庭宫。李弘觉得公主们是无辜的，想放她们出来，李治也深表赞同，甚至热火朝天地选起了驸马。李弘的自作主张引起了武则天的强烈反感。驸马还没选出来，她就把两位公主送给了禁卫军的基层官兵权毅、王遂古。

如果李弘的太子一直当下去，母子间的矛盾会越来越深。可历史就是这么巧合，李弘得了肺结核，身体不好。李治意识到孩子保不住，就让自己与武则天的二儿子李贤帮哥哥处理政务,试图培养新的接班人。

上元二年(675),李弘去世,李治追封他为"孝敬皇帝",之后扶李贤上位。李贤和哥哥一样,举止端庄,仁慈厚道,美中不足的是缺乏政治经验。不过李治给他安排了刘仁轨、郝处俊等重臣保驾护航,一切都在朝好的方向发展。

就在李贤顺利发展的时候,一个叫明崇俨的术士闯进了他的生命。

不少中国古代的统治者喜欢奇人异士,而明崇俨堪称奇人异士中的集大成者——巫术、相术、医术、幻术全部精通。李治夏天想看雪,明崇俨搞来了,说是从阴山上取的。李治又想吃瓜,明崇俨要了一百钱,出了趟门也搞回来了,说是从缑(gōu)氏县某瓜农果园里摘的。李治召瓜农询问,瓜农答道:"埋一瓜失之,土中得百钱。"

玄乎其神的操作让明崇俨也成了武则天的座上宾。为领导服务,自然要说些领导喜欢听的话。明崇俨告诉武则天,太子李贤没有做皇帝的命,反倒是她的三儿子李显性格很像太宗皇帝,而幼子李旦的命则最富贵。

几乎在同时,长安城内盛传,李贤不是武则天的亲生儿子。李贤出生的时候,武则天的姐姐武顺也在宫中,而且和李治搞到了一起,因此这个谣言非常有市场。

谣言肯定不是李贤自己造的,武则天也不会无中生有,因为就算拿这事儿打击到李贤,她还有李显和李旦两个儿子可以顶上,对她来说政治收益并不高。那么,传谣的人是谁?

这是笔糊涂账。武则天不搞这事,不代表依附她的朝臣不搞。这个谣言不能帮武则天根除问题,但利用谣言达成她和追随者的一些政治诉求却是可以的,所以不能说与他们完全无关。另外,李贤一旦下台,他的弟弟李显是最直接的受益者,而团结在李显身边的阴谋家可不少,比如他的王妃韦氏,因此李显也有嫌疑。

一波未平,一波又起。调露元年(679)五月的一天,明崇俨和李治聊完天,刚离开皇宫,道旁突然冲出来一群手持武器、凶神恶煞的歹徒,明崇俨被砍翻在地,当场死亡。事后谣言又出来了,大家都觉得是因为明崇俨说李贤没有做皇帝的命，李贤在实施报复。

长安的水真深啊！李贤只想藏到水底做个缩头乌龟，远离水面的波涛汹涌，可他躲在太子宫也不被人放过，一条说他和家奴赵道生有不伦之事的流言传得沸沸扬扬。李治派人前去调查，不料在太子宫搜出数百件铠甲。与此同时，赵道生转做污点证人，把明崇俨被杀的锅扔给了李贤。

人证物证俱在，李治想保也保不了了，最终将李贤发配到巴州（治所在今四川省巴中市）。李治去世后，李贤被武则天的狗腿子丘神勣秘密处死，这是后话。

于是，李显成了第三位太子。有两个哥哥的前车之鉴，他尽量避免和武则天发生冲突，一门心思搞娱乐事业。面对不上进的儿子和太上进的老婆，李治只能默默接受。

弘道元年（683），唐高宗李治在洛阳宫贞观殿驾崩，享年五十五岁。

之前李治将洛阳设为东都，并长居于此。弥留之际，他留下一个愿望：回长安去，葬在关中。李治身后，群臣认为回长安的成本太高，可以将他葬在洛阳，可武则天强势驳回，要求必须遵照先帝的遗旨。

为了给李治选个风水宝地，武则天派了两路人马，一路是著名星相家袁天罡，另一路是太史令李淳风。这两人最终挑了同一个地方——梁山。

梁山位于今陕西省咸阳市乾县北部，现在人们去到那里，能看到合葬李治和武则天的乾陵——规模宏大，景象壮观。

按照古制，帝王陵墓的前面不能立石碑，可武则天力排众议，立了一块七米高的七节石碑。当时武则天为悼念李治写了两篇文章：一篇是《高宗天皇大帝哀册文》，放在李治的棺椁前面，上面尽是李治生前的荣耀和功绩，还有武则天对他的赞美；另一篇是《述圣记》，洋洋洒洒数千字，同样是为李治歌功颂德。七节石碑上刻的正是《述圣记》，碑文由李显楷书，刻成的时候又在上面嵌了一层金粉，太阳一照，闪闪发光，威严无比。

李治下葬的时候，长安城南门朱雀门外的神道两侧分布着两组石人像，西侧三十二尊，东侧二十九尊。这些石人背后刻着外族国王和王子的名字、官职，比如"于阗王尉迟璥""吐火罗王子持羯达犍",恭恭敬敬地站立着,见证着大唐之主的荣耀。

数十年后,武则天去世,给自己立了一块无字碑,也立在乾陵之前。有人说,之所以无字,是因为武则天觉得自己一生功过参半,不好评价。可是细细想来,哪个功成名就的帝王身后不是累累白骨,不是杀伐斗争?所以笔者认为,武则天是想用这块碑告诉世人,中唐时期的盛世辉煌是高宗李治一手缔造的,而她只是延续了高宗的神威。这样的胸怀,实在是让人折服。

李治给了武则天一生的爱护,武则天给了他万世的崇拜。

伍 武周革命

称帝之路

李治死后，李显作为合法的太子顺利即位，史称唐中宗。武则天由皇后升级为太后。

不过，即位和掌权是两个概念。先帝李治留了道遗旨，要求不能决断的军国大事交由武则天处置。宰相裴炎的态度更直白，如果有紧急军务，他都让武则天直接决断，再由中书省和门下省执行。

继任的皇帝不是小孩子，前任皇帝和宰相却都希望太后出面扛事，他们是昏头了吗？

自然不是。

李治花了一辈子的时间，把大唐治理得井井有条，他自然是希望国家越来越强盛的。可作为继任者，李显有这个能力延续辉煌吗？完全没有。窝囊、没主见、爱玩，这就是李治对他的印象。李治曾经想锻炼李显，让李显在长安监国，可李显贪玩胡闹，逼得李治不得不把他叫到洛阳，让他待在自己身边，免得祸害关中的百姓。看到这样的储君，李治和朝臣的脑袋都大了。

大唐经历太宗、高宗两朝，版图疯狂扩张，可还是在实行半农半兵的府兵制度，缺少职业军队，所以吐蕃、薛延陀还有突厥的复国分子一旦来袭，就会把边境搅得一塌糊涂。此外，大唐内部灾害频发：关中发生蝗虫灾害，粮食歉收，还爆发了瘟疫；黄河两岸爆发水灾，灾民遍地，洛阳米价涨到每斗四百文；长安、洛阳爆发地震，房屋相继倒塌，百姓居无定所……不管是李治还是裴炎，他们口中的"军国大事"都不是抽象词汇，而是发生在现实中，真真切切会影响大唐的国运。

朝臣可以辅佐李显，但危机当头，曾经和李治共进退、处理朝政数十年的武则天才是更合适的话事人。不过，他们都希望武则天治国出力，但不希望她做皇帝。

为了稳固手中权势，武则天自有应对之法。她先给皇族成员加官晋爵，再派亲信到并、益、荆、扬四个州监视勋贵。一套胡萝卜加大棒的操作，很快就稳住了局面。

母亲能干又强势，李显最好的选择是不犯错，乖乖做个傀儡皇帝，可他娶了个有野心的老婆。

皇后韦氏想让她的父亲韦玄贞做门下侍中，见请求不过分，李显就答应了。可到了裴炎那儿，他就是不给通过，因为韦玄贞只做过小官，缺乏经验。

李显很委屈，别的皇帝都能任用亲戚，凭什么他不行？一股无名之火涌上心头，李显对裴炎一声咆哮："朕就是把天下交给韦玄贞，又有何不可？何必在乎一个门下侍中的职位？"

武则天还在犯愁怎么收拾李显，没想到李显自己送上了把柄。于是武则天召开大朝会，以李显出言不逊，不适合做皇帝为由将他贬为庐陵王，此时距离李显登基才过去五十四天。之后武则天的第四子李旦登上了皇位。可他名为皇帝，却只能住在偏殿。李旦明白，和哥哥一样，自己也只是母亲的傀儡。

直到此时，武则天还在按规矩办事，虽说霸道强横了一点，但没有僭越出轨，所以朝臣就算有些怨言，可看在她的能力和公心的分上，还是大都选择睁一只眼闭一只眼。

当然也有刺儿头。第一批起来闹事的是徐敬猷、唐之奇、骆宾王、杜求仁、魏思温等人。这是一群低阶官僚，人闲，郁郁不得志，难免情绪暴躁。他们齐聚扬州，对武则天严重不满，最后不知道谁起了个头，提议造反，想要重新扶持庐陵王李显上位。这群人里，带头大哥是李世勣的孙子李敬业。李敬业虽然出身名门，却是扶不上墙的烂泥。别人做官都是从司马干到刺史，他偏是从刺史干到司马，妥妥是吃老本的"混二代"。

扬州，鱼米之乡，赋税重地，物质基础好，适合做起义的根据地。魏思温给好朋友、监察御史薛仲璋写信，让他向武则天申请到扬州出巡，薛仲璋心领神会并照办。薛仲璋到达扬州后，凭着钦差身份状告扬州长史陈敬之造反，李敬业等人借机将陈敬之杀害，并就此夺取了扬州的控制权。

有钦差大臣的背书，李敬业自封为扬州司马。他谎称奉旨要去剿灭高州（治所在今广东省茂名市高州市）酋长冯子猷，拿着扬州的武器和钱财，很快就组织起一支规模达十万的军队。

骆宾王是李敬业麾下谋士，他用超凡脱俗的脑回路、天马行空的臆想，给武则天罗织了一批连她自己都不知道的罪名，写成名震天下的《讨武曌檄》。这种附带各种宫廷八卦黑料的檄文确实很有煽动性，文字又华彩非常、气势磅礴，就连武则天看到原文都感叹骆宾王是个文学奇才，说自己没有重用他是朝廷的损失。

声势打响，接下来就是实操了。大军有两个选择，一个是向洛阳进军，号召天下英雄讨伐武则天，速战速决；一个是占据金陵（今江苏省南京市），徐图缓进。事实上，当时舆论已经被挑动，不少人是支持李敬业的，选择第一条路有成功的可能，可李敬业不愧有烂泥扶不上墙的名声，竟然选择了不靠谱的第二条路。

朝中，大臣们都很期待武则天会让谁去江南平叛，结果让人大跌眼镜，因为主帅居然是淮安王李神通的儿子李孝逸，而且武则天大手一挥给了他三十万大军。

李孝逸是李唐宗室，武则天纯粹就是在赌博，赌的是李孝逸不会倒戈一击。不过为了增加容错空间，武则天也安排了两层保险：让殿中侍御史魏元忠做监军，让左鹰扬卫大将军黑齿常之为江南道大总管。黑齿常之是高句丽战争期间投降朝廷的异族将军，拥有赫赫战功，且不属于任何政治集团，对朝廷忠心耿耿。

一边是龟缩江南的业余选手，一边是征战过沙场的职业选手，双方根本不是一个级别，所以平叛只用了两个月，以李敬业、骆宾王等造反分子被杀而结束。

叛乱是结束了，可朝中风波未息，武则天的疑虑需要有个答案：李敬业等人齐聚扬州，属于有预谋的造反，要说背后没人组织，她才不信。

那么，背后的主谋是谁？

经过一番调查，线索指向当朝宰相裴炎。

首先，薛仲璋是裴炎的亲外甥，薛仲璋就算再鲁莽，也不会因为一个小小的魏思温而主动参与到造反中来，背后必定是有裴炎的支持。其次，裴炎曾经对"一片火，二片火，绯衣小儿当殿坐"的歌谣很感兴趣，还找骆宾王聊过此事，认为这个"绯衣小儿"就是自己，并向骆宾王暗示自己有富贵命。最致命的一点，李敬业起兵后，裴炎曾劝谏武则天不要打仗，认为只需要把权力归还给李显，叛乱自平。《新唐书》更是直接记载：裴炎打算在武则天外出巡视的时候发动政变，逼武则天归还大权，可天公不作美，临行前下起大雨，武则天取消了计划。

就这样，裴炎等人成了为维护李唐统治而牺牲的第一个重臣。

武则天下狠手，是因为她很没有安全感。朝臣表面支持她，可背地里搞什么阴谋诡计，有谁知道呢？裴炎是第一个，但绝不是最后一个，不过此时她的杀戮心并不重，还在犹豫要不要大肆株连。

武则天思考了很久，最终选择流放为裴炎求情的侍中刘景先、中书侍郎胡元范。裴炎的侄子裴伷（zhòu）直言威胁，说如果不还政给皇帝李旦，武氏家族将会覆灭，武则天还是选择判他流放。而大将军程务挺和唐之奇、杜求仁交往颇深，裴炎被擒之后，程务挺强行为裴炎申辩，最终被武则天处死。与程务挺交好的夏州都督王方翼一同被处死。

此时的武则天一边收买，一边威慑，希望朝臣慢慢接受她。不仅接受，武则天还想让这些治世能臣为自己所用，但偏偏这些人总是站出来反对她。这种矛盾一直贯穿着武则天的整个执政生涯，以至她痛苦不堪，最终走向了崩溃。

对朝臣，武则天终归难以信任，因此酷吏集团走上了历史舞台。

武则天鼓励天下人告密，而且规定：凡告密者，不管是读书人还是农民、土匪，大臣一律不得过问，还要为他们提供驿站的马匹，供应五品官标准的伙食，将他们送往太后的住地。告密者所说的事如果符合旨意，就破格授官，与事实不符的也不问罪。

混迹在朝堂的官员多少都有点见不得光的事，在告密之风盛行的年代，自然就被轻松拿捏了。至于打击异己的事，则全部由酷吏代劳。

当时，最出名的酷吏就是索元礼、周兴和来俊臣。他们全部来自社会的最底层，对世界有强烈的怨愤和报复心理，而武则天就需要没有道德底线的人。

酷吏集团有自己的活动总部，叫丽景门。那是个进去是人、出来是鬼的地方。酷吏们发明了无数的刑具和酷刑，有些一直延续到上个世纪。只要犯人进了这个监狱，没有一个可以熬过刑罚脱罪的。就连大名鼎鼎的宰相狄仁杰都被酷吏集团关过禁闭，差点被整死。只玩粗暴的显得没有水平，酷吏们还编了一本《告密罗织经》，上面记载了人性的弱点、审讯的方式等，堪称审讯专业的教科书。

在这样的威慑下，朝臣敢怒不敢言，武则天彻底控场。她先是提议将李唐王朝的太庙减到五室，将武氏的宗庙增到七室——祭祀七辈祖先是天子家族才能享有的待遇，然后又开始建造明堂。这是座高八十八米的巍峨建筑，是中国古代建筑史上最高的单体木结构建筑，也是唯一的楼阁式皇宫正殿建筑，象征着巍巍皇权。明堂建成后，武则天在宫中摆下宴席，遍邀群臣庆贺，舆论上的粉饰太平给武则天增添了不少政治筹码。

做这么多，全是为接下来的事情做铺垫。

垂拱四年（688）五月，武承嗣选了一块非常精致的大石头，在上面凿上"圣母临人，永昌帝业"几个字，然后放到洛水，再以天降祥瑞的方式挖出石头。这样一来，武则天就成了老天派来拯救百姓的圣人。随后武则天告诉大家，她准备亲自祭拜洛水，接受这一块有"宝图"之称的石头，还邀请各州都督、刺史、皇族、外戚一同前往。

世人终于明白了，武则天是想做女皇。

不过到了这一步，朝臣已经顺服，因为武则天虽然手段毒辣，但确实是个不错的政治家，至少在劝课农桑、藏富于民的事情上做得非常棒，于国有利，这就够了。不满的是李姓子孙，因为武则天要抢的是他们的家业，破坏的是他们的利益。

宗室里最激动的是琅琊王李冲和他的父亲越王李贞。

李冲联系了不少李姓的王爷，相约着要清君侧，维护李唐皇室的血统。可谁都知道，清君侧只是借口，攻进了洛阳，拉下了武则天，越王父子就会坐上龙椅。即便如此，各位王爷表面上还是认同李冲的理念，承诺会起兵响应，态度很端正。

问题是，各位王爷还没动静，李冲就带着几千乌合之众先起兵造反了。这场造反当然没有成功，越王父子率先离开赌桌。

一直以来，酷吏集团打击的目标大多是朝廷重臣，对李唐宗室显得很包容，可越王父子造反让武则天彻底放弃了和平演变的幻想。于是，在酷吏集团的操办下，韩王李元嘉、鲁王李灵夔、黄国公李撰谋反的证据链做得完美无瑕，武则天下令将他们处死，改其姓氏为"虺（huǐ）"。之后，在武则天的授意下，卷入此次造反的霍王李元轨、江都王李绪、汝南王李炜、纪王李慎、东平王李续、泽王李上金、许王李素节，以及裴承先、薛绪、薛绍、裴居道、张行廉等大臣也相继躺进阴冷的坟墓。

在政治斗争中，不存在"冤枉"的概念，只因为他们是武则天称帝路上的绊脚石，就注定要被剥夺生存的权利。

天授元年（690）九月，侍御史傅游艺带着九百名关中百姓给武则天上表，夸赞她的丰功伟绩，希望武则天改国号为"周"，顺应天命，登基称帝。武则天心中狂喜，立即将傅游艺提拔为给事中，以示鼓励。

到此时，武则天称帝已经成为不可阻挡的大势，李姓宗室、四夷酋长、和尚道士、远近百姓，合计六万余人相继上表劝进。

九月初九，武则天登上则天门城楼，宣布大赦天下，改"唐"为"周"，改元"天授"。武则天用种种方式向天下人宣示着，她今日所得的一切都是上天赋予的，是合理合法的。

九月十二，武则天正式登基称帝，成为中国古代历史上第一位也是唯一一位女皇帝。她的经验可以复制，可她的人生经历就像是命运安排好的剧本一样，注定无法被复制。

永徽六年（655），武则天被册封为皇后。光宅元年（684），武则天接管大唐的统治权。天授元年（690），武则天登基称帝，时年六十六岁。

中国历史上接近帝位的皇后不少，可没人敢真正迈出这一步，武则天能成功

113

的原因有三个：其一，她生在一个开放包容的文明体系里；其二，她和先帝李治有二十八年的帝后情分，已经和大唐的行政体系融为一体，官僚集团习惯她、依赖她，而习惯的力量是可怕的；其三，别人争权夺利是为了扶持外戚家族，而武则天虽有私心，心里却装着家国天下。

即便如此，武则天还是要靠暴力去洞开流传千年的男尊女卑思想，靠屠刀劈开阻挡她走向政治巅峰的重重阻碍，其中的艰辛可想而知。

从皇后变成皇帝，虽然只有一字之差，武则天奋斗了三十五年的时间。

武家vs李家

成为掌权人后，武则天更需要靠文臣武将治理天下。为了证明自己的诚意，她把屠刀砍向了之前依仗的酷吏集团。

酷吏集团是武则天的马前卒，是她专门对付异己分子的人形工具，但她需要洗白自己，于是这些酷吏又被抛出去，做了安抚人心的弃子。

周兴、丘神勣、傅游艺、索元礼等人全部死于非命。来俊臣成了酷吏集团仅存的火种，他的使命是威慑朝臣，替武则天处理执政时期的腌臜事。来俊臣知道自己会不得善终，可已经骑在了老虎脖子上，只能硬着头皮干。

不过，武则天毕竟靠不住了，来俊臣决定把更多的赌注放在下一代皇权接班人的身上，而他挑选的同盟是武承嗣，那位武则天的亲侄子，帮女皇登基的舆论制造者，打压政敌的急先锋。此人先于载初元年（689）迁文昌左相，又于天授元年（690）被封为魏王。

武则天称帝时年龄不小，自然要挑选继承人，这件事本身就是大事，更何况还牵扯以后皇权归武家还是归李家的问题。

由侄子还是儿子做皇帝，武则天计算不清楚收益。既然算不出来，就先让他们两个争斗。她一面重用武承嗣，一面给被废的李旦改了个称呼叫"皇嗣"，这是个深奥的词汇，既可以理解为皇帝的儿子，也可以理解为皇太子。

武则天这样搞的目的就两个字：制衡。继承权就像是一块肥肉，一方面可以挑起两大集团的矛盾，让他们不至于联手对付武则天，另一方面也可以让他们团结在她身边，不停地低头讨好。

武则天借此控制了朝局，获得了短期的安全感，但凡事有利皆有弊，皇位稳固换来的是两个政治集团的不停斗争，以至朝廷乌烟瘴气，大唐在内耗中不可避免地走上下坡路。

天授二年（691）七月，武承嗣收买了一个叫王庆之的人，让他带着百姓请愿，说服武则天把太子之位给自己。心向李唐的朝臣严词拒绝，武承嗣便让来俊臣将他们抓起来，给他们扣上五花八门的罪名。武则天觉得武氏家族被挑衅，便睁一只眼闭一只眼，最终导致岑长倩、格辅元、欧阳通三位当朝宰相还有十余名官员被害死。

武则天的本意是警告朝臣，可武承嗣像疯狗一样，搞死几位宰相不算，又把狄仁杰、魏元忠等七位大臣抓到丽景门收拾了一顿。多亏狄仁杰机灵，找机会把实情禀告给武则天，这才留下一条命。即便如此，七位大臣还是遭到流放。

恐怖的政治氛围让群臣坐卧不安，宰相李昭德告诉武则天，武承嗣权柄过大，自古儿子都能杀父亲，何况是侄子？如果放任下去，恐怕武则天自己也难保。

这番说辞很有杀伤力，武则天决定罢免武承嗣的宰相职务。可政治斗争是你来我往、此起彼伏，天平的一端少了砝码，另一端就会成为赢家。相比武家，李家是正经皇族，又有官员支持，对武则天的威胁更大，于是武则天为求安心，转头又把李旦的儿子，也就是她孙子辈的李姓王爷全部降级为郡王，还规定朝臣不许和李旦接触。

短短几年时间，无数的朝臣死于立储之争。其间，表现最好的就是李旦，他无欲无求，谦卑忍让，让武则天始终没有抓到把柄。最危险的一次，来俊臣把李旦的幕僚抓到丽景门，意图捏造李旦谋反的罪名，一个叫安金藏的官员大吼道："来俊臣，既然你不相信我，我就破开自己的胸膛，以证皇嗣的清白！"说罢就拔出佩刀，刺入腹中，肠子流到了地上。

事情传到皇宫，武则天简直不敢相信，命人将安金藏抬到宫中救治。第二天安金藏苏醒，武则天在探视他时感叹了一句："吾有子不能自明，使汝至此。"随后她传旨，不再禁止李旦与朝臣私下来往。

然而，武则天的不安与怀疑从没有消弭。

长寿二年（693）二月，有人密奏，流放到岭南的李姓宗室想造反。武则天命酷吏万国俊前去调查，最终将三百多名宗室诛杀，并把调查对象扩大到剑南、黔中、安南等地区。为了迎合上意，万国俊等人疯狂捕杀各地宗室，有些地方人数不够，便用普通罪犯冒充。

在这批酷吏看来，自己杀的人越多，表示对皇帝越忠诚。没想到刚办完差，武则天就放出话来，说她派御史到各地是为了安抚，可他们不明白圣意，肆意杀害宗室成员。随后，武则天另派一批官员赶到各地，将酷吏们秘密处死。

这是武则天一手炮制的阴谋，先杀人再甩锅，一箭双雕。杀人是为了平衡——她想安全地重用李旦和李显，就要削弱李唐宗室的势力；而甩锅意味着酷吏集团已经结束了历史使命，即将退出舞台。

来俊臣着急了，他疯狂结交士族，妄图洗白身份，可得到的只有鄙夷，没人愿意接受双手沾满鲜血的刽子手。来君臣又想讨好武则天，觉得皇帝似乎更偏爱儿子，武承嗣或许会成为弃子，所以不如给武承嗣安插谋反罪名以表忠心。可他忘了，只有他才是真正的弃子。这一次，李家和武家稳稳联手，将来俊臣送上了断头台。

在立储之争中，武承嗣因为血缘关系终归落了下风，而一次大唐和北方游牧民族契丹之间的战争让他彻底心灰意冷，以至于一命呜呼。

万岁通天元年（696），契丹境内爆发天灾，首领李尽忠找到营州（治所位于今辽宁省朝阳市）都督赵文翙（huì），希望分点军粮渡过危机。赵文翙是个傲慢偏执的人，骨子里瞧不起契丹人，觉得他们只配做奴仆，拒绝了李尽忠的请求。

如果契丹一直弱小，这件事可能就到此为止了，偏偏契丹在李尽忠的带领下以肉眼可见的速度崛起。最后，李尽忠带着妹夫孙万荣直接杀到营州，杀死了赵文翙。

武则天得到消息，起用二十八位将军共同讨伐契丹，并下旨改李尽忠之名为"李尽灭"，改孙万荣之名为"孙万斩"，以此为前线将士打气。

阿Q式的精神胜利法没起作用，因为没有任命大军的最高统帅，各集团军只能各自为战，加上武则天的另一个侄子武三思还跑到前线捡漏，这场仗打得十分窝囊。

李尽忠在营州的西硖（xiá）石谷埋伏了一支精兵，同时给唐军送了一个烟幕弹：契丹缺兵少粮，起兵是为了自保，根本不敢和唐军交锋。唐军将领信以为真。为了抢头功，大家丢弃辎重，轻装闯进了契丹人的埋伏圈。

西硖石谷的黄獐谷内，契丹猛将李楷固将唐军的先锋部队一网打尽。由于捡到了唐军主将印章，李楷固灵机一动，制作含有假情报和假命令的文书，盖上大印，派人向其他唐军传信，说契丹遭到重创，让他们不要贻误战机，速速赶来。契丹以逸待劳，最终把唐军一锅端了。

对于黄獐谷之战，史书上没有记载细节，但二十八位唐军主将被契丹生擒至少十几位，就结果来看堪称武周王朝打得最惨痛的战争了。

北境的局势没有让武则天引以为戒，她又轻易下旨，任命侄子、建安王武攸宜为帅，大诗人陈子昂为随军参谋，征调河北地方军队、狱中囚犯、官员奴仆，组成一支杂牌军，急匆匆赶往前线。

武则天放弃正规军的操作令人迷惑，对主帅的选择同样让人不解。可能她是怕李家势力立功，或者是怕军权旁落，所以才让武氏家族的人主持这场战役，然而事实证明她的选择大错特错。

武攸宜没有半点军事天赋，陈子昂提醒他派先锋军打出士气，被他直接无视，气得陈子昂登上幽州的蓟北楼，写下千古名篇《登幽州台歌》：

前不见古人，后不见来者。念天地之悠悠，独怆然而涕下。

武攸宜按兵不动，让北境战事进入胶着状态。没过多久，从契丹传来消息：

李尽忠去世，孙万荣接管大权。另外，一支突厥骑兵袭击了契丹境内的松漠都督府。

自从李世民消灭东突厥，其部族就只能夹着尾巴做人。可风水轮流转，他们等来了一位对战争十分狂热的首领——默啜可汗。他带领族人征讨党项、拔悉密等部落，逐渐恢复了突厥的强盛。

默啜可汗对武则天低眉顺眼，先是自降身份做大周的左卫大将军、归国公，又请求做武则天的义子，还承诺帮武则天对付契丹，但这些都是麻痹武则天的生存策略。武则天并没有轻信，她一边派人暗中调查默啜可汗，一边冷眼旁观。果不其然，默啜可汗袭击松漠都督府后就没了动静，根本没多少帮忙的意思。

北方前线局势紧张，武则天有点耗不起了。神功元年（697）三月，她派王孝杰率领十七万大军北上，希望能解决问题。此人是朝廷的超级战将，平生最得意的就是收复龟兹、于阗、疏勒、碎叶四镇，于设置安西都护府立有大功。

王孝杰行军到东硖石谷附近，与孙万荣相遇。因为道路险隘，他决定率领精锐部队为先锋，和孙万荣正面交战。孙万荣一边示弱，一边勒令主力后撤，就这样将轻敌的王孝杰诱到了石谷之中。唐军陷入苦战，王孝杰奋勇杀敌，副将苏宏晖却成了第一个逃兵。王孝杰渐渐孤立无援，最终坠崖身亡，以身殉国。

最令人愤慨的是，此时此刻武攸宜在渔阳（今天津市蓟州区）屯有重兵，可听说王孝杰兵败被杀，他竟然勒令大军不许轻易出击。

北境的局势本就复杂，不少势力在观望。如果大周取胜，他们就会安生；如今大周败了，他们难免翻脸。果不其然，默啜可汗要求武则天归还丰、胜、灵、夏、朔、代六州的突厥降户，还让武则天给他送谷种、丝帛、农具、铁等战略物资。迫于局势，武则天答应了默啜可汗的所有请求。

东硖石谷一战，孙万荣大获全胜，他觉得自己是天之骄子，契丹崛起在望，于是派人联系默啜可汗，邀请他一起南下，共享大周的半壁江山。没想到，被派去的使者没按孙万荣的安排行事，反而告诉默啜可汗，他们知道孙万荣藏匿财富的地方，那里有金银财宝无数。

能在脚下捡到钱，谁还去撬安保严密的金库？默啜可汗派兵端了孙万荣的基地，迫使他在绝境中被杀，就这样顺便送了武则天一个天大的人情。

默啜可汗告诉武则天，他有个女儿，希望和大周结一门亲事。武则天决定让淮阳王武延秀娶突厥的公主，没想到默啜可汗对和亲使团说："突厥女子只嫁天子的儿子，你们怎能用姓武的人敷衍？我突厥世受李唐皇族恩德，听说李家被诛杀殆尽，仅有两个皇子在世，我现在想出兵辅佐他们登基称帝。"随后，默啜可汗拘留武延秀，发动十万铁骑入侵武周。

武则天以武重规、沙吒忠义等人为行军大总管，动用了四十五万大军截击。可诸位将领畏惧敌军的兵锋，不敢正面对抗，导致默啜可汗占领了定州、赵州。武则天盛怒之下，将默啜可汗改名为"斩啜"，希望用唯心主义的方式打败敌人。

此时，庐陵王李显已经返回长安，武则天任命他为河北道元帅，狄仁杰为副元帅，让他们率兵前去镇压默啜可汗。默啜可汗此前还嚷嚷着要迎回李显，如今李显不仅回长安做了皇太子，还成了平叛的主帅，默啜可汗找不到干架的理由，便实施了惨无人道的劫掠，还将俘虏的八九万百姓全部活埋，之后扬长而去。

女皇的晚年心境

北境闹成这样，武则天的责任很大，可其中也有不少挑不起大梁的武家废柴们的"功劳"。看他们的表现，就算把皇位传给他们，这帮家伙也坐不稳龙椅，闹不好还会不得善终。随着时间的推移，武则天心中的答案越来越清晰了。

人的心里有了答案，便会释怀，会开悟，就像晚年的武则天。因为储君之事逐渐落定，她的心态变得平和起来，在深宫和男宠享受生活成了新常态。

事实上，武则天很早就在养男宠了，最早是薛怀义、沈南璆，他们相继卷入政治斗争，不得善终，如今陪在她身边的是张易之、张昌宗兄弟。

张氏兄弟是武则天的女儿太平公主推荐入宫的。这个女人是中唐时期的传奇人物。当年吐蕃找大唐和亲，点名要她，李治不舍得女儿去吐蕃吃苦，加上唐朝没有拿货真价实的公主和亲的先例，于是在长安修了一座太平观，让公主成为方外之人，道号"太平"，这才有"太平公主"的称呼，也避免了太平公主远嫁——毕竟吐蕃要的至少是一个名义上的公主，而不是一个出家人。

武则天对几个儿子苛刻，却觉得太平公主的性格像自己，所以对她百般宠爱。太平公主长期陪在武则天的身边，距离皇权只有一步之遥，又有母亲做先例，自然想做第二个女皇。

武则天年事已高，随时都有驾崩的风险，谁在她身旁伺候，谁就能掌握先机。把张氏兄弟送到武则天的龙榻上，就是太平公主谋夺皇权的一步棋。

不过，张氏兄弟没那么容易受摆布，因为能直接决定他们命运的人是武则天，而武则天想把权力还给李唐皇室。张氏兄弟迎合圣意，力劝武则天把李显接回来。

圣历元年（698）三月，武则天偷偷把李显接回了长安。

当时，大周正和突厥商议和亲之事，李显回京是绝密，直到武延秀启程前往突厥，武则天才让李显亮相，而第一个见到李显的人是宰相狄仁杰。这些年，狄仁杰为武则天鞍前马后地效劳，无怨无悔，而他的要求就一个，希望武则天封李显为太子。李旦也数次称病不朝，请求将储君之位让于李显。终于，武则天下定了决心，亲自把李显交给狄仁杰，说道："朕将储君还给你。"

生米煮成了熟饭，武承嗣如遭五雷轰顶。这些年，武承嗣费尽心机讨好武则天，打击政治对手，只为求得太子之位，不料蹉跎十余年，换来的却是一场空。武承嗣终于明白什么叫天命不可违。圣历元年（698）八月，武承嗣在洛阳郁郁而终。

太子已定，李旦被封为相王，武则天只剩下两个心愿。

第一，是让武氏家族得以善终。为此，武则天将武三思、武攸暨、李显、李旦、太平公主等人叫到一起，声称他们是一家人，让他们不要再互相伤害。

第二，是挑选贤臣辅佐李显。狄仁杰本是最好的人选，可这些年狄仁杰耗费了太多心血，已经油尽灯枯。久视元年（700）九月，一个风雨交加的夜晚，狄仁杰沉疴难起，撒手人寰。武则天得知消息，痛哭流涕道："朝堂空矣！"自此以后，朝堂上凡有不决之事，武则天总会大发感叹："天夺吾国老何太早邪？"好在狄仁杰做宰相的时候就已经提拔了姚崇、宋璟、桓彦范、敬晖、窦怀贞等一批大臣，命他们为李显保驾护航。至于接任宰相的人选，狄仁杰推荐了张柬之。

久视元年（700）十月，武则天废除周历，实行唐历。

此时，女皇已经退居二线，和张氏兄弟过起了逍遥自在的宫廷生活。因为感激他们的陪伴，武则天视他们为珍宝，给予了无底线的宠爱和放纵。李氏皇族得了大便宜，自然乐见其成，李显还主动上表，希望武则天封张氏兄弟为异姓王——他在政治旋涡里起伏这么久，还是急躁冲动的个性。武则天对此哭笑不得，最终答应册封张昌宗为邺国公、张易之为恒国公，算是接受了李显的好意。

母子其乐融融，局势一片大好，只等武则天咽气就行，可朝臣却不停地给武则天添堵。

天降大雪，有人说这是瑞雪祥兆，要恭贺女皇。殿中侍御史王求礼斥责道："三月万物复苏，这时候下雪明明是灾害，怎么说是祥瑞？明显是阿谀之举！"换作以前，王求礼会得到岭南几年游，如今武则天选择一笑了之。

武则天想把张易之的弟弟、岐州刺史张昌期提拔为雍州长史。宰相魏元忠表示反对，说张昌期能力平平，还说自己受先皇恩德，如今官居宰相，如果让小人掌权，是自己的失职。

魏元忠标榜自己是高宗皇帝的人，这是打武则天的脸；说张昌期是小人，是暗讽武则天识人不明。魏元忠如此轻佻，政治不成熟只是一方面，看到局势已定，武则天不停地退让示弱，内心飘飘然才是根源。

张氏兄弟意识到，继续这样搞下去，到武则天驾崩的那天，他们就会大难临头，于是状告魏元忠私下说陛下年事已高，投靠太子才是长久之计。

道理是没错，可武则天听得心里很不舒服。她叫上李显、李旦一起，让张氏兄弟和魏元忠当面对质。

一番唇枪舌剑，谁也拿不出证据，但武则天关心事实和证据吗？不关心。只不过朝臣越来越放肆，甚至敢收拾她的小情人，所以武则天需要借机敲打李显和李旦，让他们好好约束管教。

没想到这时候，张昌宗站出来气急败坏地说："陛下，张说可以作证！"张说以科举入仕，正在帮张昌宗编撰《三教珠英》，算是张昌宗的下属。

张说进入殿中，魏元忠对他咆哮道："张说，你要和张昌宗一起诬陷我谋反吗？"

张说很鄙夷魏元忠的城府，不耐烦地回击："魏元忠，你身为宰相，竟以小人之心度君子之腹，你是大街上的泼皮无赖吗？"

张昌宗在一旁催促："张说，你赶紧说，魏元忠有没有说过大逆不道的话？"

张说道："陛下，您看到了，张昌宗当着您的面都敢威逼臣，何况是在朝外？臣没有听魏元忠说过这样的话，是张昌宗想让臣帮他作伪证。"

张昌宗见势头不对，赶紧说："张说和魏元忠谋反，请陛下明察！"武则天不解，张昌宗道："张说说过，魏元忠是当今的伊尹和周公。伊尹流放了太甲，周公做了周朝的摄政王，这不是谋反是什么？"

张说不慌不忙地解释："陛下，当时魏元忠荣升宰相，臣前去祝贺，魏元忠对客人说：'无功受宠，不胜惭愧。'于是臣接话：'您拿三品俸禄，承担伊尹、周公的职责，有何惭愧的？'陛下任用宰相，不让他们效法伊尹和周公，那要效法谁呢？臣深知依附张氏兄弟就能做宰相，营救魏元忠会被满门抄斩，但臣害怕做了亏心事，以后会遭人索命。"

武则天是多聪明的人，一眼就看出张说曾经答应为张氏兄弟作证，现在又出卖了他们，明显是在搞政治投机。她直接撕下张说的遮羞布，指责他出尔反尔，让张说和魏元忠一起下了狱。

接下来的几天，群臣纷纷上奏，为张说求情。武则天这一次没有惯着朝臣，最终将张说轰出了洛阳。

朝堂上斗得鸡飞狗跳，武则天为了耳根清净，专门跑到行宫住了一段时间。可等她回来，居然发现张易之、张昌宗的几个兄弟，也就是司礼少卿张同休、汴州刺史张昌期、尚方少监张昌仪都被抓了，罪名是贪污受贿。武则天强忍怒火，说既然如此，你们就把张易之和张昌宗也一起并案处理吧。

这个时候，谁还敢去审理张氏兄弟？武则天已经退让了很多，可这次是触及她的底线了。朝臣感受到了危险，此后好多天，朝堂上一片寂静。

武则天冷静下来后，还是以贪污罪将张昌仪等人轰出了朝堂，不料诏书刚下，宰相韦安石就跳了出来，请求武则天处理张氏兄弟，维护司法公正。武则天答应了他，不过两天之后又下了一道新的旨意，贬韦安石为检校扬州长史。

从无底线的妥协到如今的强硬，武则天的态度又在发生变化，这是很危险的政治信号。如果朝臣继续闹下去，武则天真的翻了脸，那可就大事不妙了。关键时刻，宰相姚崇上了一道奏折："臣身为相王（李旦）府长史，不宜再兼任兵部尚书，并不是因为臣怕死，而是怕给相王带来麻烦。"

这就是老成谋国。武则天需要面子，而姚崇能读懂帝王心思，通过示弱及时给武则天一个台阶，缓和了当下的尖锐矛盾。

君臣都明白，支持李氏的势力闹得鸡飞狗跳，是因为缺少一个成熟稳重、能控制局面的领头人物。姚崇提醒武则天，国老狄仁杰去世之前曾经向她举荐过张柬之。事实上，狄仁杰举荐张柬之两次，但武则天一直装聋作哑，只愿意让他担任刑部侍郎。这一次，武则天妥协了，让张柬之做了朝中的一号大佬，不过为了牵制他，又把房融、韦承庆、杨再思塞进了宰相班子，而他们都是张氏兄弟的拥护者。

武则天想搞制衡，张柬之却不想再被动了，他已经八十岁，没时间和武则天继续熬下去。既然和平演变成为奢望，暴力革命就成了最好的选择。

张柬之暗中做着准备。他将桓彦范、敬晖、李湛、杨元琰塞进禁卫军，同时让武则天的侄子武攸宜做他们的大总管，以此消除武则天的戒心。

到了神龙元年（705）正月，一场推翻武则天统治的政变悄然拉开帷幕。在二十年拉锯战后，李唐皇族终于看到了胜利的曙光。

陆

宫廷祸乱

神龙政变

武则天晚年，朝堂上充斥着几股政治势力。

第一股，是以太子李显、相王李旦为核心的李氏皇族。

狄仁杰去世前已经说服武则天立李显为太子。身份一定，不管李显是不是庸才，只要武则天驾崩，他就是第一继承人，这样可以最大程度避免因皇权传承混乱而带来灾难。而在武则天活着的时候，李显的碌碌无为、安分守己反倒成了最好的保护色，让他不会引起武则天的猜忌。

第二股，是以武三思为首的武氏家族。

武周时期，除去已死的武承嗣，武三思是最热门的太子人选，差一点就上位，可武则天晚年心境发生变化，武三思一夜之间丧失了竞争力。他的聪明之处在于看得清局势，懂得顺势而为，而不是强行争取，引起各方势力的忌惮。这是武三思的生存之道。

第三股，是以张易之、张昌宗为核心的面首势力。

张氏兄弟依靠年轻的身体得宠，没有雄厚的家族根基，没有衷心的拥护者，手中的权力如同无根浮萍，又如即将倾覆的大厦。一旦武则天退居幕后或去世，他们就会成为各方势力围剿的第一批对象，因而张氏兄弟的立场很简单：兴风作浪，只求一线生机。

第四股，是以张柬之为首的复唐朝臣。

现在的许多文艺作品都展现过这个时期的历史，大都喜欢把复唐派的大臣定义为拥有情怀的政治家，说他们想恢复李唐神器，恢复正统，将他们标榜为太宗皇帝的拥护者。必须承认，这些大臣中肯定存在有政治情怀的，可历史的大势昭示着，李唐皇族夺回权力只是时间问题，与情怀无关。至于他们为何要着急夺权，还是利益在驱动。

如果平平稳稳地等武则天驾崩，等新皇登基，到时候就只能享受普天同庆的浩荡皇恩；可如果通过暴力手段夺取权力，那就是帮李家革武周的命，是从龙之功，将获得泼天富贵，完全是不同的性质。提前的政治站队和风险投资可以让他们获得更高的政治地位，这才是张柬之的逻辑。而张柬之放弃和平演变，选择暴力革命，又为大批低阶官僚开创了一个晋升的绿色通道，而且是风险低、收益高又毫无道德负罪感的通道，试问有谁能拒绝呢？

政变还需要军队支持。镇守洛阳宫北门的左羽林卫大将军李多祚混迹禁卫军三十余年，势力盘根错节，张柬之用自己的一套逻辑打动了他，他立马选择加盟。相王李旦的核心幕僚姚崇也是坚定的复唐派，早已做好了李旦的思想工作。这样一来，大批朝臣、军方官员、李姓皇族都成了张柬之的合作者。

不过，这场政变最核心的人物太子李显，却对计划毫不知情。

张柬之瞒着李显的原因有两个：一是李显性格懦弱，让他带头发动政变难度很大，如果他不坚定，事情可能功亏一篑；二是李显的收益和风险最不成正比，不搞政变时他有十成把握做皇帝，搞了政变，他做皇帝的概率反而会降低，所以他不一定会支持。

另一边，张氏兄弟控制着右羽林卫，也有一部分重臣支持他们，和张柬之一派的势力旗鼓相当，但张氏兄弟有个很大的弱点——没有做皇帝的伦理基础，只能做武则天的附庸。他们也可以发动政变，可政变之后呢？谁来做皇帝？该怎么收拾残局？所以在这场博弈中，张柬之集团有先天的优势。

张柬之等人的计划很清晰：张柬之率领五百军士由玄武门进洛阳宫城，杀奔长生殿，控制武则天。李旦的任务是控制南衙（宫禁以南的宰相官署）的官僚集团，抓捕张氏兄弟的党羽韦承庆、房融。李多祚则要带着李显的女婿王同皎前往太子宫，迎接李显前去长生殿主持大局。

政变当天，镇守玄武门的是殿中监田归道，他是张氏兄弟提拔的亲信。面对交出玄武门兵权的要求，田归道有两个选择：一个是放张柬之的队伍通行；一个是向张氏兄弟报信，同时将张柬之等人拦在玄武门之前。不过，田归道两个都没选。他是个聪明人，清楚李唐复辟是不可改变的大势，于是提了个条件：开门没问题，但他必须看到太子李显本人。

李显还在太子宫里，对政变计划毫不知情。李多祚觐见，带来一份盛情邀请，李显对此充满了抗拒，因为他害怕政变失败，自己不得善终。最后，李多祚只能强行将李显带到玄武门。

城门大开，政变的队伍蜂拥而入，将张氏兄弟剁为肉泥，随后将武则天堵在了寝宫。

此时距离武则天掌握最高权力已过二十余年。在她的威慑下，朝臣长时间噤若寒蝉，唯命是从，男性政治家集体黯淡无光。神龙元年的这场政变，是官僚集团第一次硬起腰杆与武则天正面对话。

一个帝王是否拥有威严，不应该看最鼎盛时期别人对她身份的尊重和敬畏，而是当她权力退去的时候，身上是不是还有虎狼之威。只见武则天目光如炬，正气凛然，太子李显根本不敢与她对话，朝臣李湛在她的逼问之下也羞愧难当，哑口无言。

这种傲睨万物、气吞山河的风采，任何语言描述都是多余的。然而，武则天一个人终归拗不过历史大势，最难抵挡的还是她还政于李唐皇室的想法。

武则天答应了退位，并最终在当年驾崩于上阳宫，享年八十二岁。她留下遗诏，去掉帝王称号，称"则天大圣皇后"，与高宗皇帝合葬于乾陵，并赦免王皇后、萧淑妃、褚遂良、韩瑗、柳奭五族的全部亲属。

该怎么评价这位难得一见的女皇呢？

武则天十四岁进宫，三十二岁成为唐高宗李治的皇后，开始了长达二十八年的辅政生涯，与李治并称为"二圣"。李治去世后，武则天以皇太后的身份执掌权柄，又开始了长达七年的临朝称制，又在六十七岁登基，做了十五年的皇帝。

宫廷与朝堂，政治斗争此起彼伏，男人游走其间尚且不易，何况一介女流，而武则天能周旋其中并活到八十几岁，简直就是个奇迹。

武则天一路走来，先是以三十二岁的"高龄"，让一代国君甘愿与重臣为敌也要封她为皇后，足见她的个人魅力和手腕。之后二十八年的辅政生涯是她最关键的积淀时期，不管是高宗带着她，还是她辅佐高宗，在自身政治智慧的加持下，耳濡目染和亲身经历让她迅速成长。在那个时候，武则天的能力其实已经得到了大部分朝臣的认可。

同样的人物，同样的能力，如果武则天安于幕后，做辅佐朝政的皇后、皇太后，那她就是无人质疑的千古贤后，可她偏偏走到前台，于是被斥为"牝鸡司晨"，著名的思想家王夫之更是在《续通鉴治》中评价她是"鬼神之所不容，臣民之所共怨"。但任何反对、任何质疑，归根结底其实都是一句话——她是个女人。

武则天还是那个武则天，但当她的身份从皇太后变成至高无上的帝王的时候，就践踏了男尊女卑的传统社会规则，击穿了男性的尊严。这种破坏力不仅存在于朝堂。武则天的出现直接提高了武周时期所有女性的社会地位，男女社会地位的势能变化给男性在工作和家庭上带来双重冲击，男性的既得利益受到触动，这才是反对者不能忍的。

要让世人接受这个现实，难度很大，而且需要时间。武则天在她十五年帝王生涯里的所作所为，其实主要围绕两个主题：证明自己，打破习惯。

如果一个人的精力有十分，武则天就要花费七分去做这两件事。但和千年以来形成的社会传统对抗何其困难，于是打压、屠杀、酷吏、阴谋等成了大唐政局的主旋律。

武则天当政时有不少失误，比如滥杀程务挺、弃用王方翼，导致东突厥重新崛起、安西局势恶化；比如没有处理好和契丹的外交关系，导致兵败河北，大将身死沙场，朝廷威严丧失。这是两个最大的硬伤。庆幸的是，武则天最终收复了安西四镇，给自己加回了不少分。

至于其他方面，我们权且只看一点——民生。

武则天在位时轻徭薄赋，发展农桑，百姓的生存状况很好，这是无人质疑的。永徽三年（652）时，唐朝的人口有三百八十万户，到神龙元年（705）已达六百一十五万户。

中国古代历史上不缺少武功赫赫的帝王，但是能让人口持续增长、社会持续繁荣的皇帝不算太多。从这个角度看，武则天绝对算是明君圣主了。

功臣之死

武则天退位，太子李显登基。

这不是李显第一次做皇帝了，只不过那时他是个傀儡，一直活在母亲的阴影之下，被废之后他更是战战兢兢，整日苟且偷生。直到回到洛阳做太子，母子关系开始缓和，情感的复苏才让李显体会到了母亲的立场和不易。一边要谨慎小心地在朝堂立足，一边要顾念母子之情，李显的心里充满矛盾。

换成个性强势、视尊严为生命的李世民，逼武则天退位后，可能会向武则天反攻清算，但李显是得过且过的性子，他选择了宽恕和随缘。

神龙政变后，武则天避居上阳宫，每隔十天，李显就会去那里参拜母亲。此外，李显还给她加各种尊号。武则天去世后，朝臣反对将她与李治合葬，一直被人评价为懦弱的李显居然据理力争，最终把武则天的棺椁风风光光送回长安，与高宗皇帝合葬在乾陵。

李显不想再起风波，只想守好江山，过好自己的小日子。可身在权力的旋涡中，风平浪静本就是最大的奢望，斗争求生才是宫廷主角们的日常生活。

这一回，闹事的人有两个——韦皇后和武三思。

韦后是李显的结发妻子，两人生了五个孩子，情深似海。被贬房州的时候，韦后一直在李显身边陪伴，对他日夜鼓励，不离不弃。李显感动之余立下誓言，说有朝一日自己重新做回皇帝，韦后想干什么都行，他绝不限制。

李显和韦后就像是李治和武则天的翻版，婆婆武则天做了皇帝，儿媳妇韦后也有个称帝的小目标，确实不为过。

武三思是武周时期争夺过太子之位的政客，新皇帝登基，等着武三思的本来是必死结局。可是一方面，李显对武则天的态度和缓，武氏家族由此躲过了政治灾难；另一反面，李显的掌上明珠、安乐公主李裹儿是武崇训的老婆，而武崇训的老爹正是武三思。武三思和新皇帝既是姑表兄弟又是儿女亲家，打断骨头连着筋，这让朝臣投鼠忌器。有人想杀武三思，最终被张柬之以朝局已定、武三思翻不起浪花为由驳回。

一时半会儿死不了，但也不会被重用，武三思不这样想。对他来说，张柬之就是一个定时炸弹，姓张的多活一天，他的生命就少一分保障。为了性命着想，武三思开始筹谋重新掌握权力。

帮武三思扭转局势的人叫上官婉儿——一个颜值十分、才华十二分的传奇女子，传奇到皇室贵族纷纷为之折腰，都想赏她口饭吃。

武则天掌权的时候，武三思和上官婉儿的关系就很紧密，据说两人是可以同床的战友。在上官婉儿的引荐下，武三思和韦后走到了一起。韦后想称帝，张柬之等人是她最大的政敌。武三思有势力有经验，可以做她的马前卒，双方各取所需。

为了让李显接受武三思，韦后故意和武三思走得很近，两人还玩起了魏晋南北朝以来流行的棋盘游戏——双陆。为了讨媳妇欢心，李显常常在旁边伺候，玩儿得不亦乐乎。

《旧唐书·桓彦范传》记载："皇后韦氏既雅为帝所信宠，言无不从，三思又私通于韦氏，乃日夕谗毁彦范等。"因"私通"二字含义特殊，有人便说武三思和韦氏有不可描述的亲密关系，其实有些牵强，这个词在这里应该是其本意——私下勾结、联合干坏事的意思。韦后见过大世面，还不至于为了一个糟老头子的廉价情感去冒政治风险，利益上的联盟才是驱使他们携手合作的关键原因。后来两个人决裂，但没有闹出任何丑闻风波，更说明了他们之间不存在肉体和情感关系。

在韦后的帮助下，武三思有了再次崛起的苗头，这让政变参与者的安全感逐渐消失，驱逐武氏家族的声音越来越大。这个时候，李显突然下诏，提拔武三思为同中书门下平章事，已达宰相级别。

一个人性格懦弱，不代表他不会叛逆。面对这种人，你越是阻止，他就越想唱反调，因为这样他才能用外表的强悍掩饰内心的卑怯。李显是有这种性格和情绪的。

更重要的原因在于，神龙政变虽然成功了，但当时朝臣瞒着李显，不顾及他的政治利益和身家性命的行为，一直让李显如鲠在喉。这些所谓的功臣本来就不应该存在，而他们非但没有急流勇退，反而还想教李显怎么做皇帝，这让好脾气的李显也忍不下去了。

李显可以任性，但提拔武三思意味着站在武家一边，否定了政变的贡献。相王李旦为此直接递交了辞呈，一副"朝中有武便没我"的态度。

李显和李旦是亲兄弟，又曾有同样的人生境遇，所以李显对这个弟弟是极为爱护的。为了安抚李旦的情绪，李显将他封为皇太弟，暗示要把皇位传给他。

不排除李显真的有这个想法，但年富力强时候的传位承诺，基本都是以喋血宫廷为结局的，李旦可不买这个账。

武三思这个时候瑟瑟发抖了，因为自己的事让当朝皇帝、相王产生嫌隙，可以想见是不会有好下场的。为了平息众怒，武三思上奏，让李显收回成命。

因为不成熟的举动，让权力高层产生动荡，其实李显自己也在后怕。事后，为了防止双方斗得你死我活，李显分别赐给张柬之、桓彦范、武攸暨、武三思丹书铁券，承诺只要不是谋反谋逆的大罪就可以免死十次，只求大家安分守己，别惹事端。

武三思拿着有限复活卡，满意且满足，张柬之等人却像吃了苍蝇似的恶心。这等同于纵容武氏家族在朝堂上蹦跶，怎么可以？必须将其驱逐出朝廷！他们指派了一个叫崔湜（shí）的人去接近武三思，监视他的情况。不料崔湜揣摩圣意，认为李显对张柬之等失去了信任，于是直接亮明间谍身份，投靠了武三思。

聪明的人不会选择看起来庞大却逐渐消瘦的骆驼，而是选择茁壮成长的马驹，因为它代表着希望和明天。可怜这些政变参与者毫无警觉，依然在挑战皇权的路上疯狂奔跑。

此时已经有大批官员投奔到武三思的阵营，并且有人出了个主意：既然张柬之那些人是功臣，干脆就让皇帝给他们赐王爵，将他们高高挂起来。这时候挂得越高，日后扬起来的鞭子才能抽着越爽。

神龙元年（705）五月，李显下诏，封敬晖为平阳王，桓彦范为扶阳王，张柬之为汉阳王，袁恕己为南阳王，崔玄暐（wěi）为博陵王，均罢知政事。每月初一、十五的时候，他们才有机会朝见天子。

政治斗争没有一个的结局是皆大欢喜的。树欲静而风不止，斗到这个时候，就算你想全身而退，政敌也想让你全身而退，但也总有人会把你推进深渊。

这次出手的人叫王同皎——李显之女安定公主的驸马，神龙政变的参与者，坚定的反武斗士。

王同皎的身份特殊，底气十足，说话硬气，敢冲敢干。他不满武三思和韦后互相勾结、排挤功臣的行为，于是拉拢张仲之、祖延庆等人，打算在武则天下葬的那天，埋伏弓箭手弄死武三思。

王同皎的计划很完美，却被诗人宋之问及其弟宋之逊出卖了。

宋之问才华横溢，本可以在文坛留名，却对仕途有着疯狂的迷恋。迷恋一旦产生，就很容易走火入魔。为了高升，宋之问先是投靠了还如日中天的张氏兄弟，结果受牵连而被流放到外地，后来他偷偷潜回洛阳，投奔了王同皎。

王同皎是权贵，却不是权臣。很显然，依附王同皎只是宋之问的权宜之计，并不是他的最后一站。

有一天，王同皎情绪失控，咒骂武三思和韦后狼狈为奸。宋氏兄弟觉得这是讨好武三思的机会，便以此作为进身之阶，投靠了武三思。武三思得了把柄，灵机一动，又加一条罪名：王同皎想带兵入宫，废了韦后。

韦后是李显的逆鳞，因此即便王同皎贵为驸马也没有逃过一死。之后，其功臣集团重要成员的身份被大加利用，导致张柬之、敬晖等人接连被贬。

唐朝和宋朝不一样。宋朝的政治斗争有个潜规则——只要政敌下台，一般不会赶尽杀绝，而唐朝的规矩却是除敌务尽。

为了赶尽杀绝，武三思在洛阳城散布韦后的丑事，包括和男人私通的事情。李显听闻后万分恼火，命御史大夫李承嘉调查，结果查出这些谣言是功臣集团散布的。

御史大夫的调查结果公正吗？答案是否定的，因为李承嘉是武三思的人。李显未必不知道他们的关系，却依旧点名让李承嘉去查，大概也存了把张柬之等人一网打尽的意思。他当然不想在历史上留下恩将仇报的恶名，这种脏手的事，甩给别人去做最合适。

有了理由就好下手。武三思和韦后商议，决定由上官婉儿起草假圣旨，由大理寺的周利贞前往岭南执行谋杀计划。计划尚未执行，张柬之和崔玄暐二人就因年事已高，在被贬途中相继去世了，于是周利贞改道贵州，追上了桓彦范。

周利贞命人准备了一堆树枝，树枝上面布满倒刺，将赤身裸体的桓彦范放在树枝上拖着行走。直到桓彦范血肉模糊，骨头外露，奄奄一息，周利贞才将他杀死。

袁恕己喜欢服食丹药，周利贞给他准备了一碗野葛汁。野葛是剧毒的草，学名叫钩吻，服用下去会感到喉咙如铁钩在刺，剧痛无比。袁恕己被灌下毒汁之后疼痛难耐，用双手扒泥，指甲全部被磨破了。等他只剩下一口气，周利贞才用棍棒将他打死。

最惨的当数敬晖。为报当年被贬之仇，周利贞将他活剐至死。

到此，神龙政变的核心功臣被全部铲除。

张柬之等人毕竟是发动神龙政变、帮李氏拿回江山的功臣，老百姓不知道其中隐秘，周利贞肯定是知道内幕的，但他为了讨好武三思，对功臣的手段如此残忍，只能说是愚蠢。等到唐玄宗李隆基登基，敬晖之子敬让上奏朝廷，陈述其父被冤杀之事，李隆基果断将周利贞赐死。真应了那句话：善恶到头终有报，高飞远走也难逃。

景龙政变

做出屠杀功臣集团这件事，李显是带着情绪的。如果足够理性，他就应该分析一下朝堂的格局，看看谁对他的皇位最有威胁。

他的弟弟李旦可以做皇帝，他的姐妹太平公主可以做皇帝，甚至韦皇后也可以做皇帝，唯独功臣集团没这个资格，可率先覆灭的恰恰是以皇权马首是瞻的功臣集团。

李显的一番操作，让自己变成了孤家寡人。

这个时候，最接近皇位、最渴望皇位的人是韦后。她除掉了功臣集团这第一块绊脚石，便把目光投向第二块绊脚石，也就是皇子们。

李显膝下一共有四个儿子：长子李重润，李显和韦后的嫡子，因议论武则天的私生活被杀；次子李重福，李显的庶子，因韦后构陷，此时被发配到外地；三子李重俊，李显的庶子，被封为皇太子；四子李重茂，年仅十岁，生母不详。

太子李重俊的生母身份低微，没有母家的势力撑腰，日子过得非常艰难。李显对李重俊的教育也不上心，只派了杨璬（jiǎo）、武崇训两个女婿做他的老师。这两个纨绔子弟读书不行，业余爱好一大堆，"成功"地将李重俊培养成一位蹴鞠高手、浪荡子弟。

除了儿子，李显还有个掌上明珠，即安乐公主李裹儿。她是李显被发配到房州的时候出生的，李显对她格外宠爱，宠到嚣张跋扈、桀骜不驯成了她的人生标签。

安乐公主什么都敢做。她在情窦初开时与武崇训偷尝禁果，未婚生子，搞得李显不得不给她收拾烂摊子，将她下嫁给武崇训。

后来，安乐公主把手伸向朝堂。她将朝中官职分为几个等级，按照不同等级定价，不管是屠夫、酒肆之徒，还是为他人当奴婢的，只要交纳足够的钱，便由她去找李显授官。

赚钱不是安乐公主的追求，提拔门客、玩弄权柄才是。仗着父亲纵容，她常常自己写下诏书，然后用手掩住诏书上的文字，就这样让李显在诏书上署名用印。

也许人生的路走得太顺，安乐公主也有了做皇帝的想法。她经常数落李重俊，说他能力平平，没资格做皇帝，还提议李显封她做皇太女，由她继承皇位。

安乐公主的追求和韦后如出一辙，她们和武三思勾结在一起，向皇位发起冲锋，甚至在公开场合嘲笑太子李重俊的出身，称呼他为"奴"。李显本就不喜欢李重俊这个太子，在女儿、老婆的教唆下，逐渐有了废太子的意图。

为求自保，李重俊决定反抗，他找了三个帮手。

第一位，神龙政变功臣集团的核心成员之一，左羽林卫大将军李多祚。

在张柬之、敬晖等人被打压的时候，李多祚就有了兔死狐悲的感觉，所以见李重俊主动示好，他想也没想就直接答应了，而且还拉上了李思冲、李承况、独孤祎之、沙吒忠义等将领。对他们来说，兵变是轻车熟路，做起来毫无压力。

第二位，成王李千里。

李千里是太宗李世民的孙子、吴王李恪的嫡长子，曾被发配到岭南，因为远离政务，专心娱乐，而且神经大条，对皇位毫无威胁，在武则天的时代混得风生水起，一直做到左金吾大将军。在李显一朝，李千里和相王李旦、太子李重俊享有同等的政治地位。随着韦后、武三思的强势崛起，李千里维护李唐神器的意识开始觉醒，投入李重俊的阵营。

第三位，宰相魏元忠。

魏元忠是少有的耿直大臣，先后顶撞过武则天、张氏兄弟、安乐公主。他只想安安静静做个青史留名的好宰相，可武三思的混账操作搅乱了朝廷的秩序，严重挤压了他的生存空间。最终，魏元忠决定和太子李重俊联手，拨乱反正。

景龙元年（707）七月，李重俊来到羽林卫千骑兵营，以皇帝的名义征调了三百名禁卫军，随后化整为零，让他们来到武三思的府邸。当时，武三思和武崇训正在府中饮酒作乐，意外的突袭让他们防不胜防，二人直接倒在了血泊之中。

从过往经验看，不管是唐朝初年的玄武门之变，还是不久前的神龙政变，擒贼先擒王绝对是最正确的政变思路。更何况李重俊只有三百人，他唯一的机会就是偷偷进宫，杀死韦后和安乐公主，控制李显，再以李显的名义控制军队、安抚各方。然而李重俊没有这么做。

李重俊避开玄武门，从南入，杀到了内朝。这时候，只要找到李显、韦后，一刀剁了他们，历史就会被改写。然而李重俊犹豫了很长时间，始终没有下达任何指令。

如此行为，是李重俊顾念父子人伦，不忍心下手吗？这种解释有点牵强，更合理的解释是，李重俊假造李显的圣旨才得以调动这支禁卫军，如果现在让他们逼宫李显，恐怕会被质疑军令。最终，李重俊喊出的是捉拿上官婉儿。此令一出，他的命运就注定走向死亡了。

上官婉儿正在寝宫,听说李重俊政变,自知束手就擒只有死路一条,于是跑到李显的寝宫,高喊太子谋反,且扬言要诛杀皇帝和皇后。这条祸水东引的计策让李显吓得肝胆俱裂。由于叛军是从南边进宫,李显决定跑到北边的玄武门寻找庇护。

守卫玄武门的是右羽林大将军刘景仁,李显命他带着一百名羽林飞骑扼守在门楼之下,等待援军,自己则和韦后、安乐公主、上官婉儿等在门楼上。

如果能快速击败门下守军,控制李显,就算大部队到来也无济于事,可李多祚和李重俊大脑突然停止转动,直接在原地呆立,不知所措。

《资治通鉴》卷二〇八记载:"多祚与太子狐疑,按兵不战,冀上问之。"他们希望李显询问为何发动政变,这样他们就可以说是因为武三思、安乐公主祸乱朝政,他们想清君侧。换言之,李重俊想先做舆论工作,再控制局面。

在道德上打击敌人的套路没有问题,可前提是政变一方有足够的军队,而且军队已经控制住了局面。然而事实是,李重俊他们才是被群狼包围的羊群,是俎上之肉。

李显也没有下达围剿叛军的军令,玄武门前,双方神奇地对峙起来。李显身边有个叫杨思勖的宦官,武艺高强,请求出战,迎战的是李多祚的女婿野呼利,同样实力不俗。

一场皇帝和太子的军事对峙,莫名其妙变成了三国时期最经典的战前武力单挑。

几个回合下来,不知道练成什么神功的杨思勖提头在手。李显露出自信的笑容,分开人群走了出来,扶着门楼上的栏杆,恢复了帝王的气质:"你们这些人都是朕的卫士,为什么要跟着李多祚谋反呢?如果你们能杀了他们,不必担心没有荣华富贵。"

李显的一番话,直接击溃了政变军队的最后一丝斗志。随后双方混战在一起,李多祚、李思冲、李承况、独孤祎之、沙吒忠义当场被杀。李重俊在亲信的护卫下顺利突围,向终南山方向逃奔而去,最终被生擒送回长安,接受了死刑。

由于这一年改元"景龙",这次政变被称为"景龙政变"。

毒杀李显

事情并没有就此结束。

御史大夫苏珦（xiàng）负责调查李重俊的余党。有犯人向他举报，说相王李旦是幕后主谋，苏珦将消息告知给李显，但李显极力为李旦辩护。李显对弟弟也是绝对信任的，于是秘密叫停追查程序，以免把李旦牵连进来。

韦后想做皇帝，除掉了李重俊，但还有李旦和太平公主等绊脚石，所以李显想按下此事，她是不会答应的。为了拉李旦下水，韦后向狗腿子集团发出了指令：诬陷李旦。

负责第二轮调查的是御史中丞萧至忠。可以说，李旦接下来的日子好不好过，完全取决于他的调查报告。

萧至忠是武三思的党羽，但也是一个政治投机分子。身为投机分子，最核心的能力当然就是评估政治局势：调查的命令是李显下的，那么李显对这个事情是什么态度？很显然，他只想息事宁人，保护好宝贝弟弟。

如果韦后是做皇帝的苗子，萧至忠或许可以赌一把，但韦后上台不久，还没有表现出惊人的政治智慧，而安乐公主就是个被宠坏的孩子，更不可靠。思虑再三，萧至忠做了最稳妥的选择——保护李旦。

萧至忠赌对了，他做了李显想做的事，随后被提拔为中书侍郎、同中书门下平章事，收到的回报非常不错。

李显为什么笃定李旦没有谋反？兄弟情是肯定存在的，但不是全部。

李显宠爱韦后，疼爱安乐公主，但他也是个皇帝。朝廷是需要平衡的，尤其是功臣集团下野之后，相王李旦和太平公主是唯一能牵制韦后的政治势力了，杀了李旦，李显自身就危险了。

另外，李显做皇帝后曾经派了一支禁卫军前往相王府，名义上是保护，实际上是监视。经过长时间的观察，李旦一直深居简出，不与朝臣私下来往，这让李显对李旦产生了一定的信任。

韦后无法撼动李旦，只能再想其他的办法，比如让党羽给李显提建议，给她加上"顺天翊圣皇后"的尊号。"顺天"的意思是顺应天意，"翊圣"的意思是辅佐天子，而上一个辅佐天子的皇后成了一代女帝。韦后的小算盘已经是司马昭之心——路人皆知了。

为了抬高自己的地位，祥瑞之兆是不可少的。

有一天，韦后在后宫摆弄新衣服，宫女们突然指着她的衣箱惊奇地说道："五彩祥云！"只见皇后的箱子里飞出朵朵祥云。紧接着，宫女们跪倒在地，高声祝贺。李显为了讨好韦后，特地命宫廷画师画了一幅祥云图，还拿给文武百官看，朝中的马屁精们自然奉上各种好话，把韦后吹得天花乱坠，吹得长安百姓皆知。

与此同时，一首歌曲爆红，流行在长安城的大街小巷。歌曲的名字叫《桑条韦》，歌词里明着赞美韦后，赞美目的不清不楚，让人浮想联翩。

知太史事迦叶志忠看准时机，谄媚地上表道："昔日，高祖皇帝未受命时，天下歌《桃李子》；太宗皇帝未受命时，天下歌《秦王破阵乐》；高宗皇帝未受命时，天下歌《堂堂》；天后未受命时，天下歌《武媚娘》；当今圣上未受命时，天下歌《英王石州》。如今，顺天皇后未受命，天下歌《桑条韦》。臣认为顺天皇后有才有德，为天下之母，应该主持蚕桑，以安天下。臣谨拟《桑韦歌》十二篇献给陛下，请让乐府编奏，待皇后祭祀先蚕（即嫘祖，传说中养蚕治丝方法的创造者）时，演奏此篇章。"

支持韦后的官员有很多，但也有大批的官员看不惯韦后的嚣张跋扈，只不过碍于韦后的势力、李显的纵容，只能缄口不言，把愤恨和不满暂时藏在心中。只要时机到来，这些沉默的大多数将会爆发，让韦后万劫不复。

有了韦后一党的掺和，中宗在位期间的长安城里难得一见地乌烟瘴气起来。党派争斗只是一方面，还有皇室成员收受贿赂、卖官鬻爵，过着穷奢极欲的腐败生活，权贵子弟更是争奇斗艳、攀比虚荣。

长宁公主是安乐公主的同母姐妹，在洛阳修建了规模宏大的建筑群，堪称洛阳贵族圈子里最豪华的住宅。为了把长宁公主比下去，安乐公主竟然想把属于公家的昆明池过户到自己名下当私产，在其上修建更庞大的休闲度假区。被李显拒绝后，安乐公主便在长安的西南选了一块地，先是暴力拆迁，霸占民田，之后借着大兴土木，挖了一个绵延数里的大湖泊出来，还给它取了一个非常霸气的名字——定昆池。

又一次，两位公主撒出府中恶奴到街上强抢民女，以至于百姓关闭门户，街上行人罕见。恶奴为了交差，最终破门而入，还闹出了人命。侍御史袁从之看不惯，抓了恶奴，两个公主告到李显那里，逼迫放人。

李显对公主毫无底线，道："袁爱卿，要不给朕一个面子，放了公主府的人？"

袁从之很坚决："陛下，您是百姓的天子，怎么能纵容恶奴强抢民女？"

在李显眼里，这就是一桩鸡毛蒜皮的小事，袁从之是不给他面子，于是他沉下脸来："朕叫你放人就放人，何必在朕的面前聒噪！"

李显如此纵容不管事，直接导致朝廷中韦后势力大盛。当时有宗楚客、萧至忠、韦嗣立、崔湜、赵彦昭、韦温、郑愔七位宰相。其中，宗楚客是韦后的死党，韦嗣立被韦后拉到了己方阵营，崔湜、赵彦昭是上官婉儿的情人，也属韦后的党羽，韦温是韦后的堂兄弟，郑愔则依附过张易之和武三思，后来同样拜在韦后门下。至于剩下的一个萧至忠，则是李旦的支持者。

放眼望去，其实李显已经被架空，如果韦后想听他聒噪，他就还算个皇帝，如果韦后不再想听他的话，他就是个傀儡了。

景龙三年（709）八月，李显打算前往南郊祭祀天地。

祭祀天地是皇帝的职责，一般是由皇帝先行祭祀，再由皇太子完成亚献。这套流程本来是固定的，讲究法理，但高宗时期武则天取代了太子，破坏了流传千年的规矩。这一次，有朝臣建议，由韦后完成亚献。因为有武则天的先例，李显没有拒绝，韦后得偿所愿。

实权、祥瑞、舆论、法理都有了，韦后离登基称帝只差最后走一个流程，这也意味着，李显成了韦后问鼎帝位路上的最后一块绊脚石。

韦后的欲望是无限的，李显的每一次退让，都会让她的欲望再次蔓延，直到有一天，欲望像蔓延的水草，缠住她的脖子，让她彻底窒息。

景云元年（710）四月，一个叫郎岌的官员指控韦后和宗楚客居心叵测，意图篡逆，结果被杀死。

次月，许州司兵参军燕钦融上奏，状告韦后淫乱后宫，干预国政；外戚仗势欺人，荼毒百姓；安乐公主、武延秀、宗楚客等人阴谋作乱。

燕钦融口中的"淫乱"男主角，指的是散骑常侍马秦客、光禄少卿杨均。马秦客的特长是医术，杨均的特长是烹饪，但这些都是幌子，韦后只看中他们的身体。

李显是个男人，就算昏庸懦弱，也不能对绿帽子视而不见。他召见燕钦融，向他详细询问了细节。听过之后，李显有些动摇，但还是犹豫着，没想好该怎么处置。就在此时，宗楚客假传圣旨，带了一支禁卫军杀了燕钦融，并把他的尸体带回太极宫，重重地摔到宫殿门口的石头上，还声称这样杀人很痛快。

韦后可以欺骗李显，可以向李显索取任何权力和地位，那是因为李显对她有感情，也相信韦后对自己有感情。可韦后一派的人如此丧心病狂地羞辱李显，损伤他的威严，事情的性质就变了。

接下来的一段时间，李显一直闷闷不乐，并开始冷落韦后。

这时候的韦后是什么想法？她肯定是有危机感的，但恐怕更多的是轻蔑。既然李显不再想保护她，那就失去了价值，她正好借这个机会取而代之！

韦后找安乐公主商议对策，母女俩选择了一个最狠毒、最残忍的方式：毒杀。

景云元年（710）六月初二，韦后准备了一些毒药，命人放在李显最喜爱吃的糕点中。当天晚上，李显回宫休息，顺嘴吃了一块，然后安然就寝。没过多久，李显腹痛难耐，胸闷气短，并开始咳血，须臾之间暴毙而亡，享年五十五岁。

被自己的女儿和老婆联手毒杀，李显真的是可怜又可悲。可怜之处在于，历代的皇帝有各种死法，但是被最亲的人毒杀，李显还是独一份。可悲之处在于，李显如今尝到的苦果都是他自己种下的因，怪不到任何人。

李显死后，韦后第一时间封锁消息，秘不发丧，随后调集军队进城。她的亲信全面控制了长安城，接下来便是搞定李显的遗诏，准备正式宣告天下。

事情真能这么顺利，韦后真的能瞒过所有的人吗？从事情发展看，她至少没瞒住太平公主和李旦。

《资治通鉴》卷二百九记载："太平公主与上官昭容谋草遗制，立温王重茂为皇太子，皇后知政事，相王旦参谋政事。"（昭容为女官名，上官婉儿曾封此官，此处的上官昭容即指她。）这么看来，要么是韦后把李显的死讯告知了太平公主和李旦，要么是太平公主和李旦通过某种渠道知道了李显的死讯，这样大家才会"共谋"遗诏，分享李显驾崩后留下的权力蛋糕。

不管是哪一种可能，太平公主和李旦肯定知道一些真相，捏住了韦后的把柄。

韦后当然不满意这个结局，她想要大权独揽、登基为帝，可新的石头挡在面前。李旦在朝野上下很有威望，又有太平公主的支持，李重茂也还坐着太子的位置。韦后失去李显的庇护后，需要直面这些政敌。

紧要关头，宰相宗楚客带着军队闯进宫中，给韦后出了两个主意：第一，韦后和李旦是叔嫂关系，二人共同辅政不方便，以此为借口将李旦排除出局；第二，韦后有军队撑腰，拳头大就能说了算。

在宗楚客的威胁下，支持李旦的官员只能妥协，最终以李旦改封太子太师为此事暂时画上了一个句号。年仅十六岁的李重茂成为继任皇帝，改年号为"唐隆"。历史上将他称为"唐殇帝"，可见他的结局不大妙。

至此，韦后的势力控制了内宫、宰相，外朝形同虚设。这时候，恐怕所有人都会觉得，韦后离成为第二个武则天只有一步之遥了。谁也没有想到，就在韦后谋划弑杀李重茂、收拾相王李旦和太平公主的时候，她的另一个劲敌已经悄然崛起了。

唐隆政变

李隆基，李旦第三子。他出生的那年李旦第一次做皇帝，但很快就被武则天废黜，之后李隆基便跟着李旦过起了朝不保夕的日子。就在他八岁以皇孙身份被封为临淄王时，其母遭诬陷被秘密杀死，其父李旦也受到牵连，多亏安金藏大义剖腹才得以幸免。

翻阅史书，历史上别的皇帝似乎都有异乎常人的童年故事，但李隆基没有。史书赞美他才华横溢，但也仅有这一点了，而这种描述在其他皇帝的种种异象面前实属平庸无奇。

神龙政变的时候，李隆基已经成年，目睹了宫廷政变的残酷。景龙政变的时候，李隆基再一次目睹宫廷喋血。从此他深知，想要在云谲波诡的宫廷之中生存，仅有尊贵的皇室身份是无用的，最要紧的是控制兵权，用拳头说话。此后李隆基远离了朝廷和政治，选择将时光消耗在一支神秘的军队上。

这支名为"万骑军"的部队，如果归根溯源，其实是由李世民创立的，之前还叫"百骑"，主要职责是陪着皇帝打猎，护卫皇帝安全。武则天统治时期，百骑逐渐扩编为千骑，到李显时最终成为万骑。它隶属于羽林军，其实就是北衙禁军的一部分。

神龙政变时，张柬之靠的是北衙禁军；景龙政变时，李重俊靠的也是北衙禁军，所以韦后对北衙禁军的信任是大打折扣的。韦后的势力主要在南衙，李显被杀后，她能轻易调动府兵为自己保驾护航，恰恰也证明了这件事。

既然北衙禁军不是韦后的"亲儿子"，待遇自然就会差很多。据记载，当时管理北衙禁军的主要是韦温的侄子韦播和外甥高嵩，他们经常鞭打、侮辱将士，军中早就有了不满情绪。

李隆基经常到万骑军的军营里玩耍，为了结交基层将士，不惜放下王爷身段和他们打成一片。凭着高贵的身份和个人的魅力，李隆基俘获了一批将士的爱戴。虽然没有表态，可只要李隆基需要，大家还是愿意为他卖命的。

除了拉拢下级军士，李隆基还想方设法地结交实权官员。

兵部侍郎崔日用本是韦后的党羽，和宗楚客的私交也很好，可他就是觉得韦后没有做皇帝的命，担心跟着韦后发动政变会祸及家人，于是投靠了李隆基。

这场叛变来得很突然。李隆基既不担任朝中官职，又没有掌握实权，投靠他的逻辑是什么呢？

史书上虽然没有明说，可是能明显地感觉到，当时万骑军的不满已经成为公开的事，而与万骑军交好的李隆基，对这支军队的控制力绝对不一般——万骑首领葛福顺、李仙凫、陈玄礼都站在李隆基这边。

另一个重要人物是西京苑总监钟绍京。钟绍京是三国时期书法家钟繇的后人，是唐朝的小楷书法家，官中的很多牌匾和楹联都出自他之手。韦后兴风作浪的时候，年过五旬的钟绍京正在西京苑里过着养老生活，而李隆基结识他，恐怕就是看上了西京苑。这个园林位于玄武门北侧，出了玄武门，北边基本都是的西京苑的地盘，想要在这里塞一支军队是轻而易举的事。

这时候，崔日用告诉李隆基，政局有变，要先动手。李隆基将消息传给太平公主，随后召集党羽，开始制订计划。

兵变没有问题，可李隆基要弄死的不仅有韦后，还有新皇帝李重茂，因此需要舆论支持。有人建议，还是把其父相王李旦请出来，让他来主持大局。李隆基对此沉吟道："在座的各位都是为了大唐社稷才造反，如果事成，福分自然归于相王；如果事败，牺牲的是我们，相王不必受到连累。更何况，如果将此事告诉他，就等于将他置于危险之中。且如果他不同意，只会坏了大事。"

这段发言很有水平，把大家都说服了。不过说来说去，其实李隆基就是想削弱李旦的政治号召力，让大家认可他李隆基，将他视为新一代的领袖人物。

之后，李隆基做了详细的安排：

第一步，李隆基、刘幽求和钟绍京潜伏在皇家园林。

第二步，葛福顺、李仙凫、陈玄礼先拿下左、右羽林卫里的韦后党羽，然后策反羽林卫将士，把万骑军带到玄武门外。到时候，必须看到韦播等人的脑袋，李隆基才会离开皇家园林，开展下一步计划。

第三步，李隆基率人轰开玄武门，葛福顺率领左万骑拿下玄德门，李仙凫率领右万骑拿下白兽门，三方在凌烟阁会师。

第四步，捕杀韦后、安乐公主等人，一战定乾坤。

景云元年（710）六月二十傍晚，李隆基、刘幽求、王崇晔、麻嗣宗、薛崇暕、李守德等人身穿便服，偷偷摸摸潜入了皇家园林。就在此时，某人惊呼一声："殿下，跟在您身边的王毛仲怎么没来？"

王毛仲是高句丽人，因为父亲犯罪被充作王府奴才，跟在李隆基身旁，深得李隆基信任。李隆基和万骑军的联系，很多都是由王毛仲代为出面的。

王毛仲的消失引起了大家的警觉和不安，他做什么去了？

王毛仲确实是因为害怕而半途开溜了，可李隆基没法直说，只能想办法绕开这件事，让大家不再纠结王毛仲的去向，而是坚定信心去找钟绍京。

西京苑外，李隆基再一次受到打击。钟绍京因为一时激动答应了李隆基，可事到临头，他又开始顾虑前途和家人，打了退堂鼓。等李隆基等人前来的时候，钟绍京把他们拒之门外，不肯相见。

钟绍京的妻子知道整件事，愤然道："为人臣子，为了国家大事而不计个人安危，就不要担心举事会不会成功，你们一定会有神灵相助的。况且，就算你现在退出，临淄王（李隆基）也不会放弃起兵。到时候如果失败了，依旧会将你牵涉进来，还不如和他们一起举事呢！"

钟绍京想了想，确实是这么个理儿，这才慌忙出来，将李隆基迎进家门。没过一会儿，葛福顺和李仙凫也来到钟绍京的家里，几个人敲定了最后的细节。

葛福顺和李仙凫按计划闯到羽林卫军中，精准地摸到韦璿（韦温族弟）、韦播和高嵩的营帐，将他们的首级砍下来，随后召集左右羽林卫的将士，开始一番演讲。

葛福顺说："韦后鸩杀先帝，谋朝篡位，罪大恶极！我们一起杀进皇宫，铲除韦氏家族，拥立相王以安天下。若有人胆敢首鼠两端，帮助逆党，罪及三族！"

羽林卫将士大呼："愿为相王殿下效忠！"

须臾之间，韦璿、韦播的人头送到了李隆基面前。李隆基就着昏暗的灯光确认人头面目，然后便带领众人走出园林的南门。这是一支数百人的部队，其中两百人是西京苑的工人，他们带着斧头、锯子，任务就是锯开玄武门的门闩。

在唐朝的政变中，几乎是得玄武门者得天下。李隆基用斧头劈开了玄武门，劈开了自己的人生坦途，同时也劈开了最令人向往的盛世的大门。

此时，距李显暴毙不到半个月，李显的棺椁还放在太极殿内，由一批南衙府兵守灵。这帮人也听说了宫内的秘闻，对韦后恨得咬牙切齿，听说临淄王李隆基在举事，纷纷响应支持。一时间，皇宫内外的军队都成了倒韦的势力。

韦后在睡梦中被惊醒，慌忙出逃，结果被无名小卒砍了脑袋，安乐公主、武延秀、韦温等人也纷纷被杀。

上官婉儿穿戴整齐，提着灯笼前去迎接李隆基。她拿出原版诏书，声称自己当时是拥立相王李旦的，可李隆基没有给她任何辩解的机会，依旧将她杀死。随后，李隆基关闭宫门，勒令手下全城搜捕韦后党羽，展开了血腥的清洗活动。天亮之时，长安再次恢复平静，一切就像没有发生一样。

李隆基前往相王府，为自己起事之前未能告诉李旦而叩头谢罪。李旦流着眼泪，抱着李隆基说："社稷得以保全，全是你的功劳。"

李隆基道："如今大局已定，请父王立即入宫，辅佐少帝。"

辅佐是不可能的，取而代之才是目的。景云元年（710）六月二十四，李重茂把皇位让给李旦，李旦登基，史称唐睿宗。

这是李旦第二次做皇帝，他的心情应该很复杂。他没有野心，或者说在长期的高压环境下，他的野心已经被磨尽了。生于皇室，却不能掌握自己的性命，一生都在随波逐流，就连这次重登大宝，也是被大家推上去的。李旦只有无力感，他很清楚，儿子李隆基已经成长起来，是官僚集团和军队都拥护的新一代领袖。

铲除太平公主

立下大功的李隆基如愿以偿地成为皇太子，而且还组建了自己的班底。他手下有不少能臣，比如姚崇，任兵部尚书、同中书门下平章事、太子左庶子；宋璟，任吏部尚书、同中书门下平章事、太子右庶子；苏环，任尚书右仆射、同中书门下平章事、太子少傅；张说，任中书侍郎、同中书门下平章事。

李旦深居简出，很少和朝臣交往，因此没有自己的心腹重臣，这就意味着他想坐稳皇位，就只能依靠李隆基。但是朝臣也发现一个问题：如果说朝中有什么变化，除了换了皇帝和新太子势大，就是太平公主正在以肉眼可见的速度强势崛起。

不管是神龙政变还是唐隆政变，太平公主都是最活跃的人之一，只不过命不好，政变过后没有得到自己最想要的东西。不过努力终归会有回报，新皇帝李旦很重视太平公主，不仅将她的食邑增加到一万户，还把她的儿子薛崇胤、薛崇简、武崇敏、武崇行封了异姓王，授予实职。

李旦经常邀请太平公主商量政务，如果太平公主没有入朝，李旦就会派宰相询问她的意见。宰相决定政事的时候，李旦也会询问太平公主是什么意见。

李旦虽然不想争，但既然做了皇帝，就要想着在这个位置上坐稳。如果放任李隆基坐大，李旦肯定会步唐高祖李渊的后尘，被架空，被迫做太上皇。因此，扶持太平公主上位，让她牵制李隆基，不失为一个好的策略。

政治风向有变化，朝臣是能敏锐察觉的，窦怀贞、萧至忠、崔湜、岑羲、常元楷、李慈、李钦、李猷等大臣纷纷投靠了太平公主。当然，这些人基本都有张氏兄弟、韦后、武三思等集团的标签，投靠太平公主纯属政治投机。换句话说，不管是他们的政治地位还是个人能力，对太平公主的帮助都很有限，太平公主只能靠自己。

太平公主想做皇帝吗？有母亲的优秀榜样在前，她应该是有这个目标的。可不管是韦后、安乐公主还是太平公主，她们恰恰忽略了一个问题：武则天能做历史上第一位女皇帝，运势、积累、智慧、能力、舆论、党羽等因素缺一不可。她们只看到了武则天做皇帝这件事，却没有看到背后的运作逻辑，天真地以为可以复制，于是在错误的道路上越走越远。

景云元年（710）十月，太平公主为自己登基进行的舆论战正式打响。

长安有谣言说，李隆基不是李旦长子，也不是嫡子，根本没资格做太子，嫡长子、前任皇太子、现任宋王李成器才是最合适的太子人选，再不济也是李贤的次子、豳王李守礼。

李旦和李显一样，只想做太平天子，扶持太平公主只是想牵制一下李隆基，可她第一招就釜底抽薪，要拉李隆基下马，这怎么能行呢？李旦立即下了一个诏书，肯定了李隆基的合法地位。

太平公主不甘心，派间谍监视李隆基的府邸，一边挖掘他的不堪隐私，一边派官员诋毁李隆基，但始终无法撼动李旦对李隆基的信任。儿子和妹妹孰轻孰重？李旦还是拎得清的。

太平公主无计可施，病急乱投医，居然找到姚崇和宋璟，声称李隆基没资格做太子，劝他们上奏皇帝，废黜李隆基。

这步棋很臭。姚崇、宋璟转身就找到李旦，给他提了个建议：罢免宋王李成器、豳王李守礼、岐王李隆范、薛王李隆业的军职，让他们做太子府的卫率，以此平息谣言。另外，如果有可能，让太平公主到外地暂住。

李旦同意了这个方案，还宣布由李隆基代理政务。朝廷六品以下官员的任命，以及徒刑罪以下犯人的审核，此后均由太子全权处理。

诏令刚出，朝廷就炸了锅，而炸锅的原因，要追溯到先帝李显身上。

李显执政的时候，开启了斜封官的坏风气。

唐朝时，正常的官员任命，都是由吏部选拔与考核，经皇帝面试（六品以上的官员），再通过中书省和门下省审核，最后由吏部下达任命书。

李显爱好文学，每次宫廷宴会都有一批马屁精写诗赞颂他。李显被哄得开心了，就想提拔他们。按照吏部的流程，这些人是没有希望升官的，李显又不能说话不算话，因此将这个难题抛给了中书省。中书省官员给他想了个办法：由皇帝亲笔赐官。这些敕书从中书省的侧门递进去，因此被称为"斜封"。一般来说，中书省会用黄色的纸和红色的笔勾选，但是这种封官敕书，中书省一般用黑色的笔，因此被称为"墨敕"。这就是唐朝历史上有名的"墨敕斜封"。

有了这个游戏规则，安乐公主、长宁公主、上官婉儿又想出个招：谁能拿出三十万贯钱，她们就把名字报给李显，让皇帝通过墨敕斜封进行授官。

短短几年时间，朝廷便多了上万个官员，这直接带来三个影响：

第一，下发的官员工资激增，朝廷财政非常吃力。

第二，同一个衙门，同一个职位，经常安排有好几个官员。大家推诿扯皮，互相打架，严重拖慢了政务机构的运转效率。

第三，官员的家属不需要纳税，还享受特权，一里一外，朝廷又损失了一笔收入。

姚崇和宋璟早就对斜封官深恶痛绝，已经在拿斜封官开刀了，而他们是李隆基一派的人，真要让李隆基主政了，势必会掀起一波罢免官员的高潮。

自古以来，官场就是一张利益交织的关系网，京城的官场更是如此，大家靠金钱、门生、利益交换维系着，牵一发而动全身。所以李旦的诏令一下，当即就有大批权贵进言，说姚崇和宋璟反对斜封官就是反对先帝，会引起官场动荡，于国不利。不仅如此，太平公主还怒气冲冲地跑到太子府，扬言都是姚崇和宋璟给她的乖侄子出了馊主意，差一点引发朝野动荡，这是不顾大局，别有居心。说到兴起处，她还指责李隆基联合外臣欺负她这个姑母。

于是，李旦很快又下了另一道圣旨：凡是被停职的斜封官，可量才叙用。

李旦不是昏聩的皇帝，他如此下诏只能说明一个问题，那便是太子府的崛起影响了很多人的利益，而朝臣的怒气让李旦备感压力，他必须出手干预。

要说起来，李隆基肯定是想改革的，但朝局复杂，动作过大就容易引起动荡。站在李隆基的立场，还是要先维稳再改革，而在罢免斜封官一事上，姚崇和宋璟办得着急了。

面对太平公主给予的压力，李隆基选择了以退为进。他将所有责任推到姚崇和宋璟的头上，希望李旦秉公处理。李旦闻弦歌而知雅意，将姚崇调任申州（治所在今河南省信阳市）刺史，将宋璟调任楚州（治所在今江苏省淮安市）刺史，名为贬官，实则是在保护他们。

这一轮交锋，李隆基一方的贪功冒进让太平公主占到了上风，朝政暂时回到中宗时期的乌烟瘴气的状态。

李旦喜欢稳定不假，可他不是个昏庸的皇帝，目睹朝政黑暗，他也很着急。即位之初，李旦还想让太平公主和李隆基互相制衡，但太平公主似乎没有领会他的意图，一直在兴风作浪。李旦纵容太平公主，很大程度是顾念兄妹的情分，但如果真把权柄交给她，凭她手下的酒囊饭袋，一定会毁了大唐的根基。思虑再三，李旦最终决定将皇位交给李隆基，自己再次退居幕后。

这是格局极大的选择。中国历史上退位的皇帝不少，可是心甘情愿退位而且是为了大局退位的,不能说只有李旦一个,但也绝对不会多。

李旦把自己的想法和朝臣讲明,遭到集体反对。李旦很欣慰,但他已经明确了退位的决心,于是将禁卫军中的王爷、驸马全部撸了下来,由李隆基执掌禁卫军兵权。

可以说,目前退位的条件已经具备。但权力更迭总会带来动荡,过去二十年,李唐王朝发生了数场惊心动魄的政变,大批宗室和朝臣被杀,无数百姓无辜惨死。为了避免再次出现这种情况,李旦需要等待一个最合适的时机。

延和元年(712)七月,一颗颗彗星从长安城西穿城而过。彗星落地,在古人看来是灾难的预警,太平公主趁机上奏:天降彗星,标志着除旧布新,而帝座星有所变化,所主之事乃是皇太子登基即位。

换作平常,太子想要登基,肯定会被视为谋反之事,引起皇帝的猜忌。可李旦早就有了退位的想法,见太平公主这么说,忽然觉得这就是他一直要等待的时机。

李旦告诉朝臣,因为他不够资格做皇帝,这才引起老天爷的警示。既然这样,他愿意把皇位交给太子李隆基。当然,李隆基先是表示拒绝,父子俩玩了几次互相谦让的游戏,但所有人都知道,事情已经成为定局,李隆基将成为大唐新的掌舵者。

太平公主犹如五雷轰顶,如果是在后世,有个词很适合形容她的处境:反杀助攻。她带着苦瓜脸悻悻地出了宫,打算找党羽挽回局势。为了安抚太平公主,李旦最终答应保留军国大事的最终决定权。

一个月后,李隆基登上皇位,史称唐玄宗。李旦升级为太上皇,移居到百福殿,仍旧自称"朕",发布的命令称为"诰",每五天在太极殿接受群臣朝见一次。李隆基自称"予",发布的命令称为"制"和"敕",每天在武德殿接受群臣的朝见。

李旦想通过帝位交接的方式让太平公主彻底死心,但帝位不代表权力,他舍得帝位,但不一定舍得至高无上的权力。如果有可能,他想一直做他的太上皇,可惜四年之后他就驾崩了,享年五十五岁。

李旦活着的时候，依旧在利用制衡之术。就拿当时的岑羲、窦怀贞、崔湜、魏知古、陆象先、刘幽求六位宰相来说，前三人是太平公主的党羽，而真正属于李隆基嫡系的只有刘幽求一个。按道理，李隆基的人应该占据朝廷最核心的职位，可太平公主依旧强势，抢了很多高级职务。比如刘幽求想做中书令兼尚书左仆射，结果崔湜成了中书令，而窦怀贞抢到了尚书左仆射之职。

人付出努力就想得到期待的东西，得不到就会委屈，委屈就会心生怨言。

刘幽求经常和张暐喝酒，吐槽时局的不公；因为张暐是李隆基最亲近的臣子，刘幽求就唆使他劝李隆基早点以武力除掉太平公主的党羽。

李隆基被劝动了，可张暐嘴上没个把门的，竟然将这件事泄露了出去。这让李隆基极其被动，他最后只能牺牲刘幽求来堵悠悠之口。

刘幽求被发配到岭南。随后，崔湜派人给广州都督周利贞传话，希望刘幽求能以正当的方式消失，达到斩草除根的效果。幸好刘幽求走到半路的时候被桂州（治所在今广西壮族自治区桂林市）都督王晙（jùn）截下了，任凭周利贞威胁强迫，王晙就是不放人，刘幽求得以保住一条小命。

至此，李隆基的亲信实际上已经被处理得一干二净，姚崇成了申州刺史，宋璟成了楚州刺史，张说为洛阳尚书左丞，崔日用为荆州长史，刘幽求流浪在岭南，只剩一个郭元振在朝中孤独地做着兵部尚书。

可以说，这是年轻的李隆基政治生涯里最黑暗的一段日子。

痛打落水狗，争当墙头草，一直是参与政治斗争之人的"优良"传统。左羽林大将军常元楷、右羽林将军李慈向太平公主投诚，让太平公主的权势达到了巅峰。太平公主的野心越来越遮掩不住，她甚至收买宫女，企图毒杀李隆基。

李唐开国以来，皇室之中的血腥斗争就没有停止过，父子、兄弟、母子、姐妹都算不上什么。在皇权的诱惑下，亲情荡然无存，赤裸裸的戕害已经成为司空见惯的事。而当政治斗争从暗斗进化成明争，就离真正的开战不远了。

太平公主觉得，李隆基这只落水狗已经不是自己的对手了，因此与党羽商议，打算在先天二年（713）七月初四发动政变，正式夺权。按计划，常元楷、李慈、左金吾将军李钦会带兵杀到武德殿，窦怀贞、萧至忠、岑羲、崔湜等人控制南衙的三省六部，之后控制李旦，诛杀李隆基。

唐朝的宫廷政变主打一个出其不意、攻其不备，且无需太多人员：玄武门政变，尉迟敬德、程咬金是核心，人数一百左右；神龙政变，李多祚、敬晖、桓彦范是核心，人数五百左右；景龙政变，李多祚是核心，人数三百左右；唐隆政变，葛福顺、李仙凫是核心，人数三百左右。换句话说，只需要几百人杀进皇宫，控制皇帝，假传诏书，就可以完成政变。

这么看来，太平公主的计划近乎完美，唯一的缺点就是时间。

定在七月初四起事，那就意味着这一天之前，太平公主会按兵不动。宰相魏知古搞到了这个绝密消息，告知李隆基，李隆基决定提前举事，反戈一击。

发动政变是李隆基最擅长的事。七月初三，李隆基让王毛仲调了三百名禁军，从武德殿出发，来到旁边的虔化门待命。之后他以皇帝身份召见常元楷、李慈，以迅雷不及掩耳之势砍了他们的脑袋，将首级悬在北门示众。

宫中事毕，李隆基下令搜捕太平公主的党羽。萧至忠、岑羲被乱军所杀，窦怀贞想逃跑，不慎跌落在臭水沟里，在求生无门的情况下，用自缢的方式结束了生命。

太平公主逃到终南山中，发现身后并没有追兵。她意识到这是李隆基给的机会——他想让她自首，以免落个逼死姑姑的名声。

三天之后，太平公主返回长安，被李隆基赐自尽。

过去的半个世纪，武则天、韦后、太平公主、安乐公主、上官婉儿等女性政治家盘踞在大唐的朝堂上。她们凭着靠近皇权的便利，攫取最高决策权，以官职和爵位为诱饵，让男性朝臣纷纷拜倒在她们的麾下，仰她们鼻息，苟且生存。而随着太平公主离世，唐朝女人干政的时代正式宣告结束。

在这半个世纪里，围绕皇权的政治斗争成了时代主旋律——权贵高举大旗，朝臣纷纷站队，统治阶层内斗不止。不过凡事都有两面性，朝廷内部斗争多了，就没精力搞对外战争，只要不打仗，老百姓就能休养生息，因此大唐的人口飞速增长，只要政治生态恢复正常，一切就会步入发展的快车道。

一个新的盛世王朝就要开启了。

柒

开元盛世

帝王用人之道

一朝天子一朝臣，每逢新皇帝登基，都会对前朝留下的高级官员下手，来一场朝堂大换血。此举一方面是为了给新皇帝身边的旧臣腾出晋升的位置，另一方面也是统治的需要。为了让自己的统治理念被高效地执行，新皇帝需要用得顺手的臣子，绝对忠心和无条件服从是最基本的标准。

于是，李隆基掌握实权后，将前朝的七个宰相杀了四个，剩下陆象先、魏知古和郭元振。

陆象先是个耿直忠诚的人，但他办了一件错事，在李隆基追捕太平公主旧臣的时候想办法保护了他们。李隆基虽然欣赏陆象先，但明白他虽然忠于李唐王朝，忠于江山社稷，但不是完全对自己忠诚，因此罢免了他。

郭元振是个能臣，但在李隆基和太平公主搞政治斗争的时候，他选择了站在唐睿宗李旦的阵营旁观。在郭元振看来，忠于皇帝没什么错，而且这种策略稳赚不赔，不管日后李隆基和太平公主谁胜利，他都能在新朝廷有立足之地，然而李隆基非常厌恶这种骑墙的行为，早就想撤掉他的宰相头衔。

先天二年（713）十月，李隆基在骊山脚下举行了一场隆重的军事演习，共有二十万将士参加，旌旗连绵五十余里。在典礼举办期间，李隆基以军队不整齐为由指责兵部尚书郭元振，说他不称职，随后将他罢免。这样的理由很儿戏，可是没办法，当皇帝想收拾一个人的时候，呼吸都可以成为他的打击借口。

最终，李隆基只留下了魏知古，因为魏知古的立场正确，而且之前把太平公主政变的日期告诉给了李隆基，立了大功。

郭元振下野的第二天，李隆基在渭川狩猎。休息之际，他向旁人打听起同州刺史姚崇。同州距此地不到三百里，按规定刺史应前来见驾。朝臣们这下清楚了，李隆基又是搞军演，又是罢免郭元振，搞出这么大的动静来铺垫，就是想重用姚崇。

李隆基不遗余力地为姚崇铺路，究竟看中他什么呢？

姚崇出身官宦家庭，以特殊的"挽郎（给皇室成员抬棺材）"身份步入仕途，最终熬到兵部郎中的职位。武则天时期，契丹入侵河北一带，姚崇第一次展示自己的军事才能，被提拔为兵部尚书、同凤阁鸾台平章事。

想获得大老板的喜欢，只靠才华是不够的，一定要有独特的品质。

神龙政变时，姚崇是参与者，政变成功后，其他人都在欢呼雀跃，只有他却独坐在角落里抹眼泪，感怀武则天曾经对他的知遇之恩。敏感时期，姚崇不顾虑自己的政治前途，而是发自内心地感恩前任皇帝，这种表现让他鹤立鸡群。

李显刚刚掌权，被姚崇搞了这么一出，多少觉得面子上挂不住，于是将姚崇贬为亳州刺史。令人没想到的是，因为这次被贬，姚崇积累了丰富的基层管理经验，还躲掉了随后爆发的皇权争夺战，算得上是塞翁失马。

有才华，敢作敢为，又懂得感恩，这些就是李隆基欣赏姚崇的地方。此时大唐朝廷早就腐败透顶，官场人浮于事，权贵骄奢淫逸，国家乱象丛生，李隆基想带大唐王朝走出泥潭，正需要靠姚崇这样的人。

姚崇回到朝中，自然会损害现任宰相的利益，首当其冲的就是张说。

张说出身文官家庭，靠科举入仕，一路摸爬滚打做到了宰相的高位。他和姚崇有着相似的成长轨迹、相似的官场经历，又都是不怕事、敢做事、对李隆基忠心耿耿的人，可惜他们并没有成为好朋友。

中国有句古话，叫"文人相轻"。这个"轻"分为两种：一种是看不起，认为自己比别人厉害，在专业或者人格上碾压别人；一种则是不想看得起，不管别人如何优秀，也不想认可他。

出现这种情况，归根结底是文人集团有自己的生存法则，想在一个圈子里为自己争夺更大的生存空间，只能去打压对手。张说和姚崇的关系就是如此，他们互相看不顺眼，都视对方为政敌。

李隆基新上任，一心想搞出政绩，为了避免再次陷入政斗，他肯定要做出取舍。这时候，谁能满足李隆基的利益，谁就能胜出。最终，有军事经历的姚崇取得了李隆基的信赖。

当时，张说先后找了御史大夫赵彦昭，还有李隆基的好兄弟、楚国公姜皎，让他们劝李隆基放弃姚崇，可李隆基的态度很坚决。

姚崇没有辜负李隆基，向他提了十条国策：

第一，取消严刑峻法，施行仁政。

第二，不起边关战事。

第三，朝廷执法要公平公正。

第四，杜绝宦官干政。

第五，不允许皇亲国戚担任宰相。

第六，对大臣以礼相待。

第七，臣子可以犯颜直谏，无所忌讳。

第八，禁止建造寺观、宫殿。

第九，杜绝外戚专权乱政。

第十，停止向百姓征收额外赋税。

李隆基认可姚崇的建议，将它们奉为开元初年的国策，随后提拔姚崇为兵部尚书、同中书门下三品。这些政策给开元盛世的到来奠定了基础。

李隆基给了姚崇一个上岗试用期，也算是君臣的磨合期，但李隆基是戴着滤镜看姚崇的，怎么看都顺眼，所以短短两个月之后，李隆基就将姚崇提拔为中书令，这也意味着张说必须交出中书令的头衔。

张说不想认输，他偷偷跑到岐王李隆范的府中，委婉地表达了依附的意思，希望李隆范能在李隆基的面前替自己斡旋一下。张说走上层路线本没有错，却忽略了李隆范就是个闲散王爷，基本不管朝堂的事，做不了他的靠山。而且李隆基前脚刚任命姚崇，他后脚就投靠了李隆范，这可是赤裸裸的背叛。

姚崇一直在监视张说，所以张说跑进岐王府的事很快就被李隆基知道了。先天二年（713）十二月二十四，李隆基下诏，让中书令张说改任相州刺史、尚书右仆射、同中书门下三品，刘幽求改封太子少保，黄门侍郎卢怀慎加封同紫微黄门平章事。

这一道简单的诏书，拉开了李隆基改革宰相制度的序幕。

唐朝初年，中书令、门下侍中、尚书左右仆射都是正儿八经的宰相。贞观年间，李世民为了中央集权，设置了同中书门下三品，如果三品及三品以上的高级官员加封这个头衔，也能参与军国大事。高宗时期，李治又设置了同中书门下平章事，让三品以下的寒门官员也能参加皇帝主持的军政会议。

李世民父子推行群相制度，是为了稀释相权，强化皇权。群相制度确实可以牵制宰相，但也影响效率，如果朝廷要办什么大事，一群人叽叽歪歪吵来吵去，还怎么办事？

李隆基有自己的政治理想，他认为群相制度限制了宰相的自由，便想推行首席宰相制度，即由一个宰相主持朝廷政务，其他人打辅助配合。

姚崇成了李隆基的第一个实验对象。为了让姚崇更好地施展拳脚，他还替他搬开了所有绊脚石。

姚崇的改革

姚崇上任之后干了几件大事，总结起来，其实就是向权贵阶层开炮。

姚崇做的第一件事，是查处全国的假和尚、假尼姑。

唐朝的国教是道教，可影响力最大的却是佛教。

从立国开始，朝廷就对佛教采取包容鼓励的态度。得益于均田制度，每个和尚拥有三十亩田，每个尼姑拥有二十亩田。这些田由寺庙自己经营，自给自足。后来，武则天宣称自己是弥勒佛转世，登基后花费重金建造佛教寺庙，捐献了无数金银法器，亲手将佛教推到了史无前例的高度。于是上流社会对佛教越发推崇，皇亲国戚视金钱如粪土，争相建造寺庙。当然，他们这么做也是为了转移个人财产，把建造寺院当成了一门产业，俗称"寺院经济"。

唐朝的寺院有三大特点。

特点一，寺院属于经济孤岛。

在唐朝，朝廷是有出家指标的，如果有人要剃度，必须拿到尚书省祠部（隶属礼部）颁发的僧人度牒，相当于"出家许可证"。武则天到中宗李显时，佛教势力不断膨胀，不少人都选择剃光头发，找个寺院挂靠身份。和尚的工作是念经祈福，传播佛教文化，可以免于交税和服徭役，于是大量的劳动力脱离了世俗政权的管辖。寺院多一个和尚，朝廷就少一个纳税、服役的人丁，这可不是什么划算的买卖。

不仅如此，寺院有房产和土地，有经济收入，却不用向国家缴纳钱粮赋税。凡是过户到寺院名下的田产，朝廷都不再管辖，对财政来说又是一大笔损失。

特点二，寺院实际上是私人产业。

因为寺院是经济孤岛，有经济特权，权贵阶层会把自己的田产"捐献"给寺院，或者带着田产自建寺院，然后拿到礼部的批文。这样一来，他们的田产就成了朝廷无法染指的地方。更有甚者，权贵阶层以寺院为幌子，以权势为威慑，大肆收购和兼并百姓的土地，反过来雇佣他们为寺院打工，于是可供朝廷收税的土地、人口越来越少。

另外，有些寺院是国家出资建造，本来应该是国家产业，却交给私人经营，最后成了私产。比如白马寺是武则天拨款修缮的，却交给了宠臣薛怀义，最终沦为薛怀义私人所有。

特点三，寺院是朝廷律法管束不到的地方。

在唐朝，如果有人犯法，只要遁入空门，法律便制裁不了他。当年，薛怀义为了培植自己的势力，便将长安城的地痞流氓、犯罪分子剃度，悉数招揽到白马寺做了和尚，以至于白马寺成了藏污纳垢之所。

寺院的这三个特点，让李隆基头疼不已。他想办大事，首先得有钱，可权贵阶层通过寺院经济把持着国家的收入来源，控制着劳动力市场和土地市场。一个失去金钱、百姓和土地的帝王能干什么？总不能在给臣子赏赐土地的时候，开口找寺院的住持要吧？

姚崇看准了李隆基的需求，提出整改寺院经济的建议，随后一场轰轰烈烈的整改运动在全国铺展开来。一番严查，一万两千多名假尼姑和假和尚被勒令还俗。

姚崇明着打压寺院经济，矛头指向的是权贵阶层，但是由于这次改革背后站着李隆基，权贵阶层只能哑巴吃黄连，有苦说不出。

姚崇做的第二件事，是处置薛王李隆业的亲信。

初唐时期的权贵很嚣张，基本上一人得道，整个家族跟着鸡犬升天。薛王李隆业有个舅舅叫王仙童，欺男霸女，无恶不作。有一次，御史弹劾王仙童的不法之事，奏折刚递上去，李隆业就进宫求情了。

如果在中宗一朝，皇帝可能会和个稀泥，卖给李隆业一个面子，大事化小。但李隆基大手一挥，把这件事交给姚崇去查，还留了句话：如果情况属实，严惩不贷；如果不实，就治御史的罪。

姚崇经过详细调查，最后一锤定音：御史举报的事情属实，应该严惩王仙童。

姚崇执政期间，像这样打压权贵的事情做了很多，李隆基未必不知道这样做会造成什么影响。权贵失去了特权，皇室也就失去了存在的意义，因为皇室的威严和地位有时候就是靠特权去拱卫和证明的。可李隆基想开创盛世，就必须激浊扬清，无法无天的权贵阶层就是最大的拦路石。于是，李隆基便聘用最靠谱的"打手"镇压他们，让他们夹着尾巴做人。而只要权贵阶层看透了李隆基的意图，开始低调的同时，也是向这个"打手"反攻清算的开始。

开元三年（715）五月，山东地区出现特大蝗虫灾害。老百姓没办法，只能跪在田里焚香祈福，希望蝗虫早日离去。当地官员也都迷信天灾之说，无人敢除蝗救灾。老百姓的迷信加上官府的不作为，让蝗虫更加肆无忌惮，不到一个月便赤地千里，村野凋敝。

朝廷派了几批官员前往山东，带回来的答案都一样：蝗虫是自然灾害，是老天爷降下的惩罚，灭蝗是对老天爷的不尊敬，只能等它们自己飞走。连李隆基也是这样的悲观态度。

姚崇做过基层官员，深知百姓疾苦，对此心急如焚。如果放任蝗灾不管，老百姓失去赖以生存的土地和口粮，最终会引发不可预料的民变甚至是暴动。

一场唯物主义和唯心主义的较量在朝廷拉开帷幕。

姚崇认为应该无所畏惧地灭蝗，反对派则声称灭蝗会伤害阴阳之气，会招致老天爷的报复。一场口水仗过后，姚崇伤心无力地发出了最后呐喊：如果灭蝗会带来灾难，就让我一个人去承担！

姚崇用自己的命运做赌，却是帮朝廷办事，李隆基无法拒绝，允许他放手施为。

姚崇下令，夜晚在田边点燃篝火，挖个大坑，等蝗虫主动来投。为了调动百姓的积极性，他还做出承诺：捕杀一石蝗虫，朝廷就给一石粮食，多劳多得，上不封顶。

在官府和老百姓的努力下，蝗灾最终得到了控制。

第二年，山东再次爆发蝗灾，朝廷依照旧例组织官员灭蝗，然而汴州刺史倪若水拒绝朝廷官员入境，公然反对姚崇的灭蝗行动。倪若水不是庸官，也不是贪官，他在汴州任上修建孔庙，提倡教育，兴办州学和县学，亲自教诲学生，辖下教化盛行，是百姓人人称赞的父母官。可就算再优秀能干的官员，在强大的舆论压力下也容易妥协退缩。

这一次，强硬的依然是姚崇，他再一次顶住朝廷和地方的压力，做了正确的事。山东蝗灾顺利度过，姚崇的威信水涨船高，到达了巅峰。

人走到巅峰的时候，有可能最容易栽跟头。身为政治家，可以贪功，可以自信，却不能认为自己无所不能，别人都只是陪衬，那是得意忘形，俗称飘了。而在灭蝗事件后，姚崇就有点飘。

有一次，姚崇询问中书舍人齐浣："我可以和历史上的哪些宰相相提并论？"

齐浣笑而不语。

姚崇又问："我与管仲、晏婴相比如何？"

齐浣道："管仲、晏婴奉行的制度虽然没能传之后世，却做到了终身实施。您制定的法度却经常变化，似乎比不上他们。"

姚崇有些着急："那我到底是什么样的宰相呢？"

齐浣说："您是一位救时之相。"

齐浣是姚崇的下属，完全可以拍拍姚崇的马屁，他给予如此中立客观的评价，其实就是在提示姚崇，他这个宰相只能算中规中矩，不足以名留青史。

如果姚崇足够警醒，应该能明白这是危险的信号。

姚崇没有自己的府邸，平时住在长安城东的罔极寺，官员找他汇报工作，要往返在南衙和罔极寺之间，非常辛苦。

姚崇搬到罔极寺居住，或许有抬高自己身份的想法，可也有其他的考虑。他是手握实权的首席宰相，想巴结上来的朝臣如过江之鲫，他可以谨慎不犯错，却不能保证家人不被糖衣炮弹攻陷，把家搬得远离中心，可以少很多麻烦。

有这样的想法，源于两年前发生的一件事。

当时姚崇刚做宰相，和魏知古搭班子，姚崇总觉得别扭，于是让李隆基将魏知古任命为吏部尚书，命其到洛阳选官。巧的是，姚崇的儿子姚异和姚弈也在洛阳。因为姚崇清廉守法，家教严格，两个儿子没有享受过特权，这一次见魏知古到洛阳，他们便主动上门，希望魏知古可以开开绿灯。魏知古当面满口答应，转头就找李隆基告了状，说姚崇的儿子们搞特权。

李隆基听说了此事后召见姚崇，可还未等李隆基明示，姚崇却先开口了："陛下，臣有三个儿子，两个在东都。臣料想他们一定私下求魏知古办过事，只不过臣没来得及讯问他们。"

李隆基十分好奇："爱卿，你怎么知道这件事的？"

姚崇答："陛下，魏知古官职卑微的时候，臣曾经关照过他。臣的儿子愚鲁，他们肯定觉得魏知古会感激臣，这才找他帮忙。"这话一说，魏知古成了不懂报恩、背地里告状的小人，最终遭到贬官。

事后，姚崇坚持搬到罔极寺，让儿子们远离政坛的是非。

到了开元四年（716），以源乾曜为首的朝臣强烈建议姚崇搬回来，李隆基也深表赞同，而且亲自给姚崇选了个地方——四方馆。

四方馆是接待少数民族使臣的场所，相当于国家迎宾馆。这么一搬，不仅长安的官员可以见到姚崇，连各地使臣也可以经常见到他。

这是李隆基的小算盘，而事情发展也果如李隆基所想。姚崇闭门谢客，可他的儿子姚异、姚弈，还有他的亲信、中书省主书赵诲，都禁不住各方拉拢讨好，相继沦陷。李隆基亲自审理这件案子，随后走了个过场，宣判赵诲死刑，并令姚异、姚弈二人面壁思过。

李隆基宠信姚崇的时候，可以随便找个理由责罚魏知古，也可以罢免刘幽求、钟绍京、张说，这是重用姚崇的一种诚意和表态，是在向姚崇释放善意。姚崇最好的做法是静观其变，可他却选择了主动筹划，重拳出击，推动李隆基罢免这些人，让李隆基成为自己去除政敌的刀，这让李隆基开始重新评估姚崇的权力欲望。等到李隆基以同样的方式羞辱姚崇的时候，只能证明李隆基已经榨干姚崇的价值，打算和他分道扬镳了。

李隆基放弃姚崇，是因为觉得时机已经成熟。姚崇已经证明了首席宰相制度是可行的，而且在他的镇压下，权贵阶层也缩回了肮脏的权力之手。李隆基并不是想消灭权贵阶层，只想警告他们保持优雅的吃相，做到这样已经足够。

在抛弃姚崇前，李隆基要让姚崇背负罪名，这样才显得他不是卸磨杀驴的无情皇帝。

正逢大赦天下，姚崇拉下脸面想给赵诲求个情，可李隆基赦免了其他人，唯独在赵诲的名字旁边写上一笔："处杖刑一百，流放岭南。"死罪可免，活罪难逃。

墨痕清晰，句句诛心。这是一种敲打，而敲打是一种态度，是让双方体面分手的策略。李隆基做得恰到好处，姚崇也闻弦歌而知雅意。

开元四年（716）十二月，姚崇递交了辞呈，力荐广州都督宋璟入朝为官。李隆基批准了，不过依旧以国士之礼对待姚崇，时常拿国事咨询，算是给足他了面子。

姚崇的宰相做了三年，继任的宋璟也做了三年，后来的张九龄、张说等人都是三到四年任期。这是李隆基的安排，他对宰相充分放权，也严格把控宰相的任期。这样一来，宰相既可以大胆做事，又无法结党营私。靠着这种策略，李隆基稳固住朝局，开创了一个万众瞩目的开元盛世。

可惜的是，李隆基没有将这个制度保持下去。后来李林甫和杨国忠上位，李隆基让他们连续十几年担任宰相，他们的权柄越来越大，官员们不断结党营私，政治斗争再次开启，最终将大唐帝国推向了不可挽回的深渊。

宋璟治理恶钱

宋璟出身于平凡的家庭，以进士入仕，和姚崇一样，都是武则天时期就在政坛崭露头角的青年才俊，两个人的政治轨迹几乎相同。

姚崇曾经向李隆基提议，让宋璟给自己做副手。李隆基拒绝了他，原因有两个：一来宋璟是有主见的人，是首席宰相的材料，但还需要继续培养；二来姚崇和宋璟是两种截然不同的性格，搭班子干活会起冲突，反而不美。

姚崇敢说敢做，不惧世俗规则，骨子里洒脱不羁，做事方式变化多端；宋璟虽然也是干实事的官员，却是传统的士大夫类型，为人刻板，不懂变通。这种区别，从宋璟回朝后的一系列举动中就能看出了。

当时粮食的转运成本很大，关中缺粮，李隆基决定到洛阳过渡一下。洛阳的官员为之兴奋，提前把房屋修缮一新，道路重新铺设。

开元五年（717）正月初一，长安和洛阳准备就绪，只等李隆基起驾。就在此时，长安太庙的几间房突然塌了。李隆基震惊不已，请宋璟和苏颋（tǐng）为他解惑，宋璟说道："陛下还在守孝（李旦于前一年去世，李隆基正在为其守孝），如今急着去洛阳，恐怕和天意不符。因此上天用灾异来示戒，希望陛下取消巡幸东都的计划。"苏颋表示赞同。

李隆基很失望，因为宋璟不仅没有宽慰他，还把太庙崩塌的事归咎于他，且没有提出任何解决办法。他不甘心，转头找到已退休的姚崇，表达了自己的想法。姚崇说："太庙的木料是前秦皇帝苻坚时候的旧物，距现在已经三百多年，因为腐朽而坍塌，只不过与陛下的行程碰巧撞到了一起，没什么奇怪的。再者说，陛下因为关中粮食歉收而前往东都，有司已经做好准备，陛下不能失信于天下。眼前最重要的就是将祖宗的神牌迁到太极殿，下诏重修太庙，车驾可如期东行。"

听了这话，李隆基的脸色立马放晴，赏了姚崇二百匹皇室专用的绢，还让姚崇每隔五日进宫一次，为国家政事提供建议。

性格不分好坏，但从这件事也能看出来，宋璟的性格不大适合做首席宰相。首席宰相需要平衡朝局，处理群臣的关系，尤其需要向上管理李隆基的情绪，难度不小。因此宋璟回朝后，李隆基只封他为门下侍中，并没有立马让他接替姚崇原来的中书令的位置，这也是在提醒宋璟，改掉身上的缺点才能得到其他的荣誉。可宋璟完全不在乎，你说去洛阳，那我就安排，而且安排得井井有条。

启程之后，李隆基的心情很美好，直到走到崤谷。因为道路年久失修，这里颠簸得很厉害。李隆基大发雷霆，撤掉了河南尹和知顿使（出行事务官）两位官员。

宋璟上前劝谏："如果因为道路失修就处罚两位官员，以后全国各地就会大兴土木，最后遭殃的还是老百姓。"

李隆基这回听劝了："是朕太着急了，赦免他们的罪过吧。"

事情到这里应该就结束了，可宋璟还有话说："陛下先是降罪，后又因为臣的一句话而赦免他们，这是让他们对臣感恩戴德。臣恳请陛下先治罪，再亲自赦免。"

宋璟的世界里有太多的条条框框，他自己愿意活在里面没问题，可要求李隆基也按他的规则活，就有点不讲道理了。幸亏开元初年的李隆基尚是个愿意包容的帝王，换了其他皇帝，宋璟恐怕会提前开始养老生活。

当然，每个人都有自己的价值，李隆基愿意用宋璟，就是想利用宋璟眼里揉不得沙子的个性。

在帮李隆基开创清明政治的路上，如果说姚崇是开先河的人，那么宋璟就是集大成者。

李隆基有个好兄弟，名叫姜皎，两个人好到什么程度呢？姜皎可以随意出入李隆基的卧室，可以参加李隆基举办的个人宴会，可以和后宫嫔妃饮酒作乐。姜皎每次入宫，李隆基都会赏赐他宫女、宝马和珠宝。有一次，姜皎对一棵长相奇异的树赞不绝口，李隆基立马将这棵树移到了姜皎的府中。

姜氏家族虽然显赫，姜皎行事也肆意了点，却遵纪守法，宋璟找不到理由打压他们。可宋璟就是觉得权贵应该夹着尾巴做人，于是上奏李隆基，希望处理姜家。李隆基无奈，只好编了个理由，说汉高祖刘邦的亲信因为权力太大，最后都死于非命，东汉光武帝的南阳旧友则因为隐退，保全了荣华富贵，强行给姜氏家族最重要的两位子弟办了退休手续。

有一次，李隆基使用皇帝墨敕，将岐山县令王仁琛提拔为五品官员——墨敕就是越过吏部，动用皇权直接封官。宋璟感到纳闷，不动声色地调查此事，发现王仁琛竟然是皇后的亲戚、李隆基的故人，于是他的奏折立马就来了："皇帝提拔亲信不是什么大事，可王仁琛已经被连续提拔，再升官就不合适了。如果他真有才干，就交给吏部，臣优先给他安排。"

问题是，如果真有才干，还需要走李隆基的后门吗？

宋璟对别人严格，对自己人更苛刻。

朝廷组织选官考试，一位叫宋元超的官员成绩不理想，于是向主考官透露自己是宋璟的远房叔叔，希望得到优待。有了这层身份，吏部官员果然对宋元超礼敬有加。宋元超觉得升官是板上钉钉了，谁料想事情被宋璟知道，宋璟立马放话出来："宋元超确实是我的远房叔叔，不过一直没见过面。如果他没透露这层身份，吏部按规矩考核也就是了，既然有了私人关系，就剥夺宋元超的候补资格吧。"

宋璟做了三年宰相，肃清政治风气的事做了一件又一件。

李隆基喜欢宋璟吗？答案是不喜欢。宋璟的耿直和刻板为国家的发展做出了贡献，可真要和宋璟这样的人交朋友、做同事，是很痛苦的一件事。

一个人怎么能严苛到毫无温度可言呢？至少李隆基认为，宋璟就是个异端。既然宋璟的行为已经超越了世俗范畴的认知，那他的动机就值得怀疑。

安史之乱的时候，李隆基逃到成都。他和给事中裴士淹谈论开元时期的宰相，说到宋璟的时候给了这样一句评价："彼卖直以取名耳。"在李隆基眼里，宋璟就是个沽名钓誉之徒。

开元八年（720）正月，宋璟犯了个说大不大、说小不小的错。

唐朝的通用货币是开元通宝，面值一文，重一钱，十个钱币重一两，一千个钱币重六斤四两。这种钱最大的问题是没有防伪标志，很容易被不法商人作假套利。

打个比方说，同样是铸造一千文钱，官府需要六斤铜，江南富商只需要四斤。富商把充满杂质的劣币拿到市场上使用，再将官府铸造的优质钱币回收，一进一出就是暴利。如果富商把回收的正规钱币重新铸造成劣币，百姓好歹有钱用，可他们把钱币融化铸成铜器，然后以铜的价格卖出，则获利更丰——一斤铜器可以卖六千文钱。

这种现象从唐高祖李渊的武德年间持续到李隆基当政的开元年间，朝廷一直没有有效的办法遏制。杀头的屠刀有用吗？完全没有。在超额利润的诱惑下，富商们愿意铤而走险。

唐高宗李治曾经想了几个办法。他先是铸造大批的钱币，想将市场上的劣质钱币收购干净，规定市场兑换价是一新币换五旧币，可老百姓不愿意这么做。后来他又重新铸造了乾封泉宝，含铜量更高，钱变得更重，可兑换价格也调整为一新币换十旧币。也就是说，一枚乾封泉宝的购买力相当于十枚开元通宝，但依旧没多少人响应。

李治虽然是为了国家考虑，可不顾经济规律，强行"割韭菜"，这让老百姓极度愤怒，差点引起了民变。

没有别的好办法了，事情一拖再拖，到了李隆基这里，大唐的商品和货币市场濒临崩溃。

开元六年（718）正月，在宋璟和苏颋的建议下，李隆基颁布敕命：官府铸造的开元通宝才是合法货币，禁止质量低劣的私钱继续流通。朝廷会派遣得力重臣收缴民间的私钱，经熔炼之后铸成符合规格的钱，再投放到市场流通。

宏观政策是有了，可具体的实施策略呢？当时，官府铸造的货币基本被富商等相关利益集团收走，市面上主要是劣质货币。如今朝廷禁止劣质货币流通，还要强行收走百姓手中的钱，让老百姓怎么活？

宋璟派了大批官员前往江南处理恶钱，而他自己负责首都地区。为了百姓利益着想，他颁布了几项举措。

首先，太府（掌两京诸市平准的机构）拿出两万缗（mín，一千文钱穿成一串为一缗）钱，在洛阳南、北两市平价收购百姓手中可供官府使用的滞销物品。按照现在的话说，就是以积极的财政政策来刺激市场。

其次，朝廷给长安、洛阳的官员提前发工资，鼓励他们到民间去消费，以便让质量优良的官钱流通到市场上。这相当于积极的货币政策。

最后，让太府和各地的府县拿出官仓的粮食出售，回收市场上的恶钱，然后再交给少府（管理皇室小金库的机构）销毁重铸。

天子脚下，朝廷又投入了真金白银，效果自然不错，可江南却出问题了。

负责江南地区的是监察御史萧隐之，其办事雷厉风行，加上做过刑部尚书，有点正气在身上，对不法之事有天然的抵触心理。刚到江南，萧隐之就发布了一条公告，让百姓乖乖交出手中的劣质钱币，如果被官府查到私藏恶钱，就是罪大恶极。

别看现在的江南是文秀水灵之地，古代的江南可是民风彪悍，攻打官府、杀害官员是当时的基本操作。只看隋朝末年，江南一带就出了不知多少反王，百姓对抗官府的事在这里可以说是司空见惯。

萧隐之也不是吃素的，见百姓不买账，他便派人挨家搜查，凡是查出私藏和使用恶钱的，一律严惩。这个昏着一出来，江南群情激愤，大有暴动之势。

李隆基是想治理恶钱，可维持国家稳定更是不可触碰的红线。萧隐之不顾大局，差点引起江南地区暴乱，这事儿太严重了。为了平息众怒，李隆基只能贬黜了萧隐之并按下了处理恶钱事件的暂停键。而萧隐之是宋璟提拔的官员，识人不明的黑锅自然甩到了宋璟的头上。

可要细细说来，李隆基放弃宋璟，当然不是因为他识人不明。

李隆基欣赏宋璟的耿直，也做到了善加利用，问题是，李隆基对宋璟是有更高期待的。

什么叫首席宰相？拥有长远的战略目光和纵横捭阖的平衡之术，能为大唐谋划未来，能让李隆基这个皇帝无忧无虑。可宋璟似乎把自己当成了御史，看这个不爽说两句，看那个不爽怼两句，明显搞错了自己的定位。

宋璟对大唐是有贡献，可终归还是差了点什么。

姚崇当政时制定了十条国策，宋璟上位后恪守了这些国策，然而朝廷的事务牵涉外交、军事、政治、经济等方方面面，仅十条国策，不能完全涵盖。有些矛盾只是暂时被掩盖住了或并不尖锐，但不代表它们不存在，就像在军事领域，以吐蕃为代表的外族势力时常在西南和西部边陲挑衅骚扰，可按照姚崇和宋璟的理念应该不兴刀兵，这已经不符合现实了。

既然宋璟无法满足李隆基的需要，那李隆基就只能以体面的理由将他罢免，再去寻找新的人选。对宋璟而言，这可以说是最好的归宿。

财政大臣的博弈

开元八年（720）到开元十八年（730），张嘉贞、张说、宇文融、源乾曜、萧嵩、裴光庭等人相继进入宰相班子。

这十年时间，大唐发生了两件大事：均田制度崩溃，府兵制度崩溃。崩溃就需要改革，改革就会创造机遇，张说和宇文融就是站在风口的两位政治家。

张说是李隆基的旧臣，当年被贬到岳州做刺史，直到宋璟和苏颋搭了班子，他才看到人生的光亮。为了自己的未来，他决定走苏颋的门路。

苏颋回乡祭奠父亲，张说趁机把一首《五君咏》的诗作递到苏颋面前。在这首诗里，张说对苏颋的老爹进行了肆无忌惮的赞美，顺带还捧了一把苏颋。苏颋被这一通马屁拍得舒畅，接纳了张说，张说很快就晋升为天兵军节度大使。

当时，后突厥大将康待宾唆使族人偷袭了六胡州（大唐为了安置突厥昭武九姓而设置的鲁、丽、塞、含、依、契六州），参与偷袭的叛军多达七万余人。李隆基命朔方军大总管王晙、陇右诸军节度大使郭知运共同讨伐康待宾，又派亲信毛文仲为朔方道防御讨击大使，命张说一同前行并见机行事。

别人都好说，郭知运是陇右一带的扛把子，现在却到朔方的地盘打仗，这不是打王晙的脸吗？于是王晙联合张说提前镇压了突厥部族，霸占了所有军功。郭知运对此气愤不已，假装不知道突厥部族已经投降的事实，率军发动袭击，逼迫突厥部族重新走上叛乱之路。

就这样，郭知运和王晙开始了狗咬狗的内斗，耗掉了李隆基的耐心。在此期间，张说表现得稳重成熟，顾全大局，形象十分光辉，最终赢得了李隆基的青睐，得到了提拔，开元年间的第一个三人宰相组合就此产生：张嘉贞担任中书令、同中书门下平章事，源乾曜担任门下侍中、同中书门下平章事，张说担任兵部尚书、同中书门下三品。

做首席宰相是张说的最大理想，张嘉贞自然成了他的绊脚石。张说决定先干出政绩站稳脚跟，再慢慢干掉对手。

唐朝实行府兵制，百姓每年都要服兵役一段时间。官府说得很好，只要服役时间一到就放他们回家，可大唐的国土太大，有时候从家里去役所要一个月，回家又得一个月，总不能刚到岗就转头回去吧？而且，如果赶上外族入侵，服役的百姓又到了休假时间，带兵的将军要怎么办？做光杆司令吗？

种种原因造成一个问题：府兵制的制度很规范，可现实是大批人员滞留在军队里，整个国家有六十万人在同时服役。

另外，府兵是义务兵，没有工资，相当于老百姓在贴钱卖命。渐渐地，越来越多的农民逃避兵役。他们要么背井离乡逃离原籍，要么折断自己的手脚。

面对问题突出的府兵制，张说提了两个建议：一、府兵需要的是战斗力，而不是靠人海战术，可以裁撤二十万人；二、逐步取消府兵制度，打造职业化的军队。

什么叫职业化？即挑选身强力壮的人入伍当兵，由国家发工资，这些军人不再需要种田。

开元时期，边境的局势非常恶劣，李隆基需要职业军队镇守国门，张说的改革建议深得他的认可。反观张嘉贞，工作平庸，做一天和尚敲一天钟，李隆基越看他越觉得不行。

　　一个叫王钧的主簿打算巴结张嘉贞，给他修了一座府邸，打算在合适的时候送出去。可没等贿赂达成，他就酒后失言，把这事说了出来。李隆基对此万分恼火，直接下令处决王钧。

　　李隆基是在帮张嘉贞收尾吗？未必。李隆基发火，更多是因为下面的人不会办事，把行贿受贿闹成了公开的舆论热点，让朝廷难堪。

　　如果相关人等安安生生，事情也许就这样过了，可张嘉贞做贼心虚，没等李隆基下达最终的处决命令，提前杀了王钧。得知王钧想求御史的官职，为了推脱责任，张嘉贞更是叫来御史大夫韦抗、御史中丞韦虚心，对他们一通痛骂，说全是因为御史台行为不检点，才让王钧有机会行贿。

　　李隆基对宰相的考核指标之一就是要有风度和胸怀，张嘉贞的行为让李隆基很不喜欢。没过多久，有人举报张嘉贞的弟弟张嘉祐贪污，李隆基顺势以不会管教家人为由将张嘉贞罢免，张说正式晋升为中书令。

　　从被李隆基当作弃子，到成为首席宰相，张说的成功可谓来之不易。扬眉吐气的张说疯狂地刷存在感，比如将原本的政事堂改名为"中书门下"，下设吏房、枢机房、兵房、户房、刑礼房，将门下省边缘化，将尚书省的职能阉割，整个朝廷中枢机构以中书省为核心，而他张说成了大唐立国以来权力最大的宰相。

　　在张说红得发紫的时候，宇文融沐浴着他的权力春风，也在逐渐成长。

　　宇文融没有家世背景，起步很低。张说做宰相的时候，他还只是正八品的监察御史，手中唯一的特权就是可以直接给皇帝上奏折，而他就是利用这个权力，实现了跃迁。

　　唐朝实行均田制，凡是大唐百姓都可以分到土地，然后给国家缴纳赋税，这个制度使得唐朝初年国力强盛。

　　随着人口的暴增，土地兼并之风横行，百姓留不住手里的土地，国家又没有多余土地分给百姓，而失地百姓还得交税服役，负担越来越重。为了活命，他们只能做逃户。

　　与此同时，大片的荒地被私人开垦出来。这些土地没有在官府登记备案，因此不需要向朝廷纳税，严重影响了朝廷的利益。

宇文融告诉李隆基，他可以让朝廷的金库变得富裕，方法就是搞土地清查，鼓励百姓重新入籍，免除他们六年的赋税，同时豁免徭役。用这一招，宇文融为朝廷增加了八十万户籍、数百万贯财政收入以及无数"荒芜"的土地。

李隆基要搞职业军队，要开创盛世，到处都需要钱，宇文融可是给他解了燃眉之急。为了方便宇文融继续搞钱，李隆基颁布特旨，凡涉及户籍、土地、财税的事务，必须等宇文融提出意见后，三省的长官才能做最后的决策。

这下，宇文融和张说之间有了权力冲突。而宇文融是门下侍中源乾曜提拔上来的，背后还有中书舍人陆坚的支持，这两人和张说一直不对付，这让宇文融和张说二人的冲突变得更加复杂。

有一次，李隆基抱怨吏部选官存在暗箱操作，宇文融便偷偷给他提了个建议，让他将吏部的选官权分散到其他部门；而为了互相监督和约束，还可以让十个部门共同参与朝廷的选官，最后由皇帝亲自定夺。李隆基觉得办法好，让礼部尚书苏颋等十位重臣负责铨选。

至少在张说看来，这是严重的政治事件，说得不好听点，这是在打他这个首席宰相的脸。

张说大权独揽，吏部选官的暗箱操作只是他所作所为的冰山一角，李隆基想用这种方式提醒张说不要太膨胀，可张说没有察觉到皇帝的不满，依旧唯我独尊，甚至当着同僚的面大骂宇文融"鼠辈何能为"。

李隆基物色了新的宰相人选，即河南尹崔隐甫。张说却认为崔隐甫资历浅薄，文采平庸，最多能做个金吾卫大将军，反而可以把殿中侍御史崔日知提拔为御史大夫。

张说将两项人事任命上报给李隆基，信心满满地等待最终批复，不料李隆基给他来了个反向操作，封崔日知为金吾卫大将军，封崔隐甫为御史大夫。又是两巴掌，张说被打击得脑瓜嗡嗡响。

有了这个政治风向，宇文融、崔隐甫就明白李隆基的心意了。随后，张说被人举报请术士看相，后来又有结党营私、私生活腐败的罪名，一条接着一条。李隆基本来就有心收拾张说，顺势将他贬为尚书左丞。

宇文融想赶尽杀绝，张说为了自保，不顾一切地拉拢党羽，双方开足火力攻讦对方，将朝廷闹得鸡飞狗跳。这帮人忘记了一个事实，在大唐的权力体系中，皇帝李隆基才是最高级别的玩家，他主宰着游戏规则，不管是张说还是宇文融，都只是李隆基的棋子而已。在完成工作任务的情况下，他们可以撒娇任性，搞搞内斗，可如今他们却想把其他朝臣一起拉下水，这不是破坏李隆基制定的规则吗？

李隆基给宇文融记了一笔，但此事过后，还是因为财政需要，起用宇文融为宰相。宇文融不觉得危险，反而觉得皇帝离不开他，竟公然声称如果自己做几个月宰相，天下就可以无事。

今天可以膨胀，明天就可以爆炸。李隆基最终以贪污罪将宇文融贬官，此时距离宇文融担任宰相仅过去三个月。宇文融还没到达任所，就在路上抑郁而亡，结束了跌宕起伏的一生。

文人宰相张九龄

张说和宇文融相继倒台，但他们都给大唐留下了政治遗产：张说提携了大唐历史上最完美的文人宰相张九龄，宇文融则提携了一个惊天鬼才李林甫。

张九龄出身书香门第，十三岁的时候给广州刺史王方庆投递作品，王方庆评价他前途不可限量。后来他以进士入仕，担任从八品的右拾遗。

家世清白，才华横溢，这就是张九龄的资本。

张九龄是中国古代典型的知识分子，骨子里根植着"学成文武艺，货与帝王家"的思想。怎么"货"呢？经世济国，实现自己的政治理想，而教帝王治国、教同僚做人就是实现政治理想的最好途径。

如果张九龄有志成为一位诗人，他才华横溢、思想独立等知识分子的特性绝对是加分项，甚至他有可能成为与李白、杜甫齐名的伟大诗人。遗憾的是，张九龄从政了。在仕途这座独木桥上，知识分子的性格越突出，遭遇的坎坷和风险就会越大，甚至带来性命之忧。

姚崇曾经很欣赏张九龄，时常采纳他的建议，让他有表现的机会，然而张九龄总觉得姚崇做得不够好，经常上书言事，比如说朝廷选拔人才要不拘一格，要敢于起用年轻的人才。后来因为口无遮拦，张九龄被姚崇嫌弃，一气之下辞官回了岭南。

回到岭南的张九龄想为乡亲们干点儿实事，经过考察，他决定修缮岭南通往内地的大庾岭路。

大庾岭是横贯今广东、江西的山脉，长二百公里。当年秦始皇派五十万大军征讨百越国，走到大庾岭，看到悬崖峭壁、荆棘密布，便凿山开路，打通了内地和岭南的连接。

这么多年过去，由于岭南和内地的联系不算太多，秦时的路一直凑合在用。但张九龄觉得广州作为崛起的港口城市，贸易越来越发达，许多物产都需要运送到内地，于是奏请朝廷拨款维修。

张九龄的想法和李隆基不谋而合，拨款很快批了下来。随后，张九龄带着百姓开凿石头，砍伐树木，丈量尺寸，花了两年时间，终于铺就了一条宽约三米、长约三十里的道路，史称"大庾岭路"。

张九龄回长安的时候，张说是首席宰相。张说欣赏张九龄，两人又是本家，于是结为同盟，彼此依靠。张说退休前只对李隆基提了一个愿望，就是起用张九龄。

直到此时，李隆基才真正重视这个中年男人，将张九龄调任秘书少监。在这个位置上，张九龄的文学才华发挥到了极致，稳稳地坐在了大唐第一秘书的宝座上。加上张九龄是个帅哥，形象高大伟岸，气质儒雅从容，性格刚直不阿，李隆基对他十分喜欢，最终将他提拔为宰相。

如果李隆基和张九龄联手，开元盛世还会持续很长时间，可就在相同的时间段里，张九龄这辈子最难缠的对手李林甫也崛起了。真的是"时也，命也"。

李林甫，长平王李叔良（唐高祖李渊的堂弟）的曾孙。按辈分，他是李隆基的叔叔。

李叔良这一脉混得很差，李林甫的父亲李思诲奋斗了半辈子也只是扬州大都督府的一个参军。如果靠父亲提拔，李林甫很难出头。

不过，永远不要小瞧落魄的贵族，因为我们想象不到贵族之间盘根错节的关系有多么恐怖，而机会就藏在这些关系网中。

李林甫是李唐宗室，靠着这层关系，刚出道就混了个千牛直长（宫廷侍卫，贵族子弟的特设岗位），后来又得舅舅、楚国公姜皎的提携，升为正五品的太子中允。

姜皎在红极一时的时候卷入王皇后的废立风波中，被李隆基和张嘉贞联手做掉，姜家就此没落。靠山倒了，李林甫转投姜皎的妹夫源光乘，而源光乘正是宰相源乾曜的侄孙。通过这层关系，李林甫和源乾曜的儿子源洁建立了友好关系。又一番运作，他通过源洁求到源乾曜这里，想要个司门郎中的职务。

司门郎中隶属尚书省刑部，从五品，负责各道关口的出入境物品检查，遇到违禁的物品可以随时没收，油水非常多。

本以为事情可成，没想到源乾曜听说过李林甫的名头，质问道："司门郎中虽然官职不高，却对品行、才能和声望有极高的要求，哥奴（李林甫的小名）岂是做郎官的料？"言外之意，源乾曜对李林甫的职业操守很没信心。

李林甫没捞到司门郎中之职，但还是得到了源乾曜的帮助，被提拔为正四品的太子谕德，随后又改任国子司业。只是这些文职岗位无权无势，无法接触到权力的核心，也就无法满足李林甫的胃口。

李林甫算是看明白了，源乾曜只能在职权内给予照顾，不能帮自己更多，想通过投靠源乾曜获得显赫的岗位似乎不太靠谱。思虑再三，李林甫决定寻找新的靠山。

当时，朝廷里的政治巨头是宇文融和张说，两人都在拉帮结派。相比而言，张说的处境更加微妙，而且李林甫的恩人源乾曜和张说不是一路人。综合考虑之下，李林甫投靠了宇文融。

有了宇文融的推荐，李林甫晋升御史中丞，官居正四品。投桃报李，打倒张说的时候一共有三个人摇旗呐喊，李林甫就是其中之一。

这时候，李隆基的理想基本达成，天下一片盛世景象，所以刻意渐渐放缓了革新节奏。既然已经取得了一百分的成绩，多拿两分还是多拿五分，他便不再关心了，此时他最大的愿望是做个太平皇帝，维持现状就好。

李隆基不想改革成绩毁于一旦，又想耳根清净，最终造成两个结果：善于溜须拍马、搞政治投机的李林甫一直游走在权力核心的外围，始终坐着冷板凳；清廉耿直且思想独立的张九龄一边因为才华横溢、品行高尚受到皇帝青睐，一边因为性格原因屡受官场打压。

和张九龄这样的同事相比，李林甫的文学素养和个人气质简直被碾压到了尘埃里。拿自己的弱点去拼，最后会死得很难看，因此李林甫决定另辟蹊径，做最懂皇帝的男人。

开元中期，真正懂李隆基的朝臣只有两个，一个是李林甫，一个是安禄山，其他人要么是不懂，要么是懂了却不愿迎合。

李林甫的套路很简单，总结起来就三个。

套路一：自我营销。

在旁人眼里，李林甫的人品是经不起推敲的。做了吏部侍郎后，李林甫决定改变大家的认知。

有一次，李隆基的哥哥、宁王李宪找到李林甫，想让他帮自己提拔十位亲信。在唐朝，这属于基本操作，李林甫就算全部答应，也没人会挑他的毛病。然而为了拔高自己的形象，李林甫只提拔了九个人，然后公然宣布，另外一个人不符合朝廷的用人标准。这样一来，李林甫既没有得罪宁王，又赢得了不畏权贵的美名。

套路二：建设情报网络。

最直接的揣摩圣意，就是探听皇帝的言行。为此，李林甫和后宫的武惠妃结成同盟，条件就是李林甫要帮助武惠妃的儿子、寿王李瑁争做太子。

套路三：多搞关系。

李林甫一心扩展人脉，最后勾搭上了宰相裴光庭的夫人，也就是武三思的女儿。李林甫选她，是想打通宦官高力士的关系，因为高力士出自武三思的门庭。

武氏要高力士向皇帝推荐李林甫，高力士不想干政，于是拒绝了。可是出于愧疚之情，高力士将宰相萧嵩推荐韩休为相的机密告诉了武氏，武氏又转告给李林甫。对聪明人而言，这是价值连城的消息。

李林甫直接奔赴韩休的府邸，先送上祝福，然后一番花言巧语，竟然让韩休产生了一种错觉：我韩休要当宰相了，推荐人正是李林甫。

事情虽然狗血，但韩休确实笃定李林甫是自己的伯乐，还因此对他感恩戴德，反而对真正提拔他的宰相萧嵩冷眼相待，时不时出言挑衅。

后来，韩休确实如自己所愿，当上了宰相。等到韩休下台的时候，他没有多余的话，就对李隆基说了一句：李林甫这个人很靠谱，希望陛下重用他。

开元二十三年（735）五月，李隆基做出了新的人事任命：张九龄为中书令、同中书门下平章事；裴耀卿为门下侍中、同中书门下平章事；李林甫为礼部尚书、同中书门下三品。

回首再看，李林甫的晋升之路虽然坎坷曲折，却充满了城府和心机。单说搞关系、玩政治，李林甫是王者级别的大师。即便如此，现在张九龄才是首席宰相，拥有绝对权力，裴耀卿和李林甫是李隆基用来牵制张九龄的棋子，而且哪怕做棋子，李林甫也只是排行第二。

在张九龄主政的年代，李林甫是没有话语权的。身为宰相又怎么样？拥有高力士、武惠妃的关系网又怎么样？依然敌不过李隆基对张九龄的欣赏。因为李隆基还需要张九龄，这段日子里，李林甫只能低调做人。

李林甫应该庆幸，他的对手是理想派的知识分子。

开元二十四年（736）八月，李隆基五十二岁生日，时称千秋节。

皇帝过生日是国家一等一的大事，文武百官要搜刮奇珍异宝进献李隆基。长安城早有传闻，某位大佬找到了传说中的宝镜，将会成为千秋节的头一等礼品。

所谓宝镜，分为很多种，比如照骨方镜、照心境、生寒镜、探宝镜等。据传，秦始皇的府库中有一枚世所罕见的方镜，宽九十厘米，高一百三十厘米，可以发出明光。秦始皇经常拿着这枚方镜观察宫女的心脏、肝胆，以此检验宫女的忠心。

传闻先放在一边。这种场合，其实张九龄跟着祝贺一下也没什么，他却亲笔撰写了一本《千秋金镜录》，里面讲述了前朝治乱兴亡的历史，然后上呈李隆基。

想想看，在大老板的生日派对上，大家玩得正高兴，有人突然送上一本德鲁克的《管理的实践》，会是什么效果？

张九龄获得了大老板违心的称赞，还有真心的打压。

按照惯例，每年下半年，黄河会冰冻一段时间，那时候水路不通，粮食运输成本太高，所以皇室会到交通更方便的洛阳居住一段时间，第二年再迁回长安。

开元二十四年（736）九月，李隆基传召张九龄、裴耀卿和李林甫，说自己在洛阳宫遇到了不干净的东西，希望提前回长安。

三位宰相入宫前还在纳闷，以为是什么军国大事，现在才知道有关神鬼。这在张九龄看来都是小事，于是劝道："陛下，如今正值秋收旺季，不宜大动，还是等冬天再回吧。"裴耀卿也不想折腾，于是附和张九龄的发言。

李林甫在干什么？他眯着眼，观察着李隆基的面部表情，见他从盼望到失望，从失望到面色如霜，最后剩下无奈。李林甫心知皇帝对张九龄的回答不满意，但还是不发一言。

会后，张九龄和裴耀卿率先离去，李林甫私下求见，声称有要事请奏。

李隆基问："爱卿，你怎么还没走，找朕有什么事吗？"

李林甫说道："陛下，洛阳和长安都是您的家，您想来就来，想走就走，何须征求别人的意见？再者说，虽然车驾扰民，但您只要宣示天下，免掉所过之地的赋税不就行了吗？臣请立即西行！"

这段对白太经典了，浓缩了李林甫的政治投机与权变。

其一，提出皇帝的行程皇帝说了算，这是敬畏皇权，同时暗示张九龄权力太大，已经影响到了李隆基的权威。

其二，既然李隆基担心扰民，那便减免赋税，在实现皇帝欲望的前提下给出最完美的解决方案，还能让百姓对李隆基感恩戴德。

其三，既然大家都觉得此事不好，那就主动请缨，有锅自己背。

果然，李林甫的表现让李隆基大加赞赏。

回到长安之后，李隆基对张九龄的不满很快就爆发出来，导火索是朔方节度使牛仙客的任命。

当时，河西节度使牛仙客调任朔方节度使，崔希逸调任河西节度使。崔希逸刚上任就给朝廷写了一封信，高度赞赏了牛仙客在河西军镇的政绩。

封疆大吏不贪政绩，互相举荐，李隆基深感欣慰。不过这毕竟是崔希逸的一面之词，本着实事求是的态度，李隆基派刑部员外郎张利贞前往河西，核对奏折中的陈述，张利贞证实了此事。

朝廷议事，李隆基褒奖牛仙客，打算给他加封尚书头衔，没想到张九龄态度激烈地反对："陛下，尚书就是古代的纳言，地位尊贵，大唐立国以来，唯有做过宰相或者在朝野有名望、有德行的人才能担任。牛仙客出身卑微，骤然被任命为尚书，恐怕有辱朝廷威严。"

李隆基耐着性子给出第二选择："那好，朕给他有实封户数的食邑，可以吗？"与实封相对的是虚封，即光封赏头衔，无实际待遇。

张九龄再驳回："牛仙客是边将，充实仓库、修理军器是他的职责，并不是什么功劳，陛下赏赐他金帛之类的东西也就够了。"

大殿之内的气氛顿时压抑无比，李隆基没办法，干脆结束了这次朝会。

这是张九龄反对提拔的第三位将领，前两位是安禄山和张守珪。他为什么要这么做，究竟是因为私心，还是因为公心？

牛仙客的政绩是经过调查的，张九龄挑不出刺，最后是质疑他的出身。反对张守珪，是觉得他不配做宰相。反对安禄山，是因为安禄山是胡人，而且态度倨傲。这么看来，张九龄是因为私情，而非出于为国家利益考虑。

李隆基想要重用节度使，也有他自己的考虑。

大唐正在革故鼎新，地方藩镇是国防革新的最后一站，而在当时的国情下，地方军镇是最能保护国家利益的制度。大唐边境稳定，一赖边防军制度，二赖实干派大将。李隆基是想将最有才华的将领放在合适的位置上，利用恩威并施的策略,让他们臣服于皇权。

张九龄是首席宰相,却没有和皇帝的政治理念保持一致。之前张九龄冲撞李隆基,干涉他的决策,可能只是性格原因,但李隆基不接受张九龄的政治思维跟不上他的脚步。

退朝之后,李林甫再次留了下来,他说道:"陛下,牛仙客有宰相之才,不做尚书又何妨?"

李隆基听了非常欣慰。此时此刻,李林甫真正走进了李隆基内心,李隆基决定和张九龄摊牌,准备将李林甫任命为首席宰相。

第二天,李隆基立即召见张九龄,还是提出要给牛仙客加封食邑。张九龄固执己见,李隆基勃然变色,咆哮道:"朝廷大事,难道都要由你做主吗?"

张九龄不卑不亢:"陛下不嫌臣无能,任命臣为宰相,所以遇到不对的事,臣都会直言相告。"

李隆基道:"你嫌弃牛仙客出身卑微,难道你的出身就很好吗?"

张九龄道:"臣是岭南贫贱之人,然而臣身处台阁,执掌诰书诏命已有多年。牛仙客只是边境小官,目不识丁,如果委以大任,恐怕难以服众。"

说到这里,李隆基已经不想再与张九龄沟通,直接下诏,给了牛仙客陇西县公的爵位,食邑为实封三百户。

一个月后,李隆基发布诏书,朝堂格局顿时一变:中书令张九龄为尚书右丞,不再参与政事;门下侍中裴耀卿为尚书左丞,不再参与政事;礼部尚书李林甫为中书令;牛仙客为工部尚书、同中书门下三品,领朔方节度使。

张九龄被打压了,但张九龄的风华和气度还是很合李隆基的心意,平常开宴会的时候,李隆基对他的赞誉之声不绝于耳。帝王的宠爱是很容易死灰复燃的,为了保持权势,李林甫想对张九龄赶尽杀绝,可李隆基没想迫害张九龄,最终让他去做了荆州长史。

中国有句古话,叫"失之东隅,收之桑榆"。此后,大唐少了个政治家,却多了一个才华卓绝、独领风骚的大文豪。

离开长安之后,张九龄并没有消沉下去,他将心思放在了创作诗歌上,最有名的当数千古名篇《望月怀远》：

> 海上生明月，天涯共此时。
> 情人怨遥夜，竟夕起相思。
> 灭烛怜光满，披衣觉露滋。
> 不堪盈手赠，还寝梦佳期。

张九龄和李林甫的此消彼长看起来是朝臣的权力争斗，其实他们只是李隆基的棋子，折射的是开元中期李隆基执政理念的变化。

国家的繁荣让李隆基产生了错觉，他觉得就算没有张九龄这帮文人，江山社稷也可无忧。然而他没想到，张九龄的下野直接成了大唐强盛和衰落的分水岭。后来李隆基因为安史之乱逃亡成都，回忆起开元朝的所有宰相，最感怀的便是满腹才华、敢于直言的张九龄，为此还派人前往韶州曲江（今广东省韶关市曲江区）祭奠张九龄的英灵。

捌

群魔乱舞

口蜜腹剑李林甫

文人集团完成了历史赋予他们的使命，大唐已经进入繁荣昌盛的正轨。李隆基兢兢业业这些年后，开始想做享乐型的皇帝了，于是喜欢顶撞领导的文臣在朝中难以生存，只能退居幕后。

客观地说，历史还是给了文臣集团翻盘机会的。

在大唐的转折期，李隆基在任用李林甫还是张九龄之间犹豫过，他既想维持种种革新的胜利果实，做个明君，又想找个舒适的生活状态。作为大臣，想实现理想、做点实事，首先是保全自己，既要能处理与帝王的关系，又要能遏制敌对势力，而不是寄希望于遇到千古明君，让他无条件地包容自己。对文臣集团来说，这个时候适当逢迎，收益肯定比针锋相对要高。遗憾的是，文臣的领袖张九龄做不到这一点，所以被李隆基放弃了，取而代之的是李林甫这种"全能型人才"。

李林甫擅长揣摩圣意，所以能安抚好李隆基的情绪；他心机深沉，阅历丰富，所以能驾驭朝臣，威慑藩镇节度使。一个人能搞定各层级的人事关系，推进政务就不再是难题。可以说，不是李隆基选择了李林甫，而是唐朝的历史，真的需要这么一个懂周旋的政治人物。

然而，李林甫不仅有能力，更有私心。自从做了首席宰相，他心里想的就是坐稳一点，坐久一点。开元时期宰相任期普遍是三年，最长的萧嵩也只干了五年，李林甫要打消李隆基的猜忌，必须想点办法。

第一着儿，李林甫要做理解和支持李隆基的宰相。

这时候的李隆基已经听不进逆耳忠言，顺他者生，逆他者亡。所以对待李隆基，先要保持情感的共鸣，其次是保持执政理念的一致。前者需要时时捧着奉承，这个是李林甫最擅长的，而后者，李林甫的理解也最透彻。

李隆基想过太平日子，不代表他会完全放权，更不代表他是昏君。相反，他的杀伐决断、气魄城府都是从政治斗争中历练出来的，李林甫必须保持畏惧。这就意味着，李隆基对朝政依旧拥有绝对的主宰权，李林甫的手不能伸得太长。

顺从李隆基，做李隆基思想的执行者，才是最优选择。

第二着儿，李林甫开始封锁言路，控制群臣。

有一天，李林甫召集谏官训话："陛下乃千古圣君，我们身为臣子，平日里只有仰视皇帝、聆听圣谕的份，哪还用多说废话？你们看到宫殿下面的仪仗用马了吗？它们吃的是三品等级的粮料，可只要嘶鸣叫唤，就得接受处罚。"

这番话的意思很明确。平日里喜欢风闻言事的谏臣，以后要少写奏折少开腔，唯他李林甫马首是瞻就行了。谁敢违背他，那就赶紧卷铺盖滚蛋。

能把张九龄干倒台的人绝对是狠角色，群臣很敬畏李林甫。不过事情总有意外，比如门下省补阙杜琎（jìn），他就敢虎着胆子给李隆基进言。

听到进言的时候，李林甫什么话也没说，面上和颜悦色，事后他却找到杜琎："杜大人，陛下赏识您，愿意给您这样的官员多些历练机会，因此提拔你为下邽（guī）县令。"

门下省补阙是从七品，下邽县令是从六品，看起来是提拔，可前者是京官，只要在皇帝面前混个脸熟，不愁没有升迁机会，一旦成了县令，又有李林甫使绊子，那可真就难有翻身之日了。

拿到调任文书后，杜琎的心情跌到谷底。看着昔日和他一道意气风发、指点江山的同僚如今沉默不言，杜琎十分难受，干脆收拾好行装，迅速离开了长安。此后，朝中几乎成了李林甫的一言堂。《资治通鉴》卷二一四载："九龄既得罪，自是朝廷之士，皆容身保位，无复直言。"

很难想象，开元盛世时的文官风骨竟然如此脆弱。可细细想来，文官也是人，是人就有弱点。换位思考一下，得罪权臣会丢官罢爵，甚至丢掉性命，稍退一步却可以坐拥高官厚禄，你会怎么选择？李林甫之所以能开启黑暗统治，就是因为他处处针对人性的弱点。

接下来的几年，李林甫专注于做一件事，那就是铲除政治新星，尤其是会写诗词、会写文章的青年才俊和风流倜傥、声名卓著的资深官员。

兵部侍郎卢绚风度清雅，含蓄不露，因为李隆基夸他很像张九龄，就被李林甫以明升暗降的方式，直接安排到了养老岗位上。

李隆基想提拔气质高雅的绛州刺史严挺之，李林甫假装透露圣旨，让严挺之写个称病的奏折，让他先回长安"治病"。拿到史严挺的病假条，李林甫转头声称严挺之身体不好，不适合委以重任，也将他安排到了养老岗位上。

李林甫有个"口蜜腹剑"的称号。对有才华的官员，李林甫表面上满口夸赞，许诺要给他们升官，暗地里却通过明升暗降的方式将他们调离。靠这个手段，李林甫直接终结了大批优秀文臣的政治生涯。

李林甫成了朝中的扛把子，朝臣在他的淫威下只能低眉顺眼，然而他的卧榻之旁还有一个强劲的敌人——兵部尚书、侍中李适之。

李适之是太宗朝废太子李承乾的孙子，胸中有些丘壑，却敦厚老实，一直夹着尾巴做人。李隆基给李承乾平反后，李适之逐渐在朝堂崛起。他本来性情温和，不喜欢和别人产生摩擦，可李林甫的逼迫让他感觉到压力，他最终决定反抗。

有一次，李适之到外地出差，李林甫控告兵部官员收受贿赂，检举他们干扰官员提拔，将六十多名兵部官员拘捕到京兆府和御史台。只要坐实兵部受贿，李适之也就完了，没想到兵部官员一身正气，咬死没松口。李林甫害怕引起公愤，一时间手足无措。

就在这时，京兆尹萧炅找到李林甫："对付这帮官老爷，光靠嘴说是没用的，得让他们吃点苦头。"为此，萧炅还给李林甫推荐了一个人——吉温。

吉温的父亲是武周时期的酷吏吉顼，吉温继承了父亲的残忍嗜杀，心思阴沉，手段狠毒，在长安很有名气。他先后拜过宋璟、张说和张九龄的码头，可这些大佬对吉温的酷吏手段不感兴趣。后来他又走门路见了李隆基一面，李隆基评价他长相丑陋，看起来不是良善之辈，也没有委以重用。皇帝一句话让吉温做了十几年的冷板凳。后来吉温攀附高力士，在京兆府混了个法曹的职务，直至被李林甫发掘。

吉温狠，李林甫阴，李林甫决定养好这条狗为自己办事。

吉温成了兵部贪腐案的主审官员。审讯期间，吉温让兵部官员排排站，然后在隔壁房间对犯人用刑，让犯人发出惨烈的嚎叫声，以此震慑兵部官员。随后，吉温将一具尸体拖出来让兵部官员观瞻，那尸体头颅被压扁，眼睛被挤爆，一条腿和身体已经断开，令人作呕，样子十分吓人。

有时候，最强烈的震慑不是身体上的伤害，而是精神上的摧残，吉温的厉害之处就在于他能给别人留下直透灵魂的精神阴影。就这样，吉温在没有伤害兵部官员肉体的情况下拿到了所有口供。

李林甫本以为可以拉李适之下马，没想到李隆基不愿意处罚李适之，将案子压了下来。盘算没成功，但李林甫还是通过吉温尝到了甜头，于是开始网罗酷吏帮他做最阴暗的事情。

除了擅长使用刑罚的吉温，李林甫还收编了罗希奭。这人擅长搞文字材料，能颠倒黑白，把案件编得滴水不漏。只要是罗、吉二人想整的人，几乎都难逃厄运。时人非常厌恶他们，给他们送了个非常形象的"雅号"，叫"罗钳吉网"。

李隆基的制衡之术

李林甫提拔酷吏是为了对付政敌，而他最大的政敌其实是太子李亨。

李隆基立过两位太子，一位是二儿子李瑛，一位是三儿子李亨。

李瑛是赵丽妃所生，资质平庸，李隆基立他为太子只是权宜之计。后来李隆基遇到武惠妃，武惠妃生了寿王李瑁，太子李瑛的位置就坐不稳了。武惠妃不停地吹枕边风，希望李隆基改立李瑁为太子。

在武惠妃的鼓动下，李隆基最终将王皇后废黜，赵丽妃整日以泪洗面。不过，武惠妃是武则天的侄孙女，身份敏感，立她为后十分危险，考虑到政治方面的因素，李隆基最终打消了这个想法。

就在这时，正在找晋升门路的李林甫找到武惠妃，两人达成了一个协议：武惠妃帮李林甫刺探李隆基的日常消息，李林甫则扶持李瑁做太子。当时李林甫的能量根本不能影响李隆基的决策，可武惠妃护子心切，被李林甫画的大饼忽悠了。

身旁有人虎视眈眈，为了自保，太子李瑛和鄂王李瑶、光王李琚（jū）结了盟。他们的母亲都因为武惠妃在深宫而坐着冷板凳，大家利益相同，一拍即合。武惠妃当然也不会坐以待毙，她实施的报复很快就来了。

开元二十五年（737）四月的一天，武惠妃的女婿杨洄派人到太子宫，声称在宫中看到了盗匪，希望李瑛带几个兄弟去保护皇帝。李瑛一直被李隆基嫌弃，好不容易有个表现的机会，便带着李瑶、李琚，穿着铠甲，拿着武器，兴冲冲跑进皇宫。盗匪之事当然是假的，一行人被李隆基抓了个现行。宫中持械，意同谋反，这下子可是黄泥巴掉在裤裆里，李瑛根本没法解释。在一波又一波的政治声讨中，暴怒的李隆基处死了三位皇子。

杀自己儿子的唐朝皇帝，李世民算一个，李隆基算一个。

其实，太子李瑛只有两个跟班兄弟，对李隆基根本没有政治威胁，以李隆基的统治力，用圈禁或废为庶人就可以善后了，可他还是选择了最残忍的手段。归根结底，李隆基（包括李世民）是因为过于看重面子，才想靠暴力手段维护威严。

刚杀完李瑛，李隆基就醒悟了，开始后悔。而让李隆基恼火的是，武惠妃根本不管他的情绪，一个劲儿请求立李瑁为太子，李林甫则在旁边帮腔。后宫、权臣和皇子联合索要太子之位，李隆基就算是个傻子也不能答应，他开始故意冷落武惠妃。武惠妃竹篮打水一场空，又失去了李隆基的疼爱，最终得了精神疾病，抑郁而终，年仅三十八岁。

立太子，要么立嫡，要么立长，要么立爱。

李瑛死后，李隆本想遵循顺位继承的规则，立皇长子李琮，可这个倒霉蛋在一次狩猎中不小心被猴子抓伤了脸，破了相，就此丧失了做太子的机会。排在后面的是李亨，他是已故王皇后的养子，算是半个嫡子。

李亨还在娘胎里的时候，正值李隆基和太平公主争斗成一团。李隆基害怕老爹觉得自己沉迷女色，不适合做接班人，竟战战兢兢地搞来堕胎药，差点就把李亨流掉了。没想到多年以后，李亨能在一众皇子中被选中，做了盛世太子。

史料记载，李亨仁孝、谦卑、好学，阅历丰富，可这些不是李隆基立他的理由，李隆基想的永远是权力平衡。李亨担任过河北道大元帅，曾率大军征讨过契丹、奚等部族，而且大获全胜，在军中有根基，入朝后可以和李林甫抗衡，这才是真正的原因。

开元二十六年（738）六月被立为皇太子后，李亨就感到了巨大压力，压力来自李林甫。

李林甫拥立过李瑁，但没成功，如果日后李亨登基，李林甫凭这份履历，大概率会被清洗。而且李林甫明白，李隆基也不想李亨的势力坐大，只是不好直接针对太子府，那就只能由他代劳了。也是李林甫有眼力，如果他向太子府示好，或者坐视不管，就失去了政治价值，不劳别人动手，李隆基会亲自干掉他。就算为了自保，李林甫也必须做李亨的政敌。

接下来的几年，李林甫和太子府你来我往，明争暗斗。太子府的势力逐渐丰满，有能力牵制李林甫，而李林甫时常会给太子府压力，让李亨疲于应付。李隆基则是坐山观虎斗，互不相帮。

天宝年间，太子府的势力达到巅峰，因为李亨拥有了四大金刚，即宰相、兵部尚书李适之，刑部尚书韦坚，河西、陇右节度使皇甫惟明，朔方、河东节度使王忠嗣。

二号位宰相牛仙客去世后，李适之接替了他的位置。李适之靠血缘关系起家，是个头脑简单的政治小白，根本不是李林甫的对手。

有一次，李林甫和李适之在朝房相遇。闲聊之中，李林甫对李适之说道："听说华山中藏着一个金矿，如果朝廷组织开采，可以获得巨额财富。这事陛下还不知道，我正打算向陛下进言呢。"

什么叫政治敏感度？一流的政治家可以利用对手的信息去打击对手，二流的政治家可以完美地避开对手挖的坑，三流的政治家说的就是李适之了。

李适之性格粗疏，在他看来，金矿等于财富，挖了矿就等于填满李隆基的小金库，是皆大欢喜的事，所以后来在单独奏事时将此事大喇喇地说了出来。

李隆基是个爱钱的人，听说在华山发现了金矿，高兴极了，赶紧派人找来李林甫商议开采计划，没想到李林甫听后斩钉截铁道："臣也知道这个消息，但华山是陛下的根本，李唐王气所在，臣觉得不应该贸然开采，这才没向陛下禀报此事。"

李隆基很爱钱的人，但更爱江山。听闻此言，他一改刚才的贪财样子，严肃地对李适之说："李爱卿，以后奏事应该先和李林甫商议，不可再莽撞行事。"

玩不过对手，又被老板嫌弃，李适之的心情跌到了谷底。没事的时候，李适之就约着韦坚密谈，发泄心中的不满。

韦坚的老婆是李隆基发小、楚国公姜皎的女儿，他的一个妹妹是李隆基最疼爱的弟弟李隆业的老婆，另一个妹妹是李亨的太子妃。这关系，简直不要太硬。

李隆基给了韦坚很多机会，让他担任过长安县令、陕郡太守、水陆转运使、江淮租庸转运使等职。终于，在江淮租庸转运使的任上，韦坚开窍了。他学习宇文融的做法，在江淮各州安排了不少督察者，而这些人的工作就是收缴各州的陈年旧账，严格约束各州县按时按量上缴赋税，也适时地搜刮民脂民膏。

能给李隆基捞钱，韦坚的得宠指数一路飙升。

李林甫同样是姜皎的小舅子，和韦坚有点亲戚关系，曾向他抛过橄榄枝，韦坚升迁他也没阻拦，可韦坚瞧不起李林甫，最终和好朋友李适之一起投靠了李亨。

既然做不成朋友，那就只能做敌人了。

李林甫上了道奏折，声称韦坚在担任江淮租庸转运使期间为国库添了不少收入，能力超群，忠心可嘉，希望调他回长安，做刑部尚书。于是，韦坚丢掉了江淮租庸转运使的肥差，失去了讨好李隆基的机会。

这又是一着儿明升暗降，熟悉的配方，熟悉的味道，是李林甫的常用手段。

李亨团队里的第三位皇甫惟明，和李亨是发小，长期在边境服役，屡立奇功，这才担任了陇右节度使。在王忠嗣卸任河西节度使后，皇甫惟明身兼陇右、河西节度使。

皇甫惟明性格耿直，看不惯阿谀奉承、溜须拍马的小人，尤其鄙视李林甫。

有一次，皇甫惟明大破吐蕃，回朝献捷，看到李林甫权势熏天，心中极为不满。仗着自己刚立战功，皇甫惟明奏请李隆基罢免李林甫，启用韦坚为相。

身为武将，随意干涉宰相任免，皇甫惟明本就犯了官场大忌。李林甫得知消息后也大发雷霆，立即安排手下日夜监视皇甫惟明，伺机给他下绊子。

天宝五载[①]（746）正月，上元节，韦坚出门看花灯，刚好碰到心情低落的皇甫惟明，两人信步来到崇仁坊景龙观，找了间密室聊了起来，没想到被李林甫的亲信杨慎矜探知。很快，李林甫就将此事捅到了李隆基跟前，告状他们密谋拥立太子上位。

说李亨想上位，李隆基大概率是不会相信的，不过这些年太子府的势力确实膨胀了，有人做宰相，有人是外戚，皇甫惟明和王忠嗣则掌控着陇右、河西、朔方、河东四镇兵马，着实让人忐忑。李林甫的告状刚好符合李隆基的政治诉求，所以他的处置非常果断：韦坚暗地里谋求官职，存有野心，贬为缙云太守；皇甫惟明私下与皇亲国戚接触，有挑拨皇室成员关系的嫌疑，贬为播川太守。

此事过后，李适之也递交辞呈，进入养老状态。太子府的四大金刚转瞬间倒了三个，只剩下一个王忠嗣。

李亨是平衡朝局的棋子，李隆基是不会让他彻底垮掉的，所以李隆基又下了一道诏书，让王忠嗣担任河东、河西、陇右、朔方节度使。李隆基信任王忠嗣，因为他既是李亨的朋友，又是李隆基的养子。说到底，王忠嗣是为皇室服务的。

事情进展到这里，已经达到李隆基的预期。可就在此时，一对愚蠢的人的出现，引发了一场官场地震。

韦坚的弟弟韦兰、韦芝宣称，哥哥韦坚被歹人诬陷，这才蒙受冤屈，希望太子李亨能出面作证，还韦坚清白。

面对这两个政治白痴，韦坚和李亨心如死灰，李亨当机立断要和太子妃韦氏

[①] 744年李隆基下诏："而唐虞之际，焕乎可述，用是钦若旧典，以协惟新，可改天宝三年为载。"此后"年"改称"载"，至唐肃宗至德三载（758）正月止。

离婚，但也无法挽回局面了。韦氏兄弟的愚蠢操作，加上李林甫的运作，与韦坚、李适之、皇甫惟明有关系的数十个官员悉数被贬，太子府势力大大受挫。

这件事情怎么定性？是李隆基借机清除太子党，还是他在保护李亨不受牵连，就看大家的理解了。

一波未平，一波又起。李亨刚办完离婚手续，太子府便再一次卷入风波。

李亨府中有位杜姓良娣（皇太子妾的称号，地位仅次于太子妃），其父亲杜有邻是太子府的赞善大夫，姐姐则嫁给了左骁卫兵曹柳勣。

柳勣是个文人，性格猖狂，行事不拘小节。杜有邻接受不了柳勣狂放的行为，在他看来，杜氏家族的前途和李亨绑在一起，平日里应该循规蹈矩，低调处事，少给李亨惹麻烦，所以屡次以长辈的身份教训柳勣，而柳勣则嘲笑岳父胆小如鼠，是个懦弱迂腐之人。久而久之，翁婿二人形同陌路。

柳勣思来想去，心潮难以平复，于是在长安散布谣言，声称杜有邻偷偷摸摸地准备图谶（巫师或方士制作的一种隐语或预言，作为吉凶的符验或征兆），想要拥立李亨为皇帝，还屡次指责当今圣上昏庸。

李林甫无论如何也没想到，太子府居然会发生内乱。他派亲信联系柳勣，承诺只要柳勣将此事从家庭纠纷升级到状告谋反，并牵连出更多的人，就能放他一马，毕竟他是太子派的亲属。

柳勣接下了这桩买卖。按照政治斗争的惯例，他作为原告，只要证据确凿（这得看主审官的意志），便是首告功臣，这是稳赚不赔的买卖。为了前途和性命，柳勣将矛头直指李亨本人。

这一次，李隆基越过主审官，直接做出判决：杜有邻、柳勣心怀叵测，施以杖刑，家人流放岭南。就这样，杜、柳二人被活活打死在大理寺。

李隆基保护李亨的态度很明确，即便如此，李亨还是做出了最稳妥的决定：与杜良娣离婚。

皇太子迫于权臣的淫威，一年之内离了两次婚，说出去也真够窝囊的，幸好最高统治者李隆基并未怀疑李亨的忠诚，这才让他一次次躲过危机。

然而其他人就没这么好运了。因为这件事，李适之服毒自尽，皇甫惟明和韦坚被杀，太子府的三大金刚集体阵亡，王忠嗣成了李亨最后的筹码，也是李隆基大力压在棋盘上的棋子。

安禄山的仕途

王忠嗣节度四镇，手下兵马二十七万，天下间除了李隆基，还有谁能与他抗衡？只有范阳、平卢节度使安禄山。

安禄山，营州柳城（今辽宁省朝阳市）人，本姓康。

柳城是营州都督府的总部所在地。营州都督府管辖契丹、奚等少数民族，具备行政和军事双重属性，是东北地区级别最高的管理机构。

关于安禄山的出生，有几个信息是肯定的。

其一，安禄山诞生于武则天长安三年（703）。

其二，安禄山是胡人，母亲阿史德氏是突厥巫师，父亲不详。

其三，安禄山生于营州附近，长期居住在突厥部族的聚居地。

平凡的出身，无父的孤儿，无姓的孩子，这是安禄山的标签。

其实，关于安禄山还有一些神异故事。据传，安禄山的母亲长期无法怀孕，于是向突厥的轧荦（luò）山战斗之神祷告，最终成功受孕。又传，安禄山出生那天，他所在的帐篷被神奇的光照亮，荒野禽兽集体鸣叫，由于动静太大，引起了范阳节度使张仁愿的注意，他还差点被官府弄死。这当然都是忽悠人的，因为开元二年（714）李隆基才设置范阳节度使。

在男性为尊的突厥部族，单身母亲带着孩子生活，困难可想而知。有人劝阿史德氏找个男人再嫁，寻个靠山。在大家的撮合下，阿史德氏最终改嫁给突厥将军安波注的哥哥安延偃，开始了另外一段人生。

母亲拥有什么样的婚姻，安禄山可能不在乎，但寄人篱下的滋味是真不好受。在新家庭，安禄山找不到归属和尊严，可能正是因此，他才一直留着原有姓氏，而不是跟继父姓"安"。

开元元年（713），年仅十岁的安禄山带着突厥将军安道买的儿子逃离了部族。他们身上没有盘缠，没有食物，不知道何去何从，只能在突厥境内游荡。一段时间后，安禄山就被安道买的二儿子、岚州别驾安孝节抓了回去。

古话说得好："三岁看大，七岁看老。"有些性格与生俱来，会刻在骨子里，不会轻易改变。拿安禄山来说，他小小年纪不愿屈居继父的屋檐下，年仅十岁就敢出去冒险，出去也就罢了，还能说服衣食无忧的将军之子一起流浪，可见骨子里独立和大胆，还有首领气质。

安氏家族的子弟非常多，比如安波注之子安思顺、安元贞，安禄山和他们的感情非常要好。有一天，安禄山突发奇想，决定和这些小伙伴结为兄弟，于是主动将姓氏改为"安"。

安禄山不是个安分的人，年轻的时候长期在幽州附近闯荡。开元年间，边境局势还算稳定，幽州又是北方新崛起的政治、军事和经济中心，周边少数民族有什么商业交易，基本都会在幽州进行。安禄山混迹于市井，学会了六门语言，而语言只是安禄山的工具，长期混迹于市井、接触各部落商人、精通人情世故、了解各部落的习俗文化，这些才是他的核心竞争力。靠着这些优势，安禄山经常给买卖双方做中介，专业说法叫"牙郎"。

安禄山做牙郎肯定是赚钱的，不过他是小团伙的头领，日常开销很大，所以有时候也会干点偷鸡摸狗的事儿，赚点儿外快。

这一天，安禄山带着小伙伴来到幽州，准备大干一票。没想到就在他们埋头干活的时候，巡夜的人发现了他们，把他们一锅端了，随后送到官府。

当时正是开元二十一年（733年），大唐名将张守珪临危受命，镇守幽州。

在此之前，契丹和奚一直不安分，尤其是契丹将领可突干，有勇有谋，经常率领军队攻城略地，把大唐边境搞得乌烟瘴气。赵含章、薛楚玉等幽州官吏拿可突干毫无办法，李隆基只能将张守珪从西域调到幽州。

换言之，身负皇命的张守珪业绩指标只有一个：镇压契丹和奚。

安禄山是少数民族，属于被打击的对象，又是道德败坏的偷盗者，加上体型肥胖，让人看了发腻，所以张守珪见了他后脸色就不太好看，高喊一声："给我往死里打！"

张守珪确实想送安禄山上西天的，安禄山也感觉到了浓浓杀气，于是急中生智叫道："张公，你难道不想灭了契丹和奚吗？是的话就不要杀掉我！"

张守珪以为安禄山只是个喜欢偷盗的小蟊贼，本打算为民除害，没想到安禄山还有这种豪气。他重新打量安禄山，见安禄山临危不乱，非常欣赏他的气魄，于是说道："那好，你以后就留在幽州，帮我捉俘虏吧。"

张守珪可能没想到，自己因为的一念之仁，为大唐埋下了一颗炸弹。安禄山应该也没想到，扯着嗓子这么一喊，居然为自己喊出了一片光明前程。

这个故事很戏剧化。问题来了，张守珪是真的觉得安禄山是个人物，打算栽培他吗？未必，可能利用更多，因为张守珪没有派给安禄山一兵一卒。换句话说，安禄山只是个编外员工，需要单干，拿业绩说话，干不出成绩就得自生自灭。

与安禄山一道留下的，还有他的同乡兄弟史思明。从此时开始，两兄弟不再是游手好闲、毫无理想的地痞，而是要深入敌后的特种兵。他们要做的是捉拿少数民族落单士兵，顺便收集军事情报。

安禄山是突厥部族出来的，大唐边境上的少数民族怎么活动，平日聚集在哪里，他本就心知肚明，加上人脉广阔，自然消息灵通。每次出动，安禄山都是满载而归，有一次甚至生擒了数十名契丹百姓。为了嘉奖安禄山，张守珪将他和史思明晋升为捉生将（低级军官）。

在张守珪眼里，安禄山几乎是完美的下属，美中不足的只有一点：实在是太胖了！张守珪的嫌弃并不含蓄委婉，而是赤裸裸地当着安禄山的面指责这一点。面对这种情况，也许有的人会无视领导，毕竟自己过得开心才重要，可安禄山是怎么做的呢？他开始大力节食。

安禄山节食不是为了降低体重，而是为了让张守珪知道，他畏惧上司，而且愿意迎合上司。因为安禄山会来事儿，张守珪越来越喜欢他，很快就收他做了义子。至于节食的结果，没人真的在乎。

张守珪有两个儿子，义子的数量则不详，但绝没有泛滥成灾，因此安禄山的义子身份含金量非常高。此后数年,安禄山就是凭借这个身份屡屡高升的。

如果说安禄山是靠溜须拍马换来的前途,史思明的经历就有点传奇了。

史思明晋升为捉生将后挥霍钱财,欠了一屁股债,一开始打算逃往奚族的地盘暂避风头,不幸被巡逻士兵擒获。这些人十分狂躁,二话不说就要杀了史思明,危急关头史思明喊道:"老子是唐朝来的和亲使者,你们杀了我,整个奚族都要承担严重后果!"巡逻兵被史思明的气势吓到了,急忙带他去见首领。

见到首领,史思明简单地行了个礼,然后就挺直腰板站在那里。奚族首领没见过大世面,史思明态度越强硬,他心里越疑惧。两人打了半天心理战,首领最终败下场来,派人给史思明安排了最好的套间,让他休息了几日。

奚族首领道:"既然大唐有和亲的打算,我也得表示诚意。这样吧,我派遣一百人随你前往长安,我们把这事儿定下来。"

史思明道:"大王,你派了一批使者,但在我看来,他们之中没人能挑起重任。听说大王手下有一位大将叫琐高,为何不让他随我一同入朝呢?"

奚族首领答应了:"好,本王就让琐高带领三百人随你前往长安!"

一行人往大唐方向前进,临近平卢军镇,史思明派人给平卢军使裴休子送了一封信,声称奚族名将琐高带着三百人来到这里,虽然打着入朝觐见的名号,实际上是来偷袭城池的,应该早做准备。琐高就这样被生擒了,其余三百人则被活埋。

说起来,史思明和安禄山都很幸运,因为张守珪是典型的务实主义者,考核指标就是军功。史思明的这份功劳让张守珪满心欢喜,他将史思明的经历向李隆基做了汇报,顺便给史思明要了个折冲果毅都尉的官职。

开元二十八年(740),三十七岁的安禄山晋升平卢兵马使。此时,安禄山还不是一把手,因为他的上面还有个平卢军使。但这个职务给他带来两个便利:一、他可以调动兵马攻击契丹和奚,这是捞取战功的资本;二、这个职务不算太低,他可以和高级官员对话,经营政治人脉。

职业平台太重要了,可以接触的资源越高端,事业机遇就越大,安禄山深谙此道。担任平卢兵马使期间,他八面玲珑,广结善缘,收获了不少赞誉。

开元二十九年（741），御史中丞张利贞前往平卢视察军情。

两个陌生人刚一接触，是不可能看透对方内心的，因此评价对方的唯一指标就是相处时的感觉。长期混迹于市井的安禄山精通人情世故，不仅殷勤侍奉钦差大臣，还给随行人员都送了金银珠宝。张利贞被轻松摆平了，回朝之后盛赞安禄山的才华。

这些年，李隆基听安禄山的好话听得多，耳朵都快磨出茧子了，而张利贞过往没有政治污点，想来他说的话可信度应该很高，可见安禄山应该真的是个深得好评的人才。有了这个认知，李隆基决定重用安禄山，当年就晋升他为营州都督、平卢军使。除此之外，李隆基还赏给安禄山其他几个头衔，比如支度、营田、水利、陆运副使，押两蕃、渤海、黑水四府经略使，给足了他施展抱负的空间。

玖

巅峰博弈

十大节度战区

张说主政的时候,大唐就在革新边防军的建制。由于边防军分散,朝廷不便管理,于是在边防军上面设置了军镇。

开元二十五年(737),李隆基综合评估了各大军镇的国防压力,给每个军镇定下了最终的军队编制限额,不管每个军镇以前编制多少,一律按新编制精简人员。比如河西军镇原本可能有十三万士兵,朝廷给了七万五千人的编制,河西节度使就要裁掉五万五千人。

另外,李隆基下令,不愿当兵的可以离开军队,留下来的就做职业军人,长期服役。之后,朝廷便开始大规模募兵。

改革后的边防格局,就是天宝初年(742)的十大军镇,情况如下:

	军队编制	战马编制	统领军队	防御对象	主辖区
范阳节度使	91400人	6500匹	经略、威武、清夷、静塞、恒阳、北平、高阳、唐兴、横海九军	奚、契丹	幽州(治所在今北京市)
陇右节度使	75000人	10600匹	临洮、河源、白水、安人、振威、威戎、漠门、宁塞、积石、镇西十军,绥和、合川、平夷三大守捉[①]	吐蕃	鄯州(治所在今青海省西宁市)
河西节度使	73000人	19400匹	赤水、大斗、建康、宁寇、玉门、墨离、豆卢、新泉八军,张掖、交城、白亭三大守捉	吐蕃、突厥	凉州(治所在今甘肃省武威市)

---

① 守捉,一种军事机构。按唐制,军队戍守之地称"军"或"守捉",其下则有城有镇。

续表

	军队编制	战马编制	统领军队	防御对象	主辖区
朔方节度使	64700人	14300匹	经略、丰安、定远、西受降城、东受降城、振武军，安北都护府，单于都护府	突厥等	灵州
河东节度使	55000人	14000匹	天兵、大同、横野、岢（kě）岚四军，云中守捉	与朔方形成掎角之势，防御突厥	太原（今山西省太原市一带）
平卢节度使	37500人	5500匹	平卢、卢龙二军，榆关守捉，安东都护府	室韦、靺鞨等	营州
剑南节度使	30900人	2000匹	天宝、平戎、昆明、宁远、澄川、南江六军	吐蕃、蛮獠	益州（治所在今四川省成都市）
安西节度使	24000人	2700匹	龟兹、焉耆、于阗、疏勒四镇	吐蕃、党项等	龟兹城（今新疆维吾尔自治区阿克苏地区库车市）
北庭节度使	20000人	5000匹	瀚海、天山、伊吾三军，北庭都护府	突骑施、坚昆等	庭州（治所在今新疆维吾尔自治区昌吉回族自治州吉木萨尔县）
岭南五府经略使	15400人	0匹	经略、清海二军，桂管、容管、安南、邕管四大经略使	南方少数民族	广州（治所在今广东省广州市）

加上东莱（今山东省烟台市莱州市）守捉、东牟（今山东省烟台市蓬莱区）守捉、长乐（今福建省福州市）经略使部下兵马，全国军队总计四十九万零四百人，军用战马八万匹。

李隆基设置的十大军镇和朝堂上的格局一样，充满了制衡理念。

天宝初年，全国通过募兵组建的军队有三种：边防军、彍（kuò）骑、团结兵，总人数为五十七万四千七百三十三。在边防军之外组建彍骑，是为了收拢散兵游勇，而彍骑也因为是杂牌军，逐渐被边缘化。团结兵则是地方兵，他们的实际领导是地方大员，他们被朝廷通过各地方间接控制，因此不管数量有多少，都不会成为朝廷依赖的军队。

唐朝初年，军事格局"内重外轻"，举关中之兵可敌四方。到开元初年，军事格局已是"内轻外重"，最彪悍的军队在军镇，长安没有拿得出手的中央军，这是大唐最大的统治隐患。

李隆基为什么这样干？因为他很自信，觉得自己可以控制局面，觉得边防军也是服务于皇权的。

让李隆基有这份自信的，是他在"内轻外重"军事格局里制定的一套平衡牵制的游戏规则。

四十九万余的边防军，被李隆基切割成了十块。其中，安西、北庭、剑南、岭南孤悬边境，对朝廷构不成威胁，因此它们不需要牵制其他军镇，也不需要被别人牵制。平卢同样孤悬边境，不需要被其他军镇牵制，但可以牵制范阳军镇。这么看来，最需要平衡的是河东、朔方、陇右、河西、范阳五个军镇。

从上述表格中的直观数据可以看出，河西、朔方、河东的骑兵最强，河西、范阳、陇右的步兵最强。地理位置上，河东、朔方最靠近长安，河西、陇右其次，范阳最远。

这样的安排设计，在李隆基看来可以很好地保证朝廷的安全：

第一，在骑兵战力可以碾压步兵的年代，李隆基一直控制着骑兵最强的河西、朔方和河东，外加稍弱的陇右军镇，手中部队的战斗力不容小觑。

第二，河东、朔方离长安最近，如果出现叛乱，威胁最大；可反过来看，长安离他们最近，除方便管理之外，也可以迅速掌握信息，制定应对策略。而且陇右、河西、河东和朔方是互相牵制的关系，谁也不敢轻举妄动。

第三，范阳离长安最远，如果发生叛乱，河北、河南的团结兵是第一波阻拦势力；河东的军队出太行山脉，过井陉口，进入河北，是第二波阻拦势力；朝廷调动朔方、河西、陇右的边防军在潼关一带布防，是第三波势力。而朝廷给范阳军镇多少战马？六千五百匹，是河东的二分之一，河西的三分之一。靠现有这点骑兵，范阳就想对抗中央？简直是做梦。后来安禄山在范阳起兵前，疯狂地向李隆基索要全国马政的主管大权，就是为了弥补范阳军镇的骑兵劣势。

不过，李隆基掌控了边防军，却忽略了中央军这盘棋。在边防军内部，各大军镇可以互相牵制，可放眼整个大唐，谁来牵制边防军呢？完全没有。这是一个战略漏洞。

不仅李隆基，满朝大臣好像都没注意到这点，统治阶层的集体自信让大唐陷入危机。

其实，站在后世全知视角看，除了现有的这些安排，李隆基想控制边防军还要遵循以下几个规则：

第一，让权力平衡真正发挥作用。这就意味着，藩镇节度使不能同时管辖两个及两个以上的军镇，尤其是相邻的军镇。

拿河西和陇右来说，它们地处西北，共同防御吐蕃，这是对外防御的功能。可它们也需要互相牵制，如果河西造反，陇右可以防御，反之亦然，这是对内防御的功能。范阳和平卢也是同理，范阳军镇一旦造反，平卢可以派兵直捣范阳的老巢。

然而李隆基是怎么做的呢？

开元二十八年（740），盖嘉运兼任河西、陇右节度使，统帅十四万八千人。牛仙客兼任朔方、河东节度使，统帅十一万九千七百人。天宝五载（746），王忠嗣兼任河西、陇右、朔方、河东节度使，统帅二十六万七千七百人。而在安史之乱前夕，安禄山兼任范阳、平卢、河东节度使。也就是说，平卢失去了制衡范阳的能力，河东失去了阻击范阳骑兵的可能，这才是安禄山仅用一个月就打到洛阳的原因。

第二，保证朝廷对地方军队的统辖权。要做到这一点，将领最好不要在一个军镇长期任职。

藩镇节度使长期任职，其实是一柄双刃剑。长期任职的将军更了解军镇底细，对提高军队战斗力有帮助，可正因为熟悉，如果藩镇节度使想造反，这批军队也容易成为他的私人军队。

现实情况是，陇右节度使郭知运任期八年，范阳节度使张守珪任期七年，平卢节度使安禄山任期十四年。长时间镇守一地，他们对手下部队可谓了若指掌，而当地士兵也视他们为最高长官，从而轻视朝廷。

第三，朝廷要掌握钱财、武器和后勤。

有奶便是娘，话糙理不糙。自古以来，地方军队之所以愿意听朝廷的话，一是周边有兄弟军队威慑，二是朝廷掌控经济命脉，如果地方军队造反，就会陷入断钱断粮的境地。

控制边防军的三条规则，李隆基已经破坏了两个，节度使只要兼管两三个军镇，他的麾下轻轻松松就会有十几万军队、几万骑兵，造反的兵源是充足的。这个时候，朝廷控制军镇的方式只有牢牢掌握财政大权。

帮李隆基敛财的，宇文融是开端，后有裴耀卿、杨崇礼、王铁（hóng）、萧炅、韦坚、杨慎矜、杨慎名等财政大臣活跃在全国各地。为了让他们名正言顺地替自己挣钱，李隆基任命他们为营田使、支度使、户口使、租庸使，确实起到了很大的作用。

遗憾的是，朝廷的政治斗争太频繁，几位财政大臣都已卷入政治旋涡之中。而他们为了上位，又在内部展开无休止的明争暗斗。于是帮李隆基理财的人变成了政治斗争的最终胜利者，即宰相李林甫，后来继承李林甫衣钵的则是杨国忠。

李、杨二人不仅要满足大唐日益激增的军事开支，还要满足统治阶层无度的挥霍需求，敛财的方式越来越激进，大唐出现奸相也就成了注定的事。

李隆基的政治逻辑

天宝元年（742），十大节度使名单正式出炉，李隆基专门给安禄山留了个平卢节度使的位置。

平卢原本是范阳节度使下辖的军镇，但李隆基将平卢独立出来交给了安禄山，说明李隆基对安禄山是绝对信任的。此时，安禄山管辖平卢、卢龙二军并榆关守捉、安东都护府，麾下军队三万七千五百人，战马五千五百匹。

一个偷羊贼只花了十年时间就成为大唐顶级军阀，这是何等恐怖的升迁速度。那么问题来了，功成名就的安禄山心里想的是什么呢？

升迁！继续升迁！安禄山的目标非常明确，他要做范阳节度使。

平卢军镇的军队只有三万多人，而范阳军镇有九万一千四百军队，完全是不同的量级。至于地盘，平卢军镇蜗居东北，没有战略延伸空间，而范阳军镇节制幽、蓟、妫、檀、易、定、恒、莫、沧九大州，直插河北腹地，位置十分关键。

就在安禄山谋划升官的时候，李隆基给他下旨了，命他前往长安面圣。考虑到安禄山是藩镇节度使，不方便经常到长安，李隆基又任命他为御史中丞。有了朝廷官员的身份，安禄山到长安汇报工作就不算违例。

天宝二年（743）正月，安禄山到达长安。君臣相见，气氛非常融洽，李隆基喜不自禁地再给安禄山一个特权：可以随时入宫，不需要通禀。

唐朝宫廷规矩森严，臣子入宫需要带着门籍（悬挂在宫门前的记名牌，上书官员姓名、年龄、身份，其上列名者方可出），要经过监门校尉的层层审核。想到后宫，更是需要提前向内侍省打报告，经皇帝或嫔妃同意后方能成行。李隆基允许安禄山随时入宫，这是莫大的恩宠，说明李隆基已经视他为自己人了。

对一般人而言，特权是一种荣耀，就像皇帝赐的食物，有些大臣宁远放在家里发霉也不去享用。安禄山的原则是把特权转化为实际利益，典型的实用主义者。

安禄山："陛下，臣这里有件趣事儿。"

李隆基："什么趣事儿？说说看。"

"去年营州发生了一场蝗灾，大片禾苗被蝗虫吃掉，臣忧心忡忡，于是焚香祷告。臣对天发誓，如果自己心术不正，对陛下不忠，愿蝗虫吞噬臣的心；如果神灵认为臣对陛下忠心，请让蝗虫立即散去。巧的是，臣刚说完此话，北面就飞来一群鸟，将地里的蝗虫啃食而尽。"

李隆基听得拍手大笑，不置可否。安禄山继续一本正经地道："臣认为此事玄妙，希望陛下能让史官记录下来。"

这是一个把世人的智商按在地上摩擦的故事，而这种离谱的故事，封建社会的每个朝代都层出不穷，可统治者为什么都喜欢呢？

其一，故事真假不重要，聊天氛围愉悦，大家心情美好就够了。尤其是无伤大雅的故事，大家对它的容忍度普遍很高。

其二，领导有德行，有成绩，自己是不方便说的，这时候就需要下属帮他包装宣传了。拿出小本本，把皇帝的每一件功绩都记下来念一遍，那是最低级的操作。用离奇的故事渲染氛围，让大家浮想联翩，那才是高端操作。

其三，这个故事只要是理智的人都不会信，李隆基也不例外。可通过这件事，李隆基看到了安禄山的忠诚。安禄山奸诈狡猾，阿谀奉承，这是我们的认知。可换位思考，站在李隆基的角度，安禄山愿意放低姿态，主动讨好，这就是忠诚。

为了奖励安禄山，李隆基把骠骑大将军的头衔也赏给了他。

李隆基连续提拔安禄山，喜欢他的性格是一方面。可擅长拍马屁的官员多如牛毛，安禄山并不突出，凭什么他能做一人之下万人之上的权臣？

深究起来，安禄山飞黄腾达的密码，其实还是朝中的权力博弈。

给安禄山送助攻的大臣有两个，一是张九龄，一是李林甫。如果没有他俩，李隆基对安禄山的态度会是怎样，可能就要打个大大的问号了。

早在开元二十一年（733），张守珪大败契丹，派安禄山前往长安送捷报。当时张九龄担任中书侍郎，负责军情信息的处理，因此和安禄山有过一面之缘。也不知道安禄山干了什么事儿，总之张九龄对他非常不满。

史书上对此事的记载很有趣，说到达长安后的安禄山"气骄蹇（jiǎn）"，意思是安禄山傲慢自大。可此时的安禄山还是一名低级军官，为了前途一直刻意讨好张守珪，奉行把孙子装到底的策略。这样一个低调圆滑的人，为什么来到高官遍地的长安反而傲慢起来？这是很违反常理的事。

张九龄给安禄山的评价是："乱幽州者，此胡雏也。"

什么叫"雏"？幼小的鸟。胡雏，一向是对少数民族的蔑称。安禄山是胡人，张九龄是官宦世家，两人既有文臣和武将的隔阂，又有家世的鸿沟。看得出来，张九龄确实很不痛快，以至于对安禄山用了蔑视性、侮辱性的词汇。

《三国演义》记载："司马懿鹰视狼顾，不可付以兵权，久必为国家大祸。"司马懿目光锐利，凶相毕露，旁人因此觉得他是个狠角色，担心他成为祸患，这是符合逻辑的，可张九龄认为安禄山会祸乱幽州的依据何在？他说不出个一二三来。

开元二十四年（736），张守珪派安禄山讨伐契丹和奚，安禄山仗着自己是常胜将军，轻敌冒进，最终吃了败仗。张守珪盛怒之下，判处安禄山死罪。

张守珪是务实主义者，是想用安禄山的人头，甩掉自己的罪责。而安禄山故技重施，一通讨好，最终唤起张守珪的惜才之心。他思虑再三，决定将安禄山送到长安，交给李隆基处置。

奏折送到张九龄这里，他批示道："春秋时，齐国的大将田穰苴（ráng jū）杀了骄横的监军庄贾，吴国的孙武杀了不听命令的宫女。如果张守珪已经下了军令，安禄山不应该免死。"

很显然，这道批文是写给李隆基看的，然而李隆基最终还是决定只免去安禄山的官职，让他继续以军职服役。

张九龄不依不饶："陛下，安禄山违令败军，按照法律不可不杀。再说臣观其面貌，似有反相，不杀必为后患。"

李隆基胸中憋了一口气，反驳道："张爱卿，你不要像晋朝的王夷甫看石勒那样看安禄山，会枉害了忠良之士。"

王夷甫就是王衍，夷甫是他的字。这个人是西晋末年的宰相，出身琅琊王氏，擅长玄学清谈，是士大夫的领袖。只看出身背景，张九龄和王衍极为相似。而且王衍有句名言："向者胡雏，吾观其声视有奇志，恐将为天下之患。"他口中的胡雏，指的是石勒。

西晋末年政治昏暗，国家没有前途，王衍干脆撂挑子不干，回了老家。后来国家到了最危险的时候，满朝文武推举王衍，希望他领兵平叛，也被他无情拒绝。等西晋被石勒的军队打败，石勒让西晋大臣前来相见，和他们讨论西晋兴衰的原因，王衍竟然说西晋败亡并不是因为他这个宰相，还劝石勒登基称帝，改朝换代。

李隆基拿王衍和张九龄作比，明显是对张九龄有强烈的不满。

李隆基喜欢张九龄，因为他才华横溢、风度翩翩、品德高尚，但在治国理政方面，李隆基似乎对他没有抱太大期望。说得不好听一点，张九龄的定位就是个御用文人。

什么样的御用文人最受欢迎？皇帝需要你的时候出现，不需要你的时候就躲得远远的。然而对张九龄来说，他做不到这样。他有自己的政治理想，虽然治国不如姚崇、宋璟，也不长于军事，可是擅长向皇帝进言。但是，开元中期的李隆基已经膨胀起来，他不需要别人教他做事，更别说是教他做皇帝。张九龄的谏言对这时候的他来说就是一种侮辱。

此外，张九龄不懂变通，很认死理，凡是他觉得不对的地方就要据理力争，丝毫不管旁人的面子和情绪。

安禄山是个败军之将，而且还没有经营在朝廷的关系网，与李隆基的关系寡淡如水，杀不杀他其实无足轻重，只在李隆基一念之间。然而张九龄的强势介入，让这件事情的性质发生了改变。

张九龄觉得安禄山是祸国枭雄，非杀不可，李隆基逆反心上来了，决定留着安禄山，以证明张九龄是在胡说八道。当初张九龄反对张守珪做宰相，李隆基妥协了，如今遇到安禄山这档子事，李隆基要扳回一城。君臣较量间，安禄山的重要性不知不觉便提升了，一个无名之卒成了君权和相权博弈的棋子。

安禄山有做棋子的觉悟吗？换言之，安禄山有没有看破长安城的权力格局和政治风向，有没有自己的站队倾向？

事实上，在权力的游戏中，安禄山看得很长远。

安禄山入朝时，张九龄是李隆基跟前的红人，更没有倒台的征兆，安禄山最好的策略是保持恭敬态度，轻易不得罪张九龄。可安禄山看清了李隆基和张九龄的矛盾，预料他们会决裂，所以不仅站队，还堂而皇之得罪张九龄，成功地做了李隆基的棋子。从此，安禄山在仕途上高歌猛进。

安禄山确实有超群的政治智慧，能看清局势，而且有抉择的魄力。后来太子李亨的势力强势崛起，为了遏制李亨，李隆基再次玩起了权力平衡，而安禄山的选择如出一辙：漠视李亨，得罪李亨，无底线站在李隆基一边。

毕竟，不把敌人得罪光，又怎能得到队友的完全支持？

军方大佬的博弈

李隆基和张九龄打擂台，这件事情影响太大了。

张九龄下了一个赌咒，预言安禄山会祸乱幽州，至于怎么祸乱，张九龄没有明说。但是李隆基结合张九龄的意思，已经有了自己的理解：在张九龄的眼里，安禄山就是石勒。石勒是谁？十六国时期后赵的开国皇帝。

张九龄是知识分子，李隆基骨子里也有文人脾性（这也是两人互相吸引的原因），他们争强好胜，一个比一个爱面子，都不愿低头。在李隆基和张九龄的博弈中，安禄山成了判断他们谁胜谁负的棋子，而且是不可或缺的那种。后来哪怕张九龄已经去世，这场赌局也仍是李隆基的一块心病。

安史之乱前，满朝文武都说安禄山位高权重，肯定会谋反，而且谋反迹象已经很明显，希望引起李隆基重视，可李隆基就是固执己见，不愿相信。

用"昏聩愚昧"一词形容李隆基，肯定不客观。归根结底，他保持这种态度是因为对至高无上的皇帝而言，认输这种事情太难了。

李隆基笃信安禄山不会造反，这份笃信已经脱离了政治家的素质，让他丢掉了理性，只因为这份笃信能维持他的面子。承认安禄山会谋反，打的是李隆基的脸，所以只要安禄山没有正式造反，李隆基就不愿相信。

这才是李隆基的心路历程。

安禄山在朝中安插了不少眼线，还在长安搞了个进奏院，让部将刘骆谷长年驻扎长安，刺探朝廷的消息，并找机会取悦李隆基。

安禄山在讨好李隆基一事上大花心思。

第一着儿，送奇珍异宝，以表忠心。为了讨好李隆基、杨贵妃和李林甫，安禄山每年都会花费重金求购奇禽异兽和珍宝古玩送给他们。

第二着儿，李隆基在意边境的军事成绩，安禄山就给他送捷报。比如，安禄山会在边境寻衅滋事，惹得契丹、奚怒火滔天，处死了唐朝的和亲公主，找大唐开战，这样安禄山就有机会派军队收拾他们，拿人头邀功请赏了。

第三着儿，献神异、祥瑞粉饰太平，满足李隆基的精神需求。

有一次，安禄山上了一道奏折："臣率领大军行进到北平郡，梦到前朝名将李靖和李勣找臣索要食物，臣给二位将军修了座庙宇。祭奠之日，臣立下重誓，要替陛下灭掉契丹和奚。就在此时，庙宇的梁上竟然生出灵芝神草，形状就像珊瑚一样。臣想这一定是神灵感受到了臣的诚意，希望陛下让史官记录此事，永作流传。"

封建统治者都喜欢听臣子讲这样的鬼话，因为神异之事无伤大雅，却能增添统治者的威信和神秘。

第四着儿，想方设法围着李隆基打转。

有人围着领导打转，是为了拍拍马屁、搞搞服务工作，在领导面前露露脸，而安禄山这样做，是为了让李隆基更了解他，让李隆基觉得他是人畜无害的"安乖乖"。只要李隆基的认知固化，他就安全了。

为了达到这个效果，安禄山使出了吃奶的力气。

安禄山很肥胖，体重高达三百三十斤。有一次安禄山来到长安，李隆基指着他的肚子问道："爱卿，你这肚子里面究竟装的什么东西，竟然如此大？"安禄山笑了笑，答："陛下，并无其他东西，唯有对陛下的一颗忠心。"

天宝五载（746），李隆基六十一岁，在唐朝帝王中算高龄了，因此会情不自禁地想到身后之事。一次内廷宴会上，安禄山趁着酒兴说："臣乃蕃戎贱臣，得陛下荣宠过甚，没有什么才华回报陛下，但是愿意拿性命侍奉陛下。"李隆基心中百感交集，于是命安禄山去见太子李亨。

在此之前，安禄山经常参加内廷宴会，和李亨打过照面，但这一次李隆基是让安禄山正式拜见李亨，政治味道很浓。

一位是未来会登基的太子，一个是镇守边境的节度使，李隆基这样安排，其实是有意撮合两人，让他们建立良好的关系。同时，这也是李隆基的一道政治立场测试题，试探安禄山在未来的皇帝面前，是否也是一副奴才嘴脸。

安禄山是聪明人，立马就懂了李隆基的意思。

如果在见李亨时卑躬屈膝，刻意讨好，李隆基一定会失望，安禄山的前途如何可就渺茫了。而从另一个角度看，安禄山是李林甫的人，他惧怕李林甫超过李亨，因此最后决定不走寻常路。

面对李亨，安禄山只是简单上前打了个招呼，然后就没了下文。

这样的举动，让文武大臣惊掉了下巴。李亨是国家储君，按照礼仪，安禄山应该行拜礼，而不是打个招呼，如此敷衍了事，不是蔑视李亨吗？

御史台的大臣炸了锅，他们纷纷指责安禄山，并要求他遵照礼仪，重新给李亨行拜礼。可安禄山满脸不屑："臣是胡人，不懂礼仪，谁能告诉我太子是什么官？"

一个太子，登基前最需要两样东西，一是权力，二是威严。李林甫前脚剪除了李亨的势力，安禄山后脚就踩到了李亨脸上，这是不想让李亨做皇帝的意思啊！可想而知，李亨对安禄山的恨意会有多大。所以这场闹剧过后，安禄山要想长久就只能造反了，否则他必定是李亨登基后杀人立威的道具。

从某种意义上说，李隆基才是安史之乱的罪魁祸首，他玩了一辈子权力制衡，却在这件事上犯了大错。可笑的是，当时的李隆基还在沾沾自喜，只听他打趣道："太子就是未来的皇帝，朕百年之后，太子将代替朕来统治你们。"一句废话，打算将此事揭过去。

李亨的情绪怎样，安禄山管不着，就算他得罪天下人，只要哄得李隆基喜欢也就够了。当年他踩着张九龄取悦李隆基，不就是这个套路吗？所以安禄山在听了李隆基的话后，立马假装惶恐地说道："臣孤陋寡闻，以前只知陛下，从未听说还有太子。"言罢，安禄山便给李亨行了大礼。

戏份做足，李隆基非常满意。这件事情过后，他对安禄山的信任又增加了几分。

又一次，李隆基在勤政务本楼摆下宴席。席上安禄山频繁敬酒，大献殷勤，几杯御酒下肚甚至使出了撒手锏：胡旋舞。

胡旋舞是西域舞种，以打击乐作为背景音乐，舞姿以旋转和蹬踏为主，舞蹈节拍鲜明，气氛欢快。表演者一般都是年轻漂亮、身材婀娜的美少女，所以安禄山提出表演胡旋舞的时候，李隆基有点震惊，也有点期盼。

出人意料的是，安禄山虽然肥胖，跳起舞来却异常敏捷，舞姿轻盈自如。临近结束，安禄山还给李隆基献了胡人礼，把气氛炒得热烈。

在这样一次次的刻意讨好下，李隆基对安禄山的态度越来越亲近。按照规矩，大臣不能随便和皇帝嫔妃见面，李隆基却特许安禄山随意出入后宫，还让他拜杨贵妃为义母。

一次，李隆基和杨贵妃并排而坐，安禄山先拜杨贵妃，再拜李隆基。李隆基好奇问道："爱卿，你为何要先拜贵妃？"安禄山答："陛下，胡人规矩是先拜见母亲，再拜父亲，请陛下不要见怪。"一句话又哄得李隆基哈哈大笑。

在朝廷，官员们要么循规蹈矩，要么虚伪无耻，安禄山却是一股与众不同的"清流"，让李隆基看到了诙谐、耿直，觉得他没有心机、人畜无害。

李隆基不知道，这都是安禄山的精心设计。只有等安禄山造反的时候，世人才明白安禄山的本质。但眼下，李隆基的眼睛里全是安禄山的好。

天宝七载（748）六月，李隆基赐安禄山铁券（免死金牌）。天宝九载（750）五月，李隆基晋升安禄山为东平王，这是李唐皇室第一次将王爵赏给将领。

除了升职加薪，李隆基对安禄山的生活也关怀备至。

安禄山在长安买了一套旧宅，李隆基觉得寒碜，因此在亲仁坊重新挑了块地，替安禄山新建了府邸。李隆基甚至告诫监工宦官，胡人都是豪爽之人，不要吝啬钱财，让他们笑话。

新府邸富丽堂皇，璀璨耀眼，连厨房和马厩里的物品都用金银装饰。乔迁新居那天，安禄山在府中大摆筵席，并请求李隆基敕命宰相和其他大臣赴宴庆贺。当时李隆基正带着朝臣搞聚会，接到安禄山递上的奏折，便立即取消了活动，让文武百官转道去安禄山的府邸庆贺。

安禄山的飞黄腾达，李林甫坐观其成，坐享其利。

对李林甫来说，安禄山不是敌人，至少暂时不是。

其一，安禄山既然和太子府闹翻了，那就可以是政治盟友。

其二，安禄山一直对李林甫恭敬、畏惧、顺从，让李林甫生不出多少戒心。

其三，安禄山是胡人。这是最重要的一点。

李林甫的核心诉求是坐稳首席宰相的位置。经过几轮政治运动，朝廷内部已经没有他的对手了，能威胁到他的就是藩镇节度使。说白了，霸占河西、河东、陇右、朔方四大军镇，已经封无可封的王忠嗣，是宰相位置最有力的竞争者。

李隆基时期的官场很特殊，文臣可以兼任武职，武臣也可以兼任文职。就像李林甫，就曾经兼任过河西节度使。

当初李隆基清洗了大批太子府的官员，唯独留下王忠嗣，说明还是想保王忠嗣的。如果李隆基一直是这么个态度，那么王忠嗣入朝为相是大概率的事。这是李林甫心中最深的恐惧，因此他的短期目标是消灭王忠嗣，而长期目标是建立一种自我保护机制：让文化程度不高的胡人将领逐渐霸占藩镇节度使的位置，让汉人将领靠边站。

为了让李隆基接受自己的建议，李林甫编造了完美的借口：

第一，文人性格懦弱，不敢战，容易耽误陛下的大事。胡人天生野蛮，勇敢好战，对少数民族知根知底，可以重用。

第二，胡人出身低贱，不存在党派，不存在抱团。

第三，以陛下的英明，只要施舍点恩惠，就能搞定他们，更容易控制。

李隆基按李林甫的建议去做了。他是被李林甫洗脑了吗？实际上不是。胡人将领做藩镇节度使的好处，安禄山已经做出了最好的表率，李隆基亲身体会过，不需要李林甫给他洗脑。

可以肯定，李林甫的进言成了李隆基重用胡人将领的理论基础，也是接下来胡人将领集团崛起的根源，大唐的国运就此改变。

既然胡人将领可以替代汉族将领，王忠嗣的筹码就越来越少了。而王忠嗣坐拥四大军镇，麾下二十七万大军，这可是让安禄山垂涎三尺的军事资源，所以打倒王忠嗣，成了李林甫和安禄山的利益共同点。

天宝六载（747），安禄山奏请朝廷，希望在范阳北建一座雄武城，用来存储兵器和粮食，作为抵御少数民族侵扰的军事基地。与此同时，安禄山给王忠嗣送了一封信，表示两人的防区很近，希望王忠嗣亲自前来商议对策。

王忠嗣去了，不过留了个心眼，去的时候没有提前和安禄山打招呼，偷偷摸摸调研了一番，便星夜兼程逃回老巢。紧接着，王忠嗣给李隆基递了一道密折，将此事原委和盘托出，同时给出了自己的看法：安禄山居心叵测，日后必反。

多年前，张九龄说安禄山要反，可这些年过去，安禄山不仅没反，还越来越乖顺。这种情况下，李隆基该继续坚信自己的判断，还是相信王忠嗣的"空言恫吓"？

说安禄山谋反，王忠嗣缺的是实际证据，这很要命。既然找不出谋反证据，李隆基就要怀疑王忠嗣的动机了：一个身兼四大军镇的节度使，状告身兼两大军镇的安禄山，是何居心？是不是想大鱼吃小虾？

在心理博弈上，王忠嗣已经输了。

李隆基没有理会王忠嗣，这种态度让王忠嗣很煎熬，直觉告诉他，自己失宠了。思虑再三，他再次上奏，表示想辞去河东、朔方节度使之职。

为什么只保留河西和陇右？因为河东和朔方军镇挨着安禄山的防区，之前安禄山让王忠嗣去商议军情，就是想吞并他的地盘，所以最好的选择就是主动吐出嘴里的肥肉，免得恶狗上赶着来咬。反观河西和陇右，这是王忠嗣的大本营，总兵力有十四万八千人，超过河东和朔方军镇。所谓"留得青山在，不怕没柴烧"，这笔买卖不算亏。

李隆基接到辞呈，顺势收回了兵权，同时给王忠嗣下了一个命令：出兵收回石堡城。

石堡城位于今天青海省西宁市湟源县境内，在唐朝是军事重镇，后来被吐蕃占领。吐蕃以石堡城为战略跳板，屡屡出兵侵袭河西、陇右的州县，并将河西道和陇右道的交通切断，严重影响了唐军的战略协防优势。

阻击吐蕃、收复失地原本就是王忠嗣的本职工作，然而王忠嗣刚被撤掉两个节度使的头衔，心里的怨气还没消散，所以面对李隆基的调遣无动于衷，还以石堡城易守难攻为由，提出了秣马厉兵、等待战机的建议。

这件事与石堡城是不是易守难攻没关系。即便再难，石堡城也是在唐军手里沦陷的，吐蕃能攻坚，精锐的唐军为什么不能？所以在李隆基眼里，这就是王忠嗣在闹脾气，拿朝廷大事当儿戏。

王忠嗣是西北地区的最高军事长官，李隆基想要出兵，除了换掉王忠嗣，还真没有别的办法。就这样，这件事暂时被搁搁置下来。谁也没想到，这时候王忠嗣的小弟董延光越级给李隆基上了一道奏折："陛下，臣主动请缨，替陛下重新夺回石堡城。"

李隆基看着董延光的请战奏折，热血澎湃，感叹朝廷还有忠良，并再次给王忠嗣下旨："分兵给董延光，全力支持他攻打石堡城。"

强人所难的事，向来是最难成功的。由于王忠嗣不配合，董延光无功而返，这笔账李隆基记到了王忠嗣头上。

就在李隆基盛怒之时，一匹快马奔出长安，直往济阳而去。使者是李林甫的亲信，他受李林甫指派，前往山东面见济阳别驾魏林。数日之后，魏林上了一道奏折，状告王忠嗣，说他曾说自己自幼生活在宫中，与太子李亨交好，早就想拥兵遵奉太子为帝了。

这件事，李林甫策划得很缜密。

魏林是前宰相魏知古的儿子，没有违法违纪的前科，说出的话有公信力。另外，魏林担任过朔州刺史，是王忠嗣的下属，可信度又增加了几分。

李林甫处置李亨党羽时就对李隆基说过，太子府的大臣心怀怨愤，随时可能做出对皇帝不利的事。很显然，魏林的奏折加强了这个心理暗示。

李隆基可以允许王忠嗣忠于李亨，但绝不会纵容他有拥立李亨的想法，于是他将王忠嗣召回长安，启动了三司会审的程序。

进了大牢，王忠嗣的结局就不是李隆基能控制的了。

李林甫把控着中书省、门下省，御史台形同虚设，所以调查团走了一遍流程，很快就宣布了结论：证据属实，王忠嗣罪该处死。

如果王忠嗣想拥立李亨，李亨要么是知情者，要么是获利者，王忠嗣被判罪，李亨能撇得清责任吗？因此这件事从一开始就是针对太子李亨的阴谋。

别看李隆基已经是六十几岁的糟老头子，政治敏感度依旧非常高，所以这个结果刚刚出来，李隆基就表态，坚信李亨不会参与这个阴谋。为了把李亨的嫌疑摘干净，李隆基还给此事定了基调，就是王忠嗣刻意阻挠军功。

这一次确实是李林甫端掉太子府的最好时机。论策划阴谋的专业水准，李林甫可以封神了，可他还是败给了政治格局。

在李隆基的棋盘中，李林甫和李亨是互相牵制的局面。而作为执棋者，李隆基视李亨为二号位棋子，视李林甫为三号位。也就是说，不到关键时刻，李隆基是不会让接班人李亨倒下的，因为短时间内他没法找到第二个可以制衡李林甫的皇子。因此，哪怕让李林甫倒下，重新培养宰相势力，李隆基也不会牺牲李亨，除非李亨把刀架在李隆基的脖子上，而这是李隆基最自信的一点。

这局棋，李林甫是没有任何胜算的，更何况新的政治势力已经崛起，那就是外戚杨国忠。

拾

夕阳西下

痞子杨国忠

天宝六载（747）十一月，王忠嗣调任汉阳太守，两年后暴毙。

王忠嗣倒台后，李林甫的儿子李岫（xiù）曾经问父亲："你的仇人遍布天下，就不怕有一天灾祸会降临到自己头上吗？"李林甫颇感心酸，只回答了一句："势已如此，将若之何？"

李林甫位极人臣，受万人敬仰，却始终玩不过李隆基这个老板。李隆基的诉求是借李林甫搞政治平衡，是流血的还是和平的，李隆基不在意，他只看结果。换句话说，一切后果只能由李林甫自己承担。

身处在尔虞我诈的政治生态中，李林甫只能顺势而为，不可逆天而行，这就是他口中的"势"。面对李隆基培养的新势力，他不能拒绝。

李隆基想培养的新宰相，是贵妃杨玉环的堂哥杨国忠。

杨国忠原名杨钊，蒲州永乐（今山西省运城市芮城县一带）人。他能飞黄腾达，完全是靠杨贵妃的裙带关系，可杨贵妃原本没打算提拔杨国忠。

杨贵妃得宠后，第一批因她受封的人有她的亲姐妹韩国夫人、虢国夫人、秦国夫人，还有她三叔的两个儿子杨铦（xiān）、杨锜（qí），唯独没有杨国忠这个堂哥。

杨贵妃不提拔杨国忠，主要有两个原因：

其一，杨贵妃对政治没太大兴趣，从来没有把杨氏家族经营成政治世家的打算。她让杨铦、杨锜担任闲职，而且此二人长期没有被重用，就是明证。

其二，杨国忠是个痞子，整个杨氏家族都嫌弃他。

青年时期的杨国忠嗜酒好赌，将家底挥霍干净后开始找亲戚朋友借钱，而且有借无还，直到整个家族再也没人愿意借钱给他，他才决定出门闯荡，那时候他大概三十岁。

杨国忠被逼到绝境，凭身上那股豁出去不怕死的劲儿，还是搞出了一番事业。在蜀中，杨国忠投身到地方的屯田事业中，由于业绩突出，晋升为新都县尉。

在那个年代，县令才是基层一把手，可想上位就需要后台。杨国忠没有后台，县尉就是他仕途的天花板了。任期满后，杨国忠只能赋闲在家。直到李隆基将杨玉环度为道士的消息传到蜀中，杨国忠才意识到，上天给他打开了一道通往富贵的大门。

杨国忠开始在蜀中散播消息，宣扬自己是杨太真（太真是杨玉环的道号）的亲戚。这个身份引起了蜀地富豪鲜于仲通的注意，此人是剑南节度使章仇兼琼的心腹，他的工作就是用钱财帮章仇兼琼疏通长安的关系。

天宝四载（745），李隆基册封杨玉环为贵妃，鲜于仲通顺势将杨国忠推荐给章仇兼琼。二人初次见面，杨国忠的相貌和谈吐让章仇兼琼印象极深。为了让杨国忠上自己的贼船，章仇兼琼封他做了节度推官，允许他随时入府。随后，章仇兼琼让杨国忠带着金银珠宝前往长安，打算依附红极一时的杨贵妃。

据《新唐书》记载，杨贵妃的父亲去世后，杨国忠曾经照顾过杨贵妃一家，还和她的姐姐私通。由于杨贵妃不喜欢杨国忠，杨国忠在长安走的是情人虢国夫人的门路。最终，在杨氏姐妹的力荐下，李隆基给杨国忠封了个金吾卫兵曹参军的官——一个养尊处优的边缘化养老岗位。

对有本事的人来说，仕途起点不重要，重要的接触权力核心人物的机会。

靠着外戚的身份，杨国忠得以经常出入宫廷。久而久之，他的两个本事引起了李隆基的注意：一是炉火纯青的拍马屁功夫；二是炉火纯青的樗（chū）蒲（古代一种类似今飞行棋的棋类游戏）技巧。

能哄人高兴，就是杨国忠最大的政治资本。

在杨氏姐妹面前，杨国忠鞍前马后，尽心侍奉，努力融入杨家的圈子；在李隆基面前，杨国忠更是小心揣摩，投其所好。李隆基看到杨国忠忠诚靠谱，又会来事，因此屡加提拔。

杨国忠崛起的时候，正值李林甫拿太子府开刀。由于杨国忠经常出入宫廷，又深得李隆基信任，李林甫便将他收到羽翼之下。构陷太子党的时候，杨国忠的角色就是冲锋陷阵的刽子手。

李林甫和杨国忠，究竟是谁利用了谁？我们只能说，在政治斗争面前，他们相互利用，心照不宣。

天宝七载（748），李林甫六十五岁，辅政十三年，这已经打破了李隆基登基以来的宰相任职记录。

李林甫在朝中树大根深，所以不管李隆基怎么信任他，都要忌惮他的存在。李隆基忌惮李林甫，有更换首席宰相的想法，却又不让他立马滚蛋，是因为这时候的备胎杨国忠还是政治暴发户的嘴脸，杨国忠除了溜须拍马，政绩方面乏善可陈，还需要时间成长。

权力交接的空档期，李林甫继续执政，而杨国忠避开和李林甫的权力冲突，一心一意为李隆基捞钱。

宇文融是第一代捞金专家，之后李林甫培养了杨慎矜、王𫓧两位捞金专家，是第二代。算起来，杨国忠已经是第三代了。

随着时间流逝，到杨国忠身兼数十个职务的时候，他才真正成为李林甫的竞争者。

李林甫太聪明，知道杨国忠是李隆基安排的宰相接班人，是自己干不掉的那种，因此在权力交接的窗口期选择以静制动，给自己争取时间。不过，李林甫的以静制动可不符合杨国忠的利益，为了加速李林甫的倒台，杨国忠费心地找到了突破口，也就是李林甫势力里的核心骨干——杨慎矜、王𫓧、吉温。

杨慎矜是王𫓧的表叔，二人年龄相仿，区别在于，杨慎矜是隋炀帝杨广的后代，凭身份很早就步入仕途，而王𫓧起步比较晚，后来到御史台做官，还是受杨慎矜的举荐。

杨慎矜情商很低，经常在公共场合直呼王𫓧的名讳，还说王𫓧的母亲出身低贱，都是靠他这位表叔提拔才有今日。两人同为御史中丞的时候，杨慎矜还是这个德行，这就让王𫓧很恼火了。当时，杨慎矜深得皇帝恩宠，已经引起了李林甫的猜忌，所以李林甫决定利用王𫓧打压他的气焰。最终，通过一系列的政治操作，李林甫给杨慎矜扣了个暗结术士、预测未来的罪名，将他处死。

就在此时，吉温也倒戈了。

随着太子府的倒台，酷吏吉温的利用价值被清零，加上李隆基的紧箍咒，李林甫不可能再给吉温晋升。为了前途，吉温投靠了杨国忠，交换条件就是收集证据，帮杨国忠打倒李林甫的两个亲信——京兆尹萧炅和御史大夫宋浑。

吉温给萧、宋二人网罗的官方罪名是贪污。其实对于朝廷官员而言，贪污绝不是治大罪的理由，然而李隆基已经决定清洗李林甫的势力，所以顺势将萧炅和宋浑治了罪。

第三个倒台的是李林甫的财神爷王铁，而造成这个结果，只能说是因为王家太嚣张了。

王铁的儿子王准公然凌辱驸马都尉王繇，而王繇的母亲是中宗李显的女儿安定公主，老婆是李隆基的女儿永穆公主。欺辱公主的家人相当于侮辱皇权，这本来就是大罪，更别提王铁的弟弟王焊还不知死活，向术士询问自己是否有王者之气。

天宝十一载（752），王焊和好朋友邢縡（zài）控制了龙武军万骑营的兵马，意图诛杀李林甫和杨国忠，事败被擒。杨国忠暗示，这件事不是小人物敢做的，将矛头直指王铁。

干掉王铁，意味着李林甫的势力被彻底清除，朝廷会发生巨变。李隆基觉得还不是最佳时候，因此决定帮王铁洗脱罪名。

李隆基暗示王铁，让他上道奏折，为家人请罪，可愚蠢的王铁心怀幻想，还想辩白，因此拒绝递交请罪奏折，最终激怒了李隆基。于是李隆基下诏，让杨国忠兼任京兆尹，而在此之前，京兆尹正是王铁。

另外值得注意的是，这件案子的主审官是杨国忠，不是以前审理大案的李林甫，这是很明显的政治信号。在杨国忠的操作下，王氏家族的核心骨干全部被处死。

李林甫想要平安顺利地退休，不想折在和杨国忠的政治斗争里，因此除了给王铁说了几句好话，基本保持着沉默姿态。

李林甫的态度让李隆基满意，不过，不斗争不代表完全顺从。在李林甫看来，杨国忠做了首席宰相后，究竟是要弄死他，还是让他自然死亡，实在不能预知，所以为了给自己争取最大利益，他还是要尽可能延缓杨国忠上位的节奏。

这是目前李林甫唯一能做的工作了。

李林甫下野

天宝十一载（752）四月，李隆基决定向李林甫动手。

李隆基让朔方节度副使李献忠到幽州，做安禄山的下属。李献忠和安禄山有过节，他选择了叛逃。

李林甫兼任朔方节度使，听闻消息，以自己失职为由辞掉了节度使的职务。作为隐形交换条件，李林甫暗示李隆基，希望朔方节度使由河西节度使安思顺兼任，而安思顺是安禄山的人。

李林甫认为，安禄山是自己的同盟，力保安禄山，就能间接保护自己，也能遏制杨国忠对军队的控制。可历史证明，这只是李林甫的空想而已。

人事任命权是李隆基的禁脔，所以李林甫的这步棋看似是政治家的精明博弈，其实是一步愚蠢的自杀招数。而安禄山注重实际利益，他对李林甫的恭敬就如对李隆基的讨好一样，都是虚假的，只要李林甫一倒台，他就可以果断说再见。

天宝十一载（752）五月，杨国忠接管了王鉷的所有职务。

没过几天，杨国忠递交了两份证据，一份来自王鉷，他承认李林甫参与了王家的谋反，另一份则指控李献忠的叛逃是受了李林甫的指使。

如果王鉷留下了供词，为什么调查谋反案的时候杨国忠没拿出来？如今王鉷已死，供词横空出世，岂不是死无对证？所以说，这一切都是自由心证，全看上位者需要什么。

李隆基还在犹豫，这个时候，宰相陈希烈和陇右节度使哥舒翰出面，为杨国忠的证据提供了"信用式"的担保背书。

李林甫主政期间，宰相陈希烈就是个透明人，深为朝臣所不齿，这深深刺痛了陈希烈的自尊。哥舒翰则是王忠嗣的亲信，与安禄山是政敌，又一直遭到李林甫的打压。前仇放在现在清算，在朝廷势力洗牌的时候，他们两个都选择了杨国忠。

"证词确凿"，又有宰相和节度使的力证，李隆基决定完成权力的交接。

天宝十一载（752）十月，剑南道传来消息：吐蕃和南诏入侵。

在南诏国国王阁罗凤路过云南的时候，云南太守张虔陀奸污南诏使团的美女，还找他们索要钱财。张虔陀也知道这种行为很可恶，为了甩锅给阁罗凤，便诬陷他有谋反的意图，挑起了大唐和南诏的战争。

为了平叛，李隆基给剑南节度使鲜于仲通调拨了八万军队。

阁罗凤是亲唐派的国王，大战之前他给朝廷上表，表达了投降的意思，这也是止戈息武的最后机会。问题是，鲜于仲通必须战，原因有二：

第一，朝臣皆知，李隆基是个尚武的皇帝。两国关系本以和平为上，可李隆基毅然调派了八万军队，说明了什么？说明打南诏原本就是李隆基的意思。

第二，剑南军镇地处四川平原，与河西、陇右、范阳比起来，通过战争建功立业的机会本来就少，而鲜于仲通又是靠杨国忠的裙带关系上位的，需要军功证明自己。如果拿下南诏，鲜于仲通就可以咸鱼大翻身，因此他不仅拒绝了阁罗凤的求和，还扣押了南诏的使者，唯恐阁罗凤临阵变卦，不来与他交战。

为了平叛，朝廷只能从京城、河北、河南征调兵源。新的士兵基本是北方人，到潮湿多菌的南方打仗，必定会水土不服，注定了南诏之战中唐军会吃大亏。最终，这场战争让唐军损失了六万士兵，剑南军镇的军事基础几乎被瓦解。

剑南道兵败影响了李隆基的大局，鲜于仲通肯定是要受处罚的。不过杨国忠已经和鲜于仲通达成了利益交换条件。于是鲜于仲通上表，推荐杨国忠担任剑南节度使，而杨国忠努力周旋，将鲜于仲通调回长安，担任京兆尹。

这确实是一步好棋。杨国忠控制了朝政大权，又有陇右节度使哥舒翰的支持，如果再担任剑南节度使，执政地位会更加稳固。

自从杨国忠遥控剑南军镇，战败的消息就越来越少，偶尔还能让李隆基看到大捷的消息。这也意味着，剑南军镇的将军、官员将不再承受败军的责任。

于是，他们给朝廷上了奏折：希望杨国忠前往剑南，在一线坐镇。

不得不说，剑南的官员就是一群猪队友。杨国忠担任剑南节度使是为了掌控军权，确保自己的地位，而不是带兵打仗。让杨国忠去剑南，他怎么掌控长安？

所以杨国忠抗拒。

李林甫继续力荐。

杨国忠一番表演，李隆基也看不下去了，给出承诺：先去剑南，回来就让你做宰相。

在李林甫和杨国忠的博弈中，这本是李林甫的最后一着儿，然而李隆基的这句话彻底摧毁了李林甫仅存的期望。

让杨国忠做宰相是李隆基的选择，也是历史的趋势，不是李林甫能改变的。接下来，他只能默默等待。

每年十月，李隆基都会去华清宫住一段时间。李林甫力荐杨国忠的这年，李隆基照例前往华清宫。他虽然有意冷落李林甫，但还是让有司带上了他。

失去了权力的光环，李林甫倍感煎熬，身体一天不如一天。有人告诉他，只要和皇帝见上一面，病就会好起来。话虽不可信，可传到李隆基的耳朵里，却让他觉得辛酸。

罢免李林甫，不是因为李林甫做错了什么，而是政治斗争的需要，所以李隆基其实还是体谅和尊重李林甫的。但这时候去看望李林甫，会让朝臣产生不必要的误会，如果不看又于心不忍。思虑再三，李隆基还是心软了。

鉴于皇帝的举动产生的政治影响太大，朝臣集体阻拦，李隆基最终被迫改变了主意：摆驾降圣阁，让李林甫前来见驾。

骊山行宫，雄丽高寒。降圣阁的顶楼上，李隆基伫立在寒风之中，等待李林甫的到来。李林甫的住所离降圣阁不远，他在家人的搀扶下颤颤巍巍来到庭院，眼巴巴地瞧着降圣阁。只见李隆基拿着红色罗帕左右挥舞，像是在和他打招呼。李林甫如同见到生命的希望，强忍疼痛说出一句："快，代我给陛下行礼。"

君臣再次相见，已是诀别之时。

天宝十一载（752）十一月，李隆基将杨国忠召回骊山。杨国忠到达后，第一件事便是拜访李林甫。

二人见面并没有仇恨和尴尬的氛围，李林甫甚至拉着杨国忠的手说："我已经病入膏肓，时日无多。我死之后，你必定会做宰相，李府后事就拜托你了。"

曾经不可一世的权臣，现在为了保护一家老小的安危，只能在临死前向敌人卑微讨好，看起来确实心酸无奈。李林甫没有清楚定义让杨国忠做什么，究竟是提拔照顾，还是抄家灭门，就看杨国忠的心情了。杨国忠心里也知道这一点，不过善于表演的他还是惶恐地说："李相国抬举我了，实在不敢当。"

随后，李林甫在华清宫附近的昭应城病逝，享年七十岁。

逝者已矣。像李林甫这样复杂的政治人物，该怎么评价？

其实，不是李林甫的口蜜腹剑、溜须拍马玩儿坏了整个时代，在君权至上的年代，皇帝的需求才决定了大部分官场游戏规则和整个政治生态。就像张九龄的时代，李隆基不需要李林甫，所以他的晋升格外困难，而等李隆基需要了，李林甫就能一夜爆红。

这才是上位者不正，下位者必歪。

李林甫最大的恶，是引领了大唐的党争，败坏了行政基础，这种风气一直持续到唐朝亡国。但是，归根结底，还是李隆基过于信奉权力制衡，因此才默许了党争。

什么叫党争？就八个字：抱团干仗，你死我活。

在后来的大唐朝廷，要干活就要先选阵营，有骨气的官员不屑于搞这些，只能被边缘化。到了最后，一群张扬舞爪、心怀叵测的官员盘踞在朝廷里，肆意破坏朝廷的制度和生态，大唐王朝也就难免一日不如一日了。

起兵前夕

李林甫倒台后，杨国忠让安禄山想点办法，将李林甫彻底"封印"。安禄山为了示好，给李林甫扣了一顶谋反的帽子。

事情是办成了，可杨国忠的这番操作，也暴露了他不能容人、没有城府的性格。

如果说李林甫的容人指数为五十，那么杨国忠的容人指数大概只是十。这么低的数值让安禄山也觉得不安，不过杨国忠缺乏城府的一面又让安禄山十分轻视。

事实证明，安禄山虽然惧怕李林甫，可面对杨国忠，就只剩下嗤之以鼻了。

为了和安禄山抗衡，杨国忠找了个帮手，就是哥舒翰。

天宝十二载（753）七月，杨国忠奏请李隆基，让哥舒翰担任陇右、河西节度使，并加封西平王（安禄山是东平王）。杨国忠是李林甫的替代品，主要任务就是帮李隆基搞权力制衡，让哥舒翰上位符合李隆基的利益，所以他对这事儿也就同意了。

然而，杨国忠性情急躁，不善忍耐，面对敌人就想一棍子打死，这可要了命。

杨国忠打着如意算盘，屡次进言，声称安禄山即将谋反，想让李隆基猜忌安禄山，进而除掉他。为了让李隆基下决心，杨国忠还和李隆基打了个赌：立即派人召唤安禄山，如果他来长安，就代表没事，但凡迟疑或者不来，就是心怀鬼胎。李隆基很喜欢这个刺激的游戏，欣然应允。

此时安禄山兵不强马不壮，钱财和武器都没到位，造反的合伙人也没选好，所以在收到李隆基的召唤之后，立即快马加鞭地南下。

天宝十三载（754）正月，华清宫。

安禄山匍匐在李隆基跟前，痛哭流涕："陛下，臣本是低贱胡人，没有陛下的信任就没有臣的今天，如今却为杨国忠所不容，恐怕难以活命了。"

忠诚、弱小，这就是安禄山给李隆基的印象。

李隆基看到安禄山，就像父母看到襁褓中的婴儿，保护欲突然变强，强到任何外力都无法动摇。李隆基心软了，随后让翰林待诏写了一道诏书，打算封安禄山为同中书门下平章事，让他与杨国忠平起平坐。

杨国忠得知消息，强烈反对："安禄山虽有军功，但毕竟目不识丁，怎么有资格做大唐的宰相？如果您颁布了诏书，大唐恐怕会被周边的小国取笑！"

泱泱大唐，找个外族人做宰相，确实很丢人。最主要的是，在李隆基眼里，安禄山就是一只可爱的笨猪，让他上位，确实也过不了自己这关。最终，李隆基撤销了命令，作为补偿，加封安禄山尚书左仆射的头衔。

换作常人，肯定会对李隆基感激涕零，可安禄山只有一个感觉：自己改变不了胡人的出身，而胡人永远不能进入朝廷中枢，李隆基食言而肥就是最好的证明。而这也意味着，他安禄山永远是棋盘上的棋子，受人摆布。

既然李隆基食言了，此时安禄山最好的选择不是默默离开，而是趁李隆基有愧疚之意，索要更多的政治资源。于是安禄山上奏："陛下，臣想做闲厩使和群牧使。"

闲厩使管理御用马匹，拥有马匹的采购、饲养和调度权，并兼顾骆驼、巨象、鹰、狗等御用禽兽。群牧使主管全国的马政，尤其是陇右群牧使，掌管数十万匹马。

都这时候了，安禄山怎么还有给李隆基养马的闲情逸致？他眼里看重的可不是养马的活儿，而是战马和骑兵。

盘点一下安禄山的家底。他在河东军镇拥有兵力五万五千人，战马一万四千匹；在范阳军镇拥有兵力九万一千四百人，战马六千五百匹；在平卢军镇拥有兵力三万七千五百人，战马五千五百匹。合计，安禄山拥有总兵力十八万三千九百人，军用战马两万六千匹。

防御北边少数民族入侵，这些编制肯定是够用的。可逆向思维一下，如果安禄山想靠这些编制起兵造反，够吗？肯定不够。

真正打起来，靠的是骑兵的突袭能力和冲锋能力，可三大军镇里，骑兵力量最强的河东是安禄山最新收编的。过去几十年，大批的将领都担任过河东节度使，这里军队成分复杂，势力盘根错节，安禄山的影响力和控制力实在有限。如果起兵造反，安禄山绝不可能给河东通气，也不可能依靠当地军队，然而剩下的范阳和平卢，加起来只有一万两千匹战马，靠这点儿骑兵，安禄山能干什么？

范阳、平卢两大军镇虽有大批的兵源，如果不装备战马，他们就是战力低下的军队，作用有限。可一旦担任了闲厩使和群牧使，安禄山就能控制数十万匹战马。到时候只要稍微运作一下，他就可以让手下军队拥有足够的战马。历史证明，安禄山就是这样操作的。《新唐书·兵志》记载："安禄山以内外闲厩都使兼知楼烦监，阴选胜甲马归范阳，故其兵力倾天下而卒反。"

李隆基信任安禄山，自然不想管这些鸡毛蒜皮的小事。这时候他又觉得安禄山捞到了好处，于是加封杨国忠为司空，算是一种补偿和平衡。

随后，安禄山以范阳和平卢军镇的将士讨伐契丹、奚有功为由，希望朝廷不拘一格，论功行赏。

按照制度，朝廷提拔官员应该由吏部、兵部严格审查。然而李隆基觉得浪费时间，于是发了一批空白的官职委任书，安禄山借机一次性提拔了两千五百人。

没人记得皇帝李隆基的恩德，大家只知道，是安禄山提拔的他们。

大唐自开国以来，一次性提拔两千多位将领，这还是头一次。傻子也明白，安禄山是在收买人心。为什么收买？答案呼之欲出，安禄山要造反了！

长安的舆论来势汹汹，安禄山察觉到了危险。他战战兢兢地入宫，表达了想离开长安的想法。李隆基同意了——长期以来，同意似乎成了他的习惯。得到李隆基的首肯，安禄山昼夜兼程赶回老巢范阳。

安禄山越是着急心慌，别人越觉得他心里有鬼。不少朝臣都向李隆基举报安禄山有谋反意图，可李隆基听不进忠言就罢了，还将举报的朝臣绑起来，送到安禄山的手中。

从与张九龄较劲开始，李隆基就一直在安禄山的问题上固执己见，对安禄山的种种行为视若无睹。他不愿打自己的脸，何况现在安禄山确实还没有谋反。

为了证明自己，李隆基搞出各种各样的奇葩操作，哪怕这些操作会损害他自己的利益。

天宝十四载（755）二月，安禄山派下属何千年前往长安，带去了一道请求将三十二名汉将替换为番将的奏折，希望李隆基恩准。群臣以为李隆基会有察觉，结果却出乎所有人的意料：李隆基做出批示，让中书省尽快下敕书，签发委任状。

一时间朝野震惊，长安城舆论如潮。

兵部尚书韦见素面见杨国忠，表明了态度："安禄山阴谋造反，必须向皇帝说明情况。明日您和我一起进言，如果皇帝不答应，希望您能从旁斡旋。"

第二天，杨国忠和韦坚素一同觐见李隆基。二人苦口婆心，累得口吐白沫，李隆基依然无动于衷。杨国忠甚至提出加安禄山同中书门下平章事之职，只为召他入朝，李隆基虽然采纳了建议，却没有执行。

所有人都说安禄山想谋反，再自信的人也会有疑虑。为了打消自己的疑虑，李隆基让宦官辅琳前往范阳。辅琳和安禄山从未有过接触，李隆基坚信，如果安禄山真想造反，辅琳一定会如实禀告，反之，他也绝不会诬陷忠良。

大唐王朝的命运居然捏在一个籍籍无名的宦官手里，真是讽刺。

辅琳到达范阳之后，享受到了奢华的贵宾待遇。

一个在长安毫无尊严的宦官被封疆大吏待为贵宾，临走之时还可以得到一笔巨额财富，换作是其他人，又该如何抉择？反正辅琳在回朝之后就声称安禄山忠诚奉国，绝无二心。

李隆基将这番话转达给了杨国忠等人，言外之意是自己坚信安禄山不会谋反，也不会再派人去试探安禄山。

李隆基的这种态度，促成了杨国忠接下来的选择。

在杨国忠看来，安禄山会起兵造反是肯定的事。如果安禄山赢了，他杨国忠必死；如果双方僵持，安禄山要求清君侧，他杨国忠也可能做替罪羊；如果朝廷赢了，他才能继续执政。算起来，活命的概率只有三分之一。杨国忠等不及也赌不起，他必须争分夺秒地粉碎安禄山的阴谋。

在李隆基毫不知情的情况下，杨国忠发动京兆府搜查了安禄山在长安的私宅，抓捕了一批身份可疑的门客，随后在御史台的狱中将他们秘密处死，假意朝廷已经发觉了安禄山的阴谋，想要逼安禄山提前造反。

安禄山的长子安庆宗将府邸被查一事告诉给安禄山，等待父亲的最后抉择。安禄山远离长安，难以判断这究竟是杨国忠的行动还是李隆基的授意。如果是后者，意味着每多犹豫一秒就多一分危险，丧失先机可是致命的事。

天宝十四载（755）六月，李隆基给安禄山送信，希望他来长安参加荣义郡主和安庆宗的婚礼，这是早就订好的婚事。这是儿子的终身大事，安禄山却以生病唯由，委婉拒绝前行。一时间，长安城的上空被惊惧笼罩着，每个人都深感不安。

安史之乱，这场将大唐推进深渊的战争，已经开始进入倒计时。

拾壹

安史之乱

渔阳鼙鼓动地来

安禄山造反有四个理由。

李亨是他的死敌，杨国忠是他的死敌，导致他前途莫测，不反必死。这两个是表面原因。

第三个理由，是安禄山的投机心态在作祟。

安禄山有造反的实力，有掌握权力的欲望，也有小弟敲边鼓，很难不产生疯狂的想法。在范阳，安禄山的野心早就暴露出来了。他时常召集胡人，让他们参拜自己，过当皇帝的瘾。不仅如此，他还织造了一批官服，打算自立政权后作为赏赐官员的物资。人在离更高权力只有一步之遥的时候最容易膨胀，"临床症状"就是觉得坐在老板位置上的那位不行，而自己可以代替他。

第四个理由，是安禄山很强，而他觉得朝廷很弱。

恃强凌弱，弱肉强食，这是亘古不变的自然规律。从西晋到五代十国，至少在皇权世界，崇尚的是弱肉强食的文化，最明显的特征就是有实力者就可以做皇帝。

站在安禄山的视野，朝廷有三个弱点是很明显的：第一，朝廷的军队集中在地方军镇，意味着朝廷能直接调动的军队有限；第二，此时除了东北和西北，国家很少发生战事，真正能杀敌的军队屈指可数；第三，以杨国忠为首的执政班子腐败无能，李隆基更是常年泡在后宫，如果发生战事，平叛的效率会大打折扣。

安禄山造反的最大难题，其实是河东军镇。

河东军镇和范阳军镇接壤，连接通道就是今天的河北省张家口市。

河东军镇的大同军拥有九千五百军队、五千五百匹战马，驻地在今山西省大同市，距离张家口仅两百多公里；横野军拥有三千军队、一千八百匹战马，驻地在今张家口市蔚县，距范阳军镇只有不到三百公里。另外，云中守捉拥有七千七百军队、两千匹战马，他们的驻地离张家口也不远。

看骑兵数量的占比，天兵军有百分之十八，大同军有百分之五十八，横野军有百分之六十，所以说天兵军是强大的步兵军团，而大同军和横野军是机动能力超强的骑兵军团。

战乱时期，河东军镇的军队可是直接威慑着安禄山的铸币基地蔚州（治所在今河北省张家口市）和老巢范阳，犹如悬在安禄山头顶的达摩克利斯之剑。不仅如此，河北和山西隔着太行山脉，可是在太行山井陉口，有一条连接两地的战略通道，这也是对安禄山的威胁，只不过和大后方相比，井陉口的威胁稍微小一点罢了。

总之，安禄山想造反，就必须解决河东军镇的威胁。为此，安禄山曾经诱骗王忠嗣到张家口视察，就是想趁机吞并王忠嗣的军队，只不过王忠嗣比较谨慎，没有上他的当。

天宝五载（746），王忠嗣卸任河东节度使。天宝十载（751），安禄山接任。这五年间，李隆基牢牢控制着河东军镇，不让安禄山插手，就是出于谨慎考虑。然而，安禄山的政治作秀太厉害，以至于李隆基对他深信不疑，最终还是将河东交到他的手中。

随着安禄山担任了河东节度使，威胁随之解决，这时候挥兵南下，除了州县的团结兵，还有谁能牵制，谁能阻挡？安禄山如果不趁机造反，那才叫没眼光！

天宝十四载（755）十月，有个官员从长安回来，安禄山乘机伪造了一份敕书，召集将领们，给他们洗脑："皇帝有密信，说杨国忠擅权专政，希望我带兵入朝，以清君侧。事不宜迟，请诸位尽快准备，我们立即杀奔长安！"

将领们蒙了。从八月开始，安禄山就厉兵秣马，带着大部队集训，大家当时还以为是要和契丹开战呢，没想到是打长安。安禄山的谋反意图，只有几人知道，其他人基本被蒙在鼓里，不过军队中的核心将领都是安禄山一手提拔的，所以他们虽然有疑惑，但在这个节骨眼也没有质疑。

十一月初九，安史之乱正式爆发。

安禄山手下总共有十五万大军，包括从范阳、河东、平卢抽调的兵力，还有契丹、室韦、奚等赞助的友军，番号"父子军"。范阳节度副使贾循留守幽州，平卢节度副使吕知诲留守营州，将军高秀岩驻守大同。

十一月初十，安禄山祭拜了祖坟，在蓟城南门检阅誓师，再次强调此番南下是为讨伐奸臣杨国忠，军中只要有人敢动摇军心，就夷灭三族。

少数民族追随安禄山，因为可以发战争横财；军中将领追随安禄山，一部分是因为愚忠，一部分是想谋个前程。至于河北的百姓，那就是另外一番景象了。

唐朝建国日久，百姓习惯了太平盛世，忘记了战争的残酷。许多河北百姓还是第一次见这么多军队出动，听说安禄山想和朝廷作对，一时间惊惧不已。

蓟县德高望重的老人李克进言，声称安禄山师出无名，必定会失败。当地百姓成群结队，扬言就算活了百岁的老人，也没见过范阳的兵马南下过。言外之意，安禄山是在破坏太平盛世，不顾老百姓的死活。纵然群情激愤，安禄山的说辞还是很坚定："我这么做，只是为了国家。"

不只百姓习惯了平稳生活，地方官府也是一样。他们没有军队，本来就很难抵挡安禄山的进攻，即使部分州县长官想抵抗，可打开甲库才发现，武器甲胄已经腐朽不堪，士兵只能拿着木棒抵御。

安禄山镇守边境多年，凡是负隅顽抗的敌人都会被他拼命讨伐，投降的反而会被优待，甚至得到钱财、妻妾。他的这种作战风格远近皆知，所以除了少数有骨气的刺史、县令选择顽抗，大部分的官员或跪地投降，或弃城而逃。

南下军队势如破竹。与此同时，河东也有了好消息。

出发之前，安禄山派何千年、高邈前往太原，声称给太原府派了一批射生将（对善于骑射的士兵的一种称呼），趁机生擒了杨国忠的亲信、太原尹杨光翙。

形势一面倒地偏向了安禄山。

闪击河北

各地军情接连送往长安，都说安禄山已经谋反，可李隆基还是将信将疑。直到十一月十五日，河北的公文送抵长安，李隆基这才相信安禄山真的反了，赶紧召集大臣商议对策。

消息来得太过突然，朝臣根本不清楚河北是什么情况，只能沉默不语，唯独杨国忠面带得意之色："陛下，臣早就说过安禄山会造反，但没人相信。陛下不用担忧，安禄山是宵小之辈，他想造反，手下未必跟随，我们只需耐心等着。不过十天，安禄山的首级就会被人送到长安。"

国难当头，宰相没有为君分忧，而是哗众取宠，盲目自信，李隆基感到非常失望。让李隆基更绝望的是，自己当初创建军镇制度是为了遏制边境的势力，扬大唐国威，却没想到有生之年这些藩镇将领成为他的催命符。

当天，李隆基派突厥大将毕思琛前往洛阳，派大将军程千里前往河东，各自招募大军，准备抵御安禄山的叛军。

十一月十六，安西节度使封常清入朝觐见。

李隆基向封常清询问意见，封常清道："天下承平已久，各地官员看到叛军才会害怕。然而物极必反，臣料定河北局势一定会发生变化。恳请陛下派臣前往洛阳，大开府库，招募勇士，然后挥师渡河，用不了几天，就可以把安禄山的头颅献给陛下。"封常清是征讨大勃律国载誉凯旋的英雄，他的话还是很鼓舞士气的。

十一月十七，李隆基任命封常清为范阳、平卢节度使，让他前往洛阳平乱。头衔虽然是虚的，可封常清手握圣旨，又可以调动洛阳府库。不到十余天的时间，他就招募了六万新兵，同时焚毁了河阳桥，打算以此阻断安禄山南下的通道。

十一月十九，起兵第十一天，安禄山抵达博陵（位于今河北省保定市）。

从老巢蓟县到博陵只有两百公里，安禄山却走了十天，这就有点匪夷所思了。他为何要放缓行军速度，让朝廷有时间布局防务呢？细细想来，恐怕有几个原因：

其一，安禄山摸不准河北各州县的态度，放缓行军速度是为了测试他们。如果抵抗强烈，行军越快，后患越大；如果抵抗不强烈，后期就可以加快行军速度。

其二，朝廷调兵遣将、修缮城池需要时间，而且所需时间一定比安禄山南下的时间要长。算总账，安禄山的时间是够用的。

其三，安禄山打的是"清君侧"的名号，如果行军太急，吃相会太难看。

安禄山南下，第一个关键军事据点就是井陉口。

井陉口是太行山脉的一处关隘，位于今河北省石家庄市井陉县境内，是沟通河北和山西的战略通道，历来是兵家必争之地，古称"燕晋通衢"。从今河北石家庄经过井陉口，可以直达今山西阳泉，进而抵达太原，整个路程不到两百公里。

按照古代骑兵日行七十公里计算，走这条路只要三天；如果是步兵，按日行三十公里算，大概需要六七天。这是很恐怖的支援速度。因此，安禄山派大将李钦凑率领数千名精锐驻守井陉口，企图遏制河东和朔方的援军。

此时此刻，安禄山已经占据了先机。

十一月二十一，李隆基从洛阳返回长安，并下达五道圣旨。

第一道：诛杀安禄山的长子安庆宗，赐荣义郡主自尽。

第二道：朔方节度使安思顺调任户部尚书。

第三道：任命郭子仪为朔方节度使，任命王承业为太原尹，留守北都。

第四道：设置河南节度使，节制陈留（今河南省开封市祥符区）等十三郡，由卫尉卿张介然担任。这是大唐设置的第一个内地节度使。

第五道：招募长安附近的青壮年，组建天武军，由荣王李琬为元帅、右金吾大将军高仙芝为副元帅，尽快出征。

李隆基的布置没问题，可不管是高仙芝还是张介然，都是光杆司令，这是赤裸裸的现实。拿高仙芝来说，他散尽府库钱财，花了九天才募集了五万军士，而且都是不会打仗的百姓。张介然则更惨，孤身一人前往陈留布防，刚刚上任，侦察兵便带回一个噩耗：安禄山已经抵达滑州（治所在今河南省安阳市滑县）——离陈留只有一百公里了。

陈留是中原的贸易集散地，充斥着大量的人口和货物，没有军事功能，城池易攻难守，很难抵抗安禄山的进攻。张介然考察了陈留城，心中腾起一股不祥的预感。

十二月初二，安禄山准备了大量的破船、树木和枯草，放置在黄河中央，减缓河水流动的速度，只花了一夜时间，黄河就冻结成冰。

十二月初五，陈留沦陷，陈留太守郭纳投降，张介然被杀。

想到儿子安庆宗的死，安禄山的怒火无处发泄，下令将陈留投降的上万名将士全部杀死，同时任命张介然的部将李庭望为河南节度使，留守陈留。

双方的调兵遣将就是一场博弈，而李隆基失败了，这对双方士气的影响非常大。

十二月初七，为了鼓舞士气，李隆基决定御驾亲征，同时征调朔方、河西、陇右三大军镇的主力部队，让他们在二十天之内赶到天子行营。他算是看明白了，临时征调的部队不足以抵抗安禄山，与其让杂牌军驻守军事重镇，将关隘拱手相让，不如让三镇军队前来支援。

决定李隆基未来的是朔方、河西和陇右军队的忠诚度，也就是藩镇节度使拔营起兵的速度以及在路上行军的速度。此时安禄山已经渡过黄河。陈留失守后，沿线的军事重镇还剩荥阳、虎牢关、洛阳、潼关以及首都长安。只要安禄山够快，李隆基就无险可守。

荥阳太守崔无波是位忠臣，可手下无兵无将，只能发动城中百姓守城。可面对安禄山的大举进攻，军士和百姓根本不敢上城楼抵抗。十二月初八，荥阳失守，崔无波被杀。

安禄山趁热打铁，派部将田承嗣、安忠志、张孝忠直捣东都洛阳。洛阳守将是封常清，他的军事决策将决定洛阳存亡，影响大唐国运。

面对来势汹汹的叛军，封常清有两种选择，首选方案就是龟缩在洛阳，坐等安禄山来攻。

封常清有六万大军，虽然是临时招募的新兵，可凭借洛阳的城池和府库的钱财，其实可以抗衡安禄山。只要他坚守时间够长，朝廷就有机会调派援军。然而，封常清选了第二套方案：将主力调往虎牢关，在虎牢关牵制安禄山，寻找决战的机会。

封常清面对的局面和李世民当年神似,而且当年李世民背后的洛阳还在王世充手里,可谓腹背受敌,封常清的处境已经好多了。这段历史,封常清肯定是知道的,他的解题思路没问题,可优秀的军事家不能照搬答案,需要在评估自己和敌人的优势劣势后做出调整。

李世民能战胜窦建德,一来因为李世民是个军事天才,二来因为他麾下将士是身经百战、不惧死亡的虎狼之师。相对而言,封常清的将士完全就是相反的情况,《旧唐书·封常清传》载:"常清乘驿赴东京召募,旬日得兵六万,皆佣保市井之流。"这是一群临时招募的乌合之众,从未拿过武器杀敌,从未见过血腥战场,又刚刚得到一批钱财布帛,是不愿意把性命轻易丢在战场上的。

封常清的虎牢关之战,细节不用多说,史家总结就两个词,一个是"铁骑蹂之",另一个是《资治通鉴》卷二百一十七中连续出现四次的"又败"。

封常清与高仙芝

十二月十二,洛阳沦陷,举国哗然。

算起来,从范阳起兵到攻陷洛阳,安禄山只用了三十四天,而且是十五万人的大规模军团集合行军,这绝对是中国战争史上的奇迹。

在安禄山的进攻下,官军毫无抵抗能力,其中的缘由是什么?

这个答案,需要封常清去解释,责任也需要他去承担。

封常清并没有战死在洛阳保卫战中。唐朝官场有个潜规则,即将军战败和临阵溃逃是大罪,这一点封常清也心知肚明,他已经提前写好了遗书:"臣死之后,望陛下不轻此贼,无忘臣言。"另外,过往的战场经历告诉他,大唐的几道防线根本挡不住安禄山的兵锋,所以在逃跑的途中,他接连派了三位使者前往长安,只为提醒李隆基一件事:叛军士气高昂,实力雄厚,朝廷需要做好万全的准备。

就在二十多天前，封常清夸下海口，说过几天就可以献上安禄山的人头，如今别说打败安禄山，就连和他对峙的勇气都没有。溃逃路上所见，到处都是残兵败将，有些是从前线逃跑的将士，有些是听说洛阳战败而提前撤退的守军，官军的状态已经几乎土崩瓦解。李隆基需要鼓舞士气，封常清的举动却在打压官军士气，李隆基对此心灰意冷，拒接接见封常清的使者。

封常清战败的时候，高仙芝正驻守在陕州（治所在今河南省三门峡市陕州区）。

封常清告诉高仙芝，潼关没有守军，最好提前到潼关布防。如果换成其他人，高仙芝会以唆使主将临阵脱逃为由砍掉他的脑袋，可高仙芝很信任自己亲手提拔的封常清，更知道自己确实打不过安禄山的骑兵军团，所以果断退守到了潼关。

高仙芝刚离开，安禄山的前锋就杀到陕州。在骑兵的冲锋下，溃逃的官军自相踩踏，伤亡惨重。叛军一直杀到潼关，才渐渐停止屠戮。

走到渭南的时候，封常清碰到了前来传旨的宦官边令诚。除了传旨宦官这个身份，边令诚还是高仙芝的监军。

高仙芝是少数民族将领，安禄山也是，既然安禄山能造反，那么高仙芝也可以。所以李隆基让边令诚去做监军，既可以收集前线军报，又可以威慑高仙芝。

边令诚上岗的那一天，高仙芝就应该意识到皇帝的顾虑。不管是出于自保，还是为了前线大局考虑，他都应该照顾好边令诚的情绪和利益，这是基本的政治敏感度。很遗憾，高仙芝完全没有这个觉悟。

东征的时候，边令诚曾经求高仙芝办私事，遭到高仙芝的拒绝。回朝后，边令诚就开始上眼药，说封常清在前线蛊惑军心，而高仙芝听了他的话，无缘无故放弃百里之地，还克扣将士们的军粮。

短短几句话，把两位主帅牵扯到了一起。一个潼关守将，一个洛阳守将，他们俩如果穿一条裤子，杀伤力可就太大了。

封、高二人在情感层面已经让李隆基产生了怀疑，而他们在军事层面的表现，则更让李隆基无法信任。

封常清镇守洛阳时，明明可以防守以待援军，却偏偏选择出战。那么问题来了，李隆基给封常清的军事任务，是让他消灭安禄山吗？明显不是，因为李隆基紧接着就下了一道诏书，令朔方、河西、陇右的军队二十天内到达长安。任何将领都应该明白，能和安禄山的主力进行会战的，只有这三支实力强劲的军队，其他的一切军事布局都是为了帮着拖延时间。而封常清看不清局势，在洛阳做出错误选择，绝不是优秀主帅的表现。

同理，高仙芝的任务也是拖延敌军，帮李隆基争取时间，可封常清的一句话就让他轻易退了军。如果还有其他办法完成拖延任务，也算高仙芝保留着军事素养，可现实是安禄山长驱直入，官军在潼关下溃败，几万人被打得七零八落，自相踩踏而死的不计其数。

还有一个问题：封常清离开洛阳时就将消息通报给了高仙芝，为什么安禄山还能追到高仙芝的部队，进而展开屠杀呢？

安禄山骑兵速度快是一方面，但不要因为高仙芝和封常清是受害者，就忽略了另外一件事：他们没有在第一时间撤走，而是带军队劫掠了太原仓。太原仓是一个位于陕州境内的常平仓（朝廷为调节粮价而设置的粮仓），存了不少粮食、钱财和布帛。也许高仙芝是不想让这些东西落到安禄山的手中，因此擅自做主，焚毁了它们，可这样做真的符合李隆基的利益吗？

府库是朝廷的，高仙芝没有请旨就随意焚毁，这是对皇权的藐视。而如果太原仓不被毁，安禄山打到这里，可能会放弃追杀残兵剩勇的机会，转头去抢劫太原仓，为官军重整旗鼓争取更多的时间。无论从哪个角度看，高仙芝所做都是错的。

李隆基是帝王，冷血残酷，利益至上。大敌当前，也许一支杂牌军的损耗、一个被劫的太原仓根本不会引起他太多的注意，但他在乎官军的士气。如今，前方主帅不战而溃，丢盔卸甲，劫掠府库，这让长安的官员怎么振作，让长安的百姓怎么安心？最重要的是，朔方、河西、陇右的高级将领又该怎么权衡眼前的局势？

封常清和高仙芝破坏了李隆基的布局，也让李隆基的人身安全受到严重威胁,这才是李隆基万分愤怒以至于动了杀心的根本原因。

为了挽回局面,十二月十六,李隆基突然下诏,声称要御驾亲征。

此时李隆基已经七十岁,御驾亲征当然是托词,是虚伪的政治表演,因为几乎同时,李隆基又命颍王李璬为剑南节度使、蜀郡长史崔圆为剑南节度副使,旨意虽然没有明说,可谁都知道,这是在为逃跑做准备了。只不过,在逃跑之前,李隆基还是要激励士气,告诉大家形势很严峻,严峻到皇帝都得出动的地步,所以前线的将士更得给力、更得争气。此外,他想杀高仙芝和封常清,所以也需要一场政治表演去烘托两个将领的无能和失败。

十二月十八,边令诚和封常清见面,宣布了李隆基的最终判决,封常清认罪。随后边令诚找到高仙芝,高仙芝苦笑道:"不战自退固然是我的罪责,可说我克扣军粮和金银布帛,纯属污蔑。"

招募来的新兵都在大门之外,等待最终的审判,高仙芝气愤地对他们道:"将士们,我受朝廷旨意招募你们从军,虽然得了些钱财,可全都发给你们了。国家有难,我本想带你们杀敌立功,获取荣华富贵,如今带你们来潼关也是为此。你们扪心自问,我是否有冤枉?"

将士们异口同声:"大人是冤枉的!"

高仙芝看了看一旁死去的封常清,叹息道:"封二(封常清在家族中排行第二)啊,我将你提拔为安西节度判官,后来又让你接替我做了安西节度使。如今我们同在此处被杀,难道真是命运的安排吗?"言罢,便被处死了。

封常清和高仙芝被杀,主要是因为他们在前线的决策和行动偏离了李隆基的既定战略,而且给李隆基的生命造成了严重的威胁。丢弃阵地、率军撤退,这是摆在明面上的罪责,惹恼李隆基则是无法言明的罪责。在皇权至上的年代,于公于私,他们两人都有罪。

其实,怎么处罚有罪者,李隆基有很多选择,可现实摆在面前:他最信任的安禄山造反了,他对胡人将领的信任在一夜之间彻底崩塌,而封常清和高仙芝先是放弃阵地,带着大军退守到潼关,随后又抱团取暖,这种行为很容易让人浮想联翩。在李隆基心理最脆弱的时候,这种行为的负面效果被无限放大,最终导致李隆基对他们痛下杀手。

有些人把长安随后的沦陷归结在封常清和高仙芝被杀身上，但这两件事之间不存在严格的逻辑关系，就算李隆基留着封常清和高仙芝的命，长安还是会沦陷。

长安防御战，统兵作战的将军能起到一定作用，可李隆基才是最强的干扰因素。在当时的情况下，和李隆基搞好关系，迅速获得朝廷认可才是将军们要干的事，因为主上是不会把自己性命和前途交给一个失去信任的下属的。但不管是军事才华还是政治智慧，封常清和高仙芝都有能力缺陷，他们在洛阳和陕州的表现就是证据。在资源有限的情况下，封常清和高仙芝不具备逆天翻盘的能力。何况，要论军事才华，继任的哥舒翰和他们不相上下，而哥舒翰也败了。

归根结底，是因为唐朝的防御体系濒临崩溃，潼关的乌合之众才扛不住安禄山的铁骑，以至于长安最终易主。

河北有忠良

御驾亲征虽是托词，但已经说出口了，就得有人给李隆基台阶下。杨国忠拉着杨贵妃哭哭啼啼，以杨氏家族需要皇帝庇护为由，让李隆基打消了御驾亲征的念头。

潼关是长安最后一道防线，皇帝不去了，谁去守潼关呢？李隆基选择了在长安养病的哥舒翰。哥舒翰的军事素养不错，而且和安禄山是死对头，这时候谁都会投降安禄山，但哥舒翰不会。

哥舒翰不傻。安禄山有十几万精兵，士气正盛，他哪有取胜的把握？哥舒翰也害怕打了败仗而被李隆基卸磨杀驴，因此以生病为由，拒绝了李隆基的旨意。

可是国难当头，胳膊是拧不过大腿的。最终，哥舒翰接下重担，但以重病为由，将军务交给了行军司马田良丘。田良丘又顺水推舟，让王思礼统领骑兵、李承光统领步兵。没想到，王、李二人为了争权夺利，像斗鸡一样斗得脸红脖子粗。加上哥舒翰治军严苛，不体恤将士，潼关的士气一塌糊涂。

长安城内气氛紧张，潼关也战战兢兢，安禄山却没派主力前来攻打。

第一，安禄山这时候已经控制了洛阳，也控制了黄河通道，等于断了长安的供血命脉。时间一久，长安粮价飞涨，民心不稳，到时候可以坐收渔翁之利，所以不必着急进军。

第二，望风归降的刺史和县令太多，安禄山无法判断谁是真心、谁是假意。如果有人在背后捅刀子，就很难受了。所以安禄山需要花些时间巩固胜利果实。

第三，安禄山需要防备郭子仪偷袭他的范阳老巢。

第四，潼关易守难攻，朝廷已经完成防御工事，各路援军逐渐赶来。如果在潼关决战，稍有失利，局势就会急转直下，这是安禄山无法承受的，不如徐徐图之。

第五，造反是一场"创业"活动，大家跟着安禄山卖命，无非想要钱财、官职、爵位和女人。虚的荣誉，实的利益，安禄山都要及时给兄弟们兑现，这也需要时间。

安禄山考虑了各种因素，最终决定先驻扎在洛阳，准备称帝大典。

安禄山这次谨慎，让各地势力意识到叛军并不是一支所向披靡的铁血军队。就像拳击赛，连续的进攻会让对手难以招架，怀疑自我，可只要进攻停止，就是对手反攻的开始。

在安史之乱的战场上，朔方的郭子仪、河北的颜真卿和颜杲卿兄弟，都是进行战略反攻的旗帜性人物。

郭子仪是汉人将领，出身官宦世家，身高六尺，身材魁梧。他本是文臣子弟，却以武举入仕，长期在军中服役，靠积累军功一路晋升。天宝十三载（754），郭子仪担任朔方右厢兵马使、九原太守，时年五十七岁。

天宝年间，藩镇节度使只有几个固定坑位，由皇帝、宰相的关系户占据，郭子仪不搞政治关系，所以只能长期担任副职，政治生涯基本已经到头了。安史之乱爆发后，李隆基对胡人将领产生了严重质疑。时任朔方节度使安思顺虽然是亲近朝廷的势力（曾举报安禄山谋反），却因为是安禄山的兄弟而被罢免。就这样，郭子仪在退休之前，出人预料地转正成为朔方节度使。

当时，李隆基的眼光聚焦在洛阳、潼关一带，没有意识到朔方军的战略作用，因此给郭子仪下达的任务就两个字——东讨。至于怎么讨，李隆基就不管了。

接到旨意后，郭子仪搞了个动员大会，鼓舞朔方将士，随后带着他们从灵武出发，沿着黄河北岸一路前行。

安禄山为了遏制太原、朔方的军队东进，让高秀岩驻扎在大同，然而高秀岩将主力部队带到了静边军城（今山西省朔州市右玉县境内）。

看位置，大同位于太原北方，也是朔方东进的必经之地，可以同时扼守两支军队的进攻路线。而静边军城在大同的西边，与大同隔着一座山脉，虽然可以防御朔方军，却无法防御太原军队的北上。

高秀岩为什么这样做？可能有两个原因。

第一，安禄山南下顺利，而太原方面迟迟没有动静。起兵之前，安禄山派人活捉了太原守将杨光翙。在高秀岩的视野中，太原方面不会构成太大威胁。

第二，自古以来，考核带兵将领的硬性指标就是攻城的数量和斩杀敌人的数量，如果一直在大同搞防御，相当于放弃了建功立业的机会。为了自己的利益，高秀岩这才将河东防线向西推进，寻找朔方军作战。

高秀岩的目标，是隶属朔方军镇的振武军（在今内蒙古自治区呼和浩特市和林格尔县境内）。

古代战争有个规律，即攻打城池的一方，通常要准备五到十倍于守城方的兵力。高秀岩却反其道而行之——大同军有一万大军，而振武军的九千兵力加上郭子仪的朔方主力，官军总兵力多达数万，所以这是一场蛇吞象的欲望战争。相差悬殊的实力让高秀岩吃尽了苦头，他最终被迫退回到静边军城。

凭静边军城的防御能力，高秀岩本可以阻挡住郭子仪，可一个小人物的出现扭转了局势。此人名叫苏日荣，是一个不得志的大唐官员。

苏日荣是大夏县（今甘肃省临夏回族自治州临夏县）县丞，属于九品芝麻官，还是县里的二把手。他觉得这官做得不过瘾，便跑到静边军城结交了一批江湖侠士，准备搞点大事。

本来，这是一个郁郁不得志却又心比天高的人自我安慰的一种生活方式，很难真的做成什么。可随着天宝十四载（755）十二月，郭子仪带着大军到来，苏日荣还真的搞出了大动作。

当天傍晚，苏日荣带着武林高手们潜入叛军军营，刺杀了叛军主将周万顷、安守一。郭子仪趁机组织大军攻城，叛军伤亡惨重，静边军城宣告失守。

安禄山组织过一波反攻，可郭子仪麾下的李光弼、高浚、仆固怀恩、浑释之等战将发挥了强大的战斗力，最终歼敌七千，死死摁住了安禄山的势头。

在静边军城的胜利产生了重要的历史影响。

第一，由于出色的战斗表现，郭子仪及其麾下将领开始受到长安高层重视，逐步走上人生巅峰，成为安史之乱期间地位最显赫的一批将军。

第二，官军全线溃败之际，朔方军却能力挽狂澜，因此名气大增，军队品牌逐渐崛起，政治资源也开始向这里倾斜。后来李隆基出逃长安，太子李亨就是借助朔方军镇的力量登基称帝、中兴大唐的。

第三，胜利带来机遇，郭子仪顺势拿下了大同和马邑（今山西省朔州市）。大同是官军北上范阳的战略通道，马邑是官军西进河北的战略通道，这两座城池的失陷，让安禄山的布局毁于一旦。

朔方军就像一柄尖刀对准了范阳，那里可是安禄山的老巢，是他成就霸业的基础。为此，安禄山只能放弃潼关，将军事资源源源不断地送到河北，以期维持现存战果，大唐的命运迎来了难得的转机。

其实，安禄山想维持现状也很困难，因为河北地界上颜真卿、颜杲卿兄弟闹得正凶。

颜真卿是大名鼎鼎的书法家，学问渊博，二十五岁中进士，后来担任殿中侍御史，负责纠察官员礼仪，不学无术、专横跋扈的杨国忠就经常被颜真卿弹劾。后来在杨国忠的"不懈努力"下，颜真卿终于被发配到平原郡做太守。

安史之乱爆发之初，安禄山南下路上的各州县长官望风归降，颜真卿也不例外。

如何收编基层官员,是造反势力面临的最大难题。即便再优秀的军队,也不能一下子收编新拿下的地盘上的所有基层官员,因为每个基层官员的政治立场、个人操守、价值取向都是不一样的。

河北官员望风归降,安禄山应该怎么做?没有标准答案。如果杀官员,肯定会得罪地方势力;如果不杀,又不能掌握所有人的心思动向,会埋下隐患;安插自己的亲信呢?短时间内又很难得到当地人心。思来想去,安禄山选择先挑选一批自己觉得还可以的官员暂时管理州县。

在安禄山眼里,颜真卿文不能安邦,武不能定国,因此他让颜真卿率领平原郡、博平郡的七千士兵镇守在黄河渡口,不求他有功于叛军集团,只愿他不出乱子。没想到颜真卿是个胆子大的人,安禄山前脚刚走,后脚他就派人到长安报信,第一时间将河北的军情告知李隆基。与此同时,颜真卿还派亲信游说各地的州县长官,说服他们等待时机,一起反攻安禄山。

安禄山南下后,颜真卿募集了一万团结兵,杀了安禄山的亲信段子光。有人带头,河北官员自然群起响应,安禄山任命的官员相继死于非命,河北乱作一团。在大家的推举下,颜真卿成了河北地区的军事盟主。

听闻安禄山让部将张献诚率领一万大军赶赴河北,颜真卿自认为正面对抗打不过,便打算将张献诚的视线转移到井陉口,联合堂哥颜杲卿一起对付张献诚。

颜真卿的计划是拿下井陉口,放朔方军进入河北战场。

井陉口的守将是李钦凑,麾下有一万大军。颜杲卿给他写信,声称安禄山在前线打了胜仗,要犒赏后方将士,让李钦凑来领赏。只有不愿意发福利的老板,哪有不愿领福利的员工?李钦凑欣然前往。见了美女美酒,李钦凑把持不住,被灌得烂醉如泥,最后丢了脑袋。

恰好到范阳征调军队的高邈、从洛阳来传信的何千年也来到常山郡,一同被颜杲卿擒获。为了求生,何千年告诉颜杲卿,可以放出风声,说朔方军将领李光弼已经率领一万人过了井陉口,再派人告诉张献诚,说他手下都是乌合之众,难以抵挡披坚执锐的朔方军,让他自行退去。

张献诚原本是朝廷命官，后来投靠了安禄山，算不上安禄山的嫡系。何千年算准了张献诚不会拿自己的性命和朔方军赌，所以才出此计策。

颜杲卿依计行事，张献诚果然率众离去。河北各州县听说李光弼穿越井陉口，纷纷起兵响应，常山郡周围迅速集结了二十万官军。

到此，安禄山能够掌控的，只有范阳、卢龙、密云、渔阳、汲郡和邺郡等地了。

颜氏兄弟派人到范阳说服范阳节度副使贾循归顺朝廷。如果操作得当，安史之乱可能就提前结束了，但贾循一来犹豫不决，二来没做好保密工作，竟被人察觉了。这人名叫牛廷玠（jiè），此前没做过什么惊天动地的事。

历史就是这么有趣。有时候，改变历史进程的，偏偏是那些名不见经传的小人物。

安禄山从牛廷玠那里得到情报，吓得双腿发软，急忙派亲信韩朝阳前往范阳收拾局面。直到此时，贾循没下决定，究竟是跟着安禄山干到底，还是归顺朝廷。最终，韩朝阳在范阳城内设了个饭局，趁机将思绪游移的贾循诛杀，贾循的家族也一同被灭。

天宝十五载（756）正月初一，安禄山在洛阳称帝，定国号"大燕"。

安禄山没有时间沉浸在称帝的喜悦中，因为河北的局势太动荡了，稍有差池就会满盘皆输。为了稳妥，安禄山将最得力的亲信史思明、蔡希德派往河北，一同前去的还有两万范阳骑兵，他们的目的只有一个：夺回井陉口，彻底控制河北地区。

安禄山一共有三万骑兵，派出两万骑兵北上，算是赌上了绝大部分家当，可见其决心之大。

放眼河北，包括朔方军在内，没有任何一支军队能抗衡范阳铁骑。不过，官军收获惨败结局却不是因为实力相差悬殊——双方甚至还没交战，而是官军内部先乱了套。

当时，颜杲卿让儿子颜泉明往长安送捷报，同时给太原府尹王承业传信，希望他派兵守卫井陉口。临行前，大燕中书令张通儒的弟弟张通幽也想到长安请罪，考虑到位高权重的张通儒家眷归降朝廷可以影响安禄山的军心，颜杲卿答应让张通幽与颜泉明一同前行。

去往长安的路途正好经过太原。到达太原后，张通幽秘密求见王承业，说服他将颜泉明扣下来，重新写一封奏表给朝廷，将夺取井陉口的功劳揽到自己头上。

天降功劳，王承业实在找不到拒绝的理由，于是依计而行。李隆基接到被篡改的奏折，全盘相信了，随后封王承业为羽林卫大将军，颜杲卿为卫尉卿。

此时，史思明已到达常山郡。颜杲卿一边拼命抵抗，一边期盼王承业的援军。殊不知，这个被他寄予厚望的同僚已经将他出卖。

王承业抢了颜杲卿的功劳，自然不会去救他。在王承业看来，最理想的结果便是颜杲卿被史思明杀死，阴谋争功一事从此不了了之。

天宝十五载（756）正月初八，常山郡宣告失守，颜杲卿被俘，全家被送往洛阳，等待安禄山的审判。

安禄山问："颜杲卿，你原来不过是范阳户曹，是我上奏朝廷，任命你为节度判官，又将你越级提拔为太守。我究竟有什么地方辜负你，你要起兵反我？"

颜杲卿怒斥道："安禄山！你只是营州的牧羊胡奴，陛下将你提拔为三道节度使，恩比天高，情比海深，天子又如何辜负你，你为何会起兵造反？我颜家世代为大唐之臣，荣华富贵都是朝廷赐予的，与你何干？之所以背叛你，那是为国家讨伐叛贼，可恨的是没能杀掉你。你个胡狗，赶紧杀了我吧！"

安禄山讨厌打口水仗，更厌恶别人骂他是胡人，于是将颜杲卿一家三十余口全都绑在柱子上，一刀刀活剐至死。后来，颜真卿写了一篇流传后世的《祭侄文稿》，祭奠的便是在此次屠杀中死去的颜杲卿之子颜季明。

自安史之乱爆发，大唐官场里就出现形形色色的人，他们有的嘴里维护着朝廷，身体却在向叛军靠拢，比如河南尹达奚珣（xún）；有的则是明哲保身，闭口不言；而颜杲卿风骨决然，做到了知行合一，绝对算是一股清流。

常山郡失守后，史思明再次占据了河北，唯有饶阳太守卢全诚坚决不降，被史思明围了起来。

此时，战场的局势又发生了很大的变化。

郭子仪长期驻扎在大同，范阳方面对他肯定是有防备的，所以偷袭肯定不行。而史思明、蔡希德的骑兵就在河北，只要范阳有战事，他们率领的两万骑兵就可以立马回援。靠郭子仪手下的几千骑兵，很难真刀真枪地和史、蔡对抗，就算能打到范阳腹地，损失也会很大。

另外，攻打范阳意味着将官军和叛军的决战地点转移到范阳，李隆基无法掌控局面，驻守在潼关的二十万朝廷大军也发挥不了作用。因此，李隆基命郭子仪先撤军，并让他推荐一位德才兼备的良将出井陉口，继续骚扰河北。郭子仪举荐了副手李光弼，李隆基封李光弼做了河东节度使。

河北战场的重心在常山、饶阳等城池。李光弼率领一万步骑兵和三千弓弩手赶赴常山。城内的团练兵听闻消息，发动突袭，活捉了守城叛军主将安思义，将李光弼迎接进城。史思明听说常山郡和井陉口失陷，急忙率领两万骑兵前去支援。一时间，常山郡城汇集了数万大军。

史思明想把李光弼困死在城中，而李光弼派弓弩手轮番射箭，压住叛军阵型。尝到甜头后，李光弼又将一千名弩机手分为四队，在城墙上轮流放射。

普通弓箭的射程为二三百米，有伤害值的射程则在一百五十米左右。弩机是重型装备，射程可以达到八百米，是唐朝藩镇军队必备的守城器具。凡是被它射中的，必然血肉模糊，无法生还。

步兵怕骑兵，骑兵却怕弓箭，更怕弩箭，叛军伤亡惨重，史思明只能暂停进攻，等待饶阳方面的援军。

李光弼用弩机逼退叛军之后，让五千名军士组成方阵，由弩机手掩护，在城外滹沱河两岸安营扎寨，与城中守军形成掎角之势。就在此时，附近村民来报，他们在九门县南边一个叫逢壁的地方，发现了一支步兵，大概有五千人。这五千人正在埋锅造饭，估摸着正是从饶阳赶来的叛军。

逢壁离李光弼只有三十里，这是天赐良机。李光弼派两千人偃旗息鼓，沿滹沱河悄悄行军。他们到达逢壁的时候，叛军正在埋头吃饭。官军发动突然袭击，五千多名敌军瞬间被冲散，许多人甚至连武器都没拿到就被官军给杀了。

常山郡共有九个县，如今七个县都归顺了官军，只有九门与藁城还在叛军手中。史思明得知援军被剿灭，被迫退回到九门县。

这场战争的难度超出了叛军的想象，双方又僵持了四十多天。曾经的官军是纸老虎，如今却变成咬人的真老虎，打又打不过，退又退不成，只能干耗着。叛军将士开始感到绝望，史思明心知肚明，但无可奈何。

一天，史思明似乎终于开窍了。他派了一支骑兵游走在李光弼的粮道上，成功干了几票。粮道被骚扰，李光弼也开始慌了，决定向郭子仪求救，并派遣一队弓箭手押运着五百辆粮车前往附近的郡县筹备粮草。

天宝十五载（756）四月初九，郭子仪率领数万精兵赶赴九门县，准备展开主力会战，参战的骑兵、步兵合计多达十万。官军人数占优，也有不少骑兵，叛军不敌。一场恶战之后，史思明率军逃往博陵。

连日的战败让史思明心里窝火，而博陵城早先又投降过官军。为了泄愤，他将博陵官员屠杀殆尽。屠杀官员的愚蠢行为不仅没有任何意义，还会激起百姓对叛军的抵触情绪。一时间，叛军在河北犹如过街老鼠，人人喊打。

河北大乱，安禄山再也没有进攻潼关的心思。他紧急调派两万主力北上，又让范阳的牛廷玠率领一万主力南下，打算和官军放手一搏。郭子仪、李光弼、史思明、蔡希德四位风云人物对峙常山，双方集结了二十万精兵，大战一触即发。

拾贰 长安陷落

潼关之战

决战发生在天宝十五载（756）四月二十九。最终，四万多叛军阵亡，一千多人被生擒，安禄山在河北战场的力量几乎全军覆没。

战争打到这里，安禄山完全可以洗洗睡了，等待他的是身死神灭，永生永世被钉在耻辱柱上。可就在安禄山收拾行装的时候，天上掉下来一个馅饼，把他砸得晕头转向。

当时，哥舒翰镇守潼关，在外面挖了壕沟，竖起栅栏，把潼关建设得越发易守难攻。除非官军主动放行，安禄山是很难通过的。谁也没想到，破关的契机源自长安的政客和军方爆发的冲突，而主动挑起冲突的人是哥舒翰。

哥舒翰和安禄山是有矛盾的，原因可能有两个：其一，哥舒翰是王忠嗣的亲信，王忠嗣是被李林甫、安禄山联手搞死的；其二，哥舒翰性格耿直，没有太多的花花肠子，而安禄山阴险狡诈，擅长溜须拍马。在鄙视链上，哥舒翰是鄙视安禄山的那个。

李隆基早就知道哥舒翰和安禄山的矛盾，也知道武将不和会影响国防战略，因此举办过一场宴会，想缓和哥舒翰和安禄山的矛盾。席间，安禄山对哥舒翰说："我父亲是胡人，母亲是突厥人，而将军的父亲是突厥人，母亲是胡人。我们本是同族之人，为什么不能相亲相近呢？"少数民族以父为尊，父亲是什么血统，儿子就是什么血统，所以哥舒翰听闻此言，嘲笑安禄山本质是个胡人，这深深刺痛了安禄山的自尊。两人当着李隆基的面吵起来，李隆基无奈，只好放弃了做和事佬的想法。

安禄山的族兄安思顺担任户部尚书，哥舒翰怨恨安禄山，连带着怨恨上安思顺，因此伪造了安思顺和安禄山秘密沟通的信件，逼迫李隆基处死安思顺。

哥舒翰的工作本应该是做好潼关防务，避免步封常清、高仙芝的后尘，而不是拥兵自重，将枪口对准长安的安思顺。统兵将领本来就容易引起皇帝的猜疑，其拥兵自重、威胁皇帝是大忌，而疯狂地试探却又没打算造反，那就更愚蠢了。

哥舒翰这么做，究竟是因为自己是政治白痴，还是别有所图？

有一种观点，说安思顺做过朔方节度使，郭子仪和李光弼都是他的部属，哥舒翰是害怕李隆基起用安思顺，这才逼迫李隆基杀了安思顺。

这个从利益博弈角度进行的分析其实站不住脚。

首先，郭子仪和李光弼虽是安思顺的下属，却不是嫡系亲信，三人没有抱团倾向。其次，哥舒翰是陇右、河西节度使，而郭子仪节度朔方，李光弼节度河东，他们根本威胁不到哥舒翰的地位。

就算安思顺、郭子仪和李光弼真的抱团，李隆基能让安思顺接任陇右、河西，让这三人继续坐大吗？更何况，李隆基之前撤掉安思顺，本就是害怕他和安禄山有勾结，因此也就不可能让安思顺到潼关做主帅，代替哥舒翰的位置。

这么看来，哥舒翰纯粹是因为耿直无谋，单纯地走了一步愚蠢的棋，没有太多政治博弈的心思。

哥舒翰提出要求，李隆基妥协了。鉴于哥舒翰在前线的作用，李隆基还是杀了安思顺，并将其族人放逐到岭南。

杨国忠嗅到了强烈的危机的味道，毕竟安禄山造反时就是打着清君侧的旗号，时间长了，难保哥舒翰不会故技重施，逼李隆基把他送给安禄山。

杨国忠的担忧没有错，因为骑兵统领王思礼曾经唆使哥舒翰杀掉杨国忠，只是哥舒翰没有下定决心。蹊跷的是，这件机密之事传到了杨国忠的耳朵里。为了自保，杨国忠将饲养马匹和鹰犬虎豹的军士组成一支军队，把他们交给剑南军镇的亲信李福德、刘光庭统领，又募集一万百姓交给亲信杜乾运统领。新组建的军队驻扎在长安城东的霸上，犹如悬在哥舒翰头顶的一把尖刀。

杨国忠的意图，哥舒翰心知肚明，所以他声称自己是天下兵马副元帅，有权统领长安附近的军队，请求李隆基把这支军队交给他。为了不让局势进一步恶化，李隆基又妥协了。但鉴于哥舒翰过于霸道，李隆基决定给他挖一个"坑"，准备随时"埋葬"他。

天宝十五载（756）六月，哥舒翰请杜乾运到潼关议事，之后找个借口将他诛杀。消息传到长安，杨国忠坐立不安，更加想要搞掉哥舒翰。

叛军兵临城下，李隆基最好的选择是防御。可哥舒翰拥兵自重，行动间总在威胁皇权，李隆基心有不安，决定夺回军队的控制权。恰好杨国忠派人给李隆基进言，说叛军大将崔乾佑驻守在陕州，兵力不足四千，而且都是老弱病残，朝廷应该组织进攻，打出点士气，于是李隆基向哥舒翰下达了催战的命令。

哥舒翰上表拒绝，因为他觉得这是安禄山的诱敌之计。理由是正当的，可不是理由正当就一定能说服人，尤其是在双方的矛盾上升到利益层面的时候。

哥舒翰越是反抗，李隆基越是烦躁，催促出兵的诏书一道接着一道。桀骜归桀骜，哥舒翰毕竟没有造反的打算，只好答应出兵。

六月初四，哥舒翰率军出潼关，和叛军将领崔乾佑在灵宝县（今河南省三门峡市灵宝市北）相遇。崔乾佑的大军驻守在长达七十里的狭长道路上，北边是奔流而下的黄河，南边是绵延不绝的群山峻岭。探子回报军情，哥舒翰死活不敢相信，因为将大军布置在狭长地带是用兵大忌，直到亲自沿黄河走了一趟，哥舒翰才最终确信了这一情报。既然崔乾佑给他自己挖坑，那唐军就负责埋葬他！

六月初八，哥舒翰下令开战。这次战斗，由王思礼率领五万精兵冲锋，庞忠率领十万大军殿后，哥舒翰亲率三万将士坐镇指挥。

两军对阵，唐军旌旗蔽天，鼓声阵阵，而叛军人数不到一万，走路的时候三五成群，稀稀拉拉，和地痞流氓一样。官军见状，队伍里传来了肆无忌惮的笑声。然而事实证明，对敌人的嘲讽就是对自己的残忍。官军麻痹轻敌，在作战态度方面已经输了五成。

进攻的号角吹起，官军犹如旋风一般冲向敌军阵营。一阵屠杀，崔乾佑的大军开始"溃逃"。一切都是那么真实，一切都是那么合理，不知不觉中，官军就被引进了叛军的伏击圈。而直到此时，潼关外的战役才刚刚进入高潮。

突然，山上响起一阵鼓声，黑压压的叛军向官军俯冲而来，准备好的滚木、石块也纷纷落下，山脚传来了呼天抢地的哀号之声。这是提前安排在山上的一支伏兵，哥舒翰调查的时候完全没有察觉，这是他的第一个失误。

官军人数虽然占优，可主帅贪功冒进，没有注意地形，率大军进入了狭长难走的通道，导致战斗力大打折扣。这是先锋主将的问题，但哥舒翰也脱不了责任。他长期驻扎潼关，却对潼关附近地形并不熟悉，这是他的第二个失误。

五万大军被困，哥舒翰的应对策略是什么？

史书记载，哥舒翰让后备军驾着毡车去冲锋。过了中午，东风骤起，崔乾佑点燃数十辆装满茅草的战车，乘着风势推到官军阵营里，猛烈的大火迅速点燃了哥舒翰的毡车。

熊熊的大火、浓烈的烟雾呛染着战场，官军士兵根本睁不开眼，脑海中只有恐惧。这一刻，他们哪里还能分辨出身边的人究竟是同袍还是敌人？数万人在战场上不分敌我地互相冲杀，弓箭手和弩机手轮番射击，哀号之声不绝于耳。战争一直持续到天黑，直到官军将羽箭射尽，才发现躺在身边的全部是日夜相守的同袍。

在临场应对上，哥舒翰又输了一筹，而且输得很难看，这是他的第三个失误。

就在官军自相残杀的时候，崔乾佑派出的精锐骑兵越过南山，绕到了官军后面。叛军前后夹击，官军丢盔卸甲，有人逃入山谷之中，有人跌落到黄河中活活淹死，景象惨不忍睹。

在运筹帷幄、安排奇兵方面，哥舒翰再次输了个彻底，这是他的第四个失误。

大军溃败，哥舒翰无力组织再战，只能往潼关撤退。之前官军在潼关外挖了三条宽二丈、深一丈的壕沟，求生的士兵慌不择路，相互冲撞着跌入壕沟，壕沟很快就被填满，无数的将士被踩死。

灵宝之战，哥舒翰带出去十八万将士，带回来的只有伤痕累累的八千人，再也不能和叛军一战了。到六月初九，崔乾佑已经站到潼关的城头上，潼关宣告失守。

怎么评价灵宝之战呢？把锅甩到李隆基的头上，怪他催促哥舒翰出兵决战？这是很不负责的。

253

这场大战，原本官军在后勤、军队数量、战争环境（官军在河北战场已站稳脚跟，地方势力逐渐依附）等方面都是占据优势的，却输了个彻底。而叛军最厉害的范阳铁骑并不在场，安禄山也没有坐镇指挥，前线大将只有崔乾佑，却获得了大胜。

哥舒翰的问题还不止出在临阵对敌上。

队伍管理方面，史载哥舒翰"用法严而不恤，士卒皆懈弛，无斗志"。而在识人用人方面，他也十分糊涂。被他重用的田良丘撂挑子不干，把军务分给两个将军，两个将军又争权夺利，推诿扯皮，导致潼关防务一直没有起色。这些都是哥舒翰治军无能的最好证据。此外，拥兵自重，威胁皇帝，这是无智；杀了杜乾运，却又无后续的应对措施，这是无谋。如此种种，都说明哥舒翰在综合素质上存在缺陷。

安史之乱期间，李隆基和军事将领的政治博弈几乎可以忽略不计，但他先后选用的三大将领素养都不过关，无法维护李唐王朝的统治，这个问题是无法反驳的。

潼关失陷后，哥舒翰自知责任重大，于是在关西驿站张贴告示，希望聚拢逃兵，抵抗安禄山的西进大军。可是大家都知道，这些举措无法改变哥舒翰兵败的事实，如果返回朝廷，他一定逃不过被杀的命运。

最终，在部将火拔归仁的裹挟下，哥舒翰投降了安禄山。

马嵬坡之变

长安和潼关之间，每隔三十里就有一座烽火台。如果潼关无恙，烽火台就会燃起"平安火"，让李隆基睡个安稳觉。潼关失守当天，平安火没有像往常一样燃起，李隆基顿觉不妙。

第二天凌晨，败逃回来的人坐实了潼关失守的事实。面对来势汹汹的叛军，杨国忠建议李隆基尽快启程巡视蜀中。蜀地的剑南道是杨国忠的地盘，让李隆基出巡蜀中，本质是"携天子以自保"。李隆基清楚杨国忠的心思，却还是这么办了，因为他已别无他选。

六月十二，李隆基命京兆尹魏方进为置顿使，命京兆少尹崔光远为京兆尹、西京留守，并让颍王李璬前往剑南道视察，提醒各州县提前做好准备。他还给了龙武卫大将军陈玄礼几箱金银珠宝，命他挑选九百匹快马和数百名精干的将士随行。

六月十三黎明，李隆基带着杨贵妃等人在众将士的护送下逃出长安。

皇帝出城的消息是绝密的，许多公主、皇孙都被留了下来，更不用说官员。天明之时，官员排队上朝，等了半天也不见李隆基的身影，直到这时宦人才告诉他们，李隆基已经跑了。

消息传开，长安城内瞬间炸了锅。权贵富豪们收拾好金银细软逃出长安，地痞流氓乘机闯入皇宫争抢财宝。更有甚者，一批疯子竟然骑着小毛驴闯到禁宫之中。

皇权令人敬畏，是因其神秘和不可侵犯。当人人都能触及神秘，皇权也就失去了至高无上的地位，失去了权威性。

面对城中乱局，留守的官宦边令诚无可奈何，只能动用禁卫军捕杀这些不速之客，随后将大门的钥匙送给了率兵赶来的安禄山。长安宣告失守。

由于出逃仓促，李隆基的队伍只带了金银珠宝，谁也没操心粮食的问题。哪承想，沿途各地的官员早就逃之夭夭，根本没人接待李隆基，众人饿得前胸贴后背。到了下午，出去找吃食的官员才带回一些粗粮，不过数量有限，李隆基便只将粮食分给了身边的人。

大半天下来，禁卫军水米未进。想象一下，一群身材魁梧、手拿兵器、饥肠辘辘的小伙子看着一帮老头子吃饭，自己却连残羹冷炙也没有，他们会是什么样的心情。

李隆基当然记得禁卫军没吃饭，他告诉大家，可以去周围的村落里找东西吃，但须未时（下午一点到三点）集合，继续赶路。言外之意，皇帝不管饭了。

人在饥饿的时候，头脑中的理性会逐渐消失，取而代之的是求生本能，在这种情况下，任何事情都有可能发生。好在禁卫军的内心也还保持着对皇权的忌惮，仍坚信前面的州县或许会给他们提供粮食，所以没有公然抢粮。

当天晚上，逃难大队来到金城县（今陕西省咸阳市兴平市）。当地县令已经逃遁，但李隆基一行找到了一些粮食和炊煮器具，禁卫军这才吃了顿饭。

这一夜很平静，每个人都揣着自己的心思，谁也无法预料明天会发生什么事。

六月十四，李隆基一行到达马嵬坡，队伍就地休整。这里距离长安大约一百里，在西晋以前是个普通的驿站，后来一个叫马嵬的人在此筑城，才有了"马嵬坡"的名号。

马嵬坡声名不显，谁也没想到，此地会爆发一场惊天巨变。

关于此事，不同史书有不同的记载、不同的立场，不过大致的兵变过程还是比较清晰的，下面就以《资治通鉴》的故事线为参考，慢慢揭开历史的迷雾。

到达马嵬坡的时候，禁卫军因为饥饿疲劳，满腹牢骚。禁卫军首领陈玄礼已经察觉到了一些征兆，于是找到太子府的宦官李辅国，让他给李亨传话，说自己会利用禁卫军的怒火诛杀杨国忠，希望李亨坐镇。李亨知道后既没有明确支持，也没有表示反对，但他没向李隆基告发，其实就是默许了。

就在此时，一群吐蕃使者围着杨国忠讨要吃食，禁卫军将士大声呼喊，说杨国忠和吐蕃人密谋造反，话音刚落，就将羽箭射向了杨国忠。由于准度不够，羽箭只射中了马鞍，杨国忠受到惊吓，急忙逃跑，想找李隆基寻求庇护。禁卫军将士眼疾手快，追上来将他诛杀，之后用长枪挑着他的首级放在辕门。

御史大夫魏方进高喊道："你们胆大妄为，竟敢谋害宰相！"话音刚落，也被禁卫军砍翻在地。

兵部尚书、同中书门下平章事韦见素听见外面大乱，急忙跑出去查看，不料被乱兵用鞭子抽得头破血流。在众人的求情下，韦见素捡回一条命。

紧接着，禁卫军将李隆基的住处围了起来，一时间屋外军队积聚，人声嘈杂。李隆基感到不安，命人出去察看。亲信回来后告诉他，是杨国忠谋反，禁卫军已经将他杀了。

李隆基定了定神，拄着拐杖来到门外，语气平缓地说道："将士们，你们干得没错，朕不责怪你们，回去休息吧。"

禁卫军没有惊慌失措，也没有打算离去。在陈玄礼的带领下，他们站在门外耐心等待。李隆基命高力士出去询问缘由，陈玄礼说道："国忠谋反，贵妃不宜供奉，愿陛下割恩正法。"

李隆基说道："朕当自处之。"言罢，转身回到屋内，深思许久。

京兆府司录参军韦谔跪地磕头，以血劝谏："陛下，众怒难犯。如今形势危急，安危就在您的方寸之间，希望您快点做出决断。"

李隆基还想挣扎："贵妃常居深宫，安知国忠谋反？"

高力士道："贵妃无罪，可将士们杀了杨国忠，贵妃却在陛下身旁，他们怎能安心？希望陛下慎重考虑。将士安全，陛下自然安全。"

李隆基终于放弃了最后一丝倔强，他让高力士将杨贵妃领到马嵬驿馆的佛堂，用绳子将她勒死，然后将尸体抬出让陈玄礼检查。

确认贵妃已死，陈玄礼才脱下甲胄，放下兵器，匍匐在李隆基面前叩头请罪。李隆基好言安抚，陈玄礼再次行礼，禁卫军看到此景纷纷效仿。众人拜了几拜，山呼万岁后便退去了。

这就是马嵬坡之变的全部过程。

不过，想要搞清楚真实的历史，故事里的很多细节都要推敲。

关键点一：禁卫军为什么跟着陈玄礼哗变？

将士们饥饿是肯定的，可马嵬坡在兴平境内，距离长安不过百里，大队才逃难一天多，说他们只因为饥饿就敢哗变，有些牵强。

换位思考，其实担心亲人安危才是他们暴躁的根源。

李隆基出逃是临时决定的，将士们来不及通知家人。如果安禄山攻陷长安，兵戈无情，妻离子散、家破人亡是高概率事件。一想到此行可能会与亲人永别，谁还能淡定？

有群体利益驱动，只要有人带头挑事，将士们的情绪就会集中爆发。这时候，任何有威信的军官都能扮演带头大哥的角色，只不过陈玄礼是禁军领袖，最容易挑拨军队的负面情绪。

这还不是全部真相。在长安的时候，禁卫军就已经躁动过，而且杨国忠也知道禁卫军对自己的不满。史载："杨国忠专宰朝政，禄山反以诛国忠为名，盛言国忠、虢国夫人罪恶，六军将士皆切齿，愿除其党以解国难。国忠大惧，聚族而哭，入而号诉于贵妃。"史书上没有写禁卫军为什么不满，但从字里行间看得出来，他们对杨国忠的执政水平嗤之以鼻，这种抵触是来自整个阶层的，而非个人。

这么看来，一个敌视杨国忠的军事集团，在担忧家人和饥饿的双重打击下，名正言顺地发动兵变，而军队高层想利用禁卫军的情绪谋夺政治利益，才是事件发生的主要逻辑。

关键点二：陈玄礼究竟是背叛了李隆基，还是在帮助李隆基？换句话说，在皇帝李隆基和太子李亨之间，陈玄礼是不是想重新站队？

陈玄礼发迹于禁卫军，跟随李隆基左右长达四十五年。史家评价其淳朴、自检，志节不衰。

淳朴就是私心不大，自检就是恪守规矩，不会轻易逾越律法。像陈玄礼这样的人，对李隆基忠诚，会处处以他的利益为重，会为他着想。这种忠诚不光是出于职责，还因为内心的坚守。

前有杨国忠把持朝政，蒙蔽圣听，已经威胁到了李隆基的统治；后有安禄山起兵造反，更是直接威胁到了李隆基的人身安全。而安禄山提出的口号是"清君侧"，以陈玄礼的性格，干掉杨国忠，把他的头颅扔给安禄山，换取李隆基的安宁，绝对是做得出来的。

对此，《新唐书》记载："安禄山反，谋诛杨国忠阙下，不克，至马嵬，卒诛之。"《旧唐书》则说："及安禄山反，玄礼欲于城中诛杨国忠，事不果，竟于马嵬斩之。"

可见，陈玄礼在长安的时候就有过这个想法，只不过没有成功，直到马嵬坡才真正达成所想。

不管是心理分析，还是史料信息，陈玄礼的心路历程都是清晰的。问题在于，陈玄礼的行为是不是太子李亨授意的，陈玄礼是不是已经做出了站队选择？

什么叫站队？就是把自己的利益和对方的利益捆绑在一起，而且愿意长期为对方付出，换取更长久的利益。很显然，陈玄礼和李亨没有这么密切的关系。如果陈玄礼站在李亨的阵营，搞死杨国忠后，他应该放弃去蜀地，转身投奔李亨。而事实上，陈玄礼不仅继续服侍李隆基，后来还被封了蔡国公——如果他真的背叛李隆基而投靠李亨，以李隆基的脾性，是不会这么对待他的。

关键点三：在马嵬坡之变中，李亨的角色究竟是什么？

不可否认，李亨是这场变故的最大受益人。本着谁获益谁就有嫌疑的原则，他确实有做主谋的可能，可史书就是拿不出确凿证据，只能这样记录：

> 潼关失守，从幸至马嵬，禁军大将陈玄礼密启太子，诛国忠父子。
> ——《旧唐书·杨贵妃传》

> 陈玄礼以祸由杨国忠，欲诛之，因东宫宦者李辅国以告太子，太子未决。
> ——《资治通鉴》卷二一八

陈玄礼的核心目标是铲除杨国忠，干掉杨国忠也符合李亨的利益诉求。考虑到如果事情失控，需要高层出面稳定局面，而李亨可以做到，所以陈玄礼可能与他短暂合作过。说是合作，其实全凭默契，李亨明面上的态度只有沉默。

除此之外，如果李亨是主谋，应该会有后手准备。可等事变结束，李亨脱离了李隆基的队伍，竟像无头苍蝇似的手足无措。太子集团一直讨论到天黑，最终还是李亨的儿子提议先到灵武安顿，这可不是运筹帷幄的样子。

说白了，李亨更像是一个看懂局势后顺势而为的政客。

关键点四：有没有可能是李隆基自己策划了马嵬坡之变呢？

李隆基忌惮杨国忠在蜀中的势力，在不得罪蜀中杨氏的前提下，通过陈玄礼之手除掉杨国忠，也是符合逻辑的。可细细算来，杨国忠在蜀中的势力并没有庞大到可以威胁皇权。

过去几十年，剑南节度使分别是章仇兼琼、郭虚己、鲜于仲通、崔圆和颍王李璬。章仇兼琼早已卸任。郭虚己是太子府的官员，他的妹妹是李隆基的郭顺仪，顺仪是嫔妃称号。郭顺仪生下了永王李璘，而李璘是李亨抚养长大的。鲜于仲通是杨国忠的亲信，但后来因忤逆杨国忠而被发配。崔圆是杨国忠提携的，为官油滑，李隆基入蜀后立马就依附了李隆基。李璬是皇室成员。此外，杨国忠还曾将一批不依附自己的官员如崔涣、裴遵庆等贬斥到蜀中，这些人不仅不会支持杨国忠，可能还会仇视他。

算下来，蜀中就这么多关键岗位，部分官员亲近朝廷，部分官员是杨国忠的敌人，说杨国忠在蜀中的根基深厚，根本站不住脚。

官场有派系，可派系都是靠利益纽带存在的，而利益的保质期只有一段时间。随着派系首领的倒台，这种利益关系通常就会解体。旧的势力要么被清洗，要么投靠新的首领，这是司空见惯的官场潜规则。就像李林甫，他做了将近二十年宰相，门客遍布天下，可一朝倒台，哪里还能看到有人喊着要为他复仇的？所以，杨国忠留下的势力，在最高统治者的眼里就是个笑话。

杨国忠已经到了天怒人怨的地步，手里没有兵权，身后也没有替他复仇的势力。如果是李隆基策划了马嵬坡之变，他不如当众宣布杨国忠的罪状，将他公开处置了，这样不仅可以获得禁卫军和朝臣的支持，还可以重新树立皇权威严。这么划算的买卖，有必要藏着掖着去做吗？

而且，哪个皇帝会费尽心思策划一场军事政变，先杀掉自己的敌人，再丢掉自己的皇位？

都说杀敌一千，自损八百，如果马嵬坡之变真是李隆基策划的，从结果来看，他这叫杀敌一千，自损全部。这样的奇葩操作，可不像成功领导过唐隆政变、先天政变的李隆基干得出来的。

关键点五：陈玄礼为什么坚持杀死杨贵妃？

如果是李隆基策划了马嵬坡之变，禁卫军将士就是依令行事，是无罪的，知情人兼兵变执行者陈玄礼就不会冒着得罪李隆基的风险强行处死杨贵妃。从这一点也能看得出来，马嵬坡之变其实是陈玄礼联合李亨发动的一场临时哗变，而禁卫军害怕杨贵妃因为死了的堂兄而秋后算账，这才想铲除潜在威胁。

假设李隆基坚持不杀杨贵妃，会发生什么？答案是他本人遭软禁，或者也被干掉。

如果不杀杨贵妃，禁卫军头顶永远悬着一把利剑，他们才不会坐等被收拾。

安史之乱爆发，本就让李隆基的威信大打折扣，而他放弃长安又是一个扣分项。现在杀了杨贵妃，李隆基的威严已经荡然无存了。

杀杨贵妃前，李隆基一直在犹豫，《资治通鉴》卷二一八上说他"入门，倚杖倾首而立"。

千万别以为李隆基和杨贵妃情深似海，所以难舍难分，这是白居易《长恨歌》里编造出来的爱情故事。李隆基是帝王，指望他在千钧一发之际思考儿女情长，简直是对"皇帝"这两个字的侮辱。事情到了这一步，杨贵妃必死，李隆基只不过是在权衡利弊，想要避开自己被软禁或被杀的结局。

然而再权衡也无用了，接下来的大唐要走向何方，已经和李隆基没有多少关系了。

拾叁 皇室反攻

灵武集团

马嵬坡政变后,李隆基催着众人赶路,不料一群不明身份的百姓出现,他们希望李隆基留下来收复长安。对一个年逾古稀、养尊处优的皇帝而言,再度开启军旅生活明显不是他想要的,可违逆民心的损失也很大。李隆基思虑许久,决定让李亨处置此事,之后就头也不回地离开了。

过去二十年,李亨一直被监视,如今有机会单飞,心中狂喜不已。当然,越是这种时候,越需要收敛,必要的时候还可以做做戏。

李亨道:"父皇南巡,我肯定要尽心侍奉。即便我要留下来,也应当面向他辞别,再听他的吩咐。"说罢,就要牵着马继续西行。

傻子也明白,李亨其实不想走,这是在等朝臣给他台阶下。李亨第三子、建宁王李倓和宦官李辅国适时地拉着李亨的马缰哭诉道:"太子殿下,安禄山举兵进犯,家国破碎。我们若不遵从百姓意愿,要怎么收复江山呢?如果殿下跟随皇帝入蜀,叛军再烧毁蜀中的栈道,中原可就拱手送给叛军了!"

李亨问:"依你们之见,该当如何?"

李辅国答:"我们可以收拢西北重兵,与郭子仪、李光弼会合,并力讨贼,克复两京,迎回陛下,这才是大孝。如今您何必作儿女之态?"

李亨的长子、广平王李俶也劝他留下来,百姓趁机再次围了上来,不让李亨西行。李亨见状,泪眼婆娑道:"广平王,你去给陛下传信吧。"

李隆基率领大部队徐徐前进,等了半天也没见李亨的身影,打听消息才知道,李亨留在了马嵬坡。李隆基仰天长叹:"这都是天意。"

人和人的关系就像是水,随时流动和变化着,李隆基对李亨的感情就是如此。

在长安时,李隆基自然要打压李亨,一来遏制李亨的势力,使其不至于威胁自己，二来考验李亨的政治智慧。李亨毕竟是皇位继承人，不管心理素质还是政治手腕，都要过了李隆基这一关。在李隆基、李林甫和杨国忠三大政治魔王的联手打压下，李亨活了下来，这是李亨的本事。

李隆基就像沉默的雄狮。雄狮爸爸越喜欢孩子，越不会轻易表露在外。李隆基会隐藏情绪，这是专属皇室的内敛情感。对李亨，李隆基既有打压，也有怜爱。

韦坚等人被杀后，李亨担心受到牵连，整日忧心忡忡，心力交瘁，以致年纪轻轻就鬓发斑白。有一次，李隆基看他一蹶不振，精神萎靡，顿生心疼之意，感慨道："这段时间，吾儿何以如此衰老？你先回宫，朕当专程看你。"

随后，李隆基驾临东宫，看到宫苑没人打扫，乐器落了一层灰，宫中也见不到服侍的宫女，转头对高力士问道："太子居处如此，为何不给朕报告？"

高力士答："臣曾想告诉陛下，可太子害怕您担心，拦住了臣。"

李隆基立即说："你挑选五位娇美女子，让她们侍奉太子。"

就算生活在权力金字塔顶端的人，也都是有个人感情的，诛杀兄弟的李世民如此，受世人质疑的武则天如此，诛杀亲生儿子的李隆基也是如此。沉醉于权谋斗争故事的人们，也应当看到他们身上温和的一面，这才是真实的历史。

等被迫离开长安，情况就不同了，李隆基对李亨又多了一份纵容。

其实李亨的小算盘，李隆基可看得太明白了，但就算带着李亨龟缩蜀中，他也得不到什么政治收益，反而大唐很可能会完蛋，对于这一点，他心知肚明。当皇权体系崩塌的时候，权力牵制和政治平衡还有什么意义？逼迫李亨入蜀是双输的局面，李隆基不会傻到选这条路。

允许李亨单飞，甚至让李亨另起炉灶，才是符合李隆基利益的。为此，李隆基主动给李亨留下两千禁军，告诉他们太子仁孝，可继大统，大家要好好辅佐；还让李亨不要惦念蜀中，并嘱咐说西北将领深受朝廷厚恩，可善加利用。

李隆基算准李亨只能前往西北，而西北可靠的只有陇右和朔方。这么看来，李隆基设想过收复长安的策略，只不过最终的执行者不是他本人，而是李亨。为了方便李亨召集兵马，李隆基甚至打算将皇位传给李亨，自己做太上皇，不过被李亨拒绝了。

确实，自古以来，皇位传承一般都需要神圣的册封文书和庄严的传承仪式。荒郊野外，随便说句话就把皇位传了，谁会当真？

那么问题来了，这真的只是李隆基的虚伪之举吗？

应该不是，这一套操作是在特意向天下臣民传递一个信息：李亨是合法的皇位继承人，不管他走到哪里，天下臣民都应视他为君主，忠诚于他。李隆基做这一切，是为了帮李亨树立威信，方便李亨进行组织工作。

历史给了李亨机会，李亨单飞了，但究竟要怎么收复长安，他心里没底。

太子府的人马在马嵬坡逡巡着，眼看着天色渐渐黑了下来，广平王李俶催促道："天就要黑了，此地不宜久留，我们得尽快决定去哪儿。"

河西、陇右、朔方、河东还是长安？众人七嘴八舌。最终建宁王李倓表示，大家只能去朔方，理由有三：第一，河西、陇右的许多将士在叛军中效力，去河西和陇右，危险系数太高；第二，李亨做过朔方节度使，朔方官吏每年都会到长安送礼，关系都还在，而以裴冕为首的士族不会背叛朝廷；第三，朔方离马嵬坡很近，且军备完好，兵强马壮。

数天之后，李亨抵达平凉郡（今宁夏回族自治区固原市）。这里有个官方的牧马场，李亨征调了数万匹骏马，随后出榜安民，招募军队。

朔方军总部设在灵武，距平凉二百五十公里。节度使郭子仪在外征战，朔方留后杜鸿渐、朔方节度判官崔漪、朔方支度判官卢简金、朔方盐池判官李涵等人给李亨写了封信，希望李亨到灵州坐镇，然后再召集陇右、河西的军队，挥师南下，收复长安。为表诚意，杜鸿渐还把朔方军镇的军队数量、战马、武器、粮食、布帛等军用帐籍一起送给了李亨。

灵武集团是一帮没有政治根基却又出身望族的文人，以维护正统为己任，这是李亨愿意来灵武的原因。当然，灵武集团不是慈善家，维护李亨的原始动机是想做从龙功臣，实现咸鱼大翻身，所以大家积极提议李亨登基称帝。

灵武集团一连劝了五次，理由非常直白：兄弟们跟您刀头舐血是为了加官晋爵、封妻荫子，如果您不给点儿实惠，将士们恐怕会寒心，形势殊难预料。

天宝十五载（756）七月十二，李亨在灵武称帝，时年四十五岁，史称唐肃宗。

李亨登基时，手下文武官员不到三十人，其中武将居多。这些人不懂礼仪，上朝的时候懒散无度，毫无新朝气象可言。而且李隆基为了平叛，将朔方、河西和陇右的精兵调到长安，潼关一战，几支军队四分五裂，驻守在后方的都是老弱病残。所以说，虽然杜鸿渐给李亨描绘了美好蓝图，可实际上他手下没有精兵强将，一切都是梦幻泡影。

不过，最棘手的还是皇位的合法性。

此时此刻，大唐有两个皇帝。如果李亨处理不当，李隆基发脾气不退位，或是像玄武门之变后的李渊，虽然做了太上皇，却死活不交出太极宫控制权，让贞观君臣在旁边的太子宫蜗居长达三年之久，那就难办了。

可接下来发生的事，让我们感觉到了皇家少有的温暖。

七月十五，李隆基在不知道李亨登基的情况下发布了一道诏书，封李亨为天下兵马大元帅，统率朔方、河东、河北、平卢节度使，永王李璘统领山南东道、岭南、黔中、江南西道节度使，盛王李琦统领江南东路及淮南、河南等路节度使，丰王李珙（gǒng）统领河西、陇右、安西、北庭等路节度使。三位王爷需要的军备物资由地方官府供给，王府属官、郡县官吏由三位王爷自行任命。

也许李隆基是想利用三位皇子牵制李亨，但只有永王李璘领了这个差事，聪明的盛王李琦和丰王李珙都拒绝了。李璘敢出头，一来是因为他是由李亨一手带大的，两人关系亲密，二来是因为他也有做皇帝的野心。殊不知，这个选择让他走上了一条不归路。

七月底，朔方节度使郭子仪率领五万精兵赶回灵武。李亨下诏，封郭子仪为兵部尚书、同中书门下平章事；封李光弼为户部尚书、同中书门下平章事。郭子仪和李光弼的加盟，让灵武方面名声大振，溃败的官军、各地的义军、地方官府和军镇、少数民族政权皆望风归降。

灵武，渐渐积聚起一股可以摧枯拉朽的力量。

八月十二，灵武的使者到达蜀中，如实禀告了李亨登基的消息。李隆基喜极而泣："朕的儿子顺应天命和人心，朕还有什么可忧愁的呢？"

八月十六，李隆基颁布诏书，要求改"制敕"为"诰令"，朝臣的奏折一律改称自己为"太上皇"，并表示以后军国大事由李亨全权处理，然后报奏他知即可，哪怕是收复长安和洛阳之后，他也不再过问朝政。

上阵亲兄弟，打仗父子兵。李唐皇室在遭逢国难的时候，并没有因为皇权斗争而上演父子猜忌、兄弟阋墙的人伦惨剧。信任和扶持，成了帮助平叛的力量。

随后，李隆基命韦见素、房琯（guǎn）、崔涣拿着传国玉玺和宝册前往灵武，将皇位正式传给了李亨。大唐立国一百四十年，从玄武门之变到先天政变，皇权交接过程一直充满鲜血和阴谋，在父慈子孝、君臣和谐的气氛中完成皇权交接的，这是第一次。

百无一用是书生

韦见素、房琯、崔涣在蜀中朝廷都是宰相，李隆基派他们送传国玉玺和宝册，一来是想让传位仪式更庄重，二来是替他们谋个好前程。这是人情，李亨应该有所表示，只是他刚刚称帝，如果李隆基说什么他就听什么，朝臣会看扁他，而且现在是平叛时期，正需要自己的核心班底。最后，在三个人中，李亨只选了一个，就是房琯。

房琯，河南人，父亲房融是武周时期的宰相。他本可以凭家族势力直接做官的，却偏喜欢钻研道法和佛法，尤其喜欢坐而论道。十几岁的时候，房琯跑到洛阳附近的陆浑山隐居，一住便是十余年。

二十七岁那年，正逢李隆基前往泰山封禅，房琯写了一篇《封禅书》进献给朝廷，得到中书令张说的赏识，被提拔为秘书省校书郎，后调任冯翊县尉。此后数十年，房琯勤恳为官，廉政为民，在仕途上高歌猛进，做到刑部侍郎。

李隆基出逃后，房琯拉着大理寺卿张均、驸马张垍（jì）连夜追赶。到了长安城南的一个破庙，张氏兄弟以家眷还在京城为由，死活不肯继续前行。房琯明白，他们这是不看好李唐的前途，想投靠安禄山了。

房琯也想过背叛，可经过一番思想斗争，最终还是选择了李唐王朝。和张氏兄弟分手后，他星夜兼程，在李隆基到达成都前追上了他。就在当日，李隆基将房琯提拔为吏部尚书、同中书门下平章事。

李亨欣赏房琯的忠诚和才华，将他引为心腹。而房琯越受到信任，就越以家国为己任，尽心为李亨出谋划策，这是文官愿意为知己者死的品格。然而，房琯忘了"木秀于林，风必摧之"的道理。他是李隆基派来的人，本就与灵武当地的官员们有隔阂，又喜欢高朋满座、互相吹捧的浮华氛围，就更与灵武集团格格不入了。

灵武集团看不惯房琯，房琯也瞧不起灵武集团，这是很危险的信号。

李亨提拔理财专家第五琦为江淮租庸使，可房琯觉得朝廷刚杀了杨国忠，现在又培养另一个擅长敛财的人，就是纵容第二个杨国忠上位，因此极力反对。李亨直接怼了一句："不用第五琦，平叛的经费怎么解决？"房琯顿时语塞，不知所措。

事实上，第五琦做出了不小的贡献，他重新规划江南赋税的运输通道，使得部分赋税可沿长江向西运到蜀地，剩下的则可从襄阳经过扶风运到灵武，从而稳住了大唐朝廷的经济命脉。房琯根本看不到第五琦的战略价值，完全是因为反对而反对。

帝王用人可以凭自己喜好，可是在平叛的关键时期，靠个人喜恶提拔重臣，就有点草率了。重用房琯带来的恶果，是李亨难以承受的。

就在李亨辛苦创业的时候，安禄山那边还在大肆抢劫，抢完了首都百姓，又去搜刮长安附近的农村。百姓的思想很朴素，不管安禄山是想清君侧，还是想夺天下，只要不影响他们的性命和利益，他们都不会管。安禄山一路南下，没有遇到百姓的抵抗，没有遭遇来自百姓的道德谴责；安禄山在潼关城下和官军对决，百姓没有踊跃参加官军，也没有给官军慰问送粮的热情行为。但现在，安禄山把矛盾扩大到百姓中间，逼得百姓不得不反抗，这步棋就走得很臭了。

造反事业打不开局面，又得罪了百姓，不少人都在质疑叛军的前途，比如突厥将领阿史那从礼。他抢了两千匹战马，带着五千精兵逃到朔方，打算割据自立。

突厥军队的叛逃不会影响安禄山的整体战斗力，却会影响军心，因为这是军队分裂的征兆，意味着内部出现了严重问题。就像一家公司内斗严重，高管派系林立，中层扯皮推诿，谁都知道公司出了问题，可谁都不会捅破这层窗户纸，大家的第一反应是快点跳槽，离开这个是非之地。

很快，京兆尹崔光远也逃了。崔光远看到长安失控，误以为叛军马上就会离开长安，于是围住了叛军将领孙孝哲的府邸。能做出以蛇吞象这么刺激的操作，不是崔光远吃了熊心豹子胆，而是乱糟糟的局势给了他叛军将要崩溃的错觉。

对于这些情况，安禄山选择无视。

有一天，安禄山闲来无事，带着兄弟前往梨园，准备让梨园里的艺术家帮他们陶冶一下情操，没想到他的这些兄弟毫无艺术细胞，一个个手持白刃，面露凶光，面前的梨园大师仿佛成了随时会被宰杀的猎物。乐师们受不了这份耻辱，纷纷把乐器扔在地上，向西而跪，表达对李隆基的思念之情。安禄山气愤不过，砍头的砍头，肢解的肢解，一番杀戮之后飘然离去。

大家看清了安禄山的丑陋嘴脸，终于想起了李唐王朝的好。李亨看准时机，果断将大本营转移到了彭原（今甘肃省庆阳市西峰区北），准备与安禄山展开决战。

至德元载（756）十月，房琯请求率兵收复长安和洛阳。

新朝廷的第一次大战，居然是一位擅长清谈的文官请缨上阵，真有点"蜀中无大将，廖化作先锋"的感觉。还真不是李亨不会用人，一来房琯嘴皮子厉害，提起兵法韬略、治国理政，总能聊得头头是道，二来朝廷没有让李亨绝对放心的武将，房琯已是他能想到的最好人选。

就能力而言，郭子仪其实是合适的，可他和李光弼有点儿轻视李亨，所以被李亨派到河套地区对付阿史那从礼去了。掰着指头数，剩下能打仗的还有王思礼和吕崇贲，可他们是从潼关败退下来的，身上或多或少都有政治污点。就在不久前，王思礼等人赶赴灵武，李亨还想杀了他们，后来还是房琯求情，李亨才只杀了李承光，留下王思礼等人的性命，所以他绝对不会让这帮人担任平叛主帅。

李亨想开战，手下又没有合适的统帅，房琯肯定要急李亨之所急。另外，朝臣都在质疑房琯是个只会清谈的官员，而房琯又带着蜀地的政治标签，想在新朝廷站稳脚跟，他也确实需要捞一笔战功。

复杂的政治因素，将房琯推向平定安史之乱的核心舞台。

房琯的头衔是招讨西京兼防御蒲、潼两关兵马使。李亨让他挑选几位幕僚，他居然选了御史中丞邓景山、户部侍郎李揖、给事中刘秩。一群清谈文官，就因为和房琯能聊到一起，最终成了坐镇指挥部的军事参谋。

李亨心中腾起一股不祥的预感，他不想把国运交给一群自命清高的书生，可临阵换帅是大忌，无奈之下，他只好让王思礼做房琯的副手。

房琯出征后，将大军分为三路，南军由副将杨希文统领，驻屯在宜寿县（今陕西省西安市周至县）；中军由刘贵哲统领，驻屯在武功县（今陕西省咸阳市武功县）；北军由李光进（李光弼弟弟）统领，驻屯在奉天县（今陕西省咸阳市乾县）。大军总共五万人，一部分是陇右、河西留守的老弱病残，一部分是从潼关逃回来的职业军人，一部分是李亨临时招募的业余军人。如果给他们贴个标签，那就是临时拼凑的乌合之众。

唐军分为三路出动，不是房琯的主意，而是时局所迫。

长安沦陷后，西北的钱粮物资仰仗江南和长江通道。永王李璘坐镇江陵，通过长江、汉水将物资运到汉中，而汉中平原的控制者是汉中王李瑀——李隆基的亲侄子。物资从汉中再经骆谷道运到关中，第一站是武功县。因为要保护运输通道，李亨的主力就驻扎在武功、周至一带。永王李璘、汉中王李瑀掐着李亨的命门，如果不是李隆基居中协调，督促几位王爷给李亨运送物资，李亨别说光复大唐，养活军队都很难。

开战之前，李亨的军队分散在各地，协调成本非常大，行军路线、集合时间不好把控。当时官军被渭水隔开，渭水之上有三座桥，由西向东分别是西渭桥、中渭桥和东渭桥，南北交通完全靠它们。南军在渭河之南，中军和北军在渭河之北，因此中军和北军率先会师。

房琯还在集合部队，叛军主帅安守忠已经将一万骑兵带到中渭桥以北的陈涛斜。房琯想先防守，再找机会正面团战，可李亨怕房琯拥兵自重，也急于获胜，早就安排了一位名叫邢延恩的监军，而他的任务就是催战。

　　至德元载（756）十月二十一，南军还没到位，房琯就吹响了进攻的号角。

　　为了遏制叛军骑兵的冲锋，房琯安排了重甲战车。利用战车阻挡骑兵冲锋，避免大军被骑兵冲散阵型，两边再配备骑兵和步兵，这种策略有可取性。问题在于，拉战车的是房琯临时征调的水牛。

　　水牛比战马健壮，抗冲抗打，可灵活性不够，容易被惊吓。而且水牛刚从农民手里征调过来，没有经过任何训练，这成了李亨立朝第一战的最大隐患。

　　官军擂鼓宣战，两千多头水牛拉着战车向叛军疾驰而去。安守忠命人压住阵脚，等水牛快到的时候，上万名将士一起吆喝呼喊，呼叫之声犹如平地而起的惊雷，顺着风传到水牛耳中，水牛顿时裹足不前，抬头张望。就在此时，叛军顺风放火，熊熊烈火蔓延到战车上。水牛是怕火的动物，看到身旁燃起浓烟，立马乱了，很多冲进唐军的阵营，无数将士被踩踏至死。安守忠趁机率军追击，房琯的四万大军只有四千人逃出生天。

　　距离战场不远的杜甫听闻消息，泣血写下了一首《悲陈陶》：

　　　　孟冬十郡良家子，血作陈陶泽中水。野旷天清无战声，四万义军同日死。群胡归来血洗箭，仍唱胡歌饮都市。都人回面向北啼，日夜更望官军至。

　　短短五十六字，将战场的血腥、官军的伤亡、百姓的绝望写得淋漓尽致。

　　房琯向来自视甚高，战场的败绩让他倍感屈辱。十月二十三，他率领南军前去复仇，结果再次被击溃，主将杨希文与刘贵哲投降叛军。

　　陈涛斜之战，用战车对抗骑兵没错，可选择水牛就大错特错了，这口锅必须房琯自己背。单论短途冲击力、实战爆发力，牛确实比马强。如果牛能被人操控，杀伤力是惊人的。可在战场上，马的机动性和灵活性已经被无数的军事家证明是最高的，也容易被人操控。房琯改马为牛，自我感觉良好，却为事故埋下伏笔。房琯的军事敏感度也很低，潼关之战，哥舒翰已经被敌军的大火烧了一次，可他没有吸取经验，最终重蹈覆辙。

听说官军在陈涛斜全军覆没，李亨暴跳如雷，扬言要杀房琯立威，多亏谋臣李泌及时劝阻，房琯才苟全了性命。这场大败让李亨威严扫地，也让他的复国之路充满坎坷。然而李亨没时间沉湎在过去的错误里，因为叛军大将史思明这时候横扫了河北战场，肃清了河北官军，安禄山没了后顾之忧。

十二月，西北再添噩耗：吐蕃大军攻陷威戎、神威、定戎、宣威、制胜、金天、天成等军，石堡城、百谷城、雕窠城失陷。

为了对抗安禄山，朝廷抽调了西北的边防军，现在终于尝到了恶果。军队建制被破坏，就算李亨收复长安，重建政权，也没能力重建西北的国防体系，于是整个晚唐时期，西北到关中平原的广大土地成了吐蕃的后花园。

此时，如果安禄山和吐蕃联手，李亨就是瓮中之鳖。不过，有些人天生就是富贵命，就算坐在家里，什么也不做，也能在危急时刻逢凶化吉。

安禄山暴毙

就在李亨绝望的时候，长安传来消息：安禄山被儿子安庆绪杀了。

当时安禄山眼睛失明，皮肤因为生毒疮而溃烂，心情郁闷到了极点，时常斥责和毒打身边的亲信。

李猪儿，一个契丹小伙，十来岁时就跟着安禄山。安禄山亲自操刀为他阉割，由于学艺不精，手术刀没有吃准部位，李猪儿大出血，安禄山出于愧疚，将他引为心腹。安禄山经常责骂李猪儿，时不时赏个毒打套餐，李猪儿苦不堪言。

安庆绪，安禄山的次子，大燕太子的首席人选，可安禄山偏爱宠妃段氏，有意让其子安庆恩做太子，这让安庆绪严重缺乏安全感。

同样对安禄山不满的还有大燕的中书侍郎严庄，因为他也在被责骂之列。

有一天，严庄找到安庆绪和李猪儿，道："如今陛下六亲不认，我们几个以后的日子不会太好过。为自己着想，是不是得干点儿事？"

除掉安禄山，李猪儿一天可以少挨三顿打，安庆绪能上位做皇帝，严庄则能攀上新主子，安稳做高官。这是合作共赢的好生意，三个人心里暗暗有了筹谋。

至德二载（757）正月初五，安禄山正在睡觉，李猪儿揣着刀来到他床前。

这是李猪儿第一次杀人，和安禄山阉他时一样毫无经验。他的第一刀没吃准部位，砍到安禄山的肚子上，剧烈的疼痛让安禄山睁开眼，可他看不到任何东西，就用手去摸床边的刀。李猪儿见势不妙，又补了两刀，直把安禄山砍得肠子流了遍地。

就这样，安庆绪成了大燕皇帝。

安庆绪弑父是为自保，以后要如何管理大燕，他根本没想好。懦弱的性格加上弑父带来的愧疚和恐惧，让安庆绪在面对群臣的时候经常语无伦次。

事实上，安庆绪根本不用担心舆论谴责，因为只有大人物被杀，小人物才有上位的机会，这是大家乐于见到的局面。有时候，人们包容破坏道德伦理的行为不是因为善良，而是因为可以从中捞到属于自己的利益。

安禄山被杀的时候，太原战场也传来了利于官军的好消息。当时史思明集结十万大军，打算攻克李光弼镇守的太原，李光弼为此征调了一批精通挖地道的能人异士，在太原城外做了许多地面陷阱。只要叛军靠近，就会被藏在地道内的守军拖下去，史思明的军队伤亡惨重，最终退出了太原战场。

与此同时，郭子仪联络河东的内应，驱逐了叛军大将崔乾佑。这是李亨部署反攻以来取得的第一场胜利，所以他决定亲自到凤翔指挥。

至德二载（757）四月，李亨命郭子仪赶赴凤翔。就在两个月前，安守忠、李归仁对武功县的官军发动突袭，王思礼和郭英乂战败，叛军离凤翔只有五十里地。李亨召唤郭子仪，是想靠他收复关中。

四月十三，李归仁率领五千精兵埋伏在三原县，打算截击官军。郭子仪算到了这步棋，于是命人提前埋伏，全歼了李归仁的伏军，随后与王思礼会师，陈兵于渭水。两军主帅摸不清对方虚实，不约而同地选择对峙。

郭子仪是唐军的最高指挥官，肩负着皇帝和百姓的期望。夺回长安，郭子仪会青史留名；折戟沉沙，郭子仪会受千夫所指，他的压力可想而知。

五月初六，安守忠突然撤军，就像打了败仗一样。

安守忠是常胜将军，突然搞这么一出，明显是诱敌之计，可李唐朝廷求胜心切，加上有郭子仪的四万朔方精兵可以依仗，相信官军可以碾压叛军，因此朝廷在没有调查原委的情况下下达了追击令。

长安城西，安守忠的九千范阳骑兵摆开一字长蛇阵，满满的挑衅之意。

既然安守忠想正面对决，为何还要临阵诱敌，多此一举呢？细细品来，安守忠玩的不是军事策略，而是心理战术。

官军的目标是夺回长安，所以安守忠就把战场放在长安城外的清渠。这种感觉就像两个男人为一个女人大打出手，而女人就站在旁边，谁赢了谁就带她走。这种安排可以刺激对战者快速分泌雄性激素，使他们很容易地丧失理智和判断力。

战役开始，官军向长蛇阵的中部发动进攻，打算拦腰斩断叛军，再利用兵力优势分而灭之。没想到酣战的时候，安守忠指挥两边的骑兵向中间收拢，包围了官军，攻防地位瞬间转换。双方在狭窄的地方展开激战，叛军利用骑兵冲锋的优势瓦解了官军的阵型。一番混战后，官军全面溃败，郭子仪退守武功。

战斗失利，谁来背锅？

郭子仪是副元帅，正元帅是广平王李俶。而李俶确实参加了这场战争，因此不少人怀疑实际指挥者是广平王李俶，而非郭子仪。问题在于，朔方精兵是对战主力，如果郭子仪不点头，李俶是无法轻易指挥大军的，而史书上也没有郭子仪质疑最终战斗策略的记载，说明郭子仪也是赞成的。总之，郭子仪逃脱不了责任。

时隔数月，官军再次战败，朝野一片哗然，士气跌到了低谷，官军如同一盘散沙。与此同时，河南的叛军开始进攻南阳，他们的目标是拿下襄城，控制汉水，切断李亨的经济命脉。李亨一方命悬一线。

为了调动士兵的积极性，李亨决定效仿李渊在河东时用的套路：开空头支票。他允许先由吏部准备空白官凭，加盖官府印章，再由主帅带往前线，直接填写升官者的姓名。上至开府仪同三司、公卿、大将军，下至郎将、将军，全成了可以封赏的职位。

为了召集散兵游勇，李亨发出去无数官凭，以至于一张大将军的任命书只能抵一顿酒钱。大家都明白，朝廷的封官和赏赐全是废纸，所以依旧没有战斗的欲望，范阳铁骑依旧是他们心中的噩梦。

军中境况一塌糊涂，朝廷内部更是死气沉沉。

陈涛斜兵败后，房琯无颜面对皇帝和群臣，以身体不适为借口拒绝上朝，每天和刘秩、李揖坐而论道。李亨对此愤怒不已，贬房琯为太子少师。

李亨内心很无助，他对现实不满，却又无力改变现状，房琯只是他的出气筒而已。贬斥完房琯，李亨也变得心灰意冷，开始不可自拔地沉湎佛教，整日在宫中设置道场，邀请僧人诵经。

幸运的是，郭子仪没有就此沉沦。他复盘了清渠之战，得出了一个至关重要的结论：官军的反攻战略没问题，只不过将士对叛军产生了畏惧心理，而畏惧的来源正是敌军中所向披靡的范阳骑兵——灵宝之战、陈涛斜之战和潼关之战，叛军都是依靠骑兵冲锋取得优势的。

这么看来，想在正面战场打赢叛军，必须以"骑"制"骑"。

想通之后，郭子仪给李亨上了一道奏折，希望请回纥精骑前来相助。他的理由有三个：第一，回纥是李唐皇室的老牌雇佣军，当年李世民打东突厥、李治打西突厥和高句丽，都曾征调回纥军队，双方的渊源很深；第二，回纥骑兵彪悍；第三，回纥早就想派援军打安禄山，是李亨担心外族军队会狮子大开口，才拒绝了他们的提议，如今再去邀请并不算晚。

之前，李亨为了稳住回纥，让宗室成员李承采与回纥公主联姻，使双方依旧保持着友好联系。如今形势危急，李亨没法再拒绝对方的援手了。他给回纥传信，答应攻克长安之后，获得的土地和百姓归唐军所有，金银珠宝和未成年男女归回纥所有。

不对等的交易地位，注定有不平等的交易条件。

怀仁可汗获悉很高兴，让儿子叶护、大将军帝德率领四千骑兵赶赴凤翔，大批西域杂牌雇佣军尾随其后。这是一支能改变大唐国运的军队，李亨向他们提供了最高标准的服务。叶护太子受到礼遇，得了钱财，大感满足，当场放出话来，一定会帮李亨夺回长安和洛阳。

收复两都

至德二载（757）九月十二，广平王李俶率领十五万异族援军杀奔长安。

到达扶风郡后，郭子仪为了拉拢回纥骑兵，命人准备牛羊肉和美酒，供回纥人胡吃海喝了三天之久，以至于叶护都觉得不好意思了。叶护说道："郭大帅，大唐遭逢危难，回纥骑兵还没上阵打仗，哪能只顾着吃喝呢？"郭子仪大手一挥，大方表示除了皇帝开出的条件，他可以每日再给回纥军队单独供应两百只羊、二十头牛。

接下来是生死之战，这么关键的时候请回纥骑兵来卖命，就要直接开出令他们无法拒绝的条件，否则还你来我往地讨价还价，肯定会让人感到不舒服。李亨和郭子仪选择一步到位，皆大欢喜。

当然，李亨的付出确实收到了回报。

九月二十七，长安城西。唐军部署十五万兵力，李嗣业为前军，郭子仪为中军，王思礼为后军，在香积寺北面的沣水东岸结成阵型。香积寺的北边是昆明池，西边是沣水，南边是秦岭，视野开阔，官军利用地形降低了被叛军偷袭的风险，这个选址很讲究。

灵宝之战、陈涛斜之战、清渠之战，官军都是整体推进，一股脑地冲锋，然后被叛军骑兵瓦解。这次他们学乖了，分为前、中、后三军，由前军先冲锋，中军和后军按兵不动，随时策应，以免军队被整体打垮。

叛军方面还是老套路，安守忠和李归仁提前在长安城外布置了十万兵力，一部分放在正面战场，一部分作为奇兵埋伏起来，准备包抄唐军的大后方。

双方投入的主力部队多达二十五万人，这场战役注定会名留青史。

开战后，李归仁率领骑兵发动了第一波试探性冲锋，在遭遇到密集的箭雨后迅速撤回。官军误以为叛军怯战，开始肆无忌惮地反扑。大军处于冲锋状态，阵型散乱，李归仁利用机会，靠骑兵的机动性重新反杀了回来。

范阳铁骑确实是官军挥之不去的噩梦，李归仁刚刚反扑，他们就习惯性地撤退了。一时间，唐军数万将士如潮水般涌向己方阵营。如果不能翻盘，李亨的复国大梦恐怕就会戛然而止。

形势危急，官军阵营突然杀出一名猛将。此人身高七尺，手握一柄陌刀，骑着战马左右冲突，如入无人之境，手起刀落间，数十名叛军身首异处。此人便是有"神通大将"之名的前军主将李嗣业。

陌刀是一种专门用于对付骑兵的兵器，因不被允许陪葬，所以没有复原图可以参考，我们并不知道其具体形制。交战之时，陌刀阵士兵会将刀口向前，形成刀阵，阻挡骑兵冲锋。如果陌刀阵败退下来，步兵将会直面骑兵的冲锋，因此陌刀阵的战略作用非常大。但是，这场战争中官军最大的翻盘点不在于陌刀阵，而在提前埋伏好的回纥骑兵，他们会伺机发动侧翼突袭，这也是李嗣业的底气所在。只见他手举陌刀，骑着高头大马，伫立在敌军跟前，还于混战之中高喊："兄弟们，如果我们不拼死抵抗，官军就彻底完了！"官军将士瞬间重新燃起了斗志。一阵厮杀后，他们的阵脚稳住了。

李嗣业让两千名手持长刀、长柄斧的前军将士排成横队，如城墙一般向前推进，几乎是用人墙战术挡住了敌军的冲锋。

另一边，大将王难得为了救人，不幸被射中眉骨，垂下的皮肉甚至遮住眼睛。可他二话不说便伸手拔掉了箭头，不管被扯下皮肉，重新投入战斗。别人是轻伤不下火线，王难得是重伤不下火线，这种战斗精神再度鼓舞了官军，也吓坏了对方。

一触即溃的官军，为什么突然间不怕死了？

对此，官军将士心里清楚，他们在正面战场的交锋是为了给援军骑兵赢得突袭的时间。

香积寺的地理优势这时候就凸显出来了。交战前，官军通过侦察，就已经找到了叛军的骑兵军团，并由仆固怀恩率领回纥骑兵剪除了这支部队。随后，回纥骑兵绕到叛军背后，与官军配合，前后夹击。战斗持续了六个小时，官军杀敌六万有余，叛军溃退。

战争打到这儿，李唐王朝终于看到了希望的曙光。

当天夜晚，长安城喧闹不止，仆固怀恩认为敌人正在弃城逃跑，于是向主帅李俶请命包围长安，活捉安守忠和李归仁。遗憾的是，李俶否决了仆固怀恩的建议。

回去之后，仆固怀恩躺在床上翻来覆去，始终无法入睡。他又往李俶的营帐跑了四五次，强烈请求带兵追击，李俶死活就是不同意。到了凌晨，长安传来确切消息，安守忠、李归仁等人弃城逃跑了。

在当时的情况下，官军确实可以包围长安，但李俶没有选择乘胜追击。我们可以说他缺乏魄力，然而这件事却没有表面看到的那么简单。

第一，仆固怀恩想搞一次斩首行动，可夜晚开战，视野不够清晰，只要官军的防守圈稍有缝隙，李归仁和安守忠就能逃走，官军的军事行动成功率不高，性价比太低。反之，如果叛军逃不出去，肯定会死战到底，而官军的优势是回纥骑兵，不能用于攻城战，所以在对抗过程中肯定会消耗掉大批来之不易的有生力量，这对大局是不利的。

第二，安守忠和李归仁统率的是关中叛军，随着安禄山的被杀，以史思明为代表的河北叛军成了朝廷最大的敌人。歼灭长安叛军消耗大，不如留待以后再出大力。

第三，李亨已经答应回纥人，允许他们劫掠财富。如果攻城取得胜利，放这么一支成分复杂、目的不纯的军队进城，到时候别说彻底歼灭叛军，搞不好反而会因为纪律涣散被反杀。

人都有落袋为安的思维，这才是李俶保守行事的原因。就像炒股票，在风险很大、收益确定的情况下，绝大多数人都会选择迅速清仓，锁定收益，而不是加杠杆继续追求刺激。

至德二载（757）九月二十八，叛军撤离，长安城重回官军手中，此时距离李隆基出逃已过一年零三个月。对李亨来说，这不仅是军事胜利，还是政治胜利，意味着他的皇位稳固了。

收获了胜利果实，大唐自然要向回纥大军兑现承诺。如果不出意外，长安城会再次遭到洗劫。为了避免百姓受苦，大军入城的时候，李俶拜倒在叶护面前："太子殿下，如今刚收复长安，如果纵容你们劫掠城池，洛阳百姓会作何感想？朝廷还要收复洛阳，希望您可以暂缓劫掠，等到洛阳被攻克，朝廷一定会履行诺言。"

大唐皇子给回纥太子行拜礼，这绝对是超常规的礼仪。叶护太子不敢托大，急忙下马回礼，承诺会约束手下，并帮大唐夺回洛阳。叶护确实遵守了诺言，连长安的城门也没进。

叛军已经放弃了从洛阳到关中的防御，李俶一路东进，陈兵在陕州境内。安庆绪面临两个选择：要么避开官军锋芒，逃回河北，和史思明联手；要么死守洛阳，组织反攻。思来想去，安庆绪都觉得不甘心，于是集结洛阳附近的十五万守军，让御史大夫严庄带着前去御敌。严庄的特长是搞政治斗争，军事经验几乎为零，安庆绪重用他，只因为他是安庆绪的心腹。

十月十五，两军在陕州新店相遇。严庄依山扎寨，防止官军偷袭。

战斗开始，郭子仪先是主动进攻，然后佯装失败，引得叛军前来追击。叛军追得正起劲，背后突然响起一阵羽箭破空的刺耳声音。严庄对此可能不太清楚，但参加过长安攻防战的将士们可太熟悉了，那是回纥军队专用的鸣镝（dí）羽箭，因为箭的尾部有镂空的小洞，所以飞行时会发出奇怪响声。

叛军中有人开始叫喊："回纥骑兵来了！回纥骑兵来了！"

范阳铁骑是唐军的克星，回纥骑兵却是范阳铁骑的克星。一时间，恐惧就像病毒一样在叛军中蔓延开来。官军越战越勇，几个小时下来，杀敌足足九万。

陕州之战，安庆绪输光了一切，只能光着屁股离开赌桌。

十月十六，安庆绪杀了哥舒翰、程千里等三十位投降的唐军将领，率领亲信星夜兼程返回范阳。两天后，李俶进入洛阳。

拿下洛阳，随之而来的不是欣喜，而是麻烦——该如何兑现给回纥的承诺呢？这一次，李俶找不到拒绝叶护太子的理由了。

史料记载，面对蠢蠢欲动的回纥，洛阳百姓拿出一万匹丝织品，这才让他们停止劫掠。一场肮脏的交易被史家一带而过，统治者的面子得到维护，至于真实发生的故事，因为粉饰太平的需要，被永远埋在了笔墨背后。

安庆绪一路狂奔，到达邺郡（治所在今河南省安阳市），随后在河北招兵买马，很快又聚集了六万多人，蔡希德、田承嗣等将领也赶来投奔。不过，一个才华平庸、意志不坚定的人，如果在顺境里都做不成大事，也很难指望他在逆境中逆袭成功。

邺郡城内，安庆绪沉湎在安乐窝里，玩得不亦乐乎。他手下的重臣高尚、张通儒为了争权夺利，将队伍搞得乌烟瘴气。敢于直言、性格刚直的超级战将蔡希德忍不住提了点建议，结果被迫害致死。刚愎自用的崔乾佑被安庆绪提拔为天下兵马使，他开始铲除异己，疯狂杀戮，闹得人心惶惶。

拾肆

祸起萧墙

范阳谍战

叛军之中，一边是消极沉沦的安庆绪，一边是风生水起的史思明。

之前安禄山将搜刮到的财宝送到范阳，结果都成了史思明的私产。而在战争年代，财富流向哪儿，人才就会留向哪儿。

陕州之战后，李归仁和几万胡人军队投奔了史思明。原本在叛军内部，史思明的地位就仅次于安禄山，如今他的实力膨胀，自然就有了脱离大燕的想法。

至德二载（757）十二月，安庆绪让部将阿史那承庆和安守忠率领五千精兵前往范阳，表面理由是征调兵力，实际上是要剿灭史思明。史思明的谋臣耿仁智提了个很绝的建议，让史思明先投降朝廷。这是要走安庆绪的路，让安庆绪无路可走。

范阳城下，史思明人多势众，将士们的精神状态更是饱满，阿史那承庆的五千精兵根本不够看。史思明调侃道："将军，你们远道而来，范阳将士很开心，可他们素来胆怯，不敢来迎接，希望你们收起弓箭刀枪，使范阳将士安心。"一套萝卜加大棒，史思明对自己的控场能力很是自信。

阿史那承庆看得清局势，无奈跟史思明进了军营。晚上，一顿牛羊肉和美酒，外加一场异域美女的歌舞表演，阿史那承庆就被史思明轻松解除了武装。随后史思明在桌上摆满金银和干粮，亮出态度：愿意留下的拿走黄金白银，不愿留下的拿走干粮。就在当夜，史思明将五千精兵收入麾下。

第二天早晨，史思明告诉阿史那承庆和安守忠，他决定带着河北十三郡和十三万将士投降朝廷。

史思明的投诚在长安引起了轩然大波。宰相张镐声称史思明假意投降，包藏祸心，还状告滑州防御使许叔冀和史思明是一路货色，迟早会背叛朝廷，希望朝廷将许叔冀调回长安，做皇室宿卫。结果，张镐被贬为荆州大都督府长史。

李亨是真的相信史思明会投降吗？

如果这样想，未免小瞧李亨了。他多年处于尔虞我诈的环境中，疑心病非常严重，所以别说磨刀霍霍、一心想夺他皇位的史思明，就连帮他打江山的郭子仪、李光弼等人，现在也还在他的观察名单内。

再从利益角度分析。

史思明带着团队投降，开出的条件是什么？没有条件！割据河北、自己称王之类，史思明是说不出口的，但只是要几个虚头巴脑的头衔就把大燕交给朝廷，傻子也不会相信。因此，史思明干脆什么条件都不开。另一边，如果李亨接受史思明的投降，他也得开条件，比如派宦官常驻范阳之类，可李亨同样一个基本动作都懒得做。

明明是一场交易，双方却连条件也懒得开，这种生意能成吗？也许局外之人觉得这事儿靠谱，但局中人肯定会说：这就是在瞎扯！

李亨和史思明都是局中人。双方心知肚明，史思明投降朝廷，是为了断安庆绪的后路，而李亨接受投降，是想利用史思明对付安庆绪。说白了，大家都是"政治流氓"，互相利用罢了。

张镐被贬官，原因就一个：他破坏了游戏规则，是个政治愣头青。张镐公然质疑史思明的投降诚意，如果李亨不处置，等于认可张镐的意见，接下来只能不接受投降，两军只能继续开战。因此，李亨就算确实不信史思明的话，也只能处罚张镐，而不是捅破这层窗户纸。

有句话怎么说的？大家可以暗地里使绊子、捅刀子，但公开场合还是要笑哈哈。该怎么做就怎么做，玩的都是套路。

其实在张镐上奏的同时，李光弼也上奏了，区别在于张镐是明奏，李光弼是密奏。李光弼劝李亨趁机封已归降史思明的原信都太守乌承恩为范阳节度副使，赐阿史那承庆丹书铁券，让他们铲除史思明。

史思明假意投降的时候，李亨其实想过借机和平演变，操作路径就是选一位利益代言人取代史思明，替朝廷管理河北。让亲唐派的官员上位，就算河北不能彻底回归中央，也不会成为敌人。乌承恩是史思明的故交，但政治立场过于亲唐，还曾拉拢军中将领投降朝廷，因此被史思明冷落，这是乌承恩进入李亨视野的原因。由于时间仓促，李光弼和李亨拟定的办法是以范阳节度使为饵，换乌承恩去刺杀史思明。至于阿史那承庆，他是被史思明诱降的，对史思明本就有仇恨，又是资历深厚的叛军将领，可以控制史思明死后的局面。

如果李亨的计策成功，朝廷可以和平演变；如果计策失败，也可以引起叛军内部的争斗。通盘考虑，李亨的计策还是有含金量的。

于是，李亨封史思明为归义王，让宦官李思敬随乌承恩前去安抚，并命令史思明讨伐安庆绪。然而，乌承恩刚到范阳，史思明就反了。

乌承恩没想到，他走的是一条充满阴谋和背叛，更兼暴力和血腥的路。

乌承恩抵达范阳，宣读完旨意后，史思明将他留在府中。一起留下的还有几个身手矫健的间谍，他们提前藏在了乌承恩的床底。到了晚上，史思明让乌承恩的儿子前往探视，乌承恩没有防备，对儿子道："朝廷让我除掉史思明，还答应让我做范阳节度使。"话音刚落，床底就钻出两人，扬言乌承恩父子图谋造反，门外的伏兵冲了进来，将乌承恩父子擒住。

第二天清晨，史思明召集手下，打开乌承恩的包袱，见里面有丹书铁券和姓名簿，上面写满了叛军将领的名字，还有李光弼的一封亲笔信，信中写道："如果阿史那承庆应下投诚的事，就将铁券交给他。如果不答应，那就不给。"

史思明指着乌承恩骂道："我有什么对不起你的，你竟然做出这种事？"

乌承恩辩解道："这都是李光弼的阴谋。"

消息一经公布，军营里顿时炸了锅，将士们纷纷指责朝廷的不是。史思明趁机面朝西南，呼天抢地地说："陛下，臣率十三万将士和河北十三郡投降朝廷，究竟犯了什么错，以至于招来杀身之祸？"

得知军中出了内奸，范阳将士的情绪本来就暴躁，加上史思明影帝级别的表演，他们愤怒、屈辱的指数瞬间爆表。史思明借坡下驴，将乌承恩父子乱棍打死，被株连的有二百余人，而这个细节恰恰证明了两件事：一、叛军内部的投降情绪其实非常浓厚；二、史思明想接管大燕政权，必须依靠对官军的军事胜利，而战争起点就是撩拨基层将士对朝廷的仇恨。

为什么说史思明复叛这件事充满阴谋？

史思明在乌承恩的床底埋伏间谍，知道乌承恩带着丹书铁券、李光弼的书信和将士名册，说明他早就怀疑和监视着乌承恩，并且提前布好了局。床底设卧底，门外设伏兵，恐怕不管乌承恩是否对儿子说那番皇帝许诺让他做范阳节度使的话，他都会完蛋。

古往今来，成大事者不仅不拘小节，有时也不讲道义。史思明的举动产生了一石多鸟的完美效果：断了日后安庆绪投诚甚至是叛军投诚的道路；煽动范阳将士的情绪，让他们死心塌地跟着自己造反；将自己包装成无辜的受害者，获得舆论上的支持；把屎盆子扣到李光弼的头上，找到了"清君侧"的理由。

史思明一心想开战，将士们的情绪也被点燃，事情没有了转圜的余地。

史思明摘桃子

"清君侧"是个造反的好借口，史思明不愧是安禄山的兄弟，用的套路都一样。当初安禄山想杀的是杨国忠，现在史思明想杀的是李光弼。

史思明的奏折送往长安，李亨没有气急败坏，因为大家本来就都在玩套路，只可惜和平演变的路走不通了。经过深思熟虑，李亨做出决定：先剿安庆绪，再诛史思明，靠武力完成统一。

李亨和叛军宣战，不是头脑发热下的决定。

至德二载（757）十月，李亨接受史思明的投降；乾元元年（758）九月，李亨正式宣战。其间一年，是朝廷休养生息的恢复时间，也是李亨思考未来战略的空窗期。

怎么和叛军开战？谁来统率军队？怎么平衡将领的权力？完成统一后，怎么收拾千疮百孔的局面？这里面涉及的事情太复杂了。

为了做准备，乾元元年（758）七月，也就是宣战前的两个月，李亨封回纥磨延啜可汗为英武威远毗伽阙可汗，并将最小的女儿宁国公主嫁他为妻。

有唐以来，不管是和突厥、吐蕃等大国，还是和奚、契丹等小部落，和亲公主一律是李唐宗室女子，很少用货真价实的皇帝的女儿。这一次，李亨下了血本，一来感谢回纥政权帮他收复两京；二来继续搞好关系，为统一全国做准备。

磨延啜可汗非常配合，他让大臣骨啜特勒和将军帝德率领三千精兵前往长安。这支生力军挂靠在朔方将领仆固怀恩的名下，由他亲自调遣。

八月，李亨让郭子仪、李光弼率领二十万大军赶赴河北。安庆绪手下只有七万乌合之众，只要李亨调度得当，安庆绪就能"喜获"阴曹地府的门票。

截至目前，李亨调兵遣将的工作完成了百分之九十，只差任命主帅。大家苦苦等待，谁也没想到，李亨最终宣布，由宦官鱼朝恩担任观军容宣慰使。这是李亨独创的官职，可以理解为有正式编制的监军。也是从此时开始，观军容宣慰使成为一代又一代官军统帅的噩梦，直到唐朝灭亡。

史书记载，李亨担心郭子仪和李光弼不会服从对方，因此让鱼朝恩居中协调，但这是美化的写法。真相是李亨忌惮郭子仪和李光弼，这种忌惮从他初到灵武时就开始了。他总是一边用着他们，一边防着他们。

李亨此举不是阴谋，而是赤裸裸的阳谋，为的是权力制衡，然而他没考虑后果。试问，得知消息的各路节度使会怎么想？恐怕脑子里会立马蹦出三个想法：一、李光弼和郭子仪才是焦点人物——打赢了，他们的功劳最大；打输了，第一批挨板子的也是他们；二、皇帝派来监军，肯定是不想认真平叛，那就随便搞搞吧；三、大军没有最高统帅，这是集体磨洋工的合理借口。

可以说，观军容宣慰使横空出世的时候，官军就已经输了一半。

十月，郭子仪北渡黄河，在获嘉城（今河南省新乡市获嘉县）碰到敌军守将安泰清。一番苦战，郭子仪收割四千人头，随后向卫州（治所在今河南省新乡市卫辉市）挺进。卫州和安庆绪所在的相州（治所在今河南省安阳市）相隔一百公里，郭子仪想拔掉相州附近的城池，于是用二十万大军合围卫州。

为了遏制官军的攻势，安庆绪带了七万大军驰援卫州。

对安庆绪来说，困守相州是等死，主动出击是找死，两条路都不好走，最佳选择是拿唇亡齿寒的利害关系游说史思明，保存自己的实力。不过，人在没有彻底绝望前总是对自己有盲目的自信，就像此时的安庆绪，他宁愿拿鸡蛋碰一碰石头。

郭子仪做足准备，提前埋伏了三千弓箭手。交战不久，郭子仪佯装败退，诱使叛军进入伏击圈，弓箭如狂风暴雨般落下。之后郭子仪率军掩杀，安庆绪的弟弟安庆和当场阵亡，叛军只能后撤。

郭子仪挺进，将相州团团包围，安庆绪不得不向史思明求援。为了坚定史思明的决心，安庆绪开了个让史思明无法拒绝的条件：把皇位让给他。

史思明和安庆绪闹矛盾，图的就是皇位，这一点安庆绪心知肚明。当然，史思明也清楚，就算他派兵救援，安庆绪也不会轻易交出皇位。不过既然安庆绪说了这话，若以后出尔反尔，史思明就可以站在道德制高点上抨击他。于是史思明传下军令，尽起十三万精兵支援相州。

当然了，这些都是做给外人看的，是宣传"史思明顾念同袍之情"的需要。实际上，史思明只让李归仁率领一万精兵驻扎在滏阳（今河北省邯郸市磁县）。

安庆绪没有大伤元气前，范阳大军不会主动参与大规模军团作战，等安庆绪陷入绝境，就找他讨要皇位，再说帮不帮忙，这才是史思明真正的剧本。

不参加大规模团战，搞搞游击战，打乱官军阵型还是可以的。十一月，史思明使用离间计，攻克了河南节度使崔光远控制的魏州（治所在今河北省邯郸市大名县）。时值冬天，天寒地冻，官军粮草转运困难，而安庆绪还有几万精兵，够官军打一阵子，于是史思明命大军在魏州过冬休整，准备给自己搞个封王庆典。

乾元二年（759）正月，史思明在魏州城北筑坛祭天，自封"大圣燕王"。这步棋有两个作用，一是试探安庆绪，如果他情绪激烈，就给官军继续放水；二是为做皇帝进行舆论造势。

安庆绪对此表现得很冷静，不反对也不恭贺。这种态度史思明很喜欢。

史思明忙着封王大典，安庆绪坐守孤城，官军呢？他们各自为战，进退不一。

朝廷没有指定主帅，但这只是造成混乱的表面原因，本质是因为朝廷没有约定好平叛后的利益分配格局。

狼群围剿猎物，猎来的食物怎么分配？需要头狼来制定规则。可在官军中，头狼是宦官鱼朝恩。鱼朝恩是钦差大臣，肯定要落实皇帝的制衡想法，各路节度使怎么想，一点儿也不重要，而各路将领也没有指望他会客观公正。拿李光弼来说，他曾经提议由朔方军先去对付史思明，其他节度使围攻相州，等拿下安庆绪，再一起合围史思明。这原本是很好的提议，鱼朝恩却不同意。

各路将领中，只有李嗣业敢挑战鱼朝恩的权威，率先出兵。不是李嗣业想吃独食，而是他不想浪费大好局面。当人无法寄希望于他人的时候，就只有自己闯出一条路来。

几天后，李嗣业率领本部大军前去攻打相州。

李嗣业手拿陌刀，勇往直前。安庆绪听说过李嗣业的勇猛，不想和他硬碰硬，因此调集一批弓箭手轮番狂射。可怜李嗣业，就算勇冠三军也够不着敌军半分，最终身中流箭创口迸裂而亡。一代名将竟然以这种悲惨的方式落幕，实在是可惜可叹。

李嗣业殉国后，也不知谁带了头，各路官军开始在城外挖壕沟。正值冬天，士兵为了让身体更暖和，一个比一个卖力，最后竟然挖成了三道数米宽的超级壕沟。乾元二年（759）二月，壕沟竣工，官军将漳河之水灌入城池。

历经几个月，相州早就弹尽粮绝，一只老鼠可以卖到四千文。为了保持骑兵的战斗力，安庆绪命人拆掉房屋和墙壁，拿墙壁里面作为建筑材料的秸秆喂马。天寒地冻，又遭漳河入城，所有人都绝望了。

即便是这样，官军还是没有下令攻城，因为安庆绪的日子不好过，官军也好不到哪里去。

二十万大军集结在相州，每天耗费的粮食是天文数字。李亨只能从江南、河东不断征调军粮，运粮大军络绎不绝。史思明找到了机会，派人换上官军服饰，打着官军旗帜，要么烧粮，要么杀人，将粮道搅得天翻地覆。

数十万大军缺粮，后果不堪设想。危急时刻，郭子仪和李光弼决定联手和史思明展开决战，而这个决定正是史思明乐见的。

三月初六，官军在安阳河的北岸布阵，阵型松垮，毫无纪律。

史思明命五万精兵发起冲锋。这帮骑兵是史思明的嫡系部队，身上背负着对朝廷的仇恨，眼下这些仇恨全部化作动力，驱使他们不要命地向官军冲去。

回纥骑兵不在，鸣镝羽箭不在，官军根本不知道如何应对。李光弼、王思礼开始撤退，郭子仪闻讯立即支援，可还没等他赶到战场，一场沙尘暴忽然降临。狂风大作，飞沙走石，官军将士站立不住，眼睁不开，纷纷丢弃辎重武器，疯狂逃命，就连最宝贵的战马都没工夫去搭理。郭子仪的部队在大军背后，因此最先溃逃，随后官军如潮水般涌向河阳桥，无数士兵被挤到河水之中淹死，景象惨不忍睹。

郭子仪的内心是崩溃的。他想逃吗？肯定不想，可他的军队在最后面，黑压压的前军裹挟而来，他就算想躲也没地方躲，只能成为"带头"逃跑的队伍。

局势彻底失控。如果放史思明的部队过河，洛阳也会失守。危急时刻，郭子仪砍断河阳桥，将没来得及过河的官军以及史思明的五万大军阻隔在桥北。

前线官军还没回到洛阳，东都留守崔圆、河南伊苏震就放弃了洛阳，奔襄阳和邓州而去，百姓为求自保，纷纷遁入山林。

节度使又是什么选择呢？

拿淮西节度使鲁炅来说，他的部队被冲散后一路逃回驻地，士兵们在路上无人约束，如土匪般劫掠百姓，大发横财。不少官员弹劾鲁炅治军无方，请求朝廷给予处罚，鲁炅最终服毒自杀以平息众怒。

李光弼和王思礼在溃败后也没有再向洛阳靠拢，而是为了保存实力，各自带兵回到驻地。接下来怎么办，再等朝廷的命令吧。

最郁闷的是郭子仪，此次溃败虽然不是他的责任，但逃跑的时候他在最前面。在法不责众的情况下，谁做了出头鸟，谁就要背锅。而且能力越大，责任越大，其他人可以撂挑子不干，但他郭子仪必须留下来。

郭子仪在洛阳东北的河阳稳住阵脚，从附近抓了一批百姓补充兵源，同时修建工事，就地筑城，希望能挽回颓势。

此时，诗圣杜甫路经洛阳，刚好看到郭子仪征兵致使百姓家破人亡的惨景，于是写下"三吏"和"三别"。这些诗句算是对相州之战最有力的见证。

相州一战，官军损失了七成战马、十万副甲胄，数十万大军瞬间解体，百姓对朝廷失去信心，各地节度使隔岸观火，朝廷既丢了里子，也丢了面子。

趁着官军溃败，安庆绪将七万石军粮全部抢回相州。面对耗损了兵力的史思明、毫无战斗力的官军，安庆绪手中有粮，心中不慌，雄心壮志又燃烧了起来。但现实很快就打了他的脸。

以五万大军干掉数十万官军，史思明缔造的奇迹堪比安禄山一个多月拿下长安。如果河北叛军想继续与朝廷对着干，最靠谱的头领就是史思明，而不是草包安庆绪。对于这一点，叛军基本达成了共识。

战役过后，史思明带着数万大军来到相州，打算找安庆绪聊聊天。

史思明之心，路人皆知，安庆绪更知。安庆绪下令关闭城门，打算装聋作哑，把这事糊弄过去。没想到，他麾下的孙孝哲、崔乾佑等将领直接对他发出了灵魂拷问："皇帝老儿，你打算背弃对史思明的承诺吗？"

安庆绪明白了，大燕的高级将领们已经把票投给了史思明。不过，他还是想再拯救一下自己。

史思明等在相州城外，既不和安庆绪联系，也没有返回范阳的意思。安庆绪知道史思明在城外，既不邀请史思明入城，也不派人慰问，来了个置之不理。

就这样，一个在城内做皇帝，一个在城外休息，双方就像熟悉的陌生人，都不愿意捅开那层窗户纸。

大燕重臣高尚、张通儒实在看不下去了，劝谏道："陛下，史思明从范阳远道而来，帮我们解围。您作为皇帝不表态，我们这些臣子总得出面表示一下吧？"

安庆绪耍起无赖，说道："朕不会去，要去你们去。"

高尚和张通儒无奈，只好自己前往史思明军中表达对他的欢迎。

通过谈话，史思明得知安庆绪是想能拖就拖，不到万不得已绝不松口。史思明开始哭诉自己千里迢迢来相州的不易，说到动情处，声泪俱下，还声称自己对安庆绪的帝位没有过分的想法，没想到遭如此冷遇，心中实在是郁闷。为了收买人心，史思明又安排了丰盛的宴席，并亲自作陪，让高尚和张通儒感受到了什么叫宾至如归。临走之前，史思明还给二人送上价值不菲的礼物。

史思明的豪爽大气衬托了安庆绪的心胸狭窄。实际上安庆绪也清楚久拖不是办法，最终提议让史思明来相州，先搞禅让大典，再将印绶交给他。

既然安庆绪玩心思，史思明也不含糊，他写了一份奏疏："愿为兄弟之国，更作藩篱之援。鼎足而立，犹或庶几；北面之礼，固不敢受。"意思就是，退不退位的先不说，大家可以各自立国，你做大燕皇帝，我立国称帝，与唐朝形成三足鼎立之势。

人在落水时，漂来一根救命稻草也会让他兴奋不已。就像安庆绪，本来觉得没机会做皇帝了，可看到史思明的奏疏，立刻仿佛获得新生，连最后一丝防备也消失了。

安庆绪带着三百亲兵前去赴约，二人相谈甚欢，气氛融洽。安庆绪抓住时机说道："我不能胜任皇帝重任，这才丢掉长安和洛阳。我如今身陷囹圄，大王看在父皇的面子上救我，这辈子我都无法报答大王的恩德。"说完便跪下来。

安庆绪以为史思明会来搀扶，然后明确提出各自称帝、互为兄弟之国的想法，可等了半天也没见动静，正准备发作，忽听史思明暴吼道："安庆绪，你丢掉两京无所谓，可身为人子，竟然为了皇位谋害亲生父亲，可谓天地不容！我为太上皇讨伐逆贼，岂能和你同流合污？！"

史思明原本是篡权夺位的角色，可把安庆绪弑父的旧事翻出来，他就成了替天行道的英雄。

安庆绪死了。他应该明白，敌人的阴谋不可怕，敌人的刀枪也不可怕，最可怕的是主动将自己的命运交给别人去掌控。从放弃抵抗，打算和史思明各自为国的那一刻起，他便已经失去了未来。

史思明将财宝赏赐给将士，命儿子史朝义留守相州，自己返回范阳。乾元二年（759）四月初八，史思明在范阳登基，自称大燕皇帝。

安氏家族的辉煌已然逝去，接下来是短暂的史家王朝。对于李唐朝廷来说，还有更加沉重的国难。

李光弼反攻

对于相州的兵败，李亨表现得超级淡定，毕竟鱼朝恩是他派的，没有大军主帅是他的意思，遭遇沙尘暴怪不到谁，而且统兵作战的有九位节度使，法不责众。事后，李亨不仅给这些节度使升了官，还让郭子仪担任山东、河东诸道元帅，节制天下兵马。

总有人见不得别人好，尤其是像郭子仪这种有战败污点的人，政敌不踩他几脚都不算合格。在所有人中，下脚最狠的是鱼朝恩。

鱼朝恩对付郭子仪，不单纯是因为政治斗争，主要还是郭子仪自己有很大问题。

首先，唐朝军队有个不成文的潜规则，即谁打败仗谁负责，封常清、高仙芝和哥舒翰就是先例。不管相州战败是因为什么，郭子仪肯定还是要负责的。

其次，大军出动虽然没主帅，但朔方军毕竟是主力，郭子仪又是朔方军的领袖，应该挑大梁。然而最艰难的时候，李嗣业和李光弼都有担当，郭子仪反而唯唯诺诺，表现令人失望。

最后，崔光远的魏州被围时，郭子仪拒绝救援，理由是当初他打汲郡的时候，崔光远只带了一千人前去支援。在大家眼中，这是郭子仪心胸狭隘、没有大局观的表现。

郭子仪想安稳做个顺从李亨的臣子，政治立场没问题，可他的不作为却得罪了两拨人：一拨是想建功立业往上爬的人，比如鱼朝恩；一拨是莫名有了败绩加身的地方节度使。鱼朝恩踩郭子仪的时候，没有节度使为郭子仪说话就是明证。

李亨挺了郭子仪三个月，最终熬不过鱼朝恩一次又一次上言，不得不让李光弼取代了郭子仪的位置。不过，李光弼只答应做朔方节度使，把天下兵马元帅的头衔扔给了赵王李系。军权是个敏感的东西，离它越远，活得越久，这是郭子仪和李光弼的共同认知。

乾元二年（759）八月，李光弼晋升为河北节度使，奉命收复河北。

史思明让小儿子史朝清镇守范阳，自己星夜兼程带兵赶赴汴州。朝廷安排在汴州的守将叫许叔冀，李光弼让他无论如何也要坚守十五天。许叔冀拍着胸口保证没问题，可李光弼刚从外地回到洛阳，汴州就沦陷了，许叔冀、刘从谏、田神功等人集体投降。

占领汴州意味着史思明在黄河南岸有了根据地，这是叛军反攻的基础。史思明兴奋之余，封许叔冀为大燕中书令，让他和范阳战将李详一起镇守汴州。

许书冀做了大官，刘从谏、田神功捞到了什么？什么也没有。不仅如此，史思明还派他们跟随大将南德信到江淮作战。这些人投降叛军，憧憬的是得到荣华富贵，到头来却没捞到一点好处，还要做史思明的炮灰，凭什么？于是田神功、刘从谏合计了一下，在路上杀掉南德信，又归降了朝廷。

事情虽小，却能看出两个端倪：其一，史思明心思不够细腻，容易招惹小人，而且容易被人算计；其二，做不好拉拢人心和激励团队的事，根源在于史思明飘了。而人只要开始盲目自大，等待他的必定是个大跟头。

汴州失守，李光弼感到压力巨大。

东都留守韦陟建议放弃洛阳，驻守陕州，利用潼关阻挡史思明。李光弼拒绝了这个提议，理由是双方势均力敌，官军不战自退，放弃数百里的国土，会助长叛军的嚣张气焰。其实，李光弼更担心的是皇帝的态度——李亨为了让他上位，不惜拿下郭子仪，如果贸然撤退，他的下场恐怕就不是罢官那么简单了。

权衡利弊之后，李光弼还是决定放弃洛阳，只不过他选择将大军转移到河阳，和叛军形成对峙之势。

李光弼只有两万人，如果驻守洛阳，就需要在汜水、龙门派兵协防，这会削弱官军的整体防御能力，也会让李光弼成为瓮中之鳖。如果史思明接手了洛阳这个烫手山芋，他就要派兵防守，李光弼就成了主动的一方。反之，如果史思明不要洛阳，继续向西推进，李光弼也可以包抄史思明的后方。

李光弼的战术其实是在逼迫史思明放弃洛阳，而史思明真的按他所想的做了。史思明在河阳之南建了一座月城，打算和李光弼打擂台。他让军士轮流带着一千多匹战马到黄河边洗澡，以示兵强马壮。李光弼更有办法，他让部下将小马驹拴在营中，然后挑出五百匹母马带到黄河北岸晒太阳。母马和小马疯狂鸣叫，声音吸引了黄河南岸的战马，它们撒欢似的游到北岸，顺理成章地成了李光弼的财产。

史思明又在上游造了几百艘战船，将它们点燃，顺流而下，打算借此烧掉浮桥。李光弼命人制成前端带钩的百尺长杆，将木船勾住，史思明只能眼睁睁看着木船在黄河中央上演滔天烟火。

史思明和李光弼是老对手了，在河北战场上大家旗鼓相当，互有输赢。如今史思明做了皇帝，正是心高气傲的时候，却被李光弼戏耍，心情可想而知。于是一场原本正常的军事博弈因为史思明心态失衡，变成了一场为史思明挽回面子的意气之争。

史思明派了一队骑兵，打算在官军的粮道上做文章。李光弼决定利用史思明的愤怒情绪，用自己做诱饵，引史思明犯错。

李光弼来到屯粮之所野水渡，他想传达一个信息：我已经离开河阳，正在野水渡等你，速来打我。不过他只在野水渡逗留了一会儿便悄然离开，临走前吩咐守将雍希灏："史思明手下的高庭晖、李日越和喻文景素有'万人敌'的美称，今夜必有一人来抓我。你率一千人守住营寨，不要主动出战，到时候带他来见我。"不主动出战，带他去见你？难不成，这帮臭小子会主动投降？雍希灏蒙了，但还是遵命行事。

当天夜里，史思明传召李日越，给他下了一道军令："李光弼在野水渡，你率领五百精骑前去偷袭。抓不到李光弼，你也不用回来了。"

第二天凌晨，李日越来到野水渡，雍希灏趴在壕沟里对着他引吭高歌。明明是来偷袭的骑兵，结果明晃晃暴露在官军眼前，还被调戏，这场面太尴尬了。

李日越："你们的大帅李光弼呢？"

官军："昨晚已经回河阳了。"

李日越："你们这儿有多少人？"

官军："就我们一千人。"

李日越："守将是谁？"

官军:"雍希灏。"

双方就像朋友一样聊天,丝毫看不到敌意,然而李日越聊越觉得心虚。史思明命他活捉李光弼,可他能抓到的只是雍希灏——一个普通将领,带他回去,史思明肯定不会高兴。李日越思索再三,决定投降官军。雍希灏依命将李日越带到河阳。李光弼对李日越热情有加,还封他做大将军。

野水渡的八卦很快就在史思明的大营里传开了。史思明麾下的三位"万人敌"大将,论资历和地位,李日越排名最末。高庭晖听说李日越做了大将军,心想如果自己也投降,地位肯定比李日越要高,于是在几天后也暗中归降了官军。

三员虎将,李光弼轻松招揽了两位,既增加了自己的生力军,又羞辱了史思明。李亨也配合李光弼,下发了两个任命书:高庭晖担任右武卫大将军,李日越担任右金吾大将军。这两个职位虽然是养老岗位,却是叛军将领洗白自己的不二选择。

一边是有名有分的朝廷职官编制,一边是给私营企业干掉脑袋的活,傻子也知道怎么选。照这样招聘下去,朝廷什么也不用干,就能把大燕政权变成空壳公司。

史思明不想和李光弼玩小打小闹的游戏了,他决定从正面进攻河阳城。

河阳城分为南城、中城和北城,南城首当其冲。李光弼给南城守将李抱玉的任务是拼死防守,给大军争取两天时间,两天后可以弃城。

第一波防御坚持了两天,防御物资在第二天傍晚耗尽。李抱玉知道李光弼正在构筑中城和北城的防御工事,所以哪怕规定的时间已到,他也没打算放弃。

李抱玉给叛军送信,声称自己要投降。围攻南城的叛军大将是周挚,他不想损失太多士兵,因此接受了。当天傍晚,周挚鸣金收兵,李抱玉乘着黑夜的掩护,一面派人修补城池,一面派人绕到敌军身后。

第二天,周挚等来的不是白旗,而是一波屠杀。周挚权衡之下放弃了南城,转而围攻中城的李光弼。

李抱玉为李光弼争取了三天时间。这期间,李光弼已在中城外面修建了一圈栅栏,又在栅栏之外挖了宽、深各两丈的壕沟,由大将荔非元礼镇守。

周挚来到中城，发现自己和城池隔着一道壕沟，又隔着一道栅栏，栅栏里面还有随时可以出击的守军，守军背后则是城墙，城墙上面更有数千守军，简直一个头两个大。为了把攻城器具运到城下，周挚在壕沟上面填了八条路，可还没来得及进攻，荔非元礼就带着敢死队从栅栏内冲了出来，沿着八条壕沟阻击叛军。路面本就不宽，周挚空有大军却攻不过来，只能眼睁睁看着手下士兵倒在壕沟里。

两次进攻，两次失败，叛军的士气低迷到了极点。考虑到很难打开中城的防御缺口，周挚又将部队带到北城。然而由于不懂攻城战术，叛军接连受阻，对北城的进攻也不成功。

李光弼抓住有利战机，向两位部将下了军令：郝廷玉率领三百精骑狠打敌人最强势的西北角，论惟贞率领两百精骑狠打敌人的东南角，不胜不退。李光弼随身带了一把短刀，声称战事不利，他就拔刀自刎。当然，这种口号不能当真，因为危机来临，最先跑的可能就是李光弼这种将领。虚伪表演的目的，单纯是为了给下属打鸡血。

这场冲锋战太艰苦，也太残忍。幸运的是，叛军心理已经崩溃，遭遇猛烈的冲锋后，很快溃败而去。李光弼最终杀敌一千，俘虏五百，一直将周挚赶到黄河边上。

河阳之战，唐军仅有两万人，却抓住叛军不善攻城的弱点，以血肉之躯阻击了潮水般的进攻，可歌可泣！可惜，在安史之乱的历次战争中，河阳之战伤亡人数只有几千人，只能算小规模战役，无法改变整体局势。

战役结束后，史思明镇守洛阳，李光弼驻守河阳城，双方隔着黄河继续对峙。令人没想到的是，这一次对峙从乾元二年（759）十月持续到上元二年（761）二月，跨度长达十五个月。

双方迟迟不想决战，原因有很多。

第一，史思明在河阳吃了亏，不敢再轻举妄动。

第二，主力会战将决定着河南地区的控制权，双方都很谨慎。

第三，中原地区粮食短缺，物价暴涨，史载"米斗至七千钱，人相食"，官军和叛军都受到了影响。相比而言，朝廷可以打货币战争，还可以调动蜀中、河西、陇右和河东等地的资源，而史思明只能在山东、江苏一带拓展后勤基地，势力毕竟不足。

史思明偃旗息鼓，李光弼便开始主动出击，然而由于官军人数有限，他只能组织小规模战役，虽然胜率很高，却对大局没什么帮助。李光弼拿的是牛刀，斩的却是苍蝇，这多少让李亨有些失望。这种时候，李光弼的任何解释都是多余的，因为李亨让他做大元帅的时候就在心里给他设定了及格线。很显然，李光弼挂科了。

既然李光弼玩不转，重新起用郭子仪就是个不错的选项了。

李亨将郭子仪任命为河西诸镇元帅，征发左右英武军（李亨组织的禁卫军，精于骑射），并调派朔方等地的七万兵马，打算从朔方直捣范阳，然后挥师平定河北。

范阳没有大将镇守，如果发动偷袭，肯定能收到奇效。然而，李亨的决定引起了宦官鱼朝恩的忌惮。面对重掌兵权的郭子仪，鱼朝恩是有危机感的。于是，他一番运作，竟然让已经下达的诏书作废了。这事儿看起来荒谬，实际证明了两点：宦官集团的势力已经渗透了朝廷运转机构；文官集团逐渐丧失了忠贞耿直的气节，正在默许宦官集团夺走他们的权力。在未来，这两种现象会越来越严重。

史思明意识到，继续耗下去必定会生变，于是他让人在长安散布谣言，说洛阳的叛军都是北方人，他们长期征战，思乡心切，早就没心思守城了，如果官军此时攻城，肯定能一举拿下。

谣言之所以有市场，是因为有人愿意相信它，而且能从中牟利，鱼朝恩便是听信谣言的那一个。他不断给李亨上奏，希望能让李光弼迅速决战。

李亨的心里忐忑不安，毕竟李光弼才是主帅，什么时候开战，李光弼最有发言权。面对鱼朝恩的进言，李亨始终没有松口，然而鱼朝恩也在一线工作，他继续给李亨上奏，直到将史思明的谣言说成既定事实，改变了李亨的心意。

不战肯定不能收复洛阳，战也不一定失败，这就是李亨的心路历程。在急于收复洛阳的心态下，李亨传下诏书，命李光弼展开决战。对此，李光弼的回答很简单："贼锋尚锐，未可轻进。"

皇帝的催战引起了朔方节度副使仆固怀恩的注意。作为职业军人，他知道不应该拿步兵和骑兵硬碰硬，可丑恶的人性正在疯狂地驱使他拆李光弼的台——仆固怀恩一直都有上位顶替李光弼成为主帅的想法，且对李光弼苛刻的治军作风不满。

仆固怀恩告诉李亨，洛阳的局势确实如传言一般，官军应该主动出击。李亨可以怀疑鱼朝恩，但不会怀疑仆固怀恩，他开始觉得是李光弼消极怠战，拥兵自重。数年前，封常清、哥舒翰不就是这样吗？

上元二年（761）二月二十三，李光弼来到洛阳城北的邙山，命各军倚靠邙山安营扎寨，占据险要地势，战局顺利的话就和史思明一决高下，战局不利就选择退守。

李光弼想做稳扎稳打的诸葛亮，偏偏有人想做独领风骚的马谡，此人就是仆固怀恩。他把军队带到平原地带安营扎寨，李光弼命他撤到山上，他就是不听。

长时间的口水战最终影响了官军的整体布局，史思明看得分明，意识到平原地带的军队就是邙山大战的突破口。

叛军骑兵对仆固怀恩发起冲锋，李光弼为了顾全大局，立即命其他部队前去支援。可这样一来，官军的防御优势就荡然无存了。叛军骑兵横扫战场，数千官军阵亡，李光弼和仆固怀恩北渡黄河，退守闻喜（今山西省运城市闻喜县）。

事实上，李光弼是可以撤回河阳重新组织军队牵制叛军的，因为放弃洛阳意味着长安会受到威胁，这是军事上的失败，而把李亨暴露在敌军的铁骑下，这是政治上的错误。当初郭子仪在相州之战后原地重振旗鼓，就是出于这个考虑。可这一次，李光弼翻越太行山脉，直接回了河东。

李光弼和郭子仪终归是性格不同的人，郭子仪逆来顺受，李光弼性格刚硬。李亨督促决战，不仅是军事上的错误命令，更使长安政治生态恶化。如果李光弼留在河南，迟早被朝廷收拾，不如逃回河东，远离麻烦，也能借此向朝廷表达自己的不满。

邙山兵败，朝野震惊，李亨连夜调集军队支援陕州和潼关，因为失去潼关，他就又要带着太上皇李隆基跑路了。

史思明想要扩大战果，派出军队清剿官军，领军将领正是他的长子史朝义。史思明原计划先拿下陕州，再围攻潼关，可计划还没达成，他就被儿子杀死了。

史思明有两个儿子——长子史朝义，幼子史朝清。史朝义的母亲出身贫寒，他却因为长子身份而被立为太子；史朝清的母亲则出身平卢辛家，是大族女子。史思明自从娶了辛氏就官运亨通，所以他格外喜爱辛氏，最终将辛氏封为皇后，对史朝清更是无底线地宠爱。

为了讨父亲欢心，史朝义玩命地打仗。可史朝义表现得越是完美，史思明越看他不顺眼，甚至扬言可以杀了史朝义，改立史朝清为太子。

父亲不分场合说出想杀儿子的话，确实很伤感情。史朝义明白，这种事不好找父亲理论，自己能做的就是谨小慎微，避免犯错。

一边是残暴不仁、六亲不认的史思明，一边是备受欺压、宽厚仁慈的史朝义，不管是从情感还是从理智出发，朝臣们都选择支持史朝义。

史朝义攻打陕州，遭到官军大将卫伯玉的抵抗，没能成功。史思明怒火滔天，大骂史朝义耽误大事，又扬言要杀了他。冷静下来后，史思明突然意识到这是废黜太子的机会，于是告诉史朝义，给他一天时间修一座粮库来赎罪，不然军法处置。

史朝义很窝火，不过还是照做了。他发动手下所有军士去修粮仓，一天下来，只差外墙的一层泥还没涂。第二天，史思明心情爽朗地带着朝臣前去验收，可到工地后傻眼了，史朝义居然完成了任务。史思明的计划落空，心情可想而知。

临走之时，他嘴里咕噜了一句："等攻下陕州，非杀了这个孽子不可。"

这句话很快传遍军营。史朝义的部将骆悦、蔡文景拉拢史思明的警卫队长，还有大批的将军，最终说服史朝义起兵自保。

一行人将史思明生擒，史思明咆哮道："谁敢如此大胆，谋反犯上？"

骆悦闪身出现，面色阴冷地说："是你儿子史朝义的意思。"

史思明看着众人，感慨道："都是朕早上失言才落得如此下场，这就是报应。可你们将朕杀掉，未免太早了吧？你们难道想看着皇图霸业毁于一旦吗？"

这句话说得很没有水平，皇图霸业是史家的，性命是史思明自己的，大家对此心里有数。没过多久，史思明就被骆悦勒死。

留着史思明，确实会被心怀叵测之人利用，给史朝义带来政治风险，从统治角度来说，骆悦的做法是正确的。可从伦理上来说，以子弑父是道德大忌，就算史朝义躲在幕后，也逃不过世人的质疑和指责。

有人觉得，安禄山为安庆绪所杀，史思明为史朝义所杀，是因为胡人不讲道德伦理。可如果真是这样，在杀安庆绪的时候，史思明就不会把持着道德制高点，更不会在自己被杀之前，企图用父子伦理的准绳去阻止史朝义。

这样的事频繁出现，其实是叛军集团权力体系和价值信仰崩塌的结果。

说白了，造反是政治投机，要的就是出其不意、攻其不备，越是迅速，成功率越高，如果拖到对峙局面，一定由朝廷占据优势。史思明造反前，范阳将士厌战情绪浓厚，以至于史思明必须使用阴谋手段统合他们的思想。河阳之战，史思明有碾压优势，可麾下仍然有核心大将投降朝廷。这些都是明证。

不管是厌战还是投降，都说明叛军集团已经大大降低了对成功的期望，这才是叛军集团最严重的心魔。一个没有前途、忧患重重的团队，最容易发生内乱。

在以子弑父的乱局中，安庆绪和史朝义是既得利益者，他们麾下将领何尝不是？将领们发动军事政变，一来可扶持新皇帝上任，解决自己的生存问题；二来可通过改变权力顶层的结构，进而搞政治运动，清洗上一任皇帝依靠的核心成员，给自己的晋升腾出一条通道，而这个晋升是很难通过正常的军功获得的。

安禄山被杀的时候，叛军集团的权力体系就已经崩塌过一次了。史思明能顺利上位，掌握军权只是一方面，整个叛军集团都想保住安禄山的既得战果，想给自己争取新的生存空间，才是主要原因。如此上位的史思明想统治叛军，必须培养亲信、树立权威，这得花很长时间。而他没有完成这个任务，中途就被叛军集团联手干掉了。到了此时，叛军集团的成功可能性已经降为零，没有人能做到比史思明更进一步。

安史之乱结束

上元二年（761）四月，史朝义在洛阳登基称帝，随后杀了弟弟史朝清。不过，史朝清被杀后，史朝义就能轻易地控制范阳吗？

不可能的。

范阳出现权力真空。为了争夺权力，获取实际利益，叛军集团发动内乱。

负责搜捕史朝清残余势力的张通儒漏掉了辛皇后的族人辛万年，他让高鞠（jū）仁和高如震前去抓捕，令他没想到的是，这三人竟暗中达成合议，决定联手控制范阳，自己创业。

三人合兵一处，杀了张通儒，推举中书令阿史那承庆为燕京留守。阿史那承庆不想做提线木偶，于是做掉了高如震，又与高鞠仁在范阳展开巷战。最终，阿史那承庆双拳难敌四手，逃往洛阳，高鞠仁成功控制了范阳。史朝义内外交困，不想撕破脸皮，只能封高鞠仁为燕京都知兵马使，任命亲信李怀仙为范阳节度使。

李怀仙已经猜到，高鞠仁不会待见他这个外来的和尚，所以到达范阳后态度谦卑，对高鞠仁恭敬有礼，和他称兄道弟，以示自己没有野心。反观高鞠仁，却是趾高气扬。

按规矩，高鞠仁应该给皇帝使者接风洗尘，但他连慰问环节都取消了。不仅如此，高鞠仁还霸着节度使府衙，李怀仙只能在蓟县的临时府衙办公，至于范阳五千军队的指挥权，李怀仙就更别想了。李怀仙忍了，因为小不忍则乱大谋。

接下来的十几天，李怀仙时常邀请高鞠仁到府衙谈话，两人相处还算融洽。一天中午，李怀仙又摆下宴席，派人请高鞠仁前来赴宴。酒到半酣，李怀仙的手下朱希彩借酒装疯，时不时和高鞠仁眉来眼去，高鞠仁越看越觉得不对劲，怀疑李怀仙要在席间谋害自己，因此借着上茅房的机会溜回营中。

当晚，高鞠仁决定先下手为强，然而天公不作美，出兵的时候突降大雨，行动只能取消。高鞠仁想了一夜，李怀仙也没有出格的行为，贸然杀了他会难以收场，所以打消了用兵的念头。

　　第二天早晨，高鞫仁一个人骑着马溜达到李怀仙的府邸，守卫将此事通报给李怀仙。昨晚还疑神疑鬼的，今天却单骑上门，是不是脑子有毛病？李怀仙怕高鞫仁有什么坏心思，一面打听消息做好准备，一面微笑着把他迎了进来。二人称兄道弟，攀谈了半天。此时刀斧手已经埋伏在府衙里，李怀仙确认过门外没有埋伏，立马结果了高鞫仁的性命，随后控制了范阳。

　　史朝义觉得既然李怀仙是自己的亲信，高鞫仁一死，范阳就是他的囊中之物了。然而这只是他的错觉，因为李怀仙也是投机分子，只不过还没想好究竟是投降朝廷，还是支持大燕。唯一能肯定的是，经过几次内乱，叛军集团已在覆灭的道路上越走越远，这是朝廷的大好机会。

　　洛阳一战，朝廷催李光弼出战，又没给他派任何援军。而李光弼做了自己该做的事，所以李亨没脸找他问责，就连宦官集团也保持了沉默。上元二年（761）五月，李亨任命李光弼为天下兵马副元帅、行营都统，负责江淮地区的防务。

　　让李光弼去江淮，是朝廷深思熟虑的一步棋。

　　安史之乱期间，官军牢牢扼守睢阳（今河南省商丘市睢阳区），让朝廷的赋税重头江淮避免了战乱。不过，自从永王李璘叛乱后，李亨对地方将领严重不信任，开始频繁调动任职，军队内部又在争权，最终导致淮西节度副使刘展之乱。这场内战波及江淮，官军在平定刘展之日还大肆劫掠财富，以至于当地生灵涂炭。

　　大乱之后，朝廷需要实权将领坐镇江淮，这个人既要搞好经济工作，又要让民心安定下来，李光弼是个不错的人选。此外，除了维稳工作，让李光弼前往江淮还有遏制史朝义的目的。

　　洛阳之战后，史朝义一直想控制江淮，切断朝廷的经济命脉，于是围困宋州（治所在今河南省商丘市）几个月，逼得宋州刺史李岑只能拿酒曲养活大军，苦撑待变。李光弼为此调动了大批官军，但也只能将史朝义逼回洛阳战场，至于剿灭叛军，李光弼没底气。

双方分不出胜负，于是不约而同地想起一个帮手——回纥。

史朝义给回纥的登里可汗写信，声称李隆基和李亨已相继去世[1]，长安群龙无首，人心动荡，登里可汗可以杀奔长安，与自己分享胜利果实。在史朝义的蛊惑下，登里可汗赶到黄河北岸的受降城，映入他眼前的不再是富庶的城镇，而是残破不堪的城垣、穷困潦倒的百姓。见此情景，登里可汗对大唐的敬畏荡然无存。

与此同时，继位的唐代宗李豫派宦官刘清潭前往回纥军营，告诉登里可汗，新的大唐皇帝就是当年与叶护太子一起收复两京的广平王[2]。登里可汗没经历过这段故事，自然无法产生共鸣。在利益的驱使下，登里可汗侮辱了刘清潭一顿，随后将他囚禁起来。

李豫得知消息，急忙派殿中监药子昂前往忻州（治所在今山西省忻州市）。这一次，药子昂斩钉截铁地告诉登里可汗，长安有了新皇帝，是新皇帝派他来犒劳大军的。

登里可汗放弃了偷袭的想法，但他需要个台阶下，于是他告诉使者，想见见岳父仆固怀恩。此时，仆固怀恩正驻扎在汾州（治所在今山西省临汾市），他接到诏书后立即赶赴女婿的营帐。翁婿见面，气氛融洽，仆固怀恩嘱咐登里可汗，一定不能忘记大唐的恩德，做背信弃义的事。登里可汗拍着胸脯保证："没问题，我这就向陛下请旨，先弄死史朝义！"

宝应元年（762）十月，李豫下诏，封雍王李适为天下兵马大元帅，药子昂、魏琚分别为左、右厢兵马使，命各路节度使和回纥大军在陕州会合，共同讨伐史朝义。

李适是李豫的长子，年仅二十岁，资历浅，阅历少，难当重任。李豫本打算起用老臣郭子仪为副元帅，可程元振和鱼朝恩害怕郭子仪算旧账，极力反对，于是朔方节度使仆固怀恩顶替了郭子仪。为了稳住回纥大军，李豫让仆固怀恩把母

---

[1] 宝应元年（762）四月，唐玄宗李隆基、唐肃宗李亨先后去世。
[2] 乾元元年（758），广平王李俶被立为皇太子，改名李豫。

亲、妻子甚至七大姑八大姨全部带到前线，让她们和登里可汗的家眷培养感情。

不得不说，面对登里可汗，李豫犯了几个大错。

第一，登里可汗要求见仆固怀恩，是给自己找台阶下，李豫只看到了表面，没看到本质。登里可汗明明想玩利益牌，李豫却想打亲情牌，这样的操作只会让登里可汗觉得大唐没搞清楚他的需求，而且让他觉得李豫没有政治智慧。李豫给登里可汗的第一印象就是政治小白，面对这样的对手，登里可汗是不会有敬畏之心的。

第二，回纥军队不是第一次来中原了，上次李亨和郭子仪对他们礼遇有加，热情周到，以至于叶护太子不好意思白吃白拿，这一次大唐的招待级别却降了好几个档次。明明是大唐有求于人，连表面功夫都没做到位，人家凭什么卖力帮忙？

李豫想利用回纥，登里可汗也知道自己是一颗棋子，可李豫的利用心理赤裸裸地摆到了桌面上，这是很伤登里可汗感情的。由于李豫的政治手腕不够成熟，加上外交表演不够专业，登里可汗产生了严重的防备心理，这给双方的合作蒙上了阴影。

关于回纥的行军路线，药子昂的意思是让登里可汗沿着邢州（治所在今河北省邢台市）、怀州、卫州方向行军，言外之意是让回纥骑兵对付河北的叛军。对此，登里可汗想都没想就直接否决了。

药子昂重新组织了一次语言，提议让回纥大军从太行山南下，占据河阴（今河南省洛阳市孟津县东北），卡住叛军的咽喉。登里可汗再次拒绝。

如果从河北南下，一路上会遭遇各种叛军部队，恐怕还没到洛阳，登里可汗就成光杆司令了。李唐朝廷直到此时还在把登里可汗当傻子。

双方经过协调，最终确定让回纥骑兵驻屯在黄河北岸的河北县（今山西省运城市平陆县）。

雍王李适到达回纥军驻扎地陕州。碍于礼节，他带着药子昂、魏琚、韦少华等人前去拜会登里可汗。不料，回纥君臣态度倨傲，声称唐肃宗李亨和叶护太子互称兄弟,这么算来,李适就是登里可汗的侄子,按道理应该给登里可汗行拜舞之礼。

拜舞礼源于隋朝,因为隋朝一统天下,想塑造朝廷的威严,所以要求臣民和少数民族领袖通过手舞足蹈的方式给帝王行礼,以此确定君臣关系。换言之,谁行拜舞礼,谁就是臣子。这种高端的礼仪流传许久,回纥人不会不知道,登里可汗坚持让李适拜他,无非是想表达自己对大唐朝廷的不满。

李适年纪轻轻,难以应对这个场面,不免觉得有些尴尬。药子昂据理力争,说了几个不能拜的理由,诸如李适是太子,是未来的皇帝,没道理给回纥可汗行礼;玄宗和肃宗皇帝刚刚去世,国家正在丧期,拜舞礼有悖礼法等。

关于礼仪问题,两帮人争得唾沫横飞,回纥的车鼻将军不胜其烦,将药子昂、魏琚、韦少华、李进等人各打了一百鞭子,魏琚、韦少华当晚便伤重去世了。

因为有求于人,因为急于收复国土,大唐君臣只能含泪忍下这口气。

十月二十三,官军四十万人马从陕州开赴洛阳。

唐军来势汹汹,更有回纥骑兵助阵,阿史那承庆建议放弃洛阳,暂避锋芒。可史朝义不愿意就此撤退。他在洛阳城外布置了数万兵马,并模仿官军昔日的守城方式,挖壕沟,立栅栏,还在洛阳城中集结十万兵马,打算和官军进行决战,一战定乾坤。

十月三十,仆固怀恩、鱼朝恩发起冲锋,回纥精兵侧面掩杀,叛军节节败退。史朝义带着十万大军前往昭觉寺(位于今河南省洛阳市横水镇,背靠昭觉岭)布阵,以人墙战术将官军挡在寺外。

官军冲锋乏力,阵型开始后撤,形势非常不妙。关键时刻,镇西节度使马璘大吼一声:"事急矣!"这是专业军事话术,意思是如果己方撤退就会惨败。话音刚落,马璘单枪匹马冲到前线,挑翻了叛军设置的两道栅栏。叛军防线出现缺口,官军一拥而上,和叛军短兵相接。

大规模近身混战中,骑兵很难发挥作用,而官军的人数是叛军的几倍,战役结果毫无悬念。史朝义带着军队转战石榴园、老君庙一带,官军拼命追杀,最终重创了史朝义的军队，杀敌六万人，俘虏两万人。

眼看着苦心经营的势力毁于一旦，史朝义悲愤交加，但阻止不了洛阳全面失陷。史朝义率领数百名轻骑从东门逃窜而去，大燕中书令许叔冀等人投降。

洛阳百姓迎来了官军，可没想到，他们悲惨的命运并没有结束。回纥骑兵入城后劫掠官城，还在城中放火杀人。朔方军和神策军看到回纥军队如此行事，竟然没有几分愤慨，反而多了几分羡慕，他们表示回纥大军抢得不专业，最后身体力行地制定了几个抢劫标准：第一，逢门必进，不管是朱漆大门还是落魄小门；第二，但凡金银珠宝、首饰衣服、粮食糟糠，全部带走；第三，老百姓身上只要有值钱点的衣服，一概扒光。

由于大批官军参与抢劫，洛阳的局势全面失控。据史料记载，洛阳的大火烧了十余天，数万名无辜百姓死于这场无妄之灾。因为衣服被扒走，不少百姓只能赤身裸体，景象极其凄惨。

回纥军队只是抢劫了洛阳，官军则沿着河阳、郑州、汴州、汝州一路劫掠下去，这场惨剧一直持续了三个月。最可耻的是，官军为自己的丑陋行径找了个看似冠冕堂皇，实则毫无底线和廉耻的理由：这些地方都是叛军的地盘，官军抢的是敌人，而非大唐的子民。

就在官军忙着抢劫的时候，仆固怀恩还记着史朝义，他把立功的机会留给了儿子仆固玚（yáng）。

史朝义如丧家之犬一路北逃，心心念念地想着回到范阳，可范阳节度使李怀仙已经归顺朝廷，另有范阳兵马使李抱忠带着三千军士守在范阳县（今河北省保定市定兴县）。

史朝义连夜赶路，饥肠辘辘，无奈之下只好向李抱忠讨要食物。正常来说，如果李抱忠真心投靠朝廷，肯定会生擒史朝义，可李抱忠明白，史朝义还有大批旧部，局势没有明朗前没必要把自己的路走死，于是命人从城楼上放下食物，并表达了歉意。

事实上，李抱忠的判断很准确，正因为安史集团将领的存在，河北才会陷入四分五裂的状态，而这个状态一直持续到唐朝灭亡。

一边是复兴大燕，一边是跟他出生入死的兄弟，史朝义开始犹豫了。将士们都是凡人，终究没有赴死之心，史朝义痛哭流涕，目送他们离去。令史朝义欣慰的是，还有数百名胡人骑兵不忍离去，这些人是史朝义的亲兵，从来没有背叛之心。

为了活命，史朝义决定投奔契丹。

离开范阳县后，史朝义带着亲兵一路狂奔。到达温泉栅（位于今河北省唐山市滦州市）时，战马精疲力竭，士兵也疲惫不堪，史朝义下令稍作休整，寻些食物和清水。

经过数月的奔波，史朝义也濒临崩溃，他开始闭目养神。也不知睡了多久，亲兵惊恐地将他唤醒，他拿起武器，忙问发生了什么事，亲兵指了指远处，只见旌旗蔽天，一支军队正朝温泉栅包围过来，领兵的是范阳节度使李怀仙。

如果负隅顽抗，亲兵肯定会成为刀下亡魂，史朝义不愿如此，最终解开腰带，在身旁的树上打了个死结。

广德元年（763）正月二十六，史朝义在温泉栅自缢而亡，结束了大燕王朝的统治。李怀仙命人割掉史朝义的首级，快马加鞭送往朝廷。

正月三十日，史朝义的首级摆在了唐代宗李豫的桌上，长达七年零三个月的安史之乱终于结束了。

拾伍 力挽狂瀾

李豫拨乱反正

李豫的运气很不好，刚解决掉史朝义，吐蕃就打到长安来了。

安史之乱期间，朝廷将驻守西域的军队全部抽走，导致整个西域成为真空地带，吐蕃趁机而入。后来，朝廷的注意力都放在平定内乱上，忽略了西域的军情信息，宦官程元振又故意藏匿奏折，以至于吐蕃二十万大军攻陷大震关，打开了从甘肃到陕西的门户，朝廷还一无所知。关陇地区的官员屡次奏报，奏折却如泥牛入海，他们以为朝廷不会救援，于是放弃抵抗，吐蕃大军就这样一直打到关中腹地，距离长安只隔一条渭水。

长安无险可守，李豫果断放弃长安，逃往陕州。因为事态紧急，李豫连禁卫军都没有时间召集，只给郭子仪留了一道谕旨，让他征调军队平叛。

一时间，长安陷入混乱，烧杀劫掠之事无法禁止，禁军将领王献忠甚至动了废黜李豫而立丰王李珙为帝的歪心思，并为此拉拢郭子仪。

李豫很伤心，都说危急时刻才能看出别人的真心，可他看到的净是背叛。

逃到华州（治所在今陕西省渭南市华州区）的时候，地方官员早已逃跑，连提供饭食的官员也没有，李豫命附近的藩镇节度使赶来勤王，可大家无动于衷，隔岸观火，最后还是宦官鱼朝恩听闻消息，带着神策军赶来护驾。

中晚唐的皇帝为什么信任宦官？因为危急时刻，文官集团和藩镇节度使会背叛皇帝，只有宦官一直陪在他们身边。更何况，宦官可以坏得流脓，但终究威胁不到皇权。

吐蕃退军后，李豫命鱼朝恩总管禁军，还允许他参与朝政大事。

李豫在国子监组织官员学习儒家文化，鱼朝恩胸无点墨，不学无术，却拿着儒家经典讲起课来，吹嘘自己是文武全才，暗讽宰相王缙和元载碌碌无为。李豫不仅没有生气，还加封鱼朝恩为国子监事，让宦官集团染指最高学府。随后，鱼朝恩让手下神策军的触角伸向长安附近的州县，扩充自己的权力范围，对此李豫也没有去干预。

鱼朝恩毕竟是出身底层的人，一朝得势就想狂刷存在感，让别人尊重和敬仰自己，满足自己的虚荣心，这是他的劣根性。

有皇帝的纵容，鱼朝恩行事越来越肆无忌惮。他在北衙禁军私设监狱，招募地痞流氓来搜罗富豪们的"罪证"，诬告他们犯罪，再将富豪们关进地牢，逼迫其屈服，将其家产占为己有。

鱼朝恩有个养子叫鱼令徽，官居从五品，有一次和同事闹矛盾，被同事羞辱只是五品官，不知道神气什么。第二天，鱼朝恩对李豫说道："陛下，我的养子鱼令徽官职卑微，希望您给他赐一套紫衣。"要知道，唐朝三品及以上的官员才能身穿紫衣。李豫还没说话，礼部官员就递过来一件紫衣，鱼朝恩亲自给鱼令徽披上，全套动作行云流水，完全无视李豫的存在。李豫见状，只能咬牙道："小孩子穿紫衣也很合适。"

终于，李豫对鱼朝恩动了杀心，他找的同盟是宰相元载——一个出身寒微、聪慧机警，通过攀附宦官李辅国跻身到权力中心的男人。

杀鱼朝恩的过程很简单。李豫组了个局，邀请鱼朝恩赴宴，之后摔杯为号，擒下鱼朝恩。事后李豫处理了鱼朝恩的党羽，又花了六百万钱安抚禁卫军，算是平息了此事。

鱼朝恩有兵权，有杀死李豫的能力，可他的身份决定了这么做毫无意义。鱼朝恩看不清局势，在挑衅皇权的路上越走越远，最终只能被皇权扼杀。

如果说鱼朝恩是头饿狼，元载就是一头饿虎，两人其实没有本质的区别。

元载是李辅国的门客，把持朝政、堵塞言路、讨好皇帝的套路，他运用得炉火纯青。元载主政期间，官员的奏折几乎都要过他的手，很少有直接面呈给皇帝的。而在元载的套路中，影响最深的就是让李豫信佛。

元载告诉李豫，大唐能国运长久，全靠因果报应——安禄山和史思明在最鼎盛的时候被儿子杀掉，吐蕃打到长安却不战而退，这都不是人力所能及的，是因果业力导致的。李豫一生颠沛流离，遭逢各种苦难，可每次到最后都能化险为夷，玄妙的佛教因果说确实容易打动他。渐渐地，精通佛理的元载成了李豫的精神寄托。

一个人，尤其是出身寒微的人，如果过得太顺利，就容易膨胀。元载最终成了复制版的鱼朝恩。

有一次，有个长辈找元载求官。元载觉得此人素质太低，不想用他，于是写了封信，让他去找幽州节度使。走到幽州的时候，此人拆开信封，发现里面只有一张署了元载姓名的白纸，一股无名之火蹿上心头。他将元载的祖宗十八代都问候了一遍，可转念一想，已经走了上千里路，总不能灰头土脸地回去吧？于是此人假装不知道信纸是空白的事儿，硬着头皮闯进节度使府中。没想到，幽州节度使看过元载的签字，态度毕恭毕敬，不仅好酒好肉地招待元载的长辈，在得知他不想在幽州做官后，居然还送了他一千匹绢，将他风风光光送回了家。

自李林甫之后，元载是第二个能让藩镇节度使点头哈腰的宰相。

元载的恐怖之处还在于他编织了一张利益交织的贪腐网络。他凭此网络掌握每个官员的隐私，可以给每个官员安排罪名，而且敢出手制裁他们，所以很多官员都怕他。不过，李豫不怕。因为自鱼朝恩被杀后，李豫就掌控了禁卫军，这是他的底气所在。

李豫不是不知道元载的行为，没在第一时间对元载动手，主要是因为希望朝局平稳，也希望元载能醒悟过来，收敛恶行，为大唐做点实事。可元载在疯狂的路上一路狂奔，不仅在长安为所欲为，还把贪腐之手伸向地方军镇和州县府衙，为了李唐王朝的长治久安，李豫最终决定放弃他。

在一次聚会中，李豫用一模一样的套路拘捕了元载，随后将他处死。

新上任的宰相叫杨绾（wǎn），算是难得的贤臣。杨绾告诉李豫，元载主政这些年，朝廷官员和地方官员都在结党营私、贪污受贿，藩镇节度使、州刺史更是利用职权招兵买马，搞起了地方武装。他们为了筹措军费，不惜搜刮民脂民膏，摧毁了朝廷的税收制度。

看到调查报告，李豫心中升起滔天怒火。他命人掘开元载家族的坟墓，劈开棺椁，曝尸荒野，还拆毁了元氏家庙，焚烧了其祖先牌位。

李豫愤怒，是因为大唐正在遭遇严重的统治危机。

民间物价飞涨，朝廷财政紧张，地方藩镇迅速崛起，搜刮民间财富。继续这样下去，朝廷和地方藩镇的权力博弈会失衡，到时候会爆发大规模的军事冲突。李豫需要大刀阔斧地改革，而元载拖了他的后腿，甚至成了大唐的掘墓人。

杨绾是推进改革的最佳人选，可惜英年早逝。李豫提拔了另外一位名臣刘晏。

刘晏在很多领域进行改革，真正对中国历史产生影响的是盐政改革和粮政改革。

唐玄宗李隆基以前，大唐的食盐并没有实行专营。

当时，全国有两大食盐基地，一个是河东的解盐（最大产地在今天的山西省运城市），一个是江南的海盐，其中解盐占一半以上的市场。在河东，豪强控制食盐生产，盐商负责销售，老百姓当打工仔，赚取微薄的工资。有些家庭会搞小作坊，生产小批量食盐，然后偷偷卖给盐商。官府的角色就是看大家发财，并不征收任何盐税。

安史之乱期间，朝廷缺钱，李隆基规定所有盐场必须在朝廷备案注册，盐场生产的食盐由官府统一收购、统一运输、统一销售。李隆基的思路虽好，但是官收、官运、官销有几个弊端：地方官员没有任何油水，肯定要渎职贪腐，而产业链下游的食盐专卖店里需要大量的启动资金和编制人员，朝廷根本无力承担。

刘晏上台后，将官收、官运、官销改成了民产、官收、商销。在食盐生产环节，官府扶持豪强控制的大盐场，民间形成小盐场。在食盐收购环节，官府有垄断性的收购权。在食盐销售环节，官府把食盐加价卖给盐商，让他们自行设立销售网点，官府再征收食盐销售税。为了杜绝盐商哄抬盐价，刘晏在各地设置了许多常平盐仓。如果盐商的盐价超过官府指导价，官府就出面销售常平盐。

李隆基时期，朝廷每年收盐税六十万贯；到了刘晏主政时期，朝廷盐税高达六百万贯。刘晏的食盐制度改革让统治者尝到了甜头，一直到清王朝，朝廷都在采用刘晏设计的食盐产销制度。

除了盐政改革，刘晏还发明了粮食监控体系。

刘晏在全国各地设置十三个巡院，专门负责收集各地的粮食生产、物资存储、物价变化、气候异常等信息。同时他还招聘了一批走路非常快的人，时称"疾足"或"驶足"，负责把经济信息送到京城。刘晏汇总这些经济信息，进行分析，再将朝廷的针对性指令反馈到各地，以此保证市场供求平衡、物价稳定。比如冀州的粮食丰收，汴州的粮食歉收，刘晏就派人收购冀州的粮食，以免谷贱伤农，再把粮食卖到汴州，确保汴州百姓不会饿肚子。

刘晏打造的这套经济监测分析系统，让唐朝的粮食市场基本达到了《新唐书》本传所称扬的"权万货重轻，使天下无甚贵贱而物常平"的状态。

不过，刘晏最大的贡献还在于通过经济管理机制，培养了一批真正懂经济运行和经济改革的实干人才，比如陈谏、韩洄、元琇（xiù）、裴腆、包佶（jí）、卢征、李衡等人，他们都在历史上留下了厚重的痕迹。

然而，刘晏终归处于权力中心，躲不过危险的政治旋涡。

李豫驾崩后，太子李适继位，是为唐德宗，他提拔了另一位经济专家——杨炎。

杨炎是元载的亲信，而且是元载内定的接班人，因为受到元载的株连，曾被罢免离京，当时审讯元载的就是刘晏。事实上，真正想扳倒元载的是李豫，刘晏只是负责调查和审讯工作，何况铁证如山，不容辩驳。可杨炎偏执、睚眦必报，觉得肯定是刘晏提供了什么情报，误导李豫做出了最严酷的判决，进而牵连到自己。

后来，杨炎被赦免，回到长安。此时的他只想做两件事，一是改革，二是干掉刘晏，甚至改革的其中一个目的就是在李适的朝廷里站稳脚跟，积攒和刘晏搞斗争的政治资本。

事实上，杨炎真正想要的是不容分享的政治权力。他和刘晏同属经济专家，又都是朝廷重臣，他要上位而且屁股坐稳，刘晏是最大的敌人。为元载报仇大概是给外人看的理由，为自己的前途铲除绊脚石，才是杨炎埋藏在心底最深的动机。

杨炎注意到，战争过后，全国的户口、土地、财产信息已经不准确，按照过去的信息征税，根本没法执行。而且随着藩镇的崛起，老百姓不仅要向朝廷交税，还要养活藩镇节度使和地方军队，巨大的压力让他们不堪重负。

对此，杨炎提出了自己的改革思路：

第一，量出为入，实行预算制度。以前国家是征税多少就花费多少，完全没有计划。如今朝廷要先计算国家的开支，再确定应该征收的税额，然后摊派到全国各地。

第二，根据百姓的资产数量定等级，确定每户应该缴纳的"户税"（也就是财产税），再根据百姓的土地数量确定应该缴纳的"地税"。"户税"以银钱征收，"地税"以粮食征收，其他税费全部废除。

第三，每年分夏、秋两次纳税，"夏税"在六月前缴纳，"秋税"在十一月前缴纳，史称"两税法"。

第四，税收征缴后，一部分送到国库，一部分留给藩镇节度使，一部分留给州县官府。各方势力都能分到钱，而朝廷占据主导地位。

李适被杨炎的高瞻远瞩震惊到了，虽然改革还没见到成效，但杨炎已经成为李适心中最靠谱的宰相人选，至于刘晏，他是李豫的臣子，李适是不打算用的。

铺垫好了这些，杨炎便对刘晏发动了总攻。

李适登基的时候有一个竞争对手，即韩王李迥，而刘晏是李迥的支持者。杨炎把这件事翻出来，算是找了个很硬的理由。李适随后下诏，罢免刘晏转运、租庸、青苗、盐铁等转运使的职务，贬其为忠州刺史。

杨炎收回了财政大权，却发现手下的人根本玩不转刘晏设计的经济体系，只好重设转运使等职务。这波操作让杨炎颜面扫地，每每想到此处，他便觉得刘晏更可恶，对刘晏的仇恨更增加几分，对刘晏的报复也更加惨无人道。

在杨炎的运作下，他的党羽庾准做了荆南节度使，成了刘晏的顶头上司。刘晏本就是被放弃的人，加上庾准的状告了一个又一个，李适最终给刘晏赐了一条白绫。

杨炎躲在家里庆祝的时候，突然发现舆论似乎有些异常。皇帝下令抄了刘晏的家，发现刘晏除了一栋房子，遗产只有满屋子的书籍、为数不多的粮食、破旧的家具，在大唐的朝臣中，这简直是乞丐版的配置。

一个清廉之臣，是很容易获得同情的。这件事很快传遍全国，平卢节度使李正己甚至放话，像刘晏这样的清官都能被冤杀，更何况手握重兵的他们了。

抱怨的都是安史集团的将领，他们本来就怕朝廷清算旧账，李适的猜忌、冷血让他们变得焦虑不安，事情变得复杂起来。

事情因杨炎而起，他怕李适把他甩出来背锅，于是偷偷找到这些节度使，声称刘晏是因为卷入到昔日的皇子党争，才被皇帝干掉的。杨炎没想到，这些节度使为了讨好李适，立马就出卖了他。

李适寒心至极，他意识到杨炎就是个卑鄙无耻的政客，是一个心胸狭窄的小人。考虑到杨炎还有改革工作尚未完成，李适决定先留他一命。

为了对付杨炎，李适起用了一直默默无名的卢杞。卢杞出身范阳卢氏，祖父曾任唐玄宗时宰相，父亲在安史之乱中殉国。他面容猥琐，相貌丑陋，长了一张蓝色的面庞，如同鬼魅一般。不过，卢杞城府很深，平时给人的感觉就是过着优哉游哉的生活，不计较旁人指指点点，一副超然脱俗、豁达无争的样子。当然，这只是表象。郭子仪是朝中少数看穿卢杞的人。有一次卢杞上门拜访，郭子仪屏退了所有服侍的人，后来家人问他原因，他说道："我也是为防万一。卢杞是个丑八怪，要是府中的人嘲笑他，我恐怕离家破人亡就不远了。"

郭子仪明白的道理，杨炎不明白。每次到了吃饭的时间，杨炎都会因为卢杞的样貌偷偷躲到偏殿进餐。这样的举止非常伤人，也埋下了祸根。

李适想削藩，第一个目标是山南东道节度使梁崇义。朝廷还没有动作，淮西节度使李希烈便自告奋勇，表示要替朝廷收拾梁崇义。杨炎疯狂地劝说李适，说李希烈的人品很差，如果真让他灭了梁崇义，朝廷就无法钳制他了。然而在老板讨厌你的时候，你站着呼吸都是错，更何况是进言了，所以李适不仅不听劝，还催促李希烈出兵。

李适等了几个月也没看到动静。就在此时，卢杞告诉李适，李希烈不出兵是因为杨炎上奏劝谏过，他担心日后遭到杨炎的报复，所以才不敢行动。李适意识到，贬斥杨炎的机会终于来了。

就这样，杨炎开始了断崖式的流放之路。他的最后一站是崖州（治所在今海南省海口市）。可还没走到流放之所，李适的使者便追上他，将他缢杀。

奉天保卫战

李适想削藩，最大的挑战是幽州、成德、魏博和平卢四个军镇。

安史之乱结束后，朝廷为了尽快平息余波，让安史集团的旧部驻扎在河北、山东一带。这帮人害怕朝廷清算旧账，想搞世袭制度，这当然不符合李适的想法。

李适想控制河北，也派了官军镇压，却败于河北联军之手。

幽州节度使朱滔、魏博节度使田悦、成德节度使王武俊、平卢节度使李纳尝到了联盟的甜头，于是相约筑坛结盟，祭告上天，立国称王。朱滔自称冀王，田悦自称魏王，王武俊自称赵王，李纳自称齐王，由朱滔担任盟主。

河北的称王大典让淮西节度使李希烈羡慕不已。李希烈是个躁动不安的野心家，对称王称帝有种病态的迷恋，他恳求朱滔等人带着他一起玩。四位大佬为了把朝廷的注意力转移到河南，对着李希烈就是一顿吹捧，还说李希烈完全有能力称帝。在朱滔等人的怂恿下，李希烈按捺不住内心的冲动，自称建兴王，开始了南面称孤的生涯。

李适并不想和李希烈动武，卢杞也趁机党同伐异，劝他派七十四岁的颜真卿前去招降。颜真卿奉命前往，可李希烈已经进入疯癫状态，最终杀害了这位名臣。

事实证明，地方藩镇兵强马壮、内部团结，李适选择的削藩时机相当不对。可李适是个自尊心很强又敏感多疑的皇帝，他宁愿硬着头皮打下去，也不愿意妥协。随后，李适征调中原地区的军队，想尽办法筹集军饷，可还是打不过朱滔等人的联军。

长安和洛阳附近已经无兵可调，李适只能将目光转移到西北地区。

建中四年（783）十月，李适命泾原节度使姚令言率领五千精兵赶赴襄阳。由于即将进入冬季，寒风凛冽，冷彻骨髓，泾原军又是替皇帝打仗，自然期待李适会给他们一点赏赐，至少让他们先吃几顿饱饭。可在长安驻扎了几天，李适一点表示都没有。姚令言求见李适，李适也只说赏赐随后就到，希望姚令言以大局为重。

姚令言觉得，朝廷应该不至于为了几个钢镚赖账，于是自信出兵。走到半路的时候，京兆尹王翃（hóng）终于带来了李适的赏赐，竟是一堆粗米饭和菜饼，金银珠宝一样没有。

就在泾原军迷茫无助的时候，某位无名氏高喊道："我们泾原军不远千里来长安，为皇帝打天下，却连口饱饭都吃不上，哪还有心情去襄阳送死？听说皇帝的琼林、大盈两个内库有无数的金银财宝，还不如直接抢过来痛快！"

泾原军哗变了，李适胆战心惊，急忙拿出一万匹锦缎和二十车金银。然而泾原军面对的是富得流油的长安城，谁还搭理李适呢？在泾原军面前，禁卫军毫无抵抗力，长安成了泾原军肆意游荡的后花园。李适害怕他们找自己算账，带着家眷逃出了长安。

因为抠门而被扫地出门，李适绝对是唐朝皇帝中的一朵奇葩。

抢劫就算了，把皇帝逼走等同谋反，泾原军要怎么收场呢？姚令言提了个建议，让朱泚（cǐ）做他们的老大。

朱泚是幽州节度使朱滔的哥哥，在长安做人质。他发布了一篇榜文，把泾原军的谋反定性为兵士不懂礼仪，误打误撞进了皇城，而他自己则摇身一变，成了平叛的功臣。此时由于宰相卢杞妒贤嫉能，结党营私，对不依附者百般陷害，大批的官员郁郁不得志，如今纷纷投靠了朱泚。

建中四年（783）十月，朱泚在大明宫宣政殿登基，自称"大秦皇帝"，改元"应天"。

为了断绝李唐皇室的念想，伪朝廷的宰相源休建议清洗李唐皇室成员，斩草除根。于是朱泚屠刀一挥，七十七名皇子、皇孙被杀，大批不愿投降的官员被屠。随后，朱泚封弟弟朱滔为皇太弟，希望借助幽州军镇的势力坐稳皇位。

朱泚称帝的时候，李适正在奉天城。

说来也神奇，三年前，一个叫桑道茂的术士说李适命里有厄运，会逃出长安，而奉天有王者之气，让李适提前修筑奉天城。当时李适力排众议，在奉天大兴土木，加固城墙。如今李适亲临奉天，城池尚在，桑道茂已死。感慨之下，李适下令在奉天祭奠桑道茂，同时做了一个重大决定：驻守奉天，等待救援。

当时，朱泚大军包围了奉天城的东门、西门、南门，只留北门不围。奉天城外有四支援军，进城的路有两条，一条穿越乾陵的北部地带，一条穿越狭窄的漠谷。李适认为大军经过乾陵会影响李唐先祖的安宁，强行让援军选择了漠谷这条最凶险的路，结果便是四支援军被朱泚打了埋伏，全军覆没。

为了拿下奉天城，朱泚使出了撒手锏：用牛皮包裹住长宽高各数丈、能同时容纳五百余人作战的超级云梯。靠着这种庞然大物，叛军可以直接站上城墙，与官军展开肉搏战。

叛军人数有优势，奉天陷落是迟早的事。不料就在胜利的前夕，战场的风向变了。官军将沾满松脂和膏油的火把丢向云梯，还燃起了叛军填路用的木棍。由于云梯深陷在土里不能动弹，最终被烧得精光，朱泚被迫放弃了奉天城。

关中决不出胜负，李适把目光转移到了河北地区。

河北四位大佬结盟，是想通过联盟获得各自的利益。只有利益一致、势力均衡，联盟才能长久下去。可如今呢？朱泚在长安称帝，朱滔被立为皇太弟，天下是朱家的，其他三位捞不到好处，一切都白干了啊！

李适敏锐地察觉到了河北局势的变化，于是下诏赦免了田悦、王武俊、李纳的谋反之罪。随后，李适下了一道轰动天下的罪己诏，承认自己能力和智慧的不足，承认自己的敏感多疑，并说自己不擅长和地方藩镇沟通，总之，把所有责任都揽到了自己头上。这是一份诚意满满的罪己诏，至少打动了田悦等人，让魏博、成德、平卢与幽州的联盟瓦解。

幽州虽然强大，但面对三大军镇的进攻，朱滔没有任何反抗之力。

在关中战场，朱泚还是那个朱泚，可河北局势的变化对朱泚的心态影响很大，对各地援军的影响也很大。随着李唐朝廷的重新崛起，各地援军不再坐山观虎斗，而是开始卖力干活，表现给李适看。在官军的强力围攻下，朱泚最终兵败身亡，朱滔上了谢罪的奏折，退居二线，最终在悔恨懊恼中病逝，享年四十岁。淮西节度使李希烈虽然称帝，却因为没有处理好内部的矛盾，被亲信下了慢性毒药，最终毒发身亡。

至于李适呢？他重新回到长安，之后开始委任亲信宦官为禁军统帅，对藩镇的态度也从强硬转为姑息。

拾陆

元和中兴

强力削藩

贞元二十一年（805），李适去世，长子李诵继位，是为唐顺宗。李诵上位后想要打压宦官势力，遭到宦官和一些大臣的不满。不久，他们逼迫李诵禅位，太子李纯在大明宫登基，史称唐宪宗。

李纯幼年的时候，爷爷李适抱着他，问他是谁家的孩子，李纯脱口而出："我是第三天子。"继爷爷、父亲之后，他可不就是第三个天子嘛。李纯的话看似童言无忌，却也透露出骨子里的那股睥睨劲儿。

李纯上位的时候，宦官集团暂时依附了皇权，最让人头疼的还是地方藩镇。

恰逢西川节度使韦皋去世，支度副使刘辟游说各路大佬，想谋夺节度使之职。李纯权衡再三，决定让刘辟做西川节度副使，代理西川事务。不过，李纯的退让让刘辟觉得他和他老爹一样是个银样镴枪头，于是乘机索要西川、东川、山南西道的控制权。

如果李纯松口，意味着刘辟将成为西南地区的土皇帝。刘辟是在赌博，赌李纯只想做个太平皇帝，不会发动战争。

刘辟大错特错了，李纯不仅要打，还选了个铁血硬朗的主将，即朝廷北衙禁军主力神策军的将领高崇文。什么叫硬朗？就因为下属吃饭时折断了饭店的筷子，高崇文就杀了这个下属。

在高崇文到西川前，刘辟活捉了东川节度使李康，占了他的地盘。为了向朝廷示好，刘辟退出东川，将李康送给高崇文。高崇文没有任何情绪波动，以"败军失守"之由直接斩杀了这个丢失城池的封疆大吏。

刘辟有三万大军，高崇文只有五千。这仗本来是不好打的，可高崇文的铁血风格让他麾下的将领很忌惮，竟阴差阳错地立了大功：一个叫阿跌光颜的将军在路上耽搁了行程，没有及时报到，为了建功免罚，他神奇而又幸运地成功偷袭刘辟的粮道，直接改变了战局。随后官军势如破竹，高崇文仅用九个月的时间就控制了蜀中，还将刘辟送到长安供李纯羞辱。

刘辟没有雄才伟略，挑衅朝廷的底气出自无知无畏，失败是情理之中的事。而高崇文战后荣誉加身，却令人意外地选择了急流勇退。

西川战力不俗，李纯活捉刘辟，属于秀了一波肌肉，各路节度使纷纷瞅准时机，递来奏折，表了一波忠心，其中镇海节度使李锜多了一句嘴，说想去长安拜见新皇帝。

李锜是宗室后裔，又是江淮的财神爷，他的奏折引起了李纯的关注。李纯表示，既然想来长安，那就来吧。

李锜这下慌了，去长安意味着被软禁，不去意味着对抗朝廷，怎么办？

李锜想了想，江淮这么富有，有钱就是干，直接造反吧。

气势如虹的官军很快就镇压了荒唐的李锜。

朝廷就是这样，皇帝懦弱胆怯，朝臣就会明哲保身，皇帝威武霸气，就会涌现出有骨气的大臣——跟皇帝保持一致，大家才会活得滋润，这是生存法则。可见，正是因为有了硬气的李纯，才有了武元衡、李吉甫、裴垍等那个时代的佼佼者。

元和二年（807），宰相李吉甫编纂了一本《元和国计簿》，主要内容如下：

第一，全国有四十八个军镇，二百九十五个州府，一千四百五十三个县。

第二，凤翔、鄜（fū）坊、邠（bīn）宁、振武、泾原、银夏、灵盐、河东、易定、魏博、镇冀、范阳、沧景、淮西、淄青等七十一个州不向朝廷申报户口。

第三，朝廷每年的赋税来源只靠浙东、浙西等八个道的四十九个州，在编人口共计一百四十四万户，比天宝年间的纳税人口减少了四分之三。

第四，全国依赖国库供给的军队有八十三万，比天宝年间增加了三分之一，大约是两户人家供养一个士兵。

如此种种，结论就一个：藩镇变强了，朝廷正在失去对地方的控制权，不削藩就是等死!

为了配合削藩国策,朝廷出台了一系列新政。比如,藩镇节度使只能在军府所在的州城征税,只有征收的赋税无法满足进贡朝廷的数量时,才能向其他州县征税。这样一来,州县的压力减轻了,朝廷也可以逐步收回对州县的控制权。

李纯改革的方向没问题,假以时日,肯定是有成效的。然而,中国历史上的改革最怕什么?利益集团,尤其是权势滔天、盘根错节的利益集团。

随后的两年,平卢节度使李师古去世,朝廷允许其弟李师道接任。成德节度使王士真去世,本该其子王承宗承袭父业,这时候李纯不乐意了。魏博、成德、范阳等是老牌藩镇,如果继续放任这些地方的节度使搞"父死子继、兄终弟及"的游戏,朝廷的削藩就是一句空话。

如果强行削藩,朝廷和成德军镇单挑,赢面会很大,问题是河朔三镇从来都是一盘棋,牵一发而动全身。这是个世纪难题。清朝的康熙皇帝也推行削藩,而且专门找最强大的吴三桂打,那是因为清朝皇权处于鼎盛时期,不管是军队还是后勤,康熙皇帝都能调动全国的资源为削藩战争服务,而且最终康熙皇帝也只是险胜。李纯虽然打赢了西川节度使和镇海节度使,可皇权触角能到达的地方无非是关中附近,根本无力挑战河朔三镇。

大部分朝臣都反对开战,而李纯为了维护削藩国策以及那似有若无的面子,就是想打。关于开战与否,李纯和朝臣开始了漫长的内耗博弈,最终李纯勉强接受了宰相集团提出的策略,将德州、棣州划拨出来,让薛昌朝(王承宗的女婿)担任节度使,王承宗则可接管成德军镇剩下的土地。说白了,这就是唐朝版的推恩令。

到此为止,本是一个好的结局,可魏博节度使田季安认为下一个被"推恩"的会是自己,于是散播谣言,说薛昌朝和朝廷勾结,让本就郁闷的王承宗与朝廷彻底决裂。

藩镇和朝廷存在矛盾,和平共处和政治制衡可以缓解矛盾,只有战争和暴力才能一劳永逸地解决矛盾,这是李纯的认知。而且谁又敢说,如果一直制衡下去,皇权就一定能取得胜利,如果背水一战,地方军镇就一定能赢呢?

李纯还是决定开战，而且选好了削藩主帅——吐突承璀。

吐突承璀是李纯的贴身宦官，是他肚子里的蛔虫。在所有大臣都反对开战的时候，是吐突承璀坚定地选择支持李纯，哪怕他也知道战争会带来难以收拾的后果。

朝臣接受了开战的事实，可无法接受大唐军队被一个宦官指挥。但那又怎么样？宦官只分亲疏，朝臣才论对错。任何一段博弈，理智告诉我们要接受权衡利弊之后的对错，可我们终归会让感性去做决策，这是人性的弱点。李纯就像一个溺水之人，他不知道动摇不定的朝臣递过来的不是救命的竹竿，其实是捅死他的武器。他能做的就是顾好眼下，选择一个他觉得最可靠的人去帮他办事。

一个人在强大的时候，会发现身边帮他的人变多了，不是因为别人都变成了好人，而是这个人身上拥有的能量让别人服帖——人都希望顺势而为，幽州牙将谭忠就是这样的人。

谭忠先是告诉魏博节度使田季安，如果田季安帮朝廷对付成德方面，就会成为背信弃义的人，而对抗强大的朝廷又会遭到反攻清算，一番话最终让田季安偃旗息鼓。

随后，谭忠又游说卢龙节度使刘济，传递给他两个信息：第一，如果卢龙军镇不出兵攻打成德军镇，朝廷会认定卢龙军镇和成德军镇相互勾结；第二，昭义节度使卢从史已经给成德节度使王承宗洗脑，说刘济拿成德军镇作为朝廷和卢龙军镇的缓冲地带，所以就算刘济出兵，王承宗也不会领刘济出兵的这份情。于是，刘济最终出兵七万，拿下了王承宗的饶阳、束鹿等城池。这可是实打实的出兵攻打，区别于以往装模作样的帮腔呐喊，河朔三镇内部终于出现清晰可见的裂痕。

如果李纯利用得当，完全可以趁机削弱河朔三镇的实力，然后等待更好的削藩时机。很遗憾，吐突承璀的宦官身份和投机嘴脸让各路援军嗤之以鼻，吐突承璀只能孤军作战。加上他的军事素养是半吊子水平，最终让前线战局直接停摆。

朝廷大军打不出气势，地方藩镇就会重新权衡利弊，这是铁律。比如昭义节度使卢从史，明面上答应帮朝廷，可战争停摆的时候，他偷偷哄抬粮食和战马草料的价格，做中间商，赚差价，让朝廷的战争成本暴增。

用一句话总结河北的局势，就是大家各怀鬼胎，没人想认真打仗。

吐突承璀高喊着要打仗，结果承诺的业绩却没法完成。于是他曲线救国，以重金利诱爱财的卢从史，乘机将他生擒，送给朝廷为自己开脱罪责。

这个时候，朝廷有军事实力，皇权也有威慑力，症结在于大部分朝臣只想做太平官员，不想打仗，导致军事资源无法发挥作用，前线没有向心力。

朝堂之上，退兵的声音一浪高过一浪。朝廷大军驻扎在河北境内进退两难，打是打不过的，退又退不得。李纯为什么不想退兵？因为他没有台阶下，面子没地方放啊！王承宗瞧出了端倪，于是主动上表认错，答应以后给朝廷进贡，还希望朝廷给成德军镇委派官员。

是战还是和？李纯犹豫了七天之久，最终还是迫于现实妥协了。他任命王承宗为成德节度使，将德州与棣州重新还给成德军镇，勒令各道军队返回驻地。

兜兜转转一大圈，朝廷花费钱财无数，最终却无功而返。王承宗得到了自己想要的，李纯可以说是血本无归。

卖力打仗的刘济被封为中书令，勉强算是安慰奖。刘济为了抱朝廷的大腿，不惜得罪成德军镇，却换来如此结局，忧郁之下一病不起。他的长子刘绲（gǔn）和次子刘总为了夺取幽州的控制权，阴谋暗战，最终刘济被刘总毒杀，刘绲被刘总矫以父命杖杀，刘总成为新任卢龙节度使。

淮西战役

唐朝的皇帝中，李纯的命算是比较好的。

因为李纯统治的年代，距离安史之乱已经过去六十余年，最彪悍、最聪明的第一代藩镇节度使已经作古，地方藩镇正处于第二代和第三代交接权力的窗口期。中晚唐藩镇权力交接只有两种模式，子（侄）承父业，或是下属夺权。顺利交接权力的家族很少，或多或少都要上演你死我活、血雨腥风的府衙斗争，而敌人内乱，李纯就有了机会。

元和八年（813），淮西军镇发生重大变故。

安史之乱期间，朝廷为阻挡叛军南下江淮而设立淮西军镇，统辖蔡州（治所在今河南省驻马店市汝南县）、申州（治所在今河南省信阳市浉河区）、光州（治所在今河南省信阳市潢川县）、寿州（治所在今安徽省淮南市寿县）、安州（治所在今湖北省孝感市安陆市）、唐州（治所在今河南省南阳市唐河县）等六州。

淮西军镇一直在动荡中交接，历任节度使中，李忠臣被李希烈驱逐，李希烈被吴少诚杀害，吴少诚被兄弟吴少阳夺权。崇尚暴力和强权的军事风格，让淮西民风彪悍，伦理丧失，1988年出土的柏元封墓志云："当吴少诚时，平不知天子之威，师不奉朝廷之制。"

不过，正因为淮西动荡不安，朝廷才得以收回了寿州、安州、唐州。

元和八年（813）闰八月，蔡州刺史吴元济上奏，声称其父、淮西节度使吴少阳病重，希望朝廷允许由他掌管淮西事务。事实上，当时吴少阳已经去世，吴元济只是秘不发丧而已。

李纯是个拿着枪的猎人，一直在等待猎物出现，而吴元济明明是只傻狍子，却搞得自己很精明一样。

李纯告诉吴元济，十六路大军已经在路上了。

吴元济手中只有三个州，而且没有战略盟友，因此李纯握着绝对胜算。然而李纯却犯了一个致命的错误：没有任命大元帅。这是很离谱的战术决策。自古以来，帝王每每组织大军讨伐敌人，都会精心选择一个元帅，然后筑坛封帅，传檄天下，仪式感很强。可中唐时期的几位帝王都很轻视这个环节，于是经常导致前线大军政令不一，最终走向失败。

拿招讨使严绶来说，他率先进攻，取得小胜，所以防御非常松懈，不料吴元济连夜组织了一波反扑，逼得官军退了五十里。接下来的几天，官军屡战屡败，只能退入唐州自保。

官军被打蒙了头，李纯才后知后觉，将胡人将领李光颜任命为元帅。李光颜即前文所述于朝廷讨伐西川军阀刘辟时立功的阿跌光颜，他于元和六年（811）因功被赐姓李。这又折射出一个意思：李唐皇室在经历了数次战火后，有意控制着军权，尤其是兵马元帅之职，不想交到别人手上。李纯之所以选择李光颜，一来是因为他的政治背景干净，二来是因为他虽可带兵，却不具备大元帅的素养，对朝廷威胁不大。

为了对抗朝廷，吴元济希望和成德、平卢联盟。王承宗刚刚领教了朝廷军队的实力，象征性地发了几封调解书便偃旗息鼓了，反倒是平卢节度使李师道态度积极，小动作不断。究其原因，平卢军镇和朝廷的关系很差，而且李师道的人品一言难尽。

李纯这次征调了十六支军队，唯独没有让李师道帮忙，摆明了不信任他。为了报复朝廷，李师道将平时豢养的鸡鸣狗盗之徒、绿林盗匪之辈全部撒了出去——先是烧了荥阳的河阴仓，摧毁了从江淮地区运粮进京的中转站，随后又雇洛阳的地痞流氓，让他们在城中放火烧城、抢劫百姓，造成后方的动荡。

乱象频生，不少重臣都主张退兵，可宰相武元衡、御史中丞裴度顶住了舆论压力。

武元衡是武则天的族人，虽然姓武，但正直清廉，作风硬朗，深受李唐皇室的信任，外调担任了七年的西川节度使，见惯了战场上的血雨腥风，回京后升任宰相，成了削藩派的中坚力量。裴度是被武元衡提拔上来的，削藩的态度同样非常强硬。

元和十年（815）六月初三，天色尚未大亮，坊中的商铺还未开门，周遭灰蒙蒙一片，住在皇城边上的大臣起床梳洗，准备进宫上早朝。武元衡住在长安城东的靖安坊，从这里到大明宫约有十里路。他和往常一样准点出门，出发没多久，数十只羽箭从黑暗之中爆射过来，随行侍卫纷纷倒地，早已埋伏好的杀手飞奔出来，先是击散了武元衡的护卫，再抢了他的马匹，将他控制之后砍下了他的头颅。

几乎与此同时，另一路杀手追上了裴度的车驾，以同样的方式发动奇袭，其中一只羽箭射中裴度的头部。庆幸的是，羽箭飞行距离太远，丧失了力道，而裴度的帽子非常结实，所以他只是摔到臭水沟里，捡回一条性命。护卫随后开始反击，一番苦战下来，杀手并未得逞。眼看天色就要转亮，街上行人越来越多，杀手逃遁而去。

宰相当街被杀，御史中丞被伤，这是大唐开国以来绝无仅有的刺杀事件。李纯立即安排金吾卫全程护送朝臣上下班，并派官员追查破案。

即便有金吾卫，大批的官员仍然选择找个理由躲在家中。杀手集团随后潜到被委派破案的官员的府衙，留下字条，威胁他们如果轻举妄动，全家就有灭顶之灾。

这不是武侠电视剧里的情节，而是真实发生的历史事件。

李纯没有退缩，而是任命鹰派的裴度为宰相，并命神策军搜捕杀手集团，最终抓捕了一个叫张晏的人，而他是成德节度使王承宗的亲信。朝廷刚刚和成德军镇和解，就发生了这种事情，李纯暴跳如雷，宣布和王承宗决裂，还威胁要再收拾他一遍。

事实证明，在这件事情上李纯有点着急了，少了一些城府和智慧，因为王承宗就是个背锅的，真正的幕后主使是李师道。好在没过多久真相就浮出了水面：史思明有个部将在战败后逃往深山做了和尚，法号圆净，他找到李师道，提出帮他训练一个专搞刺杀破坏的杀手集团。二人一拍即合，李师道负责提供钱财，圆净负责收集情报，招揽江湖人才。渐渐地，他们聚起数千人。发生在长安的刺杀事件，就是这个集团的手笔。

李纯得知真相，大手一挥，将杀手集团的成员全部处死，之后开始专心对付淮西军镇。

此时，朝廷和淮西已经交战一年，前线主帅换了一个又一个，从李光颜到韩弘再到高霞寓，但始终打不开局面。最困难的时候，官军和成德、淮西双线作战——在成德战场上接连取胜，与淮西的战争却像一潭死水。为什么会出现这种情况？李纯完全摸不着头脑。

其实，站在后世全知视角来看，原因就一个：李纯想削藩，依靠的军队却是地方藩镇。如果打赢了，李纯会继续削藩，利益受损的将会是手握一方军政大权、在地方上呼风唤雨的节度使，所以他们并不愿意为此拼尽全力。

即便如此，李纯还是坚持，就是要打，而且给足了信任，可换回来的是什么？

隐瞒军情、虚报战绩的奏折。

乱作一团、毫无希望的战局。

各自为战、自私自利的将军。

削藩是国策。在宦官集团、文人集团和武将集团之间，李纯最初选择了文人和武将。可事实摆在眼前，他们目光短浅，不顾大局，根本靠不住。李纯的很失望，只不过碍于局势，他没有将失望摆到台面，而是在心里默默扣分。

晚唐时期，李唐皇室为何抛弃文官和武将而去亲信宦官，其实在这里已现端倪。

元和十一年（816），宦官梁守谦奉命前往淮西，带去了李光颜的封爵诏书以及五百份空着姓名的官职委任书，还有大量的金银财宝。李纯态度明确，打赢了战争，要什么有什么。此外，梁守谦还有个秘密任务，调查前线将领的懒惰作风。

很快，梁守谦就打听到了一个消息：前线总指挥袁滋上任后的第一个军令就是撤掉淮西边境上的岗哨，禁止官军骚扰淮西。吴元济来挑衅的时候，袁滋像个把头埋进沙子的鸵鸟，不仅拒绝出战，最后甚至是求爷爷告奶奶地把吴元济哄走的！

拿着朝廷好不容易筹集的军饷，却消极怠战若此，还向敌人示弱，这种毫无底线的行为让梁守谦震惊不已。他将消息报给李纯，李纯意识到，人不到位，这仗就没法打。

有一天，李纯批阅奏折，忽然看到"请战"二字，顿时来了兴趣，将奏折拿起来好好读了一番。李纯越读越来劲，越读越提气。上奏折的人是太子詹事、宫苑闲厩使李愬（sù），他向皇帝请旨，希望去前线效力。

李愬是大唐名将李晟的儿子，弓马骑射、用兵韬略，无所不精。他是将门虎子，老爹又有军方资源，本该走军功路线，可最终却走了门荫入仕这条捷径。他在官场混迹多年，要么担任卫尉少卿、左庶子这种闲职，要么出任刺史等不掌兵权的长官，总之一句话，混得很差。不是他能力不够，而是官场上派系林立，大家热衷于政治斗争，官员想晋升，就只能依附宰相权臣，做他们的马前卒。李愬的家世、门风都让他不屑于做权臣附庸，不愿意同流合污，因此他才坐了这么多年的冷板凳。

李纯把李愬捞了出来。上任后，李愬一边向各路将领示好，一边向吴元济示弱。李愬的文官履历和他过去平庸无闻的经历让吴元济放松了警惕。吴元济不知道，过去两年，李愬一直在关注淮西的局势，而且在秘密搜集淮西战场的情报，甚至已经想好了对付吴元济的计策——偷袭他的老巢蔡州。李愬的请战不是因为一时激情，也不是想舍身报国，而是做了充分的准备，打算踩着吴元济的尸体一战成名。

李愬传下军令：随州刺史史旻镇守文城，六院兵马使、投降的淮西将领李祐率领三千敢死队为前导，他自己和宦官监军带着三千人为中军，唐州刺史李进诚率领三千人为后军，目标只有一个——向东开进，东边就是吴元济的老巢蔡州。

除了几个投降的淮西将领，连监军宦官都不知道李愬偷袭蔡州的计划。听完李愬东进的指令，大家受惊不小。时值隆冬季节，天黑得早，外面阴风怒号，大雪纷飞。由于缺乏保暖用具，战马和将士冻伤了一大片。连夜的大雪淹没了行军道路，在敌军的地盘深夜行军，安全根本没有保障。将士们都觉得，这回很难活着回来了。

军心动摇是正常的事，但李愬上任后只干了两件事：第一，不管是什么战役，只要是李愬指挥的，结局都是胜利；第二，训练军队令行禁止，士兵无条件服从。

大军还是出发了，奔袭七十余里，蔡州城终于进入大家的视野。

李愬凭什么敢偷袭？因为蔡州一直是独立王国，很少被进攻，防御等级本来就低，再加上吴元济早就将蔡州的主力军队派到了正面战场，此时的蔡州基本就是一座空城。即便如此，李愬还是不敢掉以轻心。他派人来到蔡州城外一处鸭鹅养殖基地内将家禽全部吵醒，用鸭叫和鹅叫的声音为大军掩护。

此时已经是四更天，城中将士都在休息，值守的人昏昏欲睡。一支身手敏捷的小分队爬上城楼，解决掉守城军士，随后放大军悄悄入城。当雄鸡第一遍鸣叫的时候，下了一整夜的大雪终于停止，李愬的大军也已经占领蔡州城，吴元济的命运到此戛然而止。

大明宫兴安门，李纯举办了盛大的献俘仪式，向天下百姓昭告吴元济的罪行，随后让吴元济到李唐宗庙叩头认罪。如果说兴安门的仪式是为了彰显大唐的国威，那么宗庙的仪式就是报这么多年来地方势力对唐朝皇帝大不敬的仇——从李希烈割据蔡州起算，蔡州已经自治三十年，后来更有前文所提及的泾原军造反，大杀李唐宗室，迫使唐德宗带着太子李诵、皇孙李纯出逃长安等事件。这一刻，是李纯的高光时刻。

宪宗去世迷案

最好的威慑不是空言恫吓，而是拥有雷霆手段，还敢杀鸡儆猴。

李纯杀了吴元济的举动，对藩镇节度使的威慑是强有力的。战争结束后，成德节度使王承宗同意将德州、棣州还给朝廷，还把两个儿子送到长安做人质；魏博节度使田弘正、幽州节度使刘总也表示愿听朝廷号令；平卢节度使李师道同样表示要送儿子进京做人质，还要把割沂、密、海三州还给朝廷。

对于这个结局，李纯是满意的，然而计划赶不上变化——河朔三镇都完成了土地的交接，李师道却反悔了。

李师道的老婆舍不得儿子，不同意把儿子送到长安做人质。为了说服李师道，他老婆找了两个理由：第一，平卢军镇拥有十二个州，还有数十万军民，地广民富，完全可以和朝廷抗衡；第二，平卢军镇现在不用把土地还给朝廷，可以等官军打来了再献上三州，到时候找朝廷谈判也来得及。

政治博弈讲求此消彼长，对手强大了，该示弱就示弱，示弱能麻痹对手，也能转移其注意力，河朔三镇的军阀就深谙这个道理。李师道却被忽悠了，这不能怪他老婆，只怪他自己胸无大志、优柔寡断。

在晚唐的削藩战争里，每个军阀都有自己的生存哲学。李师道的生存哲学其实很简单，就是希望朝廷陷在战争的泥潭里，他浑水摸鱼，谋取战争利益。

有这样"猥琐"的想法，意味着李师道不可能向朝廷开战。

蔡州之战，官军主帅消极备战，地方军队各自为政，就是一盘散沙，李师道完全可以找河朔三镇联盟，出兵救援蔡州，遏制朝廷的气势。别的不说，至少先把吴元济救下来，再与李纯谈条件，可李师道却选择派江湖人士刺杀朝廷重臣。

大唐立国以来，政治斗争不断，却很少出现这种操作，因为江湖有江湖的游戏规则，朝堂也有朝堂的游戏规则，政治斗争自带智慧属性。刺杀这种行为在政治斗争的世界里完全是下三滥的手段，为人不齿。

打又不敢打，投降又不甘心，李师道一直在人生的岔路口徘徊犹豫。最要命的是，这时候河朔三镇已经依附朝廷，不会再替他牵制朝廷。然而李师道居然没有看清这么明显的局势，只能说他恐怕有点憨厚——带着愚蠢的那种。

元和十三年（818）五月，李纯封李光颜为义成节度使，命他前往平卢平叛。

平卢之战，官军携雷霆之势，势如破竹，李师道屡战屡败。他开始坐立不安，性情逐渐变得暴躁，以至于身边的人宁愿隐瞒军情也不想惹他不开心。

李师道手下位悍将叫刘悟，治军宽仁，深得军心。刘悟拥兵一万，驻守阳谷，魏博节度使田弘正偷偷渡过黄河，把他揍了一顿。

战场上有输有赢，都是正常的事，可刘悟的政敌抓着这件事不放，强行给刘悟上眼药，说他只会收买人心，关键时刻不顶用，还说刘悟迟早会背叛李师道。李师道耳根子软，竟以商议军情为由，想将刘悟骗回来处死。

因谗言而杀人，很伤士气，很寒人心。许多将领都为刘悟求情，李师道担心军队哗变，赶紧给刘悟送了一堆珠宝，可偏偏又把刘悟的儿子扣下来做人质。这口气刘悟忍了，不料没过几天，又有人说他想谋反，李师道的意志再次动摇，派行营兵马副使张暹去杀他。张暹赶到阳谷，办的第一件事就是向刘悟坦陈李师道的阴谋。

刀斧加身，是跪着引颈就戮，还是站起来自保？刘悟选择了后者。他号召麾下的将军们跟着他杀回军镇治所郓州（治所在今山东省泰安市东平县）。

刘悟擅长治军，深得军心，可到了造反的时候，他麾下的将军却纷纷质疑。原因很简单，每个人都有自己的人设，比如自私阴狠的人有一天突然捐款，别人的第一反应会是这个家伙想靠捐钱救赎自己，而不是相信他大方。刘悟的人设是宽厚仁德，心眼实诚，可中国有句古话叫"慈不掌兵，义不掌财"，让慈眉善目、毫无脾气的刘悟带着大家造反，属实冲击了基层将领的认知，没有人愿意跟着他一起掉脑袋。而且大家喜欢刘悟，是因为刘悟待人接物性格温和，可以保证大家的军旅生活很滋润，纯属利己主义在作祟，而非人格魅力上的忠诚和跟随。

刘悟砍下三十多颗人头，让大家相信他确实是个狠角色，最终强行起兵。带团队不能只靠大棒，所以刘悟又下令，只要攻入郓州，每人赏钱一百缗。另外，除了军库，凡是节度使以及其他叛党的家财，他都允许手下任意掠取，有仇者也可以报仇。

士气被激发了。在刘悟的精心策划下，节度使府衙很快被攻破，李师道死于乱军之中。

事后，李纯将平卢军镇的十二个州拆成三个道，由朝廷委派刺史管理。至此，河朔三镇和平卢军镇至少在名义上全部归顺了朝廷。

自安史之乱以来的大唐皇帝，李纯绝对是最牛的一个，他能在与地方藩镇博弈的棋局中获胜，还能把藩镇节度使治得服服帖帖：

平定西川节度使刘辟，以削藩第一战确立江湖地位。

平定镇海节度使李锜，将淮南富庶之地收入囊中。

平定魏博内乱，收编魏博节度使田弘正。

平定淮西节度使吴元济，收回脱离朝廷统治数十年的淮西。

平定平卢节度使李师道，将山东十二州重新划入朝廷统治范围。

平定成德节度使王承宗，把他收拾得心服口服。

招降幽州节度使刘总，不费吹灰之力。

李纯做了十五年的皇帝，搞定了七个桀骜不驯的藩镇节度使，收回了数十个州、数百个县，将支离破碎、满目疮痍的大唐重新带回到正轨。

为什么历史要高看唐宪宗李纯一眼？看看李纯所处的政治环境就知道了。传统的藩镇盘踞在地方，代表朝廷军力的新势力藩镇消极怠战，朝廷失去对财政的控制，朋党之势若隐若现，大唐已经是千疮百孔。能让这艘破碎飘摇的巨轮正常航行就不错了，可李纯顶着巨大的压力，靠着顽强的意志，最终完成逆袭，把巨轮修补起来。也正是因此，历史学家把李纯统治的时期誉为"元和中兴"。

皇帝这份工作，李纯如果继续这么干下去，不说超越李世民、李隆基，跻身到唐朝皇帝前五名是稳稳的，然而接下来李纯却拐了个弯，选择了一条不归之路。

他迷恋上了长生久视之道。

把李纯带到阴沟的人是李道古和皇甫镈（bó），他们一个是宗正卿（掌皇室亲族事务），一个是宰相。

当时，李道古犯了事，怕李纯罚他，于是找到皇甫镈，声称自己认识一个会炼制长生不老药的神仙。皇甫镈靠溜须拍马、逢迎圣意起家，在他的运作下，这个号称神仙的江湖骗子柳泌成了李纯的座上宾，专门在兴唐观为李纯炼制丹药。

中国古代的炼丹术分为内丹术和外丹术。内丹术是道家对气功的说法，练习需要耗费大量时间和精力，不适合日理万机的皇帝，因此中国的皇帝大都选择外丹术，也就是吃小药丸。这些丹药重金属严重超标，可以让人脸色潮红，因此被人误以为吃药后能精神百倍。

柳泌只会炼制小药丸，时间久了，他也害怕穿帮，于是借口到天台山寻找灵药，远离了长安这个是非之地。

起居舍人裴潾（lín）直言劝诫，说如果这帮骗子真有仙药，肯定会躲起来自己吃。他们跑到长安，无非是利用权贵的求仙心理为自己谋取利益。检验真理最好的办法，就是让这帮骗子自己服用丹药。

道理完全正确，而且够直白，可也太过直白，李纯龙颜大怒，随即下旨将裴潾贬为江陵县令。

元和十五年（820）正月二十七，年仅四十二岁的李纯在大明宫暴毙。

李纯的暴毙可以算是唐朝历史上的一桩迷案。《旧唐书·宪宗本纪》载："上崩于大明宫之中和殿……时以暴崩，皆言内官陈弘志弑逆，史氏讳而不书。"可见，至少在唐末至宋初，不管是民间还是官方，都不太认可李纯吃丹药暴毙的说法。大家觉得，真正让李纯丧命的是围绕皇权进行的政治斗争，李纯只是又一个牺牲品。

李纯有二十个儿子，长子李宁是宫人纪氏所生，次子李恽的母亲地位低下，三子李恒的母亲是郭子仪的孙女。郭氏的意思很明确，她的爷爷是辅佐大唐中兴的功臣，有这个关系在，太子的位置肯定是李恒的，而她自然应该享皇后之尊。

郭氏讲的是自然逻辑，可李纯是皇帝，讲的是统治逻辑。郭氏家族已经"八子七婿，皆贵显朝廷"，如果再让郭氏做皇后，天下是要姓李还是姓郭了？

因为这件事，李纯和郭氏闹了很深的矛盾，二者几乎成了敌人。

李纯坚持己见，将长子李宁立为太子，不料李宁在十九岁的时候突然去世。宦官吐突承璀明白李纯的心思，提议按照次序立次子李恽，而文官集团异口同声地支持李恒。立储之事双方搞了七个月的拉锯战。李纯认识到，围绕在李恒周围的政治势力太强大了，就算让李恽做了太子，最后也会以一场宫廷政变收尾，所以决定请翰林学士崔群代李恽起草谦让的奏表，将李恒立为皇太子。

然而，郭氏的目标皇后之位，李纯说什么也不想给，这也是李纯的底线。

玄宗皇帝以来，李唐皇室就失去了立皇后的传统，除了肃宗皇帝的张皇后，代宗、顺宗都没立过皇后。不管是从政治角度考虑，还是从个人情感出发，李纯都不想立郭氏。气急败坏的郭氏为了掌握权力，开始暗中和神策军中尉梁守谦、王守澄等人勾结。

朝臣怎么选呢？第一，李纯因为无奈而妥协，立了并非自己心仪的人选为太子，说明他手中皇权的含金量正在稀释。第二，李纯已经因为乱吃药，成了废人，谁也不敢在废人的身上下赌注。为了利益，朝臣只能站到李恒的阵营里。

元和十四年（819），李纯因为服用丹药身体情况逐渐糟糕，吐突承璀打算密谋拥立李恽为皇太子。李恒万分着急，于是找他的舅舅、司农卿郭钊拿主意。

郭钊说道："殿下但尽孝谨以俟之，勿恤其他。"这话说得很有底气，因为郭氏一党已经做好了所有准备。

正月二十七，李纯突然暴毙，宦官陈弘志、梁守谦、马进潭、刘承偕、韦元素、王守澄等人派禁卫军诛杀了澧王李恽以及拥立他的宦官吐突承璀。与此同时，太子党赏赐左、右神策军士每人钱五十缗，左右羽林、左右龙武、左右神武六军以及威远营军士每人钱三十缗，左右金吾军士每人钱十五缗，彻底控制了局势。

史载："皆言内官陈弘志弑逆。"如果幕后黑手是陈弘志，史官又不是他的儿子，有什么需要隐晦的？所以，陈弘志就是杀死李纯的刽子手，而真正的幕后黑手应该是李恒。一个不被父亲重视且屡遭放弃的皇子，一个缺少亲情滋润的孩子，很难对皇帝父亲有感情。为了至高无上的皇权，李恒完全有动机让李纯暴毙。

拾柒　乱世有乱象

历史罪人

二十六岁的李恒继承的是一个有中兴气象的国家，李纯给他留下了一批敢于直谏的良臣，地方藩镇也都以朝廷马首是瞻，只要励精图治，日子肯定越来越红火。可李恒决定做一个骨灰级的娱乐皇帝，听曲儿、看戏、看杂耍，大兴土木。

有一次，李恒想去华清池度假，遭到群臣反对。君臣对峙，谁也不肯相让，僵持到最后，朝臣同意李恒的要求，不过开了个条件：带他们一起去。李恒不想让这帮老家伙搅了兴致，于是带着娱乐团队偷偷跑出宫，直到天黑才回。

李恒爱玩儿，也觉得天下太平，觉得自己有资本玩儿，可他误判了。

成德节度使王承宗病亡，他的两个儿子王知感、王知信在长安做人质，王家没有上报死讯，而是公推王承宗的弟弟王承元承袭爵位，想维护既得利益。王承元没有野心，不想做节度使，最终将情况上报给朝廷。

李恒下诏，以王承元为义成节度使、刘悟为昭义节度使、李愬为魏博节度使、田弘正为成德节度使、左金吾将军田布（田弘正之子）为河阳节度使。这是藩镇归降之后，朝廷最大规模的一次人事调动，目的是试探各个枭雄的归降诚意，准备继续削藩。

王承元告诉兄弟们，他不想做第二个李师道。为了安抚军心，王承元自掏腰包奖励军队，提拔了一批基层将士，随后离开了成德军镇。

就在此时，幽州节度使刘总因为杀害兄长而心有愧疚，精神濒临崩溃，因此提出辞职出家，希望朝廷拨付一百万缗钱财安抚幽州的将士。李恒借坡下驴，给刘总赏了个高大上的名字——大觉，并将刘总的住处改为佛寺，名曰报恩寺。

刘总是真心出家，朝廷的旨意还没到，他就剃光了头发。退休之前，刘总提前办了几件事：第一，将幽州的一万五千匹战马送给朝廷——幽州铁骑天下闻名,这是将家底交给李恒,足以证明刘总对削藩的态度;第二,向朝廷建议将幽州分为三道,由张弘靖、薛平、卢士玫分别管理;第三,将不服管教的将领,比如都知兵马使朱克融送到长安,让李恒提拔重用,以此让幽州将士感念朝廷恩德。

安史之乱以来,这是藩镇节度使第一次主动削藩。如果李恒把事情办好了,河朔三镇有可能就真的回归朝廷。像这种超级罕见的历史机遇,李恒前边的几位皇帝日夜焚香磕头都没有求来,李恒这个败家子却没有完全重视。

处理幽州事宜的是宰相崔植和杜元颖。这两人擅自做主,将瀛州、莫州分割出来,交给刘总的亲戚、京兆尹卢士玫打理,其他所有的州县则全部交给张弘靖,因为他的爷爷和父亲是昔日的宰相,张家是政治世家。

只要是把李唐天下放在心上的官员,都会选择将幽州分而治之,可崔植和杜元颖为了那点人情世故,置李唐皇室的利益于不顾,保留了幽州军镇。朱克融等人到长安等待召见,发现朝廷的大爷们根本不搭理他们,他们身上的盘缠全部耗尽,只能伸手借衣讨食。朱克融找崔植、杜元颖要说法,他们两手一摊:兄弟啊,你还是回幽州,继续做张弘靖的马仔去吧。

朱克融虽然愤恨,但还是忍了,因为朝廷势力太大,他斗不过。

如果张弘靖好好管理幽州,恐怕也闹不出太大的事来,可他总觉得自己是豪门出身,幽州官员则是一群土包子,所以张弘靖整日里鼻孔朝天。自己清高没问题,可张弘靖任命的节度判官韦雍偏偏是年少轻浮之徒,嗜好饮酒,放荡不羁,进出官府时大声叫喊,声势动天,一看就是没素质的人。另外,朝廷拨付的一百万缗钱财被张弘靖截留了二十万缗,韦雍等人平日里也常克扣下属的军粮,还辱骂幽州将士是反贼,矛盾就这样一点一点积累起来。

一次,韦雍外出巡视,有个幽州小将的战马冲撞了他的仪仗,韦雍将对方羞辱了一顿,准备收监治罪。就在当晚,幽州将士们终于爆发了,他们洗劫了节度使府衙,将张弘靖和家人关押在蓟门馆,随后诛杀了其幕僚韦雍、张宗元等人。

第二天,幽州将士到蓟门馆叩头请罪,而张弘靖端着架子,拒不和解,最终幽州将士只能找到幽州的老将朱洄,请他出面调停。朱洄是个已退隐的聪明老头子,他对幽州将士说:"实在不行,你们就把我的儿子朱克融叫回来吧。"这句话出口,意味着朝廷将失去对幽州的控制权了。

赶在这个时候,成德军镇也陷入动乱。

成德和魏博有恩怨世仇,出于削弱魏博的目的,让魏博的军镇头领去成德做老大,成德当地军士能服气吗?田弘正带了两千亲兵给自己壮胆,可户部侍郎崔倰(lèng)告诉他,这支军队不属于成德编制,而他们离开了魏博,魏博也不会再管军饷,让田弘正自己养活。田弘正为此上了四道奏折,都被朝廷拒绝。

一边要养活军队,一边要打理京城的关系,田弘正只能搜刮成德军镇的钱财,这样一来就得罪了地方势力。事情闹开,李恒答应出一百万缗钱财平息此事。可画的大饼迟迟没有到位,最终,在成德军队的拥立下,王武俊的养子王庭凑杀死田弘正,掌控了成德大权。

刚过了四年和平的好日子,幽州和成德的暴乱再次将大唐带到战火之中。

李恒派经验丰富的裴度平叛。本来裴度可以靠拖来稳住局面,可出兵不到一个月,他就因为"毫无作为"被罢免,新上任的是宦官集团推荐的将军杜叔良——一个不懂军事、只知道巴结宦官的小人。此后的战况可想而知,官军一败涂地,李恒迫于无奈,正式宣布朱克融担任幽州节度使。

地方藩镇怕朝廷,是因为朝廷有实力、有威信。现在李恒打输了仗,而且还对藩镇妥协,维持在朝廷和地方藩镇之间的平衡就被打破了。

谁会忌惮中看不中用的软柿子呢?

为了制衡河北,李恒让田布做魏博节度使,并承诺每个月给他二十八万缗军费。可几个月下来,田布除了花钱,在战场上什么贡献也没有。李恒不是财神爷,看不到希望,也就断了魏博的军费。

随着幽州和成德脱离了朝廷控制,魏博的中层武官也有了想法。

说得现实点,如果地方藩镇依附朝廷,中层武官的晋升是由朝廷决定的,可晋升靠什么?要么靠军功,要么靠关系。只要河朔三镇和平一天,军功就是不可能有的,而他们距离京城那么远,搞关系又没门路。两条路都走不通,等同于职业生涯提前结束。

还有一点，河朔三镇归附朝廷后，朝廷以为天下已经太平，不需要养那么多职业军人，于是温和婉转地要求地方军镇裁撤百分之八的军队。军人身无长技，让他们失业又不给任何保障，这是多么敏感而危险的政策。

迫于朝廷的压力，被裁撤的军人卸甲归田，可他们要么成为私家部曲，要么做了绿林人士，成了社会最大的隐患。幽州和成德的叛乱，让这帮人看到了翻身的希望。

魏博先锋兵马使史宪诚率军哗变，提出如果田布按照河朔三镇的惯例行事，他们就跟着田布干，如果田布要尊奉朝廷，那就只能做田布的敌人。

对田布来说，这是生与死的选择。

当天，田布写下一封遗书，告诉朝廷要尽快支援河北战场，否则忠于朝廷的正义之士将会遭到屠杀。随后，他来到父亲的灵位前，抽刀剜心而死。

田布选择了死，他用性命为河朔三镇留下了赤胆忠心的绝唱，可他的死没有唤醒李恒。为了息事宁人，李恒任命史宪诚为魏博节度使，王庭凑为成德节度使。

忠于朝廷的节度使自杀，叛乱的人却名正言顺地窃取权力，这样的皇帝还有什么威严可言？臣民又该怎么看待朝廷？从此时开始，河朔三镇再一次脱离朝廷的怀抱。

朝廷和地方藩镇短暂地结合过一次，但各自利益诉求不一样，终究无法共存。藩镇节度使此后彻底放弃了天真的想法，直到唐朝灭亡，河朔三镇也没有回归过。

牛李党争

朝廷放弃河朔三镇，军事原因占一部分，受政治因素的影响更大。

从元和三年（808）到大中四年（850），一场持续了四十二年的党争把朝廷搅得乌烟瘴气，最终的结果是文官集团元气大伤，宦官集团和地方藩镇崛起。

历史学家把这次党争称为"牛李党争",因为争斗双方是牛、李两派,牛派的代表人物是牛僧孺、李宗闵、李逢吉,李派的代表人物是李吉甫、李德裕。

这场党争起源于私人恩怨。

元和三年(808),朝廷开设恩科,鼓励考生针砭时弊。伊阙县尉牛僧孺、陆浑县尉皇甫湜、进士李宗闵正值壮年,血气方刚,建议朝廷停止削藩战争,休养生息,还点评了朝廷的施政策略,翰林学士裴垍、王涯将他们三人评为"上第(即第一等)"。

维护国家稳定和平,这个政治立场永远不会错,可藩镇割据问题不解决,大唐王朝迟早还是要被拖垮,空洞的政治口号解决不了实际问题,牛僧孺等人的态度让宰相李吉甫很不满。况且,李吉甫的施政理念是削藩,如果这些政治新星的理念被皇帝采纳,等同于李吉甫的政治生涯宣告结束。于是,为了打击新势力,在这场恩科中,李吉甫爆料说皇甫湜是王涯的外甥,主考官杨於陵、韦贯之、裴垍知道却不提醒,这次考试有明显的徇私舞弊行为。

当时的皇帝是唐宪宗李纯,他讨厌科场作弊,于是将主考官和三个考生一并处理。牛僧孺等人的政治前途被扼杀,只能去给节度使担任幕僚,浑噩度日。朝臣同情他们的遭遇,集体控诉李吉甫心胸狭隘、嫉贤妒能,逼迫李纯罢免了李吉甫。数年之后,李吉甫去世。

唐穆宗李恒在位时,又爆发了长庆科考案。

学生杨浑之、周汉宾给宰相段文昌、翰林学士李绅送礼,希望得到关照,这两位大佬给主考官钱徽、杨汝士打了招呼,可最终却是裴撰(宰相裴度的儿子)、郑郎(谏议大夫郑覃的儿子)、苏巢(李宗闵的女婿)等十四名权贵子弟上榜。段文昌感觉自己被欺骗了,声称这又是一场黑幕。

事情闹大,李恒派李德裕、右拾遗元稹调查,李德裕组织复试,最终只有三人通过,其他人全部落榜。考试存在运气成分和偶然性,但李恒管不着这些,爆发雷霆之怒,将钱徽、李宗闵等涉案人员全部贬到了外地。

李宗闵心中充满了仇恨,因为李德裕是李吉甫的儿子。前后两场考试,他居然都栽在李吉甫父子的手里,新仇旧恨算一起,这梁子永远也解不开了。

仇恨归仇恨，朝中真正的大佬是元稹、裴度、李逢吉。李德裕、李宗闵只能算正在成长的小人物，是大佬权力斗争的马前卒、牺牲品。

裴度是主战派，门生故旧多，深得恩宠，可元稹就是想挑战他的地位。

元稹曾写下"曾经沧海难为水，除却巫山不是云"的诗句，原本可以做个洒脱随性的文人，但他在经历了社会的毒打后发现，一个文人想在仕途上走得远，在朝中没点关系是万万不行的，恐怕永远也无法出头。于是元稹放弃底线，投靠了如日中天的宦官集团。

有一段时间，元稹不是炮轰裴度，就是在炮轰裴度的路上。可裴度为人正直，威望甚高，元稹根本无法撼动他。以裴度的政治能量，可以轻松反杀元稹，只是裴度不屑于搞阴谋诡计。在君子与小人的争斗中，保留政治理想的君子已经先输了一着儿。

长庆二年（822）五月，元稹找兵部行贿，要了二十张空白委任状，这件事引起了兵部尚书李逢吉的注意。李逢吉是主和派，擅长投机取巧、阿谀逢迎，抱的大腿是神策军枢密使王守澄，此人是李恒的拥立者。

李逢吉对裴度和元稹早就起了取而代之之心。这一次，他举报元稹行贿兵部，而且意图刺杀裴度。李恒对朝臣间的钩心斗角不胜其烦，不顾调查结果，狠心罢免了裴度和元稹，启用了李逢吉，之后又以牛僧孺为相。

接下来的三年，牛党在李逢吉、牛僧孺的领导下控制了朝廷。三十六岁的李德裕外放浙西观察使，离京时间长达八年。他暗暗发誓，要和李逢吉、牛僧孺等人势不两立。

李逢吉没有政治理想和追求，只醉心于权力斗争，为了争宠，将宰相的摇篮——翰林学士院压得抬不起头来。连牛僧孺都羞于与李逢吉为伍，提出要到外地做官。

长庆四年（824），唐穆宗李恒因服食丹药而亡，继位的唐敬宗李湛被李逢吉洗脑，对他信任有加。可时间一长了，李湛就看出来了，李逢吉带领的就是个没有底线、没有节操的政治流氓集团啊！

李湛对人透露，想起用老臣裴度，李逢吉想要阻止，而且运气不错，理由自己送上门了。

裴度有个亲信叫武昭,被李逢吉排挤到无法立足,时常与好友、太学博士李涉和金吾兵曹茅汇聚在一起发牢骚。宰相李程也痛恨李逢吉的作风,其亲戚挑拨武昭,说李程本想给武昭升官,但最终被李逢吉阻挠了。武昭是个暴脾气,听说此事后立马放出豪言,说要宰了李逢吉。

李逢吉听闻此事,计上心头。他让侄子李仲言将武昭、茅汇、李涉抓了起来,准备制造案子以牵连裴度。

李逢吉收买茅汇、李涉,让他们一口咬定武昭与李程合谋,准备暗害李逢吉,茅汇答应了。可是在李湛复查案件的时候,茅汇坚持了复仇的信念,将李仲言逼迫他们陷害李程的事抖了出来,来了个绝地反杀。

李逢吉千算万算,没算到自己会被几个不入流的小官坑了。裴度得以回朝,李逢吉和李仲言灰溜溜地离开了长安。

李湛有点政治智慧,但不多,他还是个十七岁的孩子,更喜欢娱乐。

唐朝皇帝中,李湛绝对是最痴迷于玩游戏的一个,而且是特别较真的那种。玩个游戏不尽兴,他要打骂宦官,成绩不好也要打骂。游戏对李湛来讲是娱乐,对侍奉他的宦官来讲却是一种灾难。

在一次"打夜狐(即深夜捕捉狐狸)"的活动后,李湛召集大家喝酒,刘克明、田务成等宦官在列。酒到半酣,李湛起身去换衣服,刘克明等人尾随其后,竟将李湛杀害了。

这是唐朝第二个被杀的皇帝。

刘克明的出手有激情复仇的因素,也有想逆天改命的投机考虑——他想拥立绛王李悟为帝,获从龙之功。但兵权掌握在神策左军中尉魏从简、神策右军中尉梁守谦、枢密使王守澄及杨承和的手里,刘克明这一吃独食的行为引起了他们的集体反对,最终他们带兵入宫,杀了李悟和刘克明,将李湛的弟弟李昂立为皇帝,史称唐文宗。

李昂上台后,一改哥哥一个月上两次朝的恶习,每日勤勉坐班,削减朝廷开支,遏制内廷腐败,让很多人看到了中兴的希望。不过,宦官集团可不愿意看到这些，因为李昂的新政处处针对内廷，严重影响了宦官集团的经济利益。

一个对权力、美女没有欲望的群体，再被剥夺金钱上的享乐，他们能答应吗？

宦官集团为了报复，将魔爪伸向了支持李昂的文官集团，尤其是为首的几位宰相。在宦官的威慑下，他们纷纷选择明哲保身，装聋作哑。

李昂决定开恩科，选几个没被污染的可用之材。幽州人刘蕡（fén）思想激进，铁骨铮铮，还没考试就已经出品了政论文章，成了新科学生中的领袖人物，可谓众望所归，但是在宦官集团的干涉下，能力、才情碾压才子杜牧、崔慎由的刘蕡居然落第了。

以天子之威、御史之力、舆论之势，竟然保护不了一个读书人，这是李昂的悲哀，更是时代的悲哀。

李昂想到了老臣裴度，而裴度垂垂老矣，给皇帝推举了李德裕。裴度觉得，目前能够力挽狂澜且有这个心思的，也只有李德裕了。

宦官集团自然不想看到这个局面，就在第二天，李宗闵也晋升为宰相。把两个有私仇的政敌放到一起，宦官集团可谓司马昭之心。

不到一个月，李德裕就在政治斗争中失利，被赶出了长安。李宗闵、牛僧孺一统庙堂，对李德裕、裴度、元稹等人展开了无情的政治清洗。

一个国家要有前途和发展，执政团队首先要稳定。没有固定的施政理念和方略，地方上就没有主心骨，更别谈发展。从穆宗李恒、敬宗李湛、文宗李昂，到后来的武宗李炎，大唐的宰相班子频繁更换，朝臣无心理政，专注党争，国运怎么会有起色？

李昂只能发出时代之叹："此辈朋党比周，断不可当朕大任。"

有一天，李昂大吐苦水，随侍的翰林学士宋申锡安慰了他几句，说想替皇帝分忧。原本这可能就是不走心的安慰之语，但李昂觉得宋申锡懂他，于是将他提拔为宰相。

命运的齿轮就此转动，但它会转向何方，李昂并不知晓。

李昂期待宋申锡是个忠臣，能舍命替自己战斗，可宋申锡就是个不入流的读书人，凭什么对抗宦官集团呢？李昂告诉宋申锡，要用武力除宦，让他物色同盟。宋申锡苦心观察，最终推荐了吏部侍郎王璠，李昂让王璠担任了方便行事的京兆尹。

对于李昂的谋划，王璠的第一感觉是以卵击石，第二感觉是飞蛾扑火。他相信自己的感觉，于是将李昂的想法告诉给了宦官郑注，而郑注转告给了王守澄。王守澄反手就是一记绝杀："皇帝陛下，宋申锡想在长安偷偷动武，拥立穆宗皇帝的儿子李凑为帝。"

李昂能怎么做呢？明知是宦官集团的诬陷，可人家就是揪住了他的把柄啊！如果认真调查，将李昂这个幕后总指挥点了名，宦官集团可能就直接掀桌子了。文官集团不明情况，只知道水很深，不能蹚，于是只简单发了个言，就搬个小板凳坐山观虎斗了。

李昂的一番操作不仅没能救局势于水火，反而让文官集团再次被打压，宦官集团的权势继续做大。更要命的是，李昂为了自保而出卖盟友，这种行为寒了无数人的心。随后的甘露政变，李昂几乎以同样的套路，再次被宦官集团戏耍于股掌之间。

其间，吐蕃的维州（治所在今四川省阿坝藏族羌族自治州理县）副使悉怛（dá）谋抛出橄榄枝，想带着维州归降。维州是茶马古道的途经点，商贾往来，异常繁荣，能回归朝廷肯定是举国同庆的大好事。西川节度使李德裕将此事上报朝廷，可牛僧孺觉得朝廷如果接纳了维州，就要和吐蕃爆发更大的战争，因而严词表示反对。李昂被吓到了，向牛僧孺做了妥协，将悉怛谋送回吐蕃，导致悉怛谋被杀。

事实上，如果吐蕃有实力，早就向大唐开战了，牛僧孺的判断就是错的，他的反对完全基于党争，不想让李德裕立功而已。因为这件事，大唐被吐蕃羞辱，丢尽了脸面，西川将士更是群情激奋。在朝臣的分析下，李昂回过味来，最终将李德裕调回长安，将牛僧孺、李宗闵等人逐出朝廷，李党再次回归朝廷。

这种过家家的游戏，宦官集团喜闻乐见，因为他们手握兵权观朝局，不管谁上位都能稳坐钓鱼台。

太和七年（833）十二月，李昂中风了，这是李家来自基因的疾病。李昂在受苦痛，一颗政治新星却因此走上历史舞台，他叫郑注。

郑注出身贫寒，相貌丑陋。不过，正因为郑注的条件很差，所以为了生存，他将察言观色、巧言逢迎的本事学到了极致。他曾遇到过几位老郎中，学了医术，而他的看家本领就是治疗男性的功能障碍。

大唐名将李愬在郑注的调理下重新焕发活力，于是将他推荐给王守澄。王守澄起初觉得郑注是个江湖骗子，内心厌恶至极，可与郑注见了一面就被郑注的魅力吸引，随后将郑注带回长安。由于郑注的本领太大，左军中尉韦元素非常嫉妒和仇视，郑注找机会和韦元素见了一面，拿出毕生所学，最终让韦元素也成了他的知己。

郑注就这样一点一点向上，后来有机会见到李昂，让李昂的中风症状得到缓解，就此成了李昂离不开的人。

此时，李逢吉的侄子李仲言回来了。

李仲言是郑注的好朋友，通过郑注引荐，也成了李昂的座上宾。不过，李仲言是李逢吉政治流氓集团里的重要打手，在朝野之中风评都很差，宰相李德裕、王涯反对其回朝，李昂最终妥协，决定只让李仲言担任国子监的四门助教，官阶为从八品上。

天子妥协，事情就该结束了，可李德裕不依不饶，以宰相之权驳回了李仲言的任命。这惹怒了王守澄、郑注等人，他们将李宗闵运作回长安，再次将李德裕逐出了朝廷。

在李昂眼里，李德裕和李宗闵大搞党争，其实是一路货色，他需要新的助手，而郑注、李仲言时常表露他们反对宦官集团的立场，最终成了李昂选定的合伙人。

李仲言和郑注一直标榜自己是王守澄的忠实粉丝，讨好的行为也很频繁，可他们却暗地里举荐了仇士良，分掉了王守澄的部分权力，又提议干掉韦元素、杨承和、王践言等宦官，让王守澄独揽大权，一统宦官集团的势力。

王守澄确实成了宦官集团最终的幸存者，可这个"最终"不是权力的登峰造极，而是举目望去，宦官集团只剩王守澄，反倒是李仲言和郑注的权力越来越大。

太和九年（835）九月，李昂封王守澄为神策军观军容使。结合前文可知，这是一个专门用于明升暗降、架空权宦的职务。李昂一片"好心"，王守澄连反对的理由都找不到，只能干瞪眼。后来，被欺压已久的李昂终于露出了复仇的獠牙，赐下一杯毒酒，帮王守澄结束了显赫的一生。

甘露之变

王守澄死后，李仲言和郑注想把宦官集团一锅端，计划趁王守澄下葬的时候关闭墓门，把宦官们都埋在阴暗的地下。

计划既定，两人满心欢喜，觉得马上就要干一番大事业。李仲言还有点淡淡的忧伤，因为皇帝最近总是夸赞郑注，漠视和疏远他。

李仲言想多加一个环节。他告诉郑注，自己可以掌握长安的局势，如果郑注能做凤翔节度使，培养自己的势力，他们就能所向披靡。憨憨的郑注不仅答应了，还真在军中站稳了脚跟。李仲言害怕郑注势力坐大，更加威胁自己，于是找到邠宁节度使郭行余、河东节度使王璠（fán）、左金吾卫大将军韩约、京兆少尹罗立言、御史中丞李孝本，打算先除掉宦官集团，再干掉郑注。

除宦行动很顺利，美中不足的是神策左军中尉仇士良、神策右军中尉鱼弘志的级别太高，没有出席葬礼，李仲言只能再找机会。

铲除这两人的计划，就是历史上著名的"甘露政变"。

铲除宦官集团符合李昂的政治利益，因此李仲言搞甘露政变前已经和李昂通过气。

太和九年（835）十一月二十一，李昂在大明宫紫宸殿上朝。韩约奏道："陛下，左金吾衙门后院的石榴树上昨晚有甘露降临，这是祥瑞的征兆。臣昨晚已通过守卫宫门的宦官向陛下报告了。"

李仲言接话道："陛下，甘露预示着国运昌隆，是上苍的恩旨。紫宸殿是上朝的地方，我们应该换到含元殿，在那里才好显示我们对上天的诚意。"

紫宸殿在大明宫中部靠北，靠近神策军驻地，含元殿在大明宫南边，把皇帝骗到南衙，宦官集团掌控的神策军就鞭长莫及了，更方便实施计划。

李昂开心坏了，急忙让仇士良、鱼弘志到金吾卫衙门查看。此时韩约已经在金吾卫的府衙布置妥当，郭行余、王璠也在丹凤门埋伏了不少精兵，只等皇帝一声令下，便可进宫诛杀宦官。

左金吾后院，石榴树下，仇士良和鱼朝恩仰头看了半天，只看见几坨鸟粪，并没发现什么甘露。他们正纳闷，突然瞥见韩约嘴唇发白，神色异常，一阵微风将院中帐幕吹了起来，仇士良又看到了埋伏起来的精兵，于是大声叫喊着示警。

事发突然，守门军士没来得及阻拦，仇士良已向含元殿飞奔而去。李仲言站在殿门口，看到仇士良跑来，大声呼叫道："卫士上前，擒杀仇士良，赏钱百缗！"

当年董卓为了擒拿曹操，喊的口号可是"赏千金，封万户侯"，那叫一个豪气。李仲言搞个政变，泼天大事，居然只赏一百缗，真是抠门算计到极致了。如果李仲言喊的是赏钱万缗，仇士良可能早就被卫士剁成肉泥了，唐朝的历史都要跟着改写。

京兆少尹罗立言带着三百巡逻兵、御史中丞李孝本带着两百护卫赶到，开始在含元殿诛杀宦官，一场血腥的宫廷政变拉开序幕。

殿内乱作一团。李昂的第一反应是逃命，因为混乱之中根本分不清谁是敌人、谁是盟友。李仲言想挟天子以令群宦，却又搞不定惊慌失措下一心只想逃命的李昂。

宦官郗志荣趁李仲言不备，朝他的胸口重重地捶了一拳，等李仲言缓过气来，李昂已经跑了。李仲言迷茫了，明明是李昂授意杀宦官发动政变的，可事到临头他怎么反而躲进了宦官的怀抱，这算哪门子怪事？到底谁是反贼，谁是功臣？想到此处，李仲言穿上一身素衣落荒而逃，"甘露政变"匆匆落下帷幕。

接下来，轮到仇士良反杀了。

仇士良调集了五百名禁军，下令凡是看到能跑能动的，全都格杀勿论。中书省、门下省的一千多名官员狼奔豕突，争相逃跑，落后的六百多名官员已经倒在血泊之中。随后，仇士良关闭大门，搜查南衙各司衙门，将参与甘露之变的核心成员以及有关联的各司官吏、负责警卫的士卒全部诛杀，尸体狼藉，血流遍地。李仲言、郑注虽然逃亡在外，最终还是死于非命。

搞政变的，谁心狠手辣，谁就能笑到最后。

甘露之变中，左金吾卫、京兆府、御史台集结了共计一千军士，丹凤门外也集结了小股部队。有这样的实力，其实就算在左金吾卫大院里没有杀掉仇士良，只要李昂下达诛杀宦官的命令，宦官集团也能灰飞烟灭。

如果换成李世民、李隆基，事儿就办成了，可现在的皇帝是李昂。

李昂对宦官集团有本能的恐惧，这种恐惧已经成了心理疾病，难以根除。而文官集团长期被宦官集团压制，就算做了政变的策划方，还是没有得到李昂的信任。客观地说，李仲言内心懦弱，意志不坚韧，算不上狠角色，李昂或许早就看透了这点，才会在生死抉择之际选择了宦官集团，至少这样选，他可以保自己一条命。

然而，也只能是保一条命了。李昂摆明了要仇士良、鱼弘志死，事后宦官集团虽不会拿他怎么样，但也不会再忠心扶持。

甘露政变后，李昂再也无心于政事，无奈和消极成了他余生的主旋律。宦官集团手握军权，傲视群雄，鄙视帝王，渐渐成长为长安城食物链中最高级别的捕猎者。文臣醉心于政治斗争，为自己的利益奔波忙碌，谁也没有胆量和宦官集团开战。

一场甘露政变，直接奠定了唐朝后期宦官集团的地位。

李昂有两个儿子，长子李永已被立为太子，可李永是个纨绔子弟，只知道嬉戏享乐，李昂一直想废黜他，只不过文官集团和宦官集团都不答应。文官集团反对，是因为李昂就这一个适合做太子的人选，次子李宗俭已于开成二年（837）去世，废了李永就是动摇国本。宦官集团反对，是因为他们喜欢李永的脾性，凭宦官集团在娱乐方面下的功夫，他们可以轻易地控制李永。

出人意料的是，开成三年（838），李永暴毙了，谁也不知道这孩子是怎么死的。

宰相集团和杨贤妃支持拥立唐敬宗李湛的小儿子李成美，而李昂因为思子心切，身体状况急转直下，默认了由李成美接他的班。仇士良、鱼弘志表示决不赞同，甚至直接跑到李昂的榻前，说李成美读书少，年纪小，难当大任，不适合做皇帝。

李成美是文官集团提名的人选，如果他做了皇帝，宦官集团就没有拥立之功，以后日子肯定不会好过，所以他们必须反对。

宰相李珏反驳道："皇太子的地位已定，怎么能轻易改变？"

仇士良和鱼弘志装作没听见，悄无声息离开大殿，前往禁卫军营。

当天，仇士良派小弟到十六王宅去接一位王爷进宫，可办事的宦官脑瓜子不好用，只记得仇士良的话中有个"大"字，具体是什么记不清。就在众人迷惑之际，颍王李瀍（chán）的歌姬喊道："你们要找的就是颍王，当今天子称呼他大王，颍王和仇中尉关系很好，你们可别找错了人！"就这样，在唐文宗李昂去世（开成五年，即840年）后，唐穆宗李恒的第五子、颍王李瀍被宦官集团接到宫中做了皇帝，史称唐武宗，后来他改名为李炎。

李炎已经成年，而且性格强势，有主见，其实并不是最佳人选，但仇士良急着拥立一位新皇帝，只好和李炎绑在一起。李炎登基后立即处死了杨贤妃、安王李溶、前太子李成美等人，还清理了宰相杨嗣复、李珏。

这样的一个手段毒辣、行事果决的皇帝，仇士良可不一定有能力控制他。

李炎起用的新宰相是李德裕，这个号称不结党、鄙视宦官的人，这回终于向宦官妥协了。他巴结宦官杨钦义，最终获得了李炎的青睐。但李德裕即便巴结宦官，也只是拿他们当工具人，本质上仍是文臣，和宦官集团天生立场对立。

甘露政变后，仇士良一直在打击文臣，有种"顺我者昌，逆我者亡"的味道。李炎觉得这些文臣没有拥护过自己，心里很不痛快，于是敲边鼓，以至于宰相杨嗣复和李珏本来没什么大罪，却被判了死刑。

这样不讲道理地打压文臣，让李德裕感觉到了危机。

讲道理，杨嗣复和李珏是牛党的成员，和李德裕是政敌，可他们之间的斗争属于文臣集团的内部矛盾，轮不到一群宦官来指手画脚。再者说，新皇帝刚刚登基就和宦官集团联手搞文臣，要是真让他们杀顺手了，文臣集团还有生存空间吗？于是李德裕带着一群重臣，天天劝说李炎，给他分析利弊，实在不行就跪在地上不起来，营造出一种文臣集团和皇权严重冲突和对立的感觉，最终逼迫李炎释放了杨嗣复和李珏。

李炎向文官妥协不是因为文官集团给他施加的压力，而是因为他看清了宦官集团对他的威胁。

没过几天，宫里有谣言，说李炎和宰相商议削减禁卫军的俸禄。李炎刚刚释放了杨嗣复和李珏，仇士良心里本来就窝着火，又听说要降薪，顿时就气得骂娘，甚至放话出来，说如果事情属实，禁卫军就要去丹凤门闹事。

赤裸裸的威胁，不讲道理的嚣张，让朝臣深感不适。这个当口，李炎轻飘飘地下了一道谕旨："朕确实与宰相商议过，但从未讨论过削减禁卫军待遇的事情。而且诏书的内容也都是朕的意思，与宰相无关，你们怎么能如此讲话？"

简单的一番话，李炎传达了三层意思：

第一，禁卫军的薪金由朝廷发放，他李炎才是禁卫军的衣食父母。

第二，宰相被诬陷，他李炎强势出头，说明他是个有担当的好皇帝。

第三，仇士良听风就是雨，没有城府，而且居心不良。

李炎的一番操作，逼得仇士良灰溜溜地跑到宫里请罪，姿态低到了尘埃里。仇士良有兵权，可暴力机器终归只能拿来威慑别人。如果宦官集团动不动就把军队拉出来废黜皇帝、屠杀官员，终将会失去伦理基础，失去人心，掌权时间也长久不了。

还有一点，宦官集团是皇帝家奴，彪悍如李辅国、鱼朝恩、王守澄，呼风唤雨了一辈子，下场又如何呢？宦官不能当皇帝，兵权在他们手里就是一柄双刃剑——红极一时的时候，兵权可以保他们一时，可等皇室想要清算旧账的时候，等待他们的还是挫骨扬灰的结局。

仇士良是个聪明人，明白宦官的家奴身份，也明白自己永远无法走向权力之巅。既然走不到，那就急流勇退。没过多久，仇士良递交了辞呈，李炎爽快地答应了。

离任那天，仇士良是徒子徒孙给他举办了一场歌功颂德的大会。

某无名氏问道："您是如何获得帝王长久恩宠、保持权力的？"

仇士良说道："千万别让天子无事可做，你们应该带着他玩，要让他对万物保持新鲜感，让天子沉迷于玩乐而不可自拔。当他意识到玩乐比做皇帝更有趣后，就会把权力交给你。千万别让皇帝读书，不能让他亲近读书人，否则他就会明白王朝兴衰的道理，那样我们就会被彻底排斥。切记，切记！"

短短几句话，成了中国历史上宦官集团掌权的终极密码。

李炎是个有性格的皇帝，可大唐王朝已经形成了宦官集团、文官集团和地方藩镇三足鼎立的局势，李炎只能短暂地压制住宦官，却不能将他们消灭。

后来，李炎也迷上了丹药，最终于会昌六年（846）暴毙而亡，年仅三十三岁。

傻子光叔

唐武宗李炎是有儿子继承皇位的，但神策左军中尉马元贽不答应，因为李炎儿子继承皇位顺理成章，用不着宦官集团帮忙，如此，宦官集团没有拥立功劳，以后的日子肯定不好过。为未来打算，马元贽找到了李炎的叔叔，即唐宪宗李纯的儿子李忱，把他扶上了皇帝宝座，史称唐宣宗。

李忱的母亲是镇海节度使李锜的侍妾郑氏。李锜谋反失败后，郑氏被收进宫中，机缘巧合下怀了李纯的孩子，生下李忱。生母的身份让李忱从小就很自卑，文宗、武宗这些晚辈称呼他为光叔，还常取笑他。在皇家，李忱的生存哲学就是做个透明人，人前装傻，聚会时也不说话，不过这样的行为也让他看起来沉稳内敛，性格让人看不透，反而有些莫测高深。

野史记载，李炎曾经派四名太监将李忱扔到厕所里，让他自生自灭。有个叫仇公良的太监动了恻隐之心，偷偷将他送出宫。此后李忱隐姓埋名，藏在浙江的安国寺中。两百多年后，苏轼途经此处，追忆李忱的传奇人生，写了首诗："已将世界等微尘，空里浮花梦里身。岂为龙颜更分别，只应天眼识天人。"《旧唐书·宣宗本纪》的史论中也透露："献文皇帝（李忱的谥号）器识深远，久历艰难，备知人间疾苦。"

李忱的经历和汉朝的宣帝一样，知人间疾苦，所以懂得悲天悯人；想做个好皇帝，但没有政治背景，所以受权力集团的青睐。马元贽选中李忱，看的就是后一点。

李忱对宦官集团心有感恩，可他已有成熟的价值观，也有自己的追求和脾气，这些以往被隐藏起来的东西随着他登基称帝，在皇权力量的加持下，慢慢显现了出来。

李忱刚上位，就把李德裕、牛僧孺、李宗闵赶出朝堂，而且再没有起用他们，一力终结了已经持续四十年的牛李党争。终结党争，是因为李忱观察日久，看清楚了利弊；抛弃这些大臣，是因为李忱有底气，相信离开他们也能治理好国政。只此一招，李忱就让朝臣明白了他是有抱负、有态度、有手段的皇帝，不再是以前那个沉默的傻子了。

李忱的偶像是李世民，经常阅读李世民的《金镜》和唐代史学家吴兢总结贞观年间政治得失的《贞观政要》，还把《贞观政要》写在屏风上，没事就朗读几句以警示自己。李忱的可怕之处在于，他不仅是学个样子，还学到了精髓。

做了皇帝之后的李忱，那是相当明察秋毫。比如，他让有司编撰了一套《具员御览》，凡是在奏折中见过的官员名字，就翻阅《具员御览》查看其事迹、能力和品行，渐渐对朝廷官员的情况了如指掌。

官员想糊弄皇帝，或者提拔能力不够的歪瓜裂枣，在宣宗一朝几乎是不可能的。有一次，怀州刺史出缺，李忱给宰相写了一张条子，要求将此职授予李君奭。宰相一脸莫名，问李君奭是谁。李忱说，有一次他到渭水狩猎，偶然间路过醴泉县的一处佛祠，看到老百姓在那里设斋祈祷，祈求任期已满的醴泉县令李君奭留任。

有的皇帝出门是为了享乐，李忱出门是为了视察民情，做到心中有数。干得好的官员，李忱乐意提拔；阳奉阴违的官员，李忱的屠刀也不是拿来做摆设的。

建州（治所在今福建省南平市建瓯市）刺史于延陵入朝辞行，李忱告诫他不要以为天高皇帝远，自己就不知道他的德行，期待他做个好官。于延陵以为李忱在装腔作势，空言恫吓，没当回事，到任后还是做起土皇帝，结果没过多久，李忱就将他罢免了。

即便是官中的一些杂役，只要见过一面，李忱就能记住对方的长相、名字，还有他们负责的工作，从来不会出错。如果官人生病，李忱还会派御医为其诊治。

身为天子，胸怀江山社稷、日月乾坤，固然可以拔高他的格局，让百官仰视，可细致入微地观察，做到把控全局，才能真正让百官产生敬畏之心。

在李忱的成绩单里，表现最突出的是收复西域失地。

安史之乱后，朝廷抽走了部署在西域的所有精兵，导致整个西域包括河西走廊全部沦陷在强大的吐蕃政权手里。在异族的统治下，那里的汉族百姓只能穿胡服，使用吐蕃文字，接受异族文化的洗礼，在街上走路必须低头弯腰，不能直视吐蕃人，更别说与他们平起平坐。后来吐蕃王庭爆发内乱，论恐热与尚婢婢成为实力最强的两大军阀，他们两人的内战让唐朝看到了收复西域的希望。

大中元年（847）五月，李忱命河东节度使王宰出兵，将盘踞在河西的论恐热赶了出去。随着唐军在河西建立起军事防线，西域的局势变得不平衡起来。

论综合实力，尚婢婢打不过论恐热，于是在西北散播舆论，鼓励吐蕃境内的汉将归降大唐，让老百姓重新回到中原。在尚婢婢的撺掇下，原州、秦州、安乐州、石门、驿藏、木峡、制胜、六盘、石峡、木靖等"三州七关"重新回归唐朝。

论恐热的统治基础被尚婢婢的舆论瓦解，怒气攻心，开始肆无忌惮地追杀尚婢婢。由于没找到尚婢婢的主力大军，论恐热在鄯、廓、肃、伊、西等五州展开了血腥屠杀，以致这几个州成了人间地狱。这一步臭棋让论恐热彻底失去了民心和军心。

随着军阀势力的衰落，河西、陇右成了"两不管地区"。隶属河西、陇右的汉族官民纷纷拿起武器驱逐吐蕃势力，最著名的就是张义潮领导的沙州起义。

沙州治所在今甘肃省酒泉市敦煌市，是河西军镇的总部。

张义潮从小生活在水深火热之中，年轻时就立下壮志，要驱逐吐蕃。平日里他苦心学习武术和兵法韬略，还爱结交英雄豪杰。论恐热失势后，张义潮突袭府衙，控制了城池。

当时，沙州和长安相隔千里，中间又隔着吐蕃的地盘，传递消息是个大难题。张义潮选了十批信使，让他们携带相同的文书，从十个不同的方向前往长安。这是一段被历史遗忘的西域悲歌。这些人在出发时就已经猜到了自己的命运，可能全军覆没，可能埋骨他乡，但是他们肩负西域百姓回归中原的殷切希望，最终还是义无反顾地踏上了征程。在吐蕃国内，僧人地位较高，容易躲过吐蕃军队的盘查，因此张义潮特地请来敦煌的高僧悟真，让他率领一支队伍，从东北方向迂回到长安。

十支队伍中九支折戟沉沙，只有高僧悟真受到命运的眷顾，到达了大唐要塞天德城（位于今内蒙古自治区巴彦淖尔市乌拉特前旗）。敦煌到天德城的直线距离是一千二百公里，而悟真和尚实际行进的路程长达数千公里，中间还要穿越巴丹吉林沙漠、腾格里沙漠和库布齐沙漠。可以想象，悟真究竟经历了多少磨难，才最终完成使命。天德军防御使李丕惊讶于这群从天而降的使者，立即以最大的热情护送他们前往长安。

撒出信使是张义潮的信念，可他并没有死等朝廷这个未知数，而是带着百姓修缮兵器，夯筑城池，抓住吐蕃政权走下坡路的机遇，又收复了伊州、西州、甘州等十个州。随后他派哥哥张义潭、女婿李明振入朝告捷，献上了瓜、沙等十一州的地图和户籍簿。

张义潮凭一己之力收复西域，又毫无保留地将西域送给李忱，这份忠义情怀足以让他彪炳千古。可朝廷算计的是利益，为了控制张家，李忱把张义潮的哥哥张义潭留在长安做了人质。张义潭去世后，张义潮放弃一身荣耀来到长安，安享晚年。

张义潮离开瓜州的时候，将权柄交给了侄子张淮深，可李忱害怕张氏家族成为西域的永久霸主，始终没有给予他正式任命，继任的唐懿宗李漼（cuǐ）、唐僖宗李儇（xuān）也都没有表示。即便如此，张淮深还是保持忠心，依旧为朝廷守护着西域的土地。

在权力的游戏中，算计是必要的，可过于算计反而会带来负面影响。由于张淮深长期不被朝廷承认，其女婿索勋猜测朝廷可能对他不满意，生了取而代之的心思，发动兵变杀了张淮深，进而引发张氏家族内乱。这场内乱一直持续到唐朝灭亡。

李忱是个好皇帝，他希望把大唐带回正轨，给子孙留下一个清明太平的盛世，可这需要很多的时间，而能给予李忱足够时间的只有一样东西——长生不老药。

没错，李忱也开始服用丹药了，结果背部生疮，一病不起。李忱给大唐带来了十三年的和平，给百姓带来了希望，却因为自己的贪念，终结了这个希望。

立太子的事被提上议程。按照顺位制度，李忱的长子李温是第一人选，可李温常年泡在药罐中，身体虚弱不说，还懒散爱玩，因此李忱最终选了四皇子李滋。为了让李滋上位，李忱嘱咐枢密使王归长、马公儒，还有宣徽南院使王居方、神策右军中尉王茂玄，让他们动用军方力量，还罢免了与他们不和的神策左军中尉王宗实。

李忱敢向几个宦官托孤，是因为他们厚道老实，可李忱忽略了一个问题：皇权斗争是血腥残酷的，一味地厚道老实等同于自杀。李忱还犯了另一个错误，他过于相信军方的势力，竟没有给宦官集团下达任何书面的谕旨。

神策左军副使亓（qí）元实看到了李忱的疏忽，唆使王宗实在李忱驾崩后向王归长、马公儒等人发难，而发难的方式就两个字——矫诏。

王归长等人厚道，而且手上无书面谕旨，自知理亏，王宗实立即控制了局势，将二十七岁的李温（后改名李漼）立为皇帝，史称唐懿宗。

拾捌 农民起义

桂州戍卒风波

李漼刚刚登基，浙东就传来消息，有个叫裘甫的私盐贩子造反了。

这是浙东爆发的第二次起义。第一次是因为代宗李豫强行征缴地方欠税，老百姓被逼造反，最终被李光弼镇压。这一次朝廷又想薅浙东的羊毛，裘甫利用百姓的仇恨心理，将战火蔓延到整个江浙，可最终因为缺乏战略规划，被官军镇压。

古往今来，封建王朝由盛转衰的标志往往不是土地兼并，不是贫富分化，而是战争——要么是军阀混战，要么是农民起义。农民是朴素的，有口饭吃、能活下去就不会造反，只要当时这个群体接二连三起义，就说明国家基本烂到了根上，百姓已经完全看不到希望了。

江浙的事，本质是朝廷没钱，去掏百姓的腰包，结果被暴力拒绝。

泱泱大国，口袋里没钱，处处算计，是很难坐稳大哥位置的。这不，因为李漼停止了对南诏国的经济帮扶，南诏想靠边境抢劫赚点儿外快，结果李漼被惹得不高兴，不愿意承认新任南诏国国王世隆的合法地位，换来了南诏对大唐的正式宣战。

南诏攻占了安南都护府的治所交趾（今越南河内市），李漼征调军队支援，暂时威慑住了南诏。就在此时，一个叫蔡京的政治流氓摧毁了李漼的布局。

蔡京是太子左庶子，后来投靠宰相杜悰（cóng），喜欢把自己包装成文武双全、郁郁不得志的世外高人。蔡京认为岭南节度使在广州，离南诏战场太远，无法支援战场，提议将岭南分为岭南东道和岭南西道，由他担任岭南西道节度使，主管桂州、邕州、容州、安南四个都督府，负责平定南诏。

实际上，蔡京并不是想管南诏的事，他只是想在岭南西道做土皇帝，发泄压抑多年的情绪。他实现了这个理想，却把岭南西道搞得乌烟瘴气。

李漼经过各种努力，才最终缓和南境的局势。

当时，源源不断的军队被送往安南，其中有一支来自徐州的军队。

徐州古称彭城，位于今天的苏、鲁、豫、皖四省交界处，自古就是兵家必争之地。长庆元年（821），王智兴担任武宁军节度使、徐州刺史，敛聚钱财，培养了一支作风彪悍、骄横跋扈的私人军队，大搞地方山头主义，甚至驱逐了朝廷官员。李漼派官军包围徐州，杀了三千人，撤销了武宁军镇，只保留三千正规编制。

如此，李漼和徐州的梁子算是彻底结下了。

朝廷征伐安南，李漼想到了徐州，第一次征调了两千人，其中七百人被分到桂州协防，第二次征调三千人，同样是到桂州。李漼承诺三年就会换另一批军人替换他们，可是在内部的调令中，李漼说了一句很有内涵的话："令召满五百人，即差军将押送赴役。"

为国征战的军人，怎能用押送二字？很显然，李漼是想让桂州成为徐州军人的地狱，想铲除徐州兵这个朝廷隐患。

上头有了关照，桂州守将自然想尽办法"缩短"徐州士兵的性命。熬过来的士兵挺了三年，接着又是三年，然后又是一年。七年时间，足够徐州士兵的仇恨发酵了，最终大家推举粮料判官庞勋为首领，占领了武库，结队北还，目标自然是家乡徐州。

地方势力割据，都想保存自身，谁也不愿意帮朝廷消灭这股游击军。庞勋一路走一路招人，等回到徐州的时候，麾下已经有了七千人。

晚唐时期，大批的流民、土匪无家可归，全部站到了庞勋的阵营里。徐州主将崔彦曾无力抵抗被生擒，徐州官员遭到屠杀。

农民起义军能走多远，取决于领袖的眼界和格局。徐州之战后，庞勋打算入江海为盗，还给宦官张敬思送了一千匹布帛，让他回朝帮自己说好话。庞勋甚至还向李漼索要徐州节度使的旌节，一副胸无大志的形象，坐实了他投机取巧的本性。

庞勋的政治立场决定了他只能被动等待，李漼得以一边安抚，一边征调军队,包括沙陀、吐谷浑、鞑靼、契丹等族在内的精锐骑兵先后赶赴徐州战场。职业军队对上乌合之众,起义军的结局毋庸置疑。

庞勋死了。可是在晚唐的混乱时代,庞勋也给大唐奏出了亡国的音符。因为庞勋的存在,老百姓看到了朝廷的腐朽,看到了农民起义的可能性。

庞勋留下了火种和希望,跟随他造反的那些亲信流落到全国各地,后来又成为黄巢起义的中坚力量。这就是农民起义的传承。

《新唐书·南诏传》曾评价:"唐亡于黄巢,而祸基于桂林。"此为正解。

君明臣贤,可以造就贞观年间的太平盛世。君明臣不贤,可以造就宣宗时期的清明政治。君不明臣贤,像明朝那样,皇帝数十年不上朝,国家也可以平安无事。最悲剧的就是君不明臣也不贤,就像晚唐的最后四十年,结果就是内政腐败,外族入侵,国家内战,整个国家暗淡无光,希望无存。

中国五千年历史中,李漼真的是王朝末期昏庸帝王的最好注释。

李漼喜欢玩乐,宫中三日一小宴,五日一大宴,每次下发赏赐无数,外出游玩时,随行队伍多达万人。李漼还养了五百名专职乐工,他们每日的工作就是练习乐曲、谱写新作,随时等待李漼的召唤,如果表现出色而博得李漼一笑,真金白银就会哗哗而来。

在李漼的带领下,大唐官场弥漫着穷奢极欲、醉生梦死的风气。晚唐著名诗人韦庄的诗中就有"咸通(李漼的年号)时代物情奢"的说法,他吟咏的"瑶池宴罢归来醉,笑说君王在月宫",写的也是李漼时代的奢靡世风。

李漼总共任命了二十一位宰相,基本都是昏庸无能、溜须拍马、爱财如命、明哲保身之辈。宰相路岩贪污腐败,成为官场巨富,身边亲信也跟着捞钱无数。至德县令陈蟠叟曾经上奏:"如果抄掉边咸的家,可以供养国家军队两年。"边咸是谁?正是路岩的亲信小吏。

科举是朝廷选拔人才的制度,可李漼的敕书代替了礼部的金榜,他的亲信可以不用参加考试,直接以"特敕赐及第"的方式获得功名。民间盛传,禁门就是龙门,圣主永为座主。

因为情绪失控,为发泄怒气而株连杀人,更是李漼的基本操作。比如他在其爱女同昌公主病逝后迁怒于医官，不仅杀了医官二十余人，还收捕其宗族三百余人。京兆尹温璋虽是酷吏，也上书切谏他网开一面，被贬为振州司马。温璋万念俱灰，当晚自杀。他在饮下毒酒之前说了一句话："生不逢时，死何足惜？"可见朝臣的心灰意冷。

咸通十四年（873）七月，四十一岁的李漼驾崩，其子李儇继位，史称唐僖宗。这个活在父亲羽翼下、未经世面的孩子，登基后将全部精力投入嬉戏玩闹中，而他要面对的却是浩浩荡荡的农民起义。

历史赋予李儇的使命，大概就是见证大唐从腐朽走向亡国。

满城尽带黄金甲

乾符元年（874），长垣（今河南省新乡市长垣市）爆发了农民起义，带头大哥叫王仙芝，职业是私盐贩子。

唐朝末年，朝廷和地方藩镇故意抬高食盐价格，从中牟取暴利，供统治阶层挥霍，部分农民以偷偷贩卖私盐为生，王仙芝就是其中一个。他在官府的缉捕围剿下练就了一身武艺。正逢大旱，官府强征赋税，百姓们眼看要活不下去，王仙芝便号称"天补平均大将军"，以朝廷统治黑暗、社会贫富不均为由揭竿而起，吸纳了大批农民进入起义部队。

王仙芝虽然是农民出身，可造反初衷是为了生存。至于推翻唐朝统治、为农民阶层代言，并不是他的主营业务，这也为起义的失败埋下了伏笔。

农民起义就像是创业风口，总会有怀着歪心思的枭雄跟风，黄巢就是这样的枭雄。他领导了唐朝末年规模最大的农民起义军，而他自己却不是农民出身，而且政治立场甚至与农民为敌。

黄巢出身盐商世家。因为家里经商，身份低微，父辈便希望黄巢考功名做官，让黄家改换门庭。可黄巢读书是个半吊子，几次科考都是落榜，最后一次离开长安的时候，黄巢写了一首《不第后赋菊》：

待到秋来九月八，我花开后百花杀。冲天香阵透长安，满城尽带黄金甲。

全诗杀气腾腾，怨愤冲天，对统治阶层和长安读书人的嫉恨溢于言表。

黄巢骨子里崇尚暴力，缺乏悲天悯人的情怀。回家后他挥金如土，热衷于结交社会危险分子，游走在社会的阴暗面。

王仙芝起义的第二年，五十五岁的黄巢带着族人，也带着对社会的愤恨造了反，数月之间就聚集了数万追随者。因为王仙芝是起义军总领袖，黄巢投到了他的麾下。

朝廷召集节度使平叛，可大家抱着养寇自重的心态，不求有功，但求无过，这让起义军有了燎原之势。王仙芝和朝廷交锋过，清楚自己不是朝廷军队的对手，于是放弃了攻陷城池，开始搞根据地，辗转在河南、湖北等地，打起了游击战。游击战意味着需要背井离乡，为了补偿小弟们的精神损失，满足其私欲，王仙芝允许手下屠杀官员和百姓，随意劫掠民间财富。

蕲州刺史裴偓看穿了王仙芝的喜好，送来无数金银财宝和美女示好，表示自己愿意和朝廷交涉，为王仙芝求个封赏，以后大家开开心心做同事。

裴偓还真把这事办成了，于是唐僖宗李儇下诏，封王仙芝为左神策军押牙、监察御史。押牙负责管理仪仗队，监察御史负责监督百官，这两个官职可以说毫无含金量，配不上王仙芝的分量。可王仙芝不在乎，他是一介土匪，能摇身一变进入朝堂成为官员，这是多么大的恩典！

王仙芝高兴得很，黄巢却不乐意了。只有王仙芝一个得了封赏，兄弟们难道就只能干瞪眼吗？当着朝廷派来封赏的使者的面，黄巢揍了王仙芝一顿，大骂他背弃兄弟，进而挑起了其他起义军将领的不满。封赏的事被搅黄了，王、黄两人产生了隔阂，正式分兵。

没过多久，王仙芝在湖北黄梅被官军杀害。黄巢作为起义军中的二把手，顺理成章地成为新领袖，号称"冲天大将军"。

起义军虽然声势浩大，可晚唐军镇林立，以黄巢为中心，方圆两百里必有藩镇军队的存在。黄巢斗不过河南的军镇，最终决定奔赴江浙地区。

当然，黄巢南下还有其他的考虑。

第一，晚唐时期的北方地区有政治意义和防务需求，因此朝廷设置了密集的军镇。但江浙地区防务需求小，且是赋税大区，若设置军镇、安排节度使，意味着朝廷将放弃这一地区赋税的大部分控制权，所以朝廷设置军镇的数量少，防守力量薄弱。

第二，朝廷逐渐失去对地方的控制，以致掌管财政的兵部侍郎、判度支杨严因为搞不到钱而三番五次地递交辞呈。这种情况下，如果黄巢彻底断了朝廷的赋税源头，就有了谈判的筹码。

理想是美好的，现实却很残酷。黄巢跑到浙江，被节度使高骈的正规军狠狠揍了一顿，毫无还手之力，随后被高骈驱逐到广东一带。黄巢的队伍里以北方人为主，远离家乡，漂泊无依不说，到岭南瘴气严重的地方还水土不服，伤亡极其惨重。

黄巢和朝廷讨价还价，想做个广州节度使，可朝廷根本不答应。一来广州是跨海贸易的基地，可以给朝廷贡献税收，广州节度使是个肥缺，不能随便给出去；二来黄巢毫无战绩可言，一只被追着打的落水狗，凭什么来谈条件？

双方谈崩了，黄巢恼怒之下在广州大肆烧杀劫掠，之后从桂州顺湘江而下，来到潭州。因为潭州守将顽强抵抗，黄巢在攻陷城池后屠杀全城军民，以至于"流尸蔽江而下"，这一番举动让黄巢开始失去民心。

潭州大屠杀后，黄巢大军开赴襄州，遭到了山南东道节度使刘巨容的阻击，几乎全军覆没。可刘巨容放了黄巢一马，没错，刘巨容也想养敌自重。他可能没想到，这个肮脏自私的想法竟然引发了长安官场的大地震和黄巢起义的大高潮。

李儇肯定是想平叛的，可朝中大臣为了争权夺利分成好几派，没心思用在平叛上。刘巨容是宰相王铎提拔的将领，李儇认为王铎用人不察，又有王铎政敌卢携的操作，最终李儇将王铎罢免，同时还罢免了王铎推荐的各路节度使和平叛将领，取而代之的是平叛成绩不错的高骈。

黄巢给高骈写了一封投降信，高骈却打着小算盘，想趁黄巢防备松懈的时候偷袭，于是让前来平叛的各路将领退军，免得他们瓜分自己的功劳。高骈完全没想到，自己竟然被黄巢耍了，官军被打得大败。之后，高骈勒令军队不许迎敌，当起了缩头乌龟。

宰相卢携认不清形势，几乎是疯癫地认为，只要派各地官军继续平叛，黄巢就翻不起大浪。而事实上，击败官军后，黄巢的军队气势如虹，于是招兵买马，起义军没多久就扩充到六十万，兵锋直指洛阳。

从朝廷到地方集体失声，宰相卢携也吓得够呛，以至于赋闲在家，拒绝理事。宦官集团倒是提了个方案——去蜀中避难，但被李儇拒绝了。李儇征集了两千八百名弓弩手，让宦官田令孜带到潼关御敌，但是粮食和军饷他没有任何表示，就差把"你们就是炮灰"这句话说出来了。

李儇的算盘打得噼里啪啦直响——作为皇帝，怎么能放弃长安？如果直接去蜀中，天下人会怎么看？自己恐怕要被贴上懦弱无能的标签。不过，派了军队去抵抗就不同了，如果是军队打不过，之后再前往蜀中，不就合情合理了吗？

肮脏的政治作秀发生在一个王朝即将败亡的年代，不是什么稀奇事。

潼关本来易守难攻，可黄巢攻陷潼关只花了一天时间，这又是创造历史的纪录。不能怪官军战斗力低，此时消极怠战的情绪已经弥漫整个朝廷，人心早就崩了。

听闻潼关失陷，李儇在五百名禁卫军的护送下偷偷离开了长安。长安百姓对此已经习以为常。听说皇帝出逃，他们熟练地带着箩筐闯进皇宫，开始抢夺金银珠宝。

"冲天香阵透长安，满城尽带黄金甲"，这是黄巢昔日的豪言壮语，恐怕他自己都没想到，有朝一日他会带着数十万大军进入长安，占领这座古都。

人总归要有一个精神寄托，就像长安百姓，他们对朝廷失望，就把生活的期盼寄托在起义军身上，于是群起性地夹道欢迎，这种来自他人的崇拜让黄巢感觉十分满足。情到深处，黄巢宣称自己绝不会像朝廷那样欺辱百姓，让大家只管安居乐业。

在黄巢的号召下，起义军开始对百姓施舍钱财，营造出一种和谐的场面。但很遗憾，任何违背利益和现实的事都是不可持续的。和李儇发兵一样，黄巢的所作所为也是令人作呕的政治作秀。

就在长安百姓沉湎幸福之际，起义军化身恶魔，开始无所顾忌地劫掠财富，奸淫妇女，戕杀无辜。随后，黄巢屠戮李唐宗室，自立称帝，定国号为大齐。

黄巢是有机会坐稳江山的，可他进入长安后没有任何收买人心的举动，也没有关注新旧势力博弈的问题，而是一再犯错。他的第一个错就是嗜杀，杀的还是作为统治基础的庶民百姓。

第二个错是屠杀官僚集团。长安城破后，官僚集团毫无抵抗，黄巢最好的选择是释放善意，团结官僚集团中有意投靠自己的人群，让忠于朝廷的那些人自生自灭。而黄巢不管不顾，不仅戕杀了隐匿官员中的大将军张直方，还把宰相卢携挖出来鞭尸，被害的官员不计其数。

黄巢屠杀的标准只有一个——他不喜欢就得死。这只能说明，他缺乏政治智慧，难以成事。

黄巢抢劫长安的时候，李儇已经逃往成都，他诏命各地军队勤王平叛，可地方藩镇全部隔岸观火。关键时刻，又是凤翔、河中的神策军赶来救驾。

因为蜀中物阜民丰，安史之乱后李唐皇室便让宦官集团替自己控制着蜀中，此举也奠定了李唐皇室进行战略大反攻的基础。

李儇在站稳脚跟后，命宰相郑畋率领五万神策军反攻。黄巢认为官军不堪一击，只派五万大军迎敌。郑畋示敌以弱，斩杀了两万起义军，黄巢的大将尚让灰溜溜地逃回长安。

下属告诉尚让，有一批酸腐书生在尚书省写了几首诗，暗讽起义军无能，尚让羞愧难当。为了挽回面子，他命人挖掉了尚书省值班官员的眼睛，随后全城搜捕读书士子，直至屠杀了三千读书人，此事才算了结。

在战斗值方面，刀杆子比笔杆子硬，可读书人代表了封建礼法，拥有绝对的舆论影响力，统治者可以鄙视读书人，但必须抬高他们的地位，就算是汉高祖刘邦这种痞子皇帝也得给知识分子几分薄面。纵容尚让屠杀读书人，便是黄巢犯的第三个错误。

藩镇割据的年代，节度使是雷打不动的地头蛇，谁做皇帝他们无所谓。至少黄巢控制长安后，河中、关中、河南、大同等地藩镇都向他抛出了橄榄枝。如果黄巢能接受他们的善意，再腾出手对付朝廷，胜算依旧还是有的，可黄巢没这么做。

黄巢知道河中富庶，于是去征调粮食。第一次人家还配合，可黄巢贪婪无度，可着河中一个藩镇薅羊毛，最终逼得河中节度使对他宣战。黄巢再次战败。

这些地方藩镇都看出来了，黄巢素来不讲规矩，打仗能力也不行，于是又果断倒向了皇室。

得罪地方藩镇，就是黄巢犯的第四个错误，也是最致命的一个。

各路枭雄齐聚长安，黄巢大军撤退到长安东边的霸上。老百姓恨透了他们，开始用石头瓦片扔他们，随后张开怀抱拥抱官军。长安百姓太期待和平了，以为打死魔鬼的一定就是天使，可等官军入了城，他们又遭了一边抢劫。熟悉的感觉，熟悉的套路。义武节度使王处存甚至让下属戴上白色头巾，以免在劫掠过程中误伤友军。

黄巢听说城中大乱，率军反攻。藩镇军队还怀抱着金银珠宝，来不及抵抗，最终惨败。

为了报复长安百姓此前的举动，黄巢下令屠城，长安为之一空，史书上称之为"洗城"。

起义军数十万将士嗷嗷待哺，为了养活军队，黄巢又洗劫了华州、兴平、富平、同州。老百姓被逼得纷纷逃进深山，构筑防御工事，发誓要和黄巢斗到底。武力行不通了，黄巢决定出钱购粮，可百姓死活不卖他，粮价飙升到一斗三十缗。

搞不到军粮，黄巢要么继续打游击战，要么困死在长安。黄巢进退两难，而他的霉运还没结束，因为一个叫朱温的下属叛变了。

朱温是晚唐的核心人物之一，正是他宣告了唐朝的灭亡。

朱温出生在一个很贫穷的家庭里，父亲是老实巴交的私塾先生。朱温出生的时候，房顶腾起阵阵红光，邻居以为失火，纷纷拿着水桶来灭火。等他们赶到的时候，却听一声婴儿的啼哭划破长空。朱温是带着传奇的光环出生的。

成年之后，朱温吊儿郎当，游手好闲，是典型的坏小子。黄巢起义后，朱温投了军，跟着黄巢到处征战，立下不少军功。

中和二年（882），黄巢告诉朱温，只要朱温能夺取同州，同州就是他的。因为这句话，朱温的命运彻底改变了。

朱温拿下了同州，但遭到河中节度使王重荣的围剿。危急时候，他给黄巢送信求援，不料信使孟楷厌恶他，竟将信件截留了下来，黄巢毫不知情。

朱温和黄巢很像，缺乏对忠诚信义等伦理规则的认可，信奉谁的拳头硬就听谁的话，能活着才是王道。没办法，朱温投降了朝廷。

此时正处于官军和起义军对峙的关键时刻，朱温的投降让李儇非常激动，为此他专门给朱温改了个名字。多年以后，我们会看到极为讽刺的一幕：被皇帝赐名"朱全忠"的这位仁兄，成了送唐朝下葬的人。

赐名归赐名，李儇也没奢望地方军阀替朝廷平叛，于是按宦官杨复光的建议征调沙陀族的李国昌、李克用父子进关。李家有一支身穿黑衣、远远望去像一群乌鸦的彪悍骑兵，号称"鸦军"，在平原地带可以对黄巢的步兵形成碾压。黄巢自知不敌，赶紧给李国昌送了一批金银珠宝，只求他别来。李克用撕毁了黄巢的求和书，并抢了黄巢的金银珠宝。

中和三年（883），华州城西三十里处的梁田陂，黄巢集合所有大将以及十五万大军，官军也组织起数万大军，外加一万七千名鸦军，双方爆发了主力会战。骑兵对阵步兵，黄巢除了丢盔弃甲，没有第二个选择。

此战过后，黄巢纵火焚烧长安城，带兵重新回到打游击战的状态，而官军进城，灾难再次降临在百姓头上。《新唐书·黄巢传》描述道："自禄山陷长安，宫阙完雄，吐蕃所燔（fán），唯衢弄庐舍。朱泚乱定百余年，治缮神丽如开元时。至巢败，方镇兵互入掳掠，火大内（大明宫），唯含元殿独存，火所不及者止西内、南内及光启宫而已。"

陈州刺史赵犨（chōu）料定黄巢会路过，提前坚壁清野，让百姓搬进城中。在陈州军民的抵抗下，黄巢屡遭败绩。打不过就跑，这是人之常情，可黄巢一直吃败仗，又被赵犨耍了一顿，竟然怒火上了头，在荒郊野外修建宫室，要和陈州死磕到底。

有了大本营，就要搞粮食。黄巢发现赵犨将百姓的粮食都搬到了城中，愤怒之下，命人修了几个叫"舂磨寨"的地方，随后到处屠杀百姓，将百姓的骨头扔到舂磨寨的大石磨里磨成粉，将骨粉作为士兵们的口粮。

如果黄巢去打游击战，官军以战养战，大家各自为政，或许可以相安无事，可黄巢死磕陈州，还残害无辜百姓，搞得天怒人怨，就有点自寻死路的意思了。

李儇命李克用率领五万大军前去围剿。在中牟地界，趁黄巢北渡汴水之际，李克用发动突袭，歼灭了黄巢的大批有生力量。中和四年（884）六月，穷途末路的黄巢被外甥林言刺杀，黄氏一门的首级被送往成都，持续九年的黄巢起义宣告落幕。

拾玖 军阀横行

枭雄的乱世盛宴

汴州是朱温的地盘，朱温想和李克用交个朋友，于是邀请李克用入城相聚。大家同为武将，相谈甚欢，可席间李克用多喝了几杯酒，就开始吹嘘自己灭了黄巢，功高无敌，还贬低官军无能，这让朱温听得羞愧难当。

一般的羞愧之人，要么打个哈哈遮掩过去，要么仓皇而逃，眼不见心不烦。可朱温是枭雄，枭雄选择弄死那个让他觉得羞愧的源头。

朱温的汴州军发动突袭，连同监军陈景思及多个沙陀将领在内的三百余人命丧当场，李克用侥幸逃出生天。

汴州城的闹剧，让朱温和李克用的命运死死纠缠在一起。

李克用逃回晋阳后，一边招兵买马，一边给李儇上表，希望朝廷主持公道。李克用告诉李儇，你只需要发个明文诏书，教训朱温的事我会自己动手。

李克用立了大功，却受了委屈，朝廷应该有个说法，这是道理情义；地方藩镇互相进攻，朝廷居间调停，这是制衡之法。本来是稳赚不赔的事，可李儇现在只想安静地做皇帝，不想再搞事情，于是无视了李克用的八次奏表。

皇帝的不作为让李克用彻底寒了心，也让地方藩镇看清了皇权的虚弱，而权威一旦不在，野心就会蔓延。

秦宗权，蔡州刺史，靠搞死老大而上位的野心家。之前黄巢路过蔡州的时候，他投降了黄巢；现在眼看天下大乱，他想自己做皇帝，于是挑起了洛阳周边的战火。

秦宗权和黄巢一样嗜杀，差别在于黄巢磨百姓的骨粉，秦宗权腌制百姓的人肉。秦宗权靠心狠手辣迅速掌控了权力，以黄巢后继者自居，建立了同名为"大齐"的政权。

整个中原战场，只有汴州的朱温、陈州的赵犨还在对抗起义军，他们一个是胸怀野心的枭雄，一个是忠肝义胆的忠臣，两人最终选择结为姻亲，互相保护。

秦宗权此时正处在人生巅峰，就像打了鸡血似的，嚷嚷着想要干翻所有敌人。汴州城外，他列阵三十六营，绵延二十余里，想和朱温一战定乾坤。可他不知道，朱温早就安排了一支小分队前往山东，招募骑兵去了。

围城之战，秦宗权的注意力全放在了汴州城上，忽略了一支骑兵正奔袭而来。双方酣战之时，朱温的骑兵捣毁了秦宗权的阵营，击退秦宗权的主力，保住了汴州。随后，朱温以朝廷忠臣自居，名正言顺地招兵买马，与秦宗权分庭抗礼。

光启三年（887），朱温和秦宗权在汴州北郊爆发混战。为了争夺中原的霸权，双方投入了十万大军，朱温最终获胜，顺势攻陷蔡州，将秦宗权作为战俘送往长安，让朝廷随意羞辱。秦宗权被送达长安时，皇帝李儇已经去世，继任者是唐昭宗李晔。

局势不明朗的时候，做出头鸟的那个基本上没有好下场。和朱温相比，秦宗权略显浮躁。同样的天下局势，朱温能沉得住气，永远打着皇室的旗号征战，既打败了敌人，也喂饱了自己，而皇室越开心，朱温就越滋润。

蔡州之战，绝对是朱温声名鹊起的关键战役。他凭这一仗搞死了秦宗权，让各路军阀肃然起敬，又得到了检校太尉、中书令、东平王的封赏，面子和里子都有了。

有了皇帝继续封赏的官方名号，朱温就可以名正言顺地扩充地盘了。

朱温先持屠刀砍向了武宁节度使时溥，逼迫其自焚而亡，霸占了徐州；随后又转战山东，拿天平节度使朱瑄和泰宁节度使朱瑾开刀。这三位都是蔡州之战时支援朱温的盟友，却都因为挡住了朱温的称霸之路，成为朱温的刀下亡魂。

朱温攻占山东、河南和江淮，李克用的铁骑则横扫河东、河北和山西。论战斗力，李克用是博士水平，可要论政治智慧和用人，李克用就是小学生水平了。

李克用是沙陀人，做事直来直去，崇尚暴力法则。攻占了城池，李克用会纵容部下烧杀抢掠，酗酒赌博；明明可以任用原有的官员，李克用偏偏喜欢将他们全部罢免，换上自己的亲信。他根本没想过，等他的大军撤走之日，就是地方势力反攻清算之时。

做事冲动，赏罚不公，死要面子活受罪——李克用的臭毛病一大堆。

李克用有个养子叫李存孝，英武过人，是著名的"十三太保"之一，是晚唐第一猛将。攻打潞州（治所在今山西省长治市）的时候，李存孝立下头功，李克用却让别人做了潞州节度使，李存孝因此内心不满，郁郁寡欢。李克用的另一个养子李存信嫉妒李存孝，诬告他蓄谋造反，李克用嚷嚷着要将李存孝车裂，其实是在等其他将领帮李存孝求情，可其他将领偏偏不买账，全都缄口不言。李克用无奈，为了维护自己的领袖尊严，被迫杀了李存孝，实力大受损伤。

性格决定命运，格局决定出路，李克用属于把路越走越窄的那种人。

大顺元年（890），李克用攻打云州（治所在今山西省大同市），云州刺史赫连铎、卢龙节度使李匡威上奏，希望朝廷派大军讨伐。朱温表示愿往征伐。

长安城内，宰相张浚主张出兵，因为他昔日是李克用的部下，李克用却瞧不起他的人格品行，他是想报复李克用。权宦杨复恭反对出兵，也有充分的理由：一方面，朝廷正在西川打仗，双线作战压力很大；另一方面，张浚曾经靠依附杨复恭起家，却在杨复恭事业低谷的时候背叛了，所以杨复恭鄙视张浚的人品，打压张浚是情理之中的事。

主战派和主和派都有自己的理由，唯独没人替李晔站在江山社稷的角度权衡利弊。

李晔刚刚登基，有削藩的雄心壮志，而李克用是少数民族将领，本来就不受朝廷待见，再加上政治口碑很差，顺理成章地成了被削的对象。李晔剥夺了李克用的所有官职和爵位，还褫夺了李克用的国姓，这让李克用觉得李晔羞辱过甚，从而心灰意冷。

朝廷大军和李克用交锋的地点在潞州，朱温和李克用交锋的地点在泽州（治所在今山西省晋城市）。朱温想让朝廷和李克用正面对决，自己坐收渔翁之利。想法确实挺好，可他的盟友张浚是个书呆子，对沙场征战一窍不通，刚刚交锋就被一锅端了。李克用趁机调转枪头，顺势摧毁了朱温在泽州战场的布置，逼他退回了汴州。

李克用施加压力，李晔不得不流放了张浚，并把剥夺的官职爵位都还给了李克用。

河东闹剧纯属朱温挑拨离间，心急的李晔掉进了朱温的坑里。兜兜转转一圈，李晔损兵折将，颜面尽失，各路诸侯得出了一个结论：这个孩子皇帝不行。

老板是个菜鸡，小弟招兵买马、开疆拓土的顾虑自然烟消云散。

李茂贞，因为营救过李唐皇室，被封为陇西王，任凤翔、陇右节度使。

河东战役后，李茂贞看出李晔的无能，于是向李晔索要山南西道招讨使的职务。不久前，李晔与杨复恭决裂，杨复恭逃到山南西道，与朝廷对峙。李茂贞的如意算盘是想在获得朝廷的任命书后收拾杨复恭，顺便将山南西道收入囊中。

李晔想反抗，可四顾茫然，发现李克用被他得罪了，蜀中的宦官集团也被他得罪了，朱温远在汴州，李茂贞控制着关中，他成了无人帮助的孤家寡人。

一顿操作猛如虎，一看业绩零点五，说的就是李晔这种人。

李晔给了李茂贞他想要的一切，李茂贞却没有任何感恩的心情。因为在李茂贞看来，他是靠拳头打下江山的，李晔不仅没有给任何帮助，反倒增添了李茂贞的羞愧心情。

作为一名臣子，却逼迫老板为他妥协，还掠夺老板家业，这是难以言表的矛盾情绪。为了摆脱自己的惭愧和理亏，李茂贞开始疯狂抨击李晔，总结起来就一句话：是李晔自己无能，和他李茂贞无关。

那段时间，李茂贞每天一道奏折，李晔只要伏案办公，就会被他气得头昏脑涨，以至于放下狠话，一定要灭了李茂贞。

李晔想让宰相杜让能主持平叛工作，并承诺会亲自保障后勤，不管成功失败，都不会追究他的责任。口气之卑微，让人很难相信他是个皇帝。

杜让能无奈，暗示李晔是汉景帝，而他是当朝的晁错，随后接下了这个不可能成功的任务。最终，在李茂贞六万职业军人的压力下，官军惨败，杜让能被迫自杀。

此事过后，李茂贞控制了关中十五个州的地盘，辉煌一时。

李克用的辉煌

李茂贞抢地盘的时候，李克用也没闲着。

朱温、李匡威、赫连铎昔日的联手，让李克用如鲠在喉。所以缓过劲儿后，他派兵包围了赫连铎的云州。

云州属于军事要冲，如果被敌人控制，以后还会发生幽州军镇入侵太原的事情，这是李克用无法容忍的。

如果云州陷落，幽州的李匡威就和李克用就成了邻居。强盗住在隔壁，自己又很富有，李匡威难免会活得日夜颤抖、心惊不已。

事实上，李克用的崛起让河朔三镇很有危机感，因为河朔三镇之间有个义武军镇，是朝廷为了钳制三镇而设立的特别军镇，而义武节度使王处存正是李克用的亲信。

为了对付李克用，李匡威和成德节度使王镕联手了。三大军阀在河北展开混战，死伤数万，连朝廷都苦求他们罢手，以免将整个河北卷入到战争中去。最终，李克用夺取了云州，取得阶段性胜利，心满意足地答应退兵。然而仅数月之后，李匡威就派兵偷袭云州，再次挑起了战火。

李匡威虽然贵为节度使，胸中其实没有丘壑，还很缺乏安全感，这种个性逼着他在军阀混战期间始终想做出头鸟。这也就罢了，一次李匡威在出发前喝酒助兴，谁知酒后不知怎么，竟奸污了弟弟李匡筹的老婆。

李匡威外出征战之际，李匡筹占领府衙，自封为幽州留后。河北地界上，兄弟抢班夺权太常见了。王镕出于人道主义考虑，为李匡威修建了奢华的府邸供他养老，可李匡威想鸠占鹊巢，最终被成德军队剁为肉泥。一代枭雄，竟然以这样的方式退出群雄逐鹿的舞台，着实令人唏嘘。

李匡筹是个没有受过社会毒打的贵族，骨子里缺乏谦逊谨慎的特质，夺权后开始觉得自已了不得，谁都不放在眼里，甚至向李克用开战。

李匡筹的无能导致幽州军接连大败，以致崩盘。最终，李匡筹带着金银珠宝逃往南方，河朔最重要的军镇就这样奇迹般地落到李克用的手中。这是李克用绝对没有想到的结局。

人对于没有付出代价就获得的东西，通常不会珍惜。幽州境内，河东将士视自己为征服者，抬起了骄傲的头颅，通过嚣张跋扈、蛮横野蛮的态度来挫伤敌人自尊，显示自己的优越感和征服感。他们不知道，一个不会尊重对手的组织，也很难得到对手的尊重。

幽州充斥着地方豪族、外族势力、地方官僚和军事世家，利益交互错杂。

河东军人违法乱纪，幽州大将高思继处死了一批将士，这原本是李克用收买人心的机会，可李克用情绪化地处死了高思继。

李克用看起来是个刚毅勇猛的霸王，其实内心多愁善感，如水一般善变。真正能成大事的人，外表可以善变，因为善变具有迷惑性，可以让自己戴着不同的面具、应付不同的局面，但骨子里一定要是霸道刚毅、决策果断的。李克用恰好反了过来。如果有谋臣辅佐，李克用的局面应该会更好些，但李克用偏偏又对谋臣嗤之以鼻。

李克用骨子里的性格缺陷，让他失去了很多宝贵的东西。复盘他的军事生涯，最遗憾的一件事莫过于花了一年时间攻占幽州，却始终没能真正掌控幽州。

河中节度使王重盈去世，其子王珙承袭了节度使之职，结果一个叫王珂的人出来搅局。此人声称河中军镇是他的养父王重荣的，王重盈当时只是捡了便宜，如今风水轮流转，军镇应该还给王重荣的后人。

如此言论，当真有点耍无赖，可王珂是李克用的女婿，拿下河中军镇也符合李克用的利益，所以李克用对此事表示支持。有强大的李克用做靠山，王珂的话分量很重。

王珙也不甘示弱，他找了李茂贞、静难节度使王行瑜、镇国节度使韩建三位军阀撑腰。

李晔一直受李茂贞的压迫，这次想当个堂堂正正的男人，于是选择挺王珂上位。谁料想，三位军阀直接带兵进犯长安，杀了韦昭度、李磎（xī）等重臣，强硬逼宫。在寒冷的剑光下，李晔孤立无援，再一次妥协。

李晔是天子，本来自带威严光环，可是在皇权和臣权的博弈中，李晔一点点剥落了皇冠上的点缀，让天下军阀对皇权的敬畏一点点消逝了。当皇权威严荡然无存，大唐也就到了覆灭的时候。

听说李晔变卦，李克用的心情很差，他决定带着军队杀进长安，新仇旧恨一起算。

长安方面听说沙陀军队要来，顿时乱作一团。

李茂贞的养子、神策右军指挥使李继鹏联合枢密使骆全瓘（guàn），打算将李晔劫往凤翔，而神策中尉刘景宣、左军指挥使王行实打算将李晔劫往邠州，投靠王行瑜。两支军队在长安展开混战，虽然是为了争夺天子而开战，可是面对真金白银和弱势群体，屠杀、纵火、抢劫、奸污等代表暴力和丑陋的词一次又一次出现。

两支神策军劫夺李晔，李晔最终侥幸逃出生天。为了平息内乱，李晔选择主动请李克用前来。

面对沙陀军队的进攻，王行瑜不堪一击，号称关中第一节度使的李茂贞也不敢托大，向李克用递交了求和书，将罪责推到李继鹏身上，并将他的首级交给李晔。

对李晔来说，没有是非对错，一切都是利弊权衡。就像现在，如果他想收拾不干人事的李茂贞，一雪前耻，李克用肯定会使出吃奶的力气帮他，可李茂贞位列仙班后，谁来牵制李克用呢？只有两方互相牵制，李晔才能发挥自己的价值。

为了照顾李克用的情绪，李晔让李戒丕、李允两位王爷拜李克用为兄，拉近了李克用和李唐皇室的距离，同时任命李克用为行营都统，命他率兵平定王行瑜。

就在王行瑜崩盘的前夕，李茂贞带着三万大军赶来支援。前一秒在认错反省，下一秒就对抗朝廷，不是李茂贞没有底线，而是皇权实在毫无威慑可言。

李克用的态度很明确，希望李晔勒令李茂贞返回凤翔，然后革除他的职务。李克用许诺，会在平定王行瑜后，立即前往凤翔消灭李茂贞。然而，李晔拒绝了李克用的请求。

乾宁二年（895）十月，李克用在梨园寨大败王行瑜，逼他返回邠州，并且拒绝接受其投降的请求。王行瑜的属下看到大势已去，斩其头颅。此战过后，李晔加封李克用为晋王。

放眼关中诸镇，李克用没有任何对手，就算他想挟天子以令诸侯，以李茂贞为首的军阀也只能大眼瞪小眼——干看着。可李克用始终恪守臣礼，没有朝廷召唤则不进长安，打了胜仗也没有进城引起骚乱，而是安安静静驻守在长安附近。

被李晔视为外族的李克用，如同定海神针一般拱卫着摇摇欲坠的李唐统治，而汉人军阀却在攻城略地，壮大自身实力，欺辱皇权。这绝对是晚唐最大的讽刺。

对李晔，李克用已经做到仁至义尽了。

有人劝李晔任用李克用消灭李茂贞，可李晔始终没有下定决心。

如果李克用忠于朝廷，诛杀李茂贞会给李晔带来可观的收益；如果李克用心怀叵测，李晔就是引狼入室。这是一场豪赌，李晔的赌注便是皇权的归属，他没有那么大的胆子。权衡再三，李晔再次选择放弃李克用，命他返回晋阳，不用入朝谢恩。

如此冷漠绝情、不讲道义的做派，让李克用的内心翻腾着委屈。幕僚盖寓劝他道："朝廷屡次受节度使胁迫，在他们眼里，河东军和其他藩镇并无不同。如果贸然带兵渡过渭水，恐怕会让长安陷入混乱。做臣子的效忠朝廷，在于为皇室起兵救难，而不在于入朝拜见皇帝，希望大王仔细考虑。"李克用本就没有挟天子以令诸侯的想法，听话地返回了晋阳。

李晔就像是个放羊的小孩，时不时高喊狼来了。可他一次次的举动消耗着李克用的耐心和信任，下一次再遇到危机，李克用还能做他的定海神针吗？

历史会给出答案。

失控的皇权

李晔不想做再军阀和宦官手中的棋子，他想独立。

李克用回晋阳后，李晔设置了安圣军、捧宸军、保宁军和宣化军等番号，招募了几万人，由李姓王爷统领，编制独立于神策军。李茂贞对此深感不安，总觉得李晔组建新的军队摆明了就是想收拾他，于是起兵造反，将"王爷军"打得落花流水。

李晔的本意是自保，最终却什么也没做成。环顾长安四周，到处是军阀，谁能靠得住啊？李晔想了想，还是投靠李克用吧，这人看起来憨厚。

走到半路，李晔碰到了军阀韩建。韩建拿着兵器"礼貌地劝说"李晔进入华州。他说，华州是他的地盘，李晔尽可以安心在华州歇着，到时候回长安也方便。

韩建是没有能力称帝的，控制李晔只是权宜之计，所以每当李晔找他询问军国大事，韩建是能躲就躲，就想置身事外。即便这样，韩建还是干出了两件蠢事。

第一件，韩建为了迎合李晔，逼走了宰相崔胤，崔胤转身投靠了朱温，而且让朱温赶紧修缮洛阳的皇宫，找机会把李晔搞到手，挟天子以令诸侯。就是这个主意，让朱温从一个无头苍蝇变成了有政治追求、有战略目标的军阀。出于投桃报李和刺探长安情报的考虑，朱温用拳头作筹码，让韩建接受了请崔胤回长安做宰相的建议。

第二件，韩建为了打击"王爷军"，加强对李晔的人身控制，设计诛杀了十一位李姓亲王，逼迫李晔下罪己诏，把军阀割据、天下乱战的罪归于李晔自己身上。

在晚唐的棋局中，李晔是一颗棋子，可他又想摆脱军阀集团的控制。在"王爷军"被一锅端的情况下，李晔想到了宦官集团手中的军权，想要得到它，势必要铲除神策左军中尉刘季述、神策右军中尉王仲先。

宰相王抟（tuán）提醒李晔，对宦官集团不要操之过急。王抟的政敌崔胤反手就是一记诬告，说王抟和宦官集团有勾结。在朱温的威慑下，李晔杀了王抟。

崔胤背靠朱温这棵大树，尝到了唯我独尊的甜头，开始疯狂打击异己，以致长安的官员遇到崔胤只能绕着走。

搞不定军阀，被文官集团抛弃，又得罪了宦官集团，李晔真的成了孤家寡人。一个人在绝望中看到希望，再从希望中跌落低谷，这种遭遇可以摧毁人的信念。李晔开始借酒消愁，毒打宦官、侍女，宫廷里人人自危。

李晔行事越来越荒唐，左军中尉刘季述、右军中尉王仲先等大佬决定废黜他，拥立太子为帝，外引李茂贞、韩建为强援，挟天子以令诸侯。

刘季述知道废黜李晔的后果。为了推脱责任，他带兵控制了官僚集团，逼迫宰相在废黜李晔的诏书上签字，随后将李晔关到少阳院，用铁水铸死门锁。

刘季述担心深宫隐秘流传出去，将受过李晔恩惠的太监、宫女、侍臣、方士、僧侣、道人等全部处死，每天运送尸体的车络绎不绝。

晚唐时期，宦官废黜皇帝、改立太子是常事，因为宦官集团拥有神策军。之前鱼弘志、仇士良矫诏拥立唐武宗和王宗实矫诏拥立唐懿宗都进行得很顺利，文官集团不敢提出异议，地方藩镇则没有心情过问，所以宦官集团只要做好内部的利益分配，完全可以控制局面。可这次不一样了，文官集团有个代表崔胤，而他还有个可靠的军阀大腿朱温。

刘季述不知道是哪根筋搭错了，因为宦官孙德昭贪污五千缗钱财，在内部搞了通报批评。孙德昭为了报复刘季述，和崔胤联手救出了李晔，将刘季述一党诛杀。

崔胤折腾了一圈，本是为了控制朝政，可他发现在宦官集团和他之间，李晔最终还是选择了前者，对他始终不咸不淡，这让崔胤暴跳如雷。

为了成为长安的实际控制人，崔胤找到来长安出差的李茂贞，游说他在长安留一支军队。这是一步蠢棋。

蠢棋下了一步就会有第二步。为了遏制宦官集团的经济来源，崔胤将酒曲专卖权收归朝廷，可他忘记了，酒曲专卖权也是李茂贞的经济来源。换句话说，新政确实打击了宦官集团，可也得罪了军阀集团。因为此事，李茂贞和宦官集团走到了一起。

崔胤察觉自己身处危险的政治旋涡，急忙给朱温写信，威胁他说如果再不来长安，李茂贞就要将天子挟持到凤翔了，到时候连哭的地方都没有。

胜利者朱温

天复元年（901），自带杀气的朱温启程，准备达成挟天子以令诸侯的目标。

宦官韩全诲听闻消息，急忙将皇室成员先送到凤翔。李晔不想离开长安，却又无计可施，于是拿着宝剑，像疯子一样在皇宫里跑来跑去，场面令人心酸不已。韩全诲洗劫了府库，放火焚烧宫殿，用无声的抗议逼迫李晔，李晔最终还是妥协了。

朱温想进长安，必须经过同州、华州，当地地头蛇韩建的态度很重要。朱温给韩建写了一封信，告诉韩建他不是自己的对手，既然结局已经注定，就别挣扎了。

韩建野心不大，他给朱温送了三万两白银，算作入股新政权的资本。

李克用曾经说过："韩建天下痴物，为贼臣弱帝室，是不为李茂贞所擒，则为朱全忠所虏耳。"反过来看，韩建清楚自己的发展上限，不去争取超越自己能力的富贵，这样的智慧也让韩建在朱温的后梁政权里获得一席之地，也算不错。

朱温只用一封信就搞定了韩建，这让他的名气大增，以太子太师卢渥为首的两百余名官员联名上书，请"德才兼备"的朱温尽快向西进军，迎回皇帝。

入关之后，朱温最大的敌人就是李茂贞。李茂贞是个养尊处优的官老爷，朱温是打遍五湖四海的拳击手，两人不是一个级别，面对面作战，李茂贞根本没有自信。于是，李茂贞写了两封信，一封给了李克用，希望他偷袭朱温的后方，另一封给了西川霸主王建。王建表面上和朱温称兄道弟，暗地里却鼓励李茂贞负隅顽抗，自己又偷偷摸摸地整军，打算抢李茂贞的地盘。

王建很清楚，自己就想占据蜀中，外面打得天昏地暗，都和他没关系。而他这样的策略正合了朱温的心意。

李克用调派了五千骑兵和几万步兵，打算恶心一下朱温。他预计朱温会派小分队过来，双方小打怡情，凭本事捞点便宜。可朱温集合了十万大军直奔河东而来，完全不按李克用的剧本行事。两军实力悬殊，主将李嗣昭急忙退军，还是遭到了朱温的扑杀，李克用的儿子李廷鸾被擒，河东大军遭到当头一击。

河东物阜民丰、兵强马壮，朱温只靠十万大军是很难攻克的。象征性地包围晋阳之后，朱温下令撤军，重新回到了关中战场。

李晔才是他的主要目标。

天复二年（902），凤翔城外，朱温和李茂贞正面交锋，从早晨打到傍晚。朱温没占到任何便宜，李茂贞则是担心空城被偷袭，鸣金收兵。随后朱温示敌以弱，诱李茂贞出击，最终大获全胜，凤翔成为一座孤城。

接下来的几个月，百姓易子而食，人肉卖到一斤一百钱，还有人拿刀剔将死之人的肉而食，凤翔成了人间地狱。

经过垂死挣扎后，李茂贞将李晔送给了朱温。朱温没有对李茂贞赶尽杀绝，也没有效仿东汉的董卓那般目中无人、唯我独尊，这是他的聪明之处。

朱温以李晔的名义召回各地的监军宦官，将他们连同宫内宦官全部处死。晚唐最大的祸害——宦官集团，只因朱温的一句话就彻底烟消云散，这就是暴力机器的可怕之处。

朱温痛恨宦官，到了必须斩尽杀绝的地步吗？

未必。只是皇帝沦落到这个地步，文官集团、宦官集团和军阀集团总有一个要出来背黑锅。军阀集团是要主导天下的，他们怎么能有错呢？文臣集团盘根错节，又无功无过。这么看来，背黑锅的只能是挟持皇帝、毒杀皇帝和拥立皇帝的宦官集团。

历史是由胜利者书写的，朱温的行为就是最好的证明。

宰相崔胤接管了神策军，做了朱温在朝廷里的盟友。可崔胤是个政客，依附朱温是因为朱温能让他掌握权力，如今做了宰相，就有了脱离朱温的想法。

崔胤告诉朱温，李茂贞又在蠢蠢欲动，而长安只有一万禁卫军，军队得扩编，防备李茂贞偷袭。崔胤还傻乎乎地拉拢朱温的亲信李振，说他的祖上是朝廷功臣，可以做朝廷的中流砥柱。

一个是市值飙升的上市公司，一个是走向没落的传统企业，傻子也知道怎选择。李振转头就把崔胤的蠢事告诉给朱温。

在朱温眼里，崔胤已经是个死人了。

此时，朱温的侄子朱友伦负责监督皇帝李晔和长安官员。期间，朱友伦在一场马球比赛中不慎落马，意外身亡。朱温闻讯，异常悲伤且愤怒，认为这是崔胤设计害死了朱友伦。

天祐元年（904），朱温派兵包围了崔胤、郑元规、陈班三大朝臣的府邸，将他们满门诛杀。自六朝以来繁衍不息的清河崔氏，此次几乎被朱温连根拔起。

清河崔氏是名门望族，代表着封建礼法和伦理秩序，朱温的屠刀砍的不是清河崔氏这一个家族，而是对旧有社会秩序的一种鄙视和摧毁，取而代之的是放纵的权力和无序的暴力统治。由朱温开始，丛林法则几乎贯穿了整个五代十国。

在朱温的胁迫下，李晔迁往洛阳。

大唐是一种精神象征，祖先带来的荣耀和自豪深埋在百姓的基因中。百姓看到李晔的处境，纷纷痛哭流涕，扶老携幼目送他离开关中。李晔感慨之下，顺口吟了一首《思帝乡》：

纥干山头冻杀雀，何不飞去生处乐。况我此行悠悠，未知落在何所？

前往洛阳的途中，朱温将李晔的亲信分批处死，换上自己的人，而李晔仍然和藩镇节度使频频联系，李克用、李茂贞等人更是起兵响应。

李晔虽然是晚唐的帝王，骨子里还是有雄心壮志和帝王风骨的。他如果做和平年代的帝王，或许能在大唐皇室的族谱有一席之地，偏偏命不太好。李晔想抗争，朱温感觉到了，颇有危机感，为了杜绝隐患，最终戕杀了李晔。

杀个皇帝不是容易的事，朱温找了一套别的说辞：李晔与昭仪李渐荣在后宫玩游戏，因为李渐荣屡次玩输，心情不好，最终灌醉李晔，将其杀死。当时阉官的将士有上百人，他们都看到了李渐荣是如何拼命维护李晔，现在却被朱温扣上如此不堪的帽子，内心多有不忿，在青楼和酒肆间将实情捅了出来，这才没让真相湮没在历史的长河之中。

数月后，朱温在皇家池苑九曲池设宴，邀请德王李裕、棣王李祤（yǔ）、虔王李禊（xì）、遂王李祎、祁王李祺等皇子赴宴，于席间将他们勒死，随后抛尸于九曲池。

晚唐的官僚集团是清一色的知识分子，可他们不是那种才华横溢、思想独立的文人。在李林甫、杨国忠执政以及"牛李党争"的时代，知识分子开始依附权臣，抱团取暖，放弃节操，迎合统治者，早就丢掉了风骨和傲气。

官僚集团是既得利益者，靠裙带关系游走于官场，尸位素餐不要紧，最要命的是控制了寒门学子的晋升之路。和平年代，这条路官僚集团说了算，但在天下大乱的时候，草根阶层可以通过暴力打倒这群既得利益者，冲破阻碍。黄巢和朱温都是草根集团的代表。

有一次，朱温和幕僚在一棵柳树下纳凉，听到旁边有一群读书人在谈论天下大事。朱温觉得他们迂腐之极，站起身故意说道："你们看，这种柳木适合做车毂。"读书人瞧见朱温的仪仗，猜想他是个大人物，争相附和。朱温当场斥责道："书生就是喜欢阿谀奉承，虚伪至极！车毂只能用榆木，柳木如何能做？"说罢，手下杀死了在场的读书人。

朱温的幕僚李振也是个读书人，屡次参加科考，屡次名落孙山，心中满是对官僚集团的仇恨。李振告诉朱温，这些人都是轻浮虚伪之辈，不适合治理朝政，想图谋大事，必须先杀掉他们。没过多久，朱温诛杀了裴枢、独孤损、崔远、陆扆（yǐ）、王溥、赵崇、王赞等人，随后又抓捕一批朝臣，将他们带到滑州白马驿。李振嘲讽道："这些人自称清流，应该把他们都扔到黄河，让他们成为浊流。"朱温哈哈大笑，真的将这批官员推进了黄河，史称"白马驿之祸"。

仇恨只是白马驿之祸的导火索，朱温屠杀官僚集团的根本原因，是他想改朝换代、登基称帝了。李唐旧臣成了建立新朝廷的绊脚石，当然只有死路一条。

改朝换代之前，权臣要走完一套标准的流程——进相国、称王、加九锡，朱温一一做了。随后皇帝应该主动禅让。为了让权臣的吃相不那么难看，皇帝要先禅让两次，权臣也拒绝两次，第三次禅让的时候再顺水推舟，到时候办个禅让仪式，事情就结束了。

看似简单，可朱温的操作让称帝时间推迟了两年。

禅让这件事，朱温是让枢密使蒋玄晖去办的，朱温自己为了避嫌还特意跑到外地"征战"。回来的时候蒋玄晖还没办好，朱温大发雷霆，逼蒋玄晖拿到了赐九锡的诏书。这样一来，朱温的吃相反而显得极其难看了。

为了证明自己不贪恋权位，朱温打算多辞让几次，轮到李唐皇室第三次禅让的时候，朱温还是拒绝。因为双方没有沟通好，李唐皇室没有打算第四次禅让，而朱温却等着第四次，双方一直别扭着。随后朱温征战河北，改朝换代的事情便拖了下去。

天佑四年（907），朱温重新走了一遍流程，终于称帝，后梁政权建立。

第二年，朱温毒杀了十七岁的唐哀宗李柷（chù），延续二百九十年的大唐灭亡，中国进入到混乱不堪的五代十国时期。